广电蓝皮书

BLUE BOOK OF CHINA'S RADIO, FILM AND TELEVISION

中国广播电影电视发展报告（2014）

ANNUAL REPORT ON DEVELOPMENT OF CHINA'S RADIO, FILM AND TELEVISION (2014)

国家新闻出版广电总局发展研究中心
主　编／杨明品
副主编／李　岚

社会科学文献出版社
SOCIAL SCIENCES ACADEMIC PRESS (CHINA)

图书在版编目（CIP）数据

中国广播电影电视发展报告．2014/杨明品主编．—北京：社会科学文献出版社，2014.7
（广电蓝皮书）
ISBN 978-7-5097-6207-3

Ⅰ.①中… Ⅱ.①杨… Ⅲ.①广播事业-研究报告-中国-2014 ②电影事业-研究报告-中国-2014 ③电视事业-研究报告-中国-2014 Ⅳ.①G229.2

中国版本图书馆 CIP 数据核字（2014）第 139784 号

广电蓝皮书
中国广播电影电视发展报告（2014）

主　　编／杨明品
副 主 编／李　岚

出 版 人／谢寿光
出 版 者／社会科学文献出版社
地　　址／北京市西城区北三环中路甲 29 号院 3 号楼华龙大厦
邮政编码／100029

责任部门／社会政法分社（010）59367156　　责任编辑／曹长香
电子信箱／shekebu@ssap.cn　　责任校对／介慧萍
项目统筹／王　绯　　责任印制／岳　阳
经　　销／社会科学文献出版社市场营销中心（010）59367081　59367089
读者服务／读者服务中心（010）59367028

印　　装／北京季蜂印刷有限公司
开　　本／787mm×1092mm　1/16　　印　　张／26
版　　次／2014 年 7 月第 1 版　　字　　数／418 千字
印　　次／2014 年 7 月第 1 次印刷
书　　号／ISBN 978-7-5097-6207-3
定　　价／98.00 元

广视角 · 全方位 · 多品种

权威 · 前沿 · 原创

皮书系列为
“十二五”国家重点图书出版规划项目

《中国广播电影电视发展报告（2014）》
编辑委员会

《中国广播电影电视发展报告（2014）》编写工作机构

编　审　组

杨明品　李　岚　吕岩梅　方德运　刘汉文　王　雷
罗　艳　熊艳红

统计分析组

张红梅　李小平　姚宁洲　费　华

编　辑　部

主　任　李　岚

成　员　罗　艳　王　羽　莫　桦　陈秀敏　孙　晖
张苗苗

摘　要

《中国广播电影电视发展报告（2014）》（2014 年广电蓝皮书），是国家新闻出版广电总局发展研究中心编撰的第九部广电行业年度发展报告。中央和省级（副省级）广电行政部门及中央和地方广电机构提供权威资料支持。

全书由“总报告”“发展报告”“专题研究报告”“个案分析报告”和“附录”（大事记与数据图表）等构成。

“总报告”统领全篇，详细分析 2013 年中国广电行业发展的新态势与新形势，对未来中国广电发展的新趋势作出研判。

“发展报告”从新闻宣传、公共服务、广播影视产业、视听新媒体发展、技术发展与应用以及国际传播与交流等方面，发布权威资讯与数据，全面展现 2013 年中国广电行业发展的前沿动态，反映新阶段广电改革发展的新进步和新特点。

“专题研究报告”透彻剖析中国广电改革发展的重点热点焦点问题，如中国梦主题影视创作、现代传播体系的构建、多语种影视译制助推文化软实力、广播媒体与新媒体融合等，兼具实践指导和理论价值。

“个案分析报告”聚焦行业典型案例，如中国汉字听写类节目、《我是歌手》、大地院线、蓝海电视、县级台发展等，生动呈现其创新探索和经验，提供借鉴和启示。

“附录”全面提供行业发展指标、产业收入构成和人才队伍情况图表，用翔实数据量化展示 2013 年中国广电行业发展的整体情况。

全书贯彻全面深化改革的时代主题，紧扣转型、升级、融合三个关键词，报告和研究 2013 年中国广播影视改革发展的最新情况，分析解读全球视听传媒发展的新形势、新动向，为中国视听传媒改革发展提供决策参考和智力支持。

Abstract

Annual Report on Development of China's Radio, Film and Television in 2014 (*Blue Book of China's Radio, Film and Television 2014*), compiled by Development Research Center of the State Administration of Press, Publication, Radio, Film and Television, is the ninth annual report on radio, film and television. Authoritative materials to support the book are provided by central, provincial (sub-provincial) administrative departments as well as central and local broadcasting organizations.

The whole book is consisted of *General Report*, *Development Report*, *Theme Research*, *Case Study and Appendixes* (chronicle and series of figures and tables).

General Report brings out the theme, detailedly analyzes the new situation and new circumstances of China's radio, film and television development in 2013. Meanwhile, this section gives a judgment of new trend on development of China's radio, film and television.

Development Report publishes authoritative information and data, demonstrates the frontier, new progress and new features of the dynamic reform and development of China's radio, film and television in 2013 roundly in terms of the following aspects: publicity, public service, industries, new audio-visual media, technology, international communication and exchange.

Theme Research anatomizes the key issues in reform and development of China's radio, film and television, such as film and TV program procluction of the theme of Chinese Dream, developing modern communications network, dubbing multilingual film and TV program to enhance soft power of culture, the convergence of radio and new media, etc. This part provides significant value to practice and theoretical study.

Case Study focuses on typical cases in 2013, such as Chinese characters dictation TV programs, "I Am a Singer", DADI cinema circuit, Blue Ocean Network, the development of AJBTV and so on, vividly presents their innovative exploration and experiences, which provides reference and inspiration.

Appendixes comprehensively provide indicators, revenue structure and charts of human resources. Full and accurate data quantitatively display the entire development situation of China's radio, film and television in 2013.

The whole book carries out the comprehensively deepening reform theme of our times, focusing on three key words: transformation, upgrade, and convergence, revealing an update on the reform and development of China's radio, film and television, analyzing new situation and new trend of global audio-visual media, with the purpose of providing policy-making reference and intellectual support for the reform and development of china's audio-visual media.

目 录

皮书数据库阅读使用指南

CONTENTS

全面推进改革创新
奋力开创新闻出版
广播影视繁荣发展新局面
（代序）

中共中央宣传部副部长
国家新闻出版广电总局局长
蔡赴朝

2013 年，在党中央、国务院和中宣部的正确领导下，新闻出版广播影视战线全面贯彻中央决策部署，扎实有序推进以宣传为中心的各项工作，事业产业发展取得新成绩，队伍和作风建设呈现新面貌，为改革发展稳定作出新贡献。

根据中央精神，2014 年新闻出版广播影视工作总的要求是：深入贯彻落实党的十八大和十八届二中、三中全会精神，贯彻落实习近平总书记系列重要讲话精神，贯彻落实全国宣传思想工作会议、全国宣传部长会议精神，坚持社会主义先进文化前进方向，坚持以人民为中心的工作导向，坚持围绕中心、服务大局，坚持稳中求进、改革创新，紧紧围绕巩固马克思主义在意识形态领域的指导地位、巩固全党全国人民团结奋斗的共同思想基础这一根本任务，着力壮大主流思想舆论，着力推进事业产业发展，着力保障和发展人民文化权益，着力维护国家文化安全，为实现“两个一百年”奋斗目标和中华民族伟大复兴中国梦提供有力思想舆论支持、良好文化条件。

一 深入学习宣传贯彻习近平总书记系列重要讲话精神，始终坚持正确方向，牢牢把握舆论导向

学习好、宣传好、贯彻好习近平总书记系列重要讲话精神，是全党的重大政治任务，是做好党和国家各项工作的现实要求。我们要把深入学习宣传贯彻习近平总书记系列重要讲话精神摆在首要位置，加大力度、拓展广度、增进深度，切实用讲话精神武装头脑、指导实践、推动工作。

一要以讲话精神统一思想认识，站稳政治立场、保持政治定力。新闻出版广播影视具有鲜明的意识形态属性，是党的喉舌、重要的宣传思想阵地。学习宣传贯彻习近平总书记系列重要讲话精神，必须深刻认识意识形态工作的极端重要性，认真落实“两个巩固”的根本任务，强化围绕中心、服务大局的基本职责，坚持团结稳定鼓劲、正面宣传为主的重要方针，确保履行好党和人民赋予我们的神圣职责。首先，要把总书记系列重要讲话精神作为各级党委（党组）中心组理论学习的重要任务，作为全系统党员干部学习的重要任务，在把握核心要义、领会思想精髓上下功夫。同时，面对当前意识形态领域情况依然复杂、斗争仍很尖锐的形势，我们在方向性、原则性问题上尤其要立场坚定、旗帜鲜明、毫不动摇、敢于担当。要坚持党性原则、党管媒体，牢牢掌握工作的领导权、管理权、话语权。要坚持导向为魂，管好媒体、把好关口、守好阵地，绝不给各种错误思想言论提供传播渠道。要坚持社会效益第一，大力践行和传播社会主义核心价值观，为人民群众提供健康丰富的精神食粮。

二要加强宣传阵地建设，巩固壮大主流思想舆论。要强化主流媒体的政治责任、社会责任，弘扬主旋律，传播正能量，做大

做强正面宣传。大力做好《习近平总书记系列讲话精神学习读本》的出版发行工作。党报党刊、电台电视台以及所属的新媒体，要开设专题专栏，推出深度报道、综述评论，把总书记系列讲话精神的宣传引向深入。要按照中宣部的部署，坚持不懈开展中国特色社会主义和中国梦宣传，大力唱响社会主义核心价值观“三个倡导”“24 个字”，统筹抓好十八届三中全会、中央经济工作会议精神宣传，全力完成好各项重大宣传报道任务。适应媒体格局和舆论生态深刻变化的新形势，2014 年国家新闻出版广电总局将进一步采取措施，支持主流媒体整合资源，加快传统媒体和新兴媒体融合发展，努力形成协调高效开展正面宣传的合力。

三要大力推进宣传创新，不断提高舆论引导水平。当前，宣传工作比以往任何时候都更加需要创新。总书记在全国宣传思想工作会议上的讲话，对此专门作了强调。要进一步深化“走转改”活动，形成常态化的深入基层、深入群众新闻工作机制，努力打造群众关注的好报道、好节目。要把握“时、度、效”，扎实做好经济社会领域热点问题和重大突发事件舆论引导，及时发出权威声音，有针对性地解疑释惑。主流媒体要发挥自身特点与优势，在深度报道、新闻述评、新闻解读上下功夫，深入报道新闻事件，反映内在本质，作出权威、理性、深刻、准确的解释分析、评论和判断。同时，要进一步抓好“以正视听”类型的专栏、节目和出版物，形成抵制网络谣言、去伪存真的强大声势，为改革发展稳定提供有力的舆论支持。

二　以弘扬中国梦为主题，加强精品创作生产

弘扬中国梦，是当前和今后一个时期新闻出版广播影视创作生产的中心任务。要加强组织，完善措施，从立项、资金、人才、宣传等方面提供支持，集中优势资源，努力推出一批思想性、艺术性、

观赏性俱佳的精品力作。这里强调三点：

一要把弘扬中国梦与坚持以人民为中心创作导向有机结合。打造中国梦主题作品，必须坚持以人民为中心的创作导向，充分反映人民主体地位，真正做到源于人民、为了人民、属于人民。在作品选材上，要扩大视野，热情讴歌人民群众追梦圆梦的生动实践，充分展示人民群众在大发展大变革大进步时代所发生的巨大变化、展现的良好风貌，以人民的力量来体现国家的力量，以人民的变化来彰显国家的进步。在表达策略和艺术技巧上，要尊重艺术规律，将中国梦主题构筑于百姓的日常生活中，将时代精神融汇于人民群众喜闻乐见的故事里，从微观见宏观、从身边看天下，增强吸引力感染力。

二要把提高质量与稳定数量有机结合。中国已经是出版大国、影视大国，但还称不上强国，主要是内容产品质量不高的问题仍很突出。文化产品以质取胜。必须在保证数量稳定增长的同时，牢牢把握质量这一核心，打质量效益攻坚战，加快实现由以数量规模增长为主向以质量效益提高为主的转变。要大力实施精品战略，充分发挥各类政府扶持资金的作用，鼓励原创、奖励精品。要建立完善科学的内容产品评价体系，使之有利于引导和促进优秀作品的创作生产，切实扭转唯发行量、唯收听收视率、唯票房倾向。

三要把政府引导与市场运作有机结合。打造中国梦主题作品，不能仅靠市场自发行为，更需要发挥中国社会主义制度集中力量办大事的优越性，搞国家项目、出示范作品，形成辐射效应。要精心组织重大主题出版，抓好影视剧和动画片纪录片重点项目，推出一批精品力作。

要进一步从源头抓起，广泛征集选题，从宏阔的时代变迁和感人的个体经历中精心选择最能承载中国梦主题的故事与人物原型，组织优秀编剧、作者，写出优秀剧本和原创出版物。要面向全社会，搭建一流的团队，保证作品内涵质量和艺术水准。同时，充分运用市场机制，调动各方面社会资源，做好宣传、发行、播映工作，促进优秀作品走进大众、占领市场。

三　抓住重点领域关键环节，全面深化改革

2014 年，是全面贯彻落实十八届三中全会精神、推进全面深化改革的第一年，改革任务重大而艰巨。我们要认真落实十八届三中全会部署，紧密结合新闻出版广播影视实际，加强顶层设计，制定实施办法，采取有力措施，坚定不移把改革引向深入。

一要以机构改革、职能转变为重点，深化行政管理改革，构建新型管理体制。要继续扎实做好国家新闻出版广电总局机构合并后续工作。坚持把机构改革和职能转变紧密结合，进一步深化行政审批制度改革，真正把不该由政府管理的事项转移出去、把该由地方承担的管理事项下放下去。对于国家新闻出版广电总局下放的行政审批和管理事项，地方一定要接驳好、管到位。2014 年，省级新闻出版、广播影视行政部门将加快机构和职责整合，第一位的任务也是转变政府职能。全系统都要以机构改革为契机，抓紧理顺职责关系，完善行政机制，创新行政方式，确保全面、正确、高效履行导向引领、政策调节、市场监管、社会管理、公共服务等政府职能。

二要以突出公益属性、强化服务功能、增强发展活力为着眼点，深化公益性事业单位改革，构建公益性事业运行新机制。要结合事业单位分类改革，进一步深化劳动人事、收入分配、社会保障等内部改革，完善绩效考核机制。要抓紧研究制订意见，在坚持出版权、播出权特许经营前提下，积极稳妥推进制作和出版、制作和播出分开。需要强调的是，重要新闻媒体利用经营性资产开展经营，必须坚持为媒体主业服务，以有利于巩固壮大宣传阵地为重要

原则。

三要以培育市场主体、建立健全现代市场体系为着力点，深化产业改革，构建现代产业体系。继续深化国有经营性单位改革，科学分类、稳步推进非时政类报刊出版单位改革，研究确定新一批转企改制非时政类报刊出版单位。已转制新闻出版广播影视企业要加快公司制、股份制改造。鼓励国有新闻出版影视企业开展特殊管理股制度试点。要针对市场主体小而散、产业集中度不高的问题，调整优化产业组织结构，着力提高产业规模化集约化专业化水平。特别是打破条块分割、地区封锁、城乡分离的市场格局，促进资源在全国范围内流动，鼓励有实力的企业跨地区跨行业跨所有制兼并重组，做大做强一批骨干企业。要遵循产业特点和规律，支持“专、精、特、新”企业发展，支持各类小微服务企业发展。近年来，各地产业基地建设的热情很高。要进一步加强管理，完善规划、塑造特色、强化功能，努力使产业基地成为资源、技术和人才聚集的高地、产业发展的龙头。

四　按照标准化均等化要求，加快构建现代公共服务体系

要以农村和基层为重点，在广覆盖、保基本的基础上，坚持基础建设和运行维护并重、完善网络与丰富内容并重、传统方式与新兴方式并重，统筹实施公共服务升级工程，制订服务标准，优化服务结构，提高服务能力，努力形成与经济社会发展水平相适应、惠及全民的新闻出版广播影视公共服务体系和长效机制。

一要加快农村广播电视公共服务升级。坚持有线、卫星、无线覆盖的统筹协调，在村村通的基础上大力推进户户通。加快直播卫星户户通整省推进步伐，完成一期7省（区）任务，抓紧二期15省（区、市）建设。同时，加强与行业用户合作，进一步丰富户户通

内容和服务。加快推进农村有线网络和地面无线的数字化转换，进一步提高公共服务能力。合理确定广播电视基本公共服务的节目范围和标准，探索建立政府主导、社会化发展的农村广播电视公共服务长效机制。

二要深入开展全民阅读活动。制定全民阅读中长期规划，加快城乡阅报栏（屏）等基础设施建设，深入开展“书香之家（乡、县、市）”推介和优秀图书推荐活动，大力倡导阅读理念，推动构建全民阅读服务体系。

三要加快电影公共服务升级。继续实施农村电影放映工程，努力寻找可持续发展的有效办法，积极推动由流动放映向固定放映的转变。大力实施县级城市数字化影院建设工程，充分运用国家电影事业发展专项资金，支持中西部中小城市加快影院建设。同时，鼓励各地探索多种途径解决外出打工群体看电影的需求。

四要更好发挥农家书屋效能。做好出版物补充更新，建立以基层群众为主体的选书机制，实现配书与农民阅读需求的有效对接。鼓励有条件的地方建立多种形式的数字农家书屋，扎实推进寺庙书屋建设。引导农家书屋开展政策宣讲、科学普及、农技培训等活动，提高农家书屋利用率。

五要切实满足少数民族地区文化需求。推进“东风工程”二期工程和国家民族文字出版基地建设，加大民族文字出版专项基金对民族文字出版精品的支持力度。推进西新工程第五期建设，进一步提高少数民族语言节目制作译制和传播能力。

六要加快国家应急广播体系建设。协同有关部门加紧应急广播体制机制建设和法规预案制订，加强与国家应急信息发布源头部门合作，加快建立从中央到地方广播电台“四级联动”应急信息传输模式，提高应急信息发布能力。同时，同步推动地方应急广播工程建设，统筹规划各省村村响系统，实现与国家应急广播体系有效衔接。

五　以科技创新为先导，促进发展转型升级

要充分发挥科学技术第一生产力的作用，加速新闻出版广播影视与科技的融合，增强服务能力，提高现代化发展水平。

一要抓紧改造提升传统媒体传统产业，巩固发展核心优势。要加快推进国家数字出版系列工程建设实施，发挥数字化转型升级示范单位的引领带动作用，加快传统出版单位与印刷复制企业数字化改造，把传统产业的内容优势与新科技融合，转化为新的生产力。要提高广播影视制作、传输、播映全流程数字化水平，积极发展高清电视、3D电影、巨幕电影，继续开展3D电视试验，加快广播电视网络数字化双向化改造和下一代广播电视网建设，推动“看电视”向“用电视”的转变。2014年，基本实现具备条件的省级卫视频道高标清同播，有序推进地面电视频道高清播出。抓紧成立中国广播电视网络有限公司，加快建设全国有线网络互联互通平台，加快推进有线网络整合，促进三网融合业务和跨域型新兴业务开展。

二要加快发展新媒体新业态，占领新阵地、形成新的增长点。新媒体新业态已经成为新闻出版广播影视日益重要的组成部分，但国有单位开办的新媒体新业态影响力竞争力有待进一步提高，必须加大投入力度、加快发展步伐。要以推动数字出版内容投送平台规范化建设为抓手，加快网络出版、手机出版、云出版等数字出版新业态发展；以推进台网并重、深度融合为重点，加快网络广播电视等视听新媒体发展。要强化市场观念，及时把握群众和社会新需求，大力加强新业务新业态研发，不断创新服务内容、方式和手段，积极培育文化信息消费新热点，在服务受众、服务社会、服务扩大内需中增强影响力竞争力。

三要加强关键技术研发和标准制订，把握发展主动权主导权。

从一定意义上讲，新闻出版广播影视一些领域面临的国内国际竞争，很大程度上是技术的竞争、标准的竞争。要从国家战略的高度，加快完善科技创新体系，提高原始创新、集成创新、引进消化吸收再创新能力，努力占领科技制高点。要坚持自主创新，重点抓好数字复合出版、中华字库、数字版权保护技术等工程的研发，推广绿色印刷，推进智能电视操作系统和终端关键技术研究。要加强标准应用，重点推广多媒体有声读物（MPR）、出版物在线信息交换（CNONIX）、下一代广播电视网、巨幕电影等标准应用，促进关键设备国产化，促进科技成果向现实生产力转化。

六　紧密配合国家外交战略，加强国际传播能力建设

一要以中央三台为龙头，加快国际一流媒体建设。要扩大海外落地，推动中央电视台国际频道和中国国际广播电台在国际传播战略性空白点的国家和地区落地，扩大中央人民广播电台民族语言广播在境外的落地范围。要把提高实效作为着力点，优化全球采编播网络，加强海外本土化内容建设，讲好中国故事，传播好中国声音，增强在国际上的话语权。

二要以新闻出版对外传播工程为载体，加快新闻出版企业、产品和资本走出去。扩大“经典中国”国际出版工程、中国图书对外推广计划和中外图书互译计划的资助力度和资助范围，推动更多精品力作进入国外主流读者视野。完善对外传播平台，办好塞尔维亚国际书展主宾国活动和北京国际图书博览会，积极运用互联网、手机及各种阅读终端等新媒体、新平台、新载体加强优秀产品对外传播。拓展对外传播渠道，加强与先进跨国企业销售平台合作，鼓励非公资本开展对外出版业务，培育外向型新闻出版企业，扶持骨干企业到境外创办出版机构，参与国际资本运营和出版市场竞争。

三要以“丝绸之路影视桥工程”为重点，扩大广播影视国际传播。“丝绸之路影视桥工程”是贯彻落实中央“丝绸之路经济带”“21世纪海上丝绸之路”战略构想，全新策划实施的广播影视国际传播能力建设重大项目，旨在面向中亚和周边国家，坚持政府主导、多主体运营、市场化运作，形成全方位深度合作的新构架，开创区域合作、国际传播的新局面。2014年，要启动实施第一阶段重点项目，以举办重要论坛、重要活动为契机，密切中国与丝路国家交流合作。与“影视桥工程”相协同、相配合，要继续扎实推进中非影视合作工程、友邻传播工程。要加大重点企业、重点项目扶持力度，加大海外营销推广力度，力争影视剧、动画片、纪录片等出口规模有一个显著增长。

七　坚持依法行政、科学管理，全面履行管理职能

要适应发展变革的新形势，增强管理意识，加大管理力度，切实做到守土有责、守土负责、守土尽责。

一要把抓导向保安全贯穿始终。确保导向正确，维护文化安全，始终是最重要的管理职责。要落实谁主管谁负责、谁主办谁负责和分级管理、属地管理原则，落实内容审查、市场准入退出、日常监测监管等制度机制，严把审查关、播映关、市场关，筑牢意识形态防线。要加强内容产品引进管理和中外合作管理，加强卫星地面接收设施依法管理，坚决防范有害内容、抵制文化渗透。要加强广播电视安全运行管理，确保安全播出万无一失。

二要传统媒体新媒体、传统业务新兴业务管理全覆盖。互联网已经成为宣传的新阵地、传播的新载体、发展的新平台，同时也成为舆论斗争的主战场。在坚持做好传统媒体、传统业务管理的同时，必须把基于互联网的新闻出版广播影视业务管理放在更加突出的位

置。要研究探索把新闻网站采编和编辑人员纳入新闻记者管理和出版编辑职业资格管理制度的制度措施，实现人员管理全覆盖。要强化许可和备案制度，推动从业机构完善内控和自律机制，规范网络出版物和网络视听节目传播秩序，规范互联网电视、IPTV、手机电视发展秩序，强化网络文学、网络游戏、手机游戏内容监管。要积极应对宽带网络、4G 移动网络发展新形势，加快实施视听新媒体监管工程和网络出版监管平台建设，打造有效技术防线，形成有力管控手段。

三要综合运用法律、经济、行政、科技等多种手段提高管理效能。重点围绕损害群众切实利益的突出问题和影响行业秩序的突出问题，积极主动打好专项治理和宏观调控组合拳，着眼于为未成年人营造良好环境，大力整治低俗有害的少儿出版物，深入查处中小学教辅材料出版发行违法违规行为，加强动画片和未成年人参与的节目管理。深入推进“扫黄打非”，坚决扫除政治类非法出版物和各种文化垃圾。严厉打击假记者和新闻敲诈等违法违规行为，切实维护新闻采编秩序。加大虚假违法广告整治力度、切实加强电视购物诚信建设。继续以上星综合频道为重点，加强和改进节目宏观调控，进一步遏制过度娱乐化和同质化倾向，着力提升广播电视节目品质。这方面，国家新闻出版广电总局已经出台对上星频道节目实施结构化管理的具体政策，要求新闻、经济、科教等八类公益性节目达到 30%，要求加大自主创新节目播出比重；同时，要求继续推进节目综合评价体系建设。各地要认真落实，力争 2014 年的电视荧屏再有一个大的改观。要注重依法管理、依法治理，大力加强法制建设，积极推动《全民阅读促进条例》《电影产业促进法》等立法工作，推动《著作权法》《网络出版服务管理办法》修订。要重视和发挥好行业组织的作用，切实加强中国广播电影电视社会组织联合会等的建设。

版权保护事关民族创造创新能力和活力，必须始终高度重视、不断加大力度。2014年，要开展第十次“剑网”行动，严厉查处侵权盗版大案要案。要加快版权网络监管平台二期建设。要在巩固政府机关软件正版化工作成果的基础上，以国有企业、金融机构为重点扎实推进企业使用正版软件，推动建立软件正版化工作长效机制。要建立完善版权社会化服务体系，建设区域性版权交易机构，开展版权示范工作，引导推动版权产业健康快速发展。要加强与世界知识产权组织合作，积极参与版权国际规则制定，推动《视听表演北京条约》和《马拉喀什条约》尽快生效，妥善处理重要版权双边关系，提高国际应对能力。

八　立足改进作风、提高素质，大力加强党的建设和队伍建设

事业成败，关键在党，关键在人。要全面推进党的思想、组织、作风、反腐倡廉和制度建设，以党的建设带动队伍建设。按照紧跟中央、安心热爱、钻研求索、积极作为的要求，大力加强领导班子和干部队伍建设。以高层次、高技能人才为重点，依托人才培养工程，依托重大项目、重要任务，大力加强人才队伍建设。要加强教育培训，重点抓好马克思主义新闻观全员培训、领导干部调训、专业技术人员岗位培训，继续加大对西部地区、边远民族地区干部职工培训力度。要深化企事业单位人事制度改革，建立健全科学的选人用人和激励约束机制。当前，“编制外”和“体制外”从业人员激增，要强化职业资格管理和职业培训，进一步研究科学有效的政策措施，确保整个从业队伍规范有序、充满活力。

好的作风、好的风气，对于完成2014年各项工作任务至关重要。要坚持抓党风带政风促行风，巩固拓展党的群众路线教育实践活动成

果，切实抓好整改落实，努力建立长效机制，坚持不懈纠正“四风”，自觉践行“为民务实清廉”。要落实党风廉政建设责任制，严明各项纪律，坚决惩治腐败。要在全系统形成风清气正、求真务实、干事创业的良好氛围，真正把广大干部职工的积极性主动性创造性调动起来，为加快新闻出版广播影视改革发展凝聚智慧和力量。

新闻出版广播影视改革发展正进入崭新阶段。让我们紧密团结在以习近平同志为总书记的党中央周围，改革创新、积极作为，奋力开创新闻出版广播影视繁荣发展的新局面，为实现“两个一百年”奋斗目标、实现中华民族伟大复兴的中国梦作出新的更大贡献。

（摘自蔡赴朝同志 2014 年 1 月 3 日在全国新闻出版广播影视工作会议上的讲话）

B.1
总报告

2013 年，中国社会主义现代化建设跨入一个新的历史阶段，十八届三中全会对全面深化改革作出战略部署，提出了推进文化体制机制创新的四大任务，即完善文化管理体制、建立健全现代文化市场体系、构建现代公共文化服务体系和提高文化开放水平。习近平总书记强调指出，要建设社会主义强国，着力提高国家文化软实力，推动文化事业全面繁荣，文化产业快速发展。全国广播影视战线深入学习贯彻中央决策部署，坚持以人民为中心的工作导向和以社会主义核心价值观为核心的宣传导向，坚持把社会效益放在首位、社会效益和经济效益相统一，扎实推进各项工作，广播影视产业发展加快转型，事业建设加快升级，取得重大进展和显著成绩。

一 2013 年中国广播影视发展新态势

（一）新闻宣传与节目创新创优取得重要突破

1. 推进新闻宣传全面创新，取得显著成效

2013 年，全国各级广播电视机构围绕中央和地方的中心工作和重大部署，加大新闻宣传创新力度，深入开展党的群众路线教育实践活动的宣传工作，大力宣传中华民族伟大复兴中国梦和社会主义核心价值观，弘扬主旋律，传播正能量，新闻宣传工作的影响力、公信力、引导力明显增强。2013 年全国电视观众对新闻类节目的喜爱率高达 74.77%，比 2012 年增长 8.59%，新闻类节目首次超越电视剧，成为中国观众最喜爱的节目。

在重大报道方面，重大突发性事件应急机制日趋成熟。全国两会、十八届三中全会等重大活动、重大主题报道精心策划，周密组织，内容精彩，导向鲜

明，深入人心。对十八届三中全会的报道立意高远，声势强大，采取百姓视角，融入群众情怀，深入浅出，效果良好。2013 年两会期间中央电视台新闻频道的收视份额达到了 3.07%，比 2012 年两会期间增长了 65%，创历史新高，改变了以往每逢重大主题报道“节目热闹、收视不高”的问题。习近平总书记和李克强总理出访、博鳌亚洲论坛、“神舟十号”载人飞船、“嫦娥三号”探测器登月、“蛟龙号”深潜等重大活动、重大事件报道浓墨重彩、隆重感人，激发了中国人民的民族自豪感。各种重大突发事件报道反应及时，报道主动，引导有力。对国外重大事件及时发出中国声音，表明中国立场，在国内外取得了良好的社会反响。

在日常报道方面，全国广播电视媒体深入开展“走转改”活动，着力增强服务意识，加大民生新闻报道比例，把镜头和话筒更多地对准基层群众，现场体验类、调查类、纪实类报道明显增多，新闻报道更接地气，更受欢迎。据统计，2013 年 1 月《新闻联播》社会民生类新闻的总时长比例同比增加了 10 个百分点。“最美系列”“倾听系列”以及各种中国梦主题报道，讲述平凡人的故事，可亲可敬，励志陶情，创新和丰富了典型报道的实践和理论。各种节日报道丰富多彩，凸显民族精神和生活风采，展示了民族精神内涵和文化底蕴。

在报道方式方面，全国各级广播电视机构积极适应新的传播环境，充分运用大数据、新媒体等方式，加快推动传统广电媒体与新媒体在宣传报道上的资源共享、联合互动和扩展延伸，有效拓展了宣传阵地，提高了宣传实效。

公益广告成为宣传的重要方式。2013 年广播电视制作公益广告 3 万余条，累积播出近 1000 万次，总长超过 600 万分钟。一些公益广告运用故事化表达，感人至深，有力传播了正能量。

2. 节目创新创优取得重要突破，从数量增长向质量提升转变成果初显

2013 年，全国生产制作广播节目总量为 739.12 万小时，同比增长 2.82%，增幅较上一年有所降低；全年生产制作电视节目总量为 339.78 万小时，同比下降 1.12%，但优秀节目和原创节目大幅增加，中国梦主题广播电视节目创作取得显著成效。在政策的调控下，广播电视节目的发展正逐渐由数量规模型向品质效益型转变。一是人文教育类节目耀彩回归，在节目娱乐价值、人文价值和教育价值的融合探索方面获得了新经验。涌现出《中国汉字听写大会》《汉字英雄》《超级演说家》等一批类型多样、形态各异的优秀原创节目，节目结构进一步优化，更好地满足了观众多样化、高品位的收视需求，打破了长期以来人文类节目“叫好不叫座”的魔咒。二是综艺类节目总量减少，总体品质明显提升。《中国好声音》《我是歌手》《中国好歌曲》等一批大片级的综艺节目持续火爆，以专业品质赢得了大众市场，不断推高中国综艺节目的水准，品牌效应大幅提升。《中国好声音》第三季广告招标总收益超过 13 亿元[①]，《爸爸去哪儿》第二季和《我是歌手》第二季广告招标总收益达 18.7 亿元，2014 年全国冠名费前十名的综艺节目冠名收入总计超过 16 亿元。优秀节目因其巨大的产业拉动力成为各台的竞争热点，有力挤压了“三俗”节目的空间。三是节目原创成为中国广播电视节目发展的新主题，从节目克隆到节目引进改造，再到节目原创的三级跳已经开始，中国的节目模式市场雏形已成，一批中国原创电视节目走出国门，进入欧美，跻身全球优秀电视节目行列，成为中国文化走出去的新生力量。四是各级广播电视台创新创优工作机制开始常态化制度化，纷纷设立节目研发部门、设置原创节目专项资金，创新创优成为广播电视节目工作的主旋律。五是国家新闻出版广电总局以公益、文化、原创为目标优化政策引导，采取资助、评估、推荐等措施，有力推动创新创优，充分发挥了市场与政府各自在节目创新创优中的独特作用。

（二）广播影视公共服务体系建设跨入全面升级新阶段

1. 现代广播影视传播体系加快升级

2013 年，全国广播电视传输网络向数字化、网络化、交互化、融合化加快演进，形成了中央与地方、城市与乡村、国内与国外相结合，无线、有线、卫星、互联网等多种技术手段并用，应急、集成播控、监管等日益完善的传输覆盖体系。国家应急广播体系建设取得实质性进展。到 2013 年年底，广播、电视综合人口覆盖率分别达到 97.79% 和 98.42%，同比分别增长 0.28 和 0.22 个百分点。

① 全书除特别标注外，货币单位均为人民币元。

广播影视数字化水平明显提升。到2013年年底，中国有线广播电视用户2.29亿户，入户率达到54.14%，数字电视用户1.72亿户，约占有线广播电视用户的74.95%；付费数字电视用户3498.41万户，约占数字电视用户的20.39%；双向化覆盖近9500万户，开通双向业务用户超过2850万户。高清电视、3D电视成为数字电视用户的标准配置。地面电视数字化加快推进，300多个城市已完成地面数字电视发射验收工作；卫星电视用户全部数字化，户户通用户达1309万，村村通用户达1909万。广播电视制播数字化取得新进展，中央三台全面实现数字化，省级台、地市台、县级台的数字化率分别超过90%、70%和50%。电影高新技术应用全面推开，数字化程度领先全球。农村电影全部实现数字化放映；城市电影放映基本实现数字化，影片卫星传输系统加紧建设。

2. 广播影视公共服务加快升级

全国广播影视公共服务整体提升。截至2013年年底，全国共设播出机构2568座，包括：电台153座，电视台166座，教育电视台42座，广播电视台2207座（其中含县级广播电视台1996座）。上述播出机构共开办4199套节目，其中：广播节目2863套（中国国际广播电台的65种语言对外广播不计在内），电视节目1336套。高清频道增多。2013年，中央、省、地市三级广播电视播出机构经批准开办的高清电视频道达50个，其中高标清同播频道44个，高清开路频道2个，全国范围内高清节目播出规模扩大。在节目服务方面，以公益、文化、原创为原则，广播电视台调整节目结构，强化节目创新，普遍加强了公益类、文化类节目的播出，节目服务特别是各省卫视节目服务的标准化取得突破性进步。

2013年，广播电视村村通、直播卫星公共服务户户通、西新工程、农村电影放映、县级城市数字影院建设等一系列惠民工程深入扎实推进。12个省（区、市）已提前完成“十二五”村村通建设任务，8个省（区）基本实现户户通。全国农村广播电视正处在由村村通向户户通升级、由看得上听得上向看得好听得好、由覆盖网络建设向服务网络建设升级的关键阶段。部分省（区、市）结合当地需求，在村村通工程基础上，实施“村村响”“渔船通”“广电低保”等项目，使广播电视覆盖到所有民众。农村电影放映工程伴随国家的城镇化战略进入新阶段，许多地区由流动放映向定点放映、由室外放映向室内放映、由服务农村居民到服务农村居民和进城务工人员升级。各类公益放映、主题放映活动在全国城乡展开。截至2013年年底，全国共有农村电影数字院线249条，完成影片订购870万场，观众共计约15亿人次。县级城市多厅数字影院建设快速推进，发达地区将数字影院建设重点下沉到乡镇。西新工程第五期建设的30个项目启动实施，西部及少数民族地区广播电视传输覆盖能力和民族语节目及影视剧译制能力明显提升。2013年，全国11个少数民族语电影译制中心共译制完成影片772部次，少数民族语言译制影片订购达到212784场。惠民工程的深入实施，有力推动了中国广播影视公共服务的均等化、标准化进程。

（三）广播影视产业发展进入结构调整和全面转型阶段

1. 广播电视产业增幅收窄，进入转型提质的关键阶段

2013年，全国广播电视行业总收入达到3734.88亿元，创收收入3242.77亿元，同比增长15.67%，增幅比上年降低了2.56个百分点，增长明显趋缓。广告收入在全国广播电视创收中处于龙头地位，2013年达到1387.01亿元，同比增长9.19%，增速比上年下降了3.93个百分点，广播广告和电视广告的增速分别降至2.74%和6.97%。这一现象意味着传统广播电视广告市场开始萎缩，广播电视台产业运营的商业模式亟待创新改革。有线网络收入754.91亿元，同比增长14.21%，增速比上年降了3.03个百分点，全国每个用户月平均收入（ARPU值）27.5元，比上年增长7.3%，扣除CPI因素，增长4.7%。这说明有线网络商业收入模式仍旧是基本收视费，增值业务发展加快，三网融合在总体上促进了有线网络产业增长。全国电视剧创作生产总体态势平稳，供大于求的局面得到初步扭转，2013年电视剧总投资103.7亿元，生产441部15770集，同比减少65部1933集；电视动画制作领域的投资额为16.14亿元，同比增长65.86%，生产电视动画片358部204732分钟，同比分别下降9.37%和8.17%。2013年，中国纪录片制作生产共投入13.03亿元，同比增长近3倍，全国共生产纪录片11000多小时，同比增长6.8%；中国纪录片实现行业总收入约23亿元，比2010年增长127.8%，三年翻了一番多。

随着节目质量的提升和版权交易的日趋活跃，以版权收入为主要组成部分的其他收入达到1592.92亿元，同比增长56.8%，比上年提高27.2个百分点。创收收入结构逐渐优化，传统业务收入比重下降，而新兴业务比重上升，版权运营商业模式加速成长，这是广电产业商业模式转型和产业增长换挡的重要表征。

2. 电影产业持续高速增长，国产电影打响票房翻身仗

2013年，中国电影市场结构继续调整，票房收入、银幕数量、观影人次等关键指标全面创历史新高，进一步稳固了世界第二大电影市场的地位，国产电影打赢票房翻身仗，成为票房增量的主要来源。在产量方面，2013年中国各类电影生产总量达824部，较上一年有7.7%的回落，其中故事片638部。院线上映的国产电影有所增加，达到326部，产能过剩调节成效初显。全年电影票房收入217.69亿元，同比增长27.51%，其中国产电影票房收入127.67亿元，同比增长54.32%，占总票房收入的58.65%，力压进口影片17个百分点。在2013年新增的近47亿元票房收入中，国产影片贡献率高达96%，成为拉动电影市场规模扩大的主要力量。中国内地电影票房约相当于北美地区（美国和加拿大）票房的1/3、全球总票房收入的10%，中国电影市场对世界电影市场格局的贡献和影响越来越大。电影设备制造、技术升级、基础设施建设以及由电影所拉动的相关衍生产业均高速增长，逐渐成为票房以外电影产业产值的支柱力量。在观影方面，中国城市影院观影人次达到6.169亿，同比增长32.4%，并连续3年保持30%以上的增速。观影人次的增长得益于影院建设的扩张。2013年，中国内地新增影院1048家，全国银幕总数达到18195块，平均票价34.91元，同比下降0.79元，电影票价10年来首次出现回落。电影服务网络的快速扩大和影片质量的提升，将进一步促进中国内地电影市场规模快速扩大。

（四）视听新媒体迅猛发展推动媒体融合加速深化

1. 新媒体产业进入发展黄金期，成为视听传媒产业生力军

随着宽带中国战略的深入实施，云计算、大数据等新一代信息技术迅猛发展，信息化建设进一步推进，中国视听新媒体产业迎来发展的黄金期，成为视听传媒产业生力军，其与传统广播影视的融合，颠覆了传统的传播服务方式，深刻改变着视听传媒的发展格局。截至2013年年底，中国网民规模达6.18亿，网络视频和网络音乐用户分别达4.28亿和4.53亿，同比增长15.2%和4.0%。IPTV用户稳步增长，截至2014年1月底，全国IPTV用户近3000万。艾瑞咨询的数据显示，2013年，中国网络视频的市场规模达到128.1亿元，同比增长41.9%。在网络视频产业结构中，广告收入占比达到75%，这与广播电视台产业收入以广告为主，呈现出明显的同构特征，势必导致广播电视台与新媒体在广告方面的正面竞争和此消彼长。

2013年，受产业融合影响，传统媒体与新媒体的依存渗透日益紧密，民营机构与国有机构的协同互补日趋广泛，合作共赢已成为行业发展的基本理念。广播影视行业以开放的心态主动寻求跨媒体、跨所有制的合作，与新媒体机构和民营企业利益共享、风险共担，实现了传统国有广电媒体无法独自达到的业务多元化拓展和赢利模式创新的新目标，产业融合给广电行业带来的红利初步显现。广播电视行业通过多种方式提升节目质量，在维持传统媒体受众存量的基础上，通过网台互动等方式在新媒体领域拓展受众增量，并取得了突破性成绩。一方面，广播影视内容大量进入视听新媒体，成为其基本内容支撑；另一方面，视听新媒体运营机构内容制作能力大幅提升，成为音视频内容的重要投资者、生产者，大量节目逆向进入电视频道。目前，由三网融合引发的网络融合、平台融合、终端融合格局已经形成，云传播和社交化成为视听新媒体的基本理念和基本传播架构。尽管媒体内容服务的融合取得了长足进步，但由于体制机制的差异，中国国有新媒体运营机构与民营新媒体机构实力差距仍很明显。

目前，中国视听新媒体产业已显现出内容定制化、推送精准化、服务方式社交化等特征。2013年，视听新媒体运营商纷纷加大版权内容库建设力度，打造多屏互动平台，提升终端性能，在与传统媒体融合互动中引导消费行为模式的改变，扩大视听新媒体消费市场。在内容上，视听新媒体产业整合了视听娱乐内容、社会综合服务、游戏电商等多种业务形态；在传播上，充分利用广电网、电信网和互联网等多种传输通道资源广泛渗透；在终端上，囊括了手机、平板电脑、多媒体游戏机、家庭媒体网关、数字电视机顶盒等多种形式，使用户在任何时间、任何地点都能享受到便捷的服务。

2. 视听新媒体产业并购加速，行业逐渐步入寡头竞争时代

近两年，国内视听新媒体领域的产业并购明显加速，这是视听传媒加速融合的市场体现。据统计，在2005～2011年六年间，国内网络视听行业一共发生了8起并购案，而2012年和2013年两年间所出现的并购案就达7起，并且并购金额大幅提升。从并购动机上看，网台融合、强强联合、优势互补、跨界整合和打通产业链的纵向整合，成为五大动因；从并购对象上看，优质内容生产商和拥有较多用户的渠道商成为产业资本追逐的“香饽饽”；从并购效果上看，视听新媒体市场集中度明显加强，一线网络视听企业与二、三线网络视听企业之间的差距进一步拉大，行业逐渐步入寡头竞争时代。通过并购进行市场资源整合，是中国视听新媒体产业发展的内在需求和必然结果，跨地区、跨行业、跨所有制产业并购的加速推进，促使视听新媒体产业规模和质量效益整体上明显提升。

（五）国际传播能力建设加速升级

2013年，紧紧围绕国家改革开放大局和大外交大外宣工作部署，广播影视积极推进对外开放，全方位、多层次、多方式推进国际交流与合作，“丝绸之路影视桥工程”即将启动，国际传播能力建设加速升级。一是国际一流媒体建设再上新台阶，中央电视台、中国国际广播电台在海外频道频率落地覆盖方面均取得重大进展。截至2013年年底，中央电视台已拥有6个语种、7个国际频道的对外传播频道群，节目覆盖全球170多个国家和地区，全球瞩目；中国国际广播电台拥有海外分台95家，覆盖全球48个国家和地区，覆盖城市人口2.8亿人。中央电视台和中国国际广播电台的传统媒体与新媒体协同发展，全球传播网络基本形成，传播覆盖规模均接近或达到世界一流媒体的水平，国际影响力明显提升，有力应对西方传媒霸主的挑战。二是本土化、市场化国际传播机制建设加快。中央电视台和中国国际广播电台国际传播的本土化、市场化探索取得成功，效果明显，国际传播的节目内容从广泛到达向深度影响转变。三是中央与地方、国有机构与民营机构齐头并进，民营机构成为走出去的重要市场力量。2013年，以中央电视台、中国国际广播电台为代表的国有媒体，加强建设全球新闻采编网络，让节目制作工作室在海外落地，节目对当地受众的贴近性、服务性更强，有力提升了影响力；以蓝海电视为代表的民营机构不断扩大海外投资，大胆与西方媒体竞逐市场，成为传播中国声音、讲述中国故事的生力军。四是电影走出去进入新阶段，中国电影国际影响力提升。一些民营电影制作机构进入好莱坞，谋求全球资源整合，电影产业国际合作开局。2013 年有 45 部中国电影走进 49 个国家和地区，海外销售达到 14.14 亿元，同比增长 33.02%，中国电影的国际传播能力不断增强。

（六）政策创新有力提升管理科学化水平

2013 年，国家新闻出版广电总局贯彻落实十八大和十八届三中全会精神，创新管理理念、措施和政策，坚持导向管理与质量管理相互促进，坚持宏观调控与正面引导有机结合，坚持行政管理与市场调节双轮驱动，坚持专业管理与社会监督相互配合，坚持系统设计与单项管理协调兼顾，行业管理工作稳中有进，取得良好效果。一是坚持社会主义主流价值观导向，通过设立引导扶持资金，大力推动中国梦主题节目内容的创作。二是改革行政审批制度，修订《广播电视管理条例》，取消一项审批权，下放了大部分电影的审查职能。三是采取节目结构化管理办法。在电影、电视剧、动画片实行备案公示的基础上，对纪录片、动画片和其他重要类型节目也实行备案公示和推优，并扩大省级上星频道在新闻、经济、文化、科教、生活服务、动画和少儿、纪录片、对农等类型节目方面的播出比例，达到了一石数鸟的效果。播出结构的标准化既夯实上星频道的公益定位，实现了对节目导向的管控，又促进了节目原创，扩大了纪录片、动画片播出需求，刺激节目制作业发展。这些政策获得了四两拨千斤的效果。四是加强社会监督，建立观众评议会机制，吸纳专家学者和制作机构、播出机构代表参与重要管理政策制定，根据听众观众投诉举报、互联网等媒体批评及时掌握节目动态，作出妥善处置，内外协同形成合力，引导节目正确走向。五是严格调控引进海外节目模式和同质化综艺节目的播出数量，通过创新创优栏目等评选工作，鼓励本土原创内容，尤其是能够弘扬和传承优秀传统文化的节目。六是严格规范市场秩序，在电影领域严厉打击偷漏瞒报票房现象，在广告领域对“送礼”广告、虚假违法医药广告展开专项治理活动。

政策创新，优化了管理手段，使市场能够更好地发挥资源配置作用，使政府更有效地发挥引导调控作用，纪录片、动画、电影、视听新媒体等广电产业各个领域均迎来发展的最佳时期。

二 2013年中国广播影视发展的新形势

（一）文化体制改革全面深化，更有利于广播影视改革发展

1. 文化体制改革新部署确立了广播影视改革发展新举措

习近平总书记指出，经济工作是党的中心工作，意识形态工作是党的一项极端重要的工作。建设社会主义核心价值观是国家治理体系与治理能力现代化的基础，是社会主义文化强国建设的核心要义。广播影视媒体作为意识形态建设的主要载体，其发展壮大事关社会主义核心价值观建设，事关社会主义文化强国建设，事关国家现代化建设，事关民族伟大复兴中国梦的实现。因此，舆论和价值导向永远是广播影视的首要责任，提升国民整体文化素质永远是广播影视的第一使命。不管如何推进体制机制改革，不管产业市场如何发展，广播影视改革发展必须把核心价值观建设放在第一位，确保正确舆论导向。

然而，现代传播领域的竞争和价值观的传播往往通过公共服务和产业竞争的形式来展开。谁提供优质和普及的公共服务，谁就拥有了建设价值观的基础；谁拥有了领先的市场份额，谁就拥有了传播价值观的优势力量。十八届三中全会对文化体制改革作出新部署，要求创新文化管理体制，转变文化管理职能，培育合格的文化市场主体。继续推进经营性文化单位转企改制，完善法人治理结构，加快公司制、股份制改造，形成符合现代企业制度要求、体现文化企业特点的资产组织形式和经营管理模式，切实提高导向把控、资本运作和市场经营能力。国家层面的《公共文化服务保障法》立法计划正在实施，《文化产业促进法》的立法研究也在进行。这些举措对广播影视改革发展意义重大。建设现代广播影视市场体系和现代广播影视公共服务体系是广电改革发展的两个基本任务，都应将其放在更加突出的位置上，都要强化市场机制的作用。广播影视产业要通过植入市场机制增强活力，广播影视公共服务要引入市场机制

以提高效率。如何更好地因势而谋、应势而变、顺势而为，融入国家经济社会发展新潮流和全球化传播新目标，广播影视取得了成果，积累了经验，但仍需进一步解放思想，大胆探索，开拓新局。

2. 文化产业扶持政策更具体，更有针对性，广播影视发展的政策支持更具实效

中央高度重视文化产业的发展，陆续出台多项扶持政策。十八届三中全会对文化领域全面深化改革也作出了部署，强化了文化产业扶持政策的紧迫性、自觉性和协同性。文化扶持政策更加尊重文化产业发展规律，更加注重借鉴国际经验，更加注重解决问题和扶持效果。2013 年以来，国务院及相关部委相继出台了《关于动漫产业增值税和营业税政策的通知》（财税〔2013〕98 号）、《关于推进文化创意和设计服务与相关产业融合发展的若干意见》（国发〔2014〕10 号）、《关于加快发展对外文化贸易的意见》（国发〔2014〕13 号）、《关于深入推进文化金融合作的意见》（文产发〔2014〕14 号）等政策。这些政策的一个共同特点是，既重视发挥市场机制的作用，也重视发挥政府的作用，从税收、金融、通关服务等方面营造更好的发展环境，增强竞争力。这些政策抓住了文化创意等产业链的薄弱环节，满足产业一线的需求，注重国内国外两个市场，导向明确，问题意识强，对体制内与体制外主体一视同仁。广播影视产业受惠面和受惠力度将更广更大，发展政策将进一步冲破体制束缚，促进改革创新。

（二）科技与视听传媒融合的广度与深度日益扩大深化，视听传媒新技术属性更加突出

当下，新的信息技术正在改变一切，推动媒体加快进化重生。传统广播影视经历了建设新媒体、与新媒体互动发展两个阶段之后，正在步入与新媒体全方位融合发展阶段，新技术基因改变着传统形态的广电媒体，使之与网络视听媒体融合而成现代视听传媒。媒介融合的外在表现形态虽然多样，但其核心是因技术融合而达到的功能融合，即多种媒介均可独立或“越位”合作完成视听信息的制播、传输和接收流程。数字技术、网络技术、通信技术、直播卫星技术、云计算技术等信息传播技术与广播、电影、电视技术之间相互渗透融

合，将以往单纯的视觉、听觉整合并扩大到人体全感官，将以往单一的信息制播传输过程多元化，新旧媒介均具备了数字化、网络化、信息化的“全媒体”特性。

而今，视听传媒的内容生产、传播、终端与消费环节都已融入高新技术，向互联网迁移和改造，催生了新的传播理念与模式、新的业务形态、业务流程和更加复杂的产业链，传播深度广度、产业潜能、关联面与规模急剧扩大。传输网络已广泛具备信息集成播控功能；播出平台向内容制作、集成与传播平台拓展；用户从消费者变成了内容生产者和传播者；视听传媒因为网络技术而无处不在，不断超越人们的经验，实现智能化，成为智慧城市和智慧家庭的载体和工具。目前，移动互联网、大数据、云计算等三大热点技术加快应用，将再造视听传媒业务模式，带来更大更多机遇。视听传媒新技术属性及其带来的服务属性凸显，迫切要求相关部门突破体制机制障碍，及时主动应用新技术；也迫切要求有关部门把握新技术发展趋势，尊重和适应新技术，不断创新发展布局、管理体制和管理政策，促进视听传媒与新技术的深度融合。

（三）主要发达国家广电机构已基本完成与新媒体的融合，形成新的相对优势

从全球广播影视发展实践来看，传统广播影视与新媒体已进入融合共进、优势互补的新阶段。主要发达国家的广播影视在市场的引导下，紧随互联网媒体发展并运用新的技术改造自己，率先基本完成传统广电媒体与网络视听媒体的融合，实现了传媒物理层面的融合、功能与业务层面的融合、运营机构的融合、多元服务的融合、商业模式的融合，以及体制的融合和政策的融合，形成了互联网时代新的视听传媒格局。新技术打破了传统广电传媒产业链，视听传媒产业重组加快。2013 年，全球娱乐、媒体和通信行业的并购交易活动愈加活跃。美国广播电视领域交易额为 253 亿美元，占其媒体交易总额的 1/8。广电传媒从新媒体技术获得发展动力，再次实现快速发展，全球传播力和竞争力进一步提升。西方国家借由文化贸易和国际传播推行的思想文化与价值观念输出，更加广泛和便捷。

（四）多方资本集结视听传媒，并购重组推动传媒产业变革

新技术使传媒产业与更多的相关产业接驳和融通，新政策响应新技术要求，不断降低传媒产业准入门槛，硬件商、解决方案服务商、网络运营商、内容制作与运营商、终端制造商、电商等相关产业运营商集结视听传媒行业，形成了前所未有的竞争格局。视听传媒成为投资与资本运作的热门，以互联网为轴心，视听传媒与相关产业的混业和融合运营成为新的产业现象。从 2013 年起，视听传媒产业的并购与重组挂上加速挡。中国沪深两市涉及影视、广告、游戏等领域的并购事件 55 起，涉及金额近 400 亿元。阿里巴巴接连出手，先后以 62.44 亿港元并购文化中国 60% 的股权、以 65.36 亿元购买华数 20% 的股权，与云峰基金以 12.2 亿美元购买优酷土豆 18.5% 的股权。这是近来传媒与娱乐产业重组的典型案例之一。

诸如此类的产业并购重组深刻改变着中国的传媒格局。一是单一传媒业务运营不复存在，传统广电媒体业务和视听新媒体业务都与相关产业空前融合，视听传媒产业卷入相关产业大循环，产业运作被产业链运作取代，其核心价值和边际价值将呈几何级数放大；二是巨无霸式的视听传媒娱乐机构改变了竞争生态，视听传媒产业集中度大幅提高，资本的竞争门槛抬高，唯有创新和创意能成为稀缺资源，带给企业发展新的希望；三是中国原有的视听传媒体制将发生变革，体制内体制外企业、国有民营企业将自动打通，社会投资的大量进入，要求建立视听传媒产业领域的混合所有制。在这种条件下，国有视听传媒如何主导行业发展格局、通过什么样的治理方式实现预期的视听传媒发展目标，成为管理部门的新课题。

三　2014 年中国广播影视发展的新趋势

2014 年将是中国广播影视改革发展的关键一年，很多机遇将展现出来，也有一些机遇窗口将逐渐关闭。目前看来，中国广播影视仍将沿着媒体融合、产业转型、服务升级演进，步入一个新的高速发展阶段。

（一）传统广电媒体与视听新媒体全面融合加速，视听传媒新格局即将形成

媒介融合肇始于技术创新，加速于制度创新，深化于市场创新。2014 年传统广电媒体与新媒体将进一步深度融合，媒介融合、产业融合与体制融合勾连缠绕、互相促进，开创视听传媒新格局。

1. 广电机构走向全媒体机构

传统广电媒体与视听新媒体之间的业务边界消融，无论是传统媒体还是新媒体，在新的技术条件下都向数字化、网络化、移动化、社交化、融合化发展。近年来，传统广电媒体生存与发展的压力越来越大，融合发展成为共识，忧患意识和变革动力空前增强。

一是传统广电媒体机构将转变为全媒体机构。有实力的广电媒体将着力于多媒体、多业务发展，建设报刊、广播电视、网络、手机等多种媒体形态协同互补的全媒体，并加快调整内部组织架构以及内容生产的方式，打造现代全媒体运营商。在这种背景下，传媒机构竞争的马太效应将进一步凸显，领先的广电媒体将通过资源聚合跨界发展，迅速成长壮大，而滞后的广电媒体将局限在传统领域，市场空间和影响力将日渐萎缩。因此，应进一步创新政策，允许和支持优势媒体机构打破地域限制，与弱势媒体机构在产业领域以强带弱，整合发展。

二是播出机构走向网络平台化、社交化运营。广播电视媒体适应新的传媒与消费环境，必须走平台化、社交化运营模式，以优质节目为基础，打造集内容集成、节目搜索、多终端播出、多媒体互用、多商业模式互济的综合性视听运营和服务平台。广播电视台要由目前相对封闭单一的节目生产与提供商，转变成为开放的、综合性的视听传媒产业实体。

2. 视听传媒新体制将加快建设

中共中央政治局委员、中宣部部长刘奇葆指出，推动媒体融合发展，既需要进行技术升级、平台拓展、内容创新，也需要对组织结构、传播体系和管理体制作出深刻的调整和完善。从目前情况看，一些体制机制不能适应融合发展的要求，束缚了生产力发展。要加快改革步伐，积极探索创新，推动形成一体

化发展的体制机制，为融合发展提供坚实和有力支撑。在融合发展背景下，除了传统广播电视媒体机构之外，电信运营商、网站运营商、内容供应商、技术服务商、终端生产商等都纷纷介入视听产业各个环节，社会化和市场化程度大幅提升，视听传媒主体日趋多元。目前，传统媒体机构与新媒体机构的竞争在一定意义上是体制之间的竞争。促进传统媒体和国有媒体产业发展壮大，应尽快进行体制松绑，允许其按市场机制进行产业运营，允许其吸纳社会资本，开展资本运作，向混合体制转变，对重要媒体机构实行特殊管理股机制，拧紧“安全阀”。行业管理应向视听传播业务全覆盖，建立覆盖所有视听传媒业务的统计指标和管理体系，加快实现从广播电视体制和视听新媒体体制分隔向视听传媒一体化体制演进。

（二）推进全面转型，现代视听传媒产业将持续高速增长

十八届三中全会提出，要建立健全现代文化市场体系，这一部署及相关政策将有力推动现代视听传媒产业全面转型和快速发展。

1. 产业结构加快转型，视听传媒产业将持续高速增长

传统广电与视听新媒体融合发展将带来商业模式创新、产业结构调整和产业要素聚变，视听传媒产业因融合而获得巨大发展动力与机遇，进入新的快速发展周期。影视版权收入增长进入快车道，并成为视听传媒产业最有潜力的增长极。虽然传统广电媒体广告收入增速持续下滑并可能出现负增长，特别是欠发达地区省级台、地市台广告可能大幅萎缩，但视听传媒广告产业总体仍将高速增长。优质节目的广告价值进一步扩张，新兴视听传媒因广告与销售的链接将带来广告产业的爆发性增长。有线网络向综合服务运营商转型，商业模式多元化，收入将持续保持两位数增长，与中国移动、中国电信、中国联通三大通信服务运营商的差距将加快缩小。随着中小城市影院建设的普及和银幕的大幅增长，观众观影习惯逐步形成，电影票房在未来十年仍将高速增长，电影衍生收入步入成长期，艺术电影消费土壤加快形成，推动中国电影格局新变革。影视产业将由主要注重国内市场向国内国际两个市场并重转变。商业视听传媒与其他产业的融合日益深化，带动效益延展，对国民经济的贡献将显著增长。

2. 产业体制加快转型，现代视听传媒产业市场体系日益健全

随着广播电视制播分离的深入推进、新兴媒体产业体制的日益成熟和融合程度不断加深，视听传媒产业体制加快向市场主导转型。市场准入和退出机制基本确立，各类视听媒体特别是新兴媒体市场平等竞争，优胜劣汰。国有经营性广电单位转企改制，向公司制、股份制转型。视听传媒企业跨地区、跨行业、跨所有制兼并重组将继续扩大，产业规模化、集约化、专业化水平有望加快提升，混合所有制企业越来越多，金融资本、社会资本加快同视听传媒资源聚合，视听传媒的资本“饥渴症”快速缓解。多层次视听服务产品和要素市场加快成熟。与此相适应，视听传媒的“管理”理念应转换成为“治理”理念，管理体系要转变为治理体系，由行政手段为主向依法管理与行政手段并重转变，由政府管理为主向政府管理、社会管理并重转变。在转型过程中，内容管理、导向管理与质量提升将放在更加突出的位置，舆论阵地建设的实现形式将从事业载体为主向产业载体为主转型。

3. 视听传媒产业重组加速扩大，产业链经营催生产业巨头

产业链重组构成新的视听传媒竞争格局。为了集聚更多市场资源和占领更大市场份额，视听传媒产业链上的企业纷纷从优势环节介入，向上下游延伸，联通各产业环节，构建自我循环的产业链或产业群，形成“平台 + 内容 + 终端 + 应用”产业模式，谋求收益最大化。

视听媒体机构之间的并购重组继续向内容与终端两个方向倾斜。通过并购重组，优势媒体横向能够扩大规模、降低成本，巩固行业优势地位；纵向能够补齐产业链短板，完善产业布局，构建“多元化内容 + 多元化渠道布局 + 多元化用户 + 多元化收入”的商业模式；跨界并购重组还将线上线下商业模式融为一体，拉动实体经济和虚拟经济共同发展。并购重组催生的优势媒体将逐步向规模化、集约化、专业化、综合化的大型传媒集团演进，必将有力增强中国视听传媒产业的国际传播力与竞争力。

（三）夯实政策保障，现代广播影视公共服务体系将全面升级

建立现代公共文化服务体系是十八届三中全会部署文化体制改革提出的一项重要任务。在十多年来广播影视惠民工程实施的基础上，在政策要求和支持

下，现代广播影视公共服务将沿着新技术应用、标准化和均等化全面升级。

1. 传输覆盖网络和内容服务将向普及化、标准化和均等化发展

“十二五”末期，广播电视村村通、户户通都将基本实现，地面数字电视网初步建成，有线广播电视数字化、交互化加快推进，宽带网、4G网和网络视听业务日益普及，农村电影放映将从流动放映向固定放映、从户外放映向室内放映转变，城镇影院建设从东部向中西部推进，现代化的广播影视服务网将覆盖到全国城乡。数字技术、信息技术将广泛应用到公共服务中，公共服务的数字化水平将大幅提升。

在此基础上，公共服务的重点将由网络建设转变为内容服务。应积极推进内容服务的标准化、对象化，尽快确定基本公共服务的节目范围和标准，建立群众评价和反馈机制，推动公共服务与群众需求有效对接，保证提供多类型、多层次和针对性强的节目服务。

围绕公共服务目标，相关部门应明确不同公共服务机构的功能定位，建立法人治理结构，完善绩效考核机制。与此同时，引入竞争机制，鼓励社会力量、社会资本参与公共服务体系建设，推动公共服务从政府包揽逐步转变为政府主导、政策调控、市场参与，进一步提高公共服务绩效。

2. 公共文化服务立法进程加快，广播影视公共服务进入制度化发展阶段

目前，全国人大的《公共文化服务保障法》立法工作已经启动，十多年来各项文化惠民工程的有效做法和经验将上升为法律条文。公共服务设施网络、服务提供、政府责任、政策保障等均将纳入法律规范。广播影视公共服务的运行与提供，将从依靠政策推动向依靠法律保障升级，实现服务的制度化、规范化、常态化，使之不因决策部门注意力的转移而变化，不因政府机构调整而削弱。可以预见，中国特色广播影视公共服务制度有望在未来十年左右基本形成。届时，广播影视公共服务“中国模式”将趋于成熟，演进为有别于“美国模式”和“英国模式”的全球第三种模式，成为中国文化软实力的重要组成部分。

B.2

第一章 2013年中国广播电影电视发展状况

第一节　广播电视新闻宣传

2013年以来，全国广播电视系统紧紧围绕党和国家工作大局，深入宣传贯彻落实党的十八大、十八届三中全会精神和中央的各项部署，始终把握正确的舆论导向，坚持新闻立台，坚持“三贴近”，进一步深化“走转改”，不断创新和改进新闻报道内容与方式，大力推进节目创新创优，加强和改进广播电视宣传管理，全国广播电视新闻宣传工作呈现一派清新之风，为实现中华民族伟大复兴的中国梦提供了有力的舆论支持和强大的精神动力。

一　广播电视重大新闻报道创新

新闻报道是广播电视的中心任务。2013年以来，全国广播电视系统紧紧围绕党中央、国务院的重大决策部署和地方党委政府中心工作，牢牢把握正确的舆论导向，着力增强舆论引导能力，在重大主题、重大活动、重大突发事件的宣传报道形式和手法上加大创新力度，均取得了显著成效。

（一）重大主题和重大活动报道进一步创新

1. 全国两会和十八届三中全会报道面目一新

2013年以来，中央人民广播电台（以下简称中央电台）、中国国际广播电台（以下简称国际台）、中央电视台（以下简称央视）和地方广电机构加大对全国两会等重大会议宣传报道工作的创新力度，力求报道“短、实、新”，在这些重要会议召开期间营造了良好的舆论氛围，准确生动地将会议精神传播给国内外的听众和观众。

一是创新报道形式，彰显清新朴实的报道风格。全国主要电台电视台利用现代技术手段创新两会宣传报道形式和手法，用群众喜闻乐见的方式传播两会主要内容、传递两会的民生关怀，有效引导社会关注。在 2014 年全国两会期间，央视旗舰栏目《新闻联播》专门推出了多个新颖的专栏或版块，利用时下社会关注度较高的大数据技术等，创新两会报道形式，令两会报道别开生面。其中，《两会说吧》栏目，通过搭建在北京、上海、广州、重庆、郑州、沈阳等重要城市的红色小亭子，让观众可以在这些没有记者、只有摄像头的独立空间里吐露心声、表达期许。内容质朴真实，十分感人，得到社会各方面的肯定与好评。由央视与多家互联网公司联合制作的新栏目《两会大数据》，通过大数据技术去捕捉、挖掘和分析全国两会期间网民上网留下的数据痕迹，揭示数据背后隐藏的某种规律或趋势性的信息。透过对这些数据、图表的分析，让广大观众从另一个侧面感受到全国两会在百姓心中的地位和作用，形式活泼生动，给人印象深刻。为充分发挥广播电视声画结合的优势、增强两会报道的现场感和亲切感，全国主要电台电视台还在 2013、2014 年两会报道中改变以往相关报道由播音员通读领导讲话、统领新闻的做法，更多呈现了党和国家领导人与代表、委员们对话交流的现场同期声，传达了丰富的内涵和正能量，效果良好。

二是强化报道的时效性，及时传递两会动态信息。为及时报道全国两会热点，传递两会动态，全国和地方主要电台电视台实时跟踪报道两会议程、新闻发布会和代表委员的审议讨论情况；在全天各重要时段的重点栏目中滚动播出相关资讯，并高频次连线前方记者和专家进行现场报道或述评，总体呈现出信息量大、节奏紧凑和时效性强等报道特点。以央视为例，2013 年全国两会期间收视份额达到了 3.07%，比 2012 年增长了 65%，创历史新高。改变了以往每逢重大主题报道“节目热闹、收视不高”的报道局面。

三是注重抓住会场内外细节，增强两会报道吸引力、亲和力。在 2013、2014 年全国两会报道中，中央和地方电台电视台注重挖掘两会细节，深化会议报道。比如，2014 年全国两会报道中，央视报道了会议代表们使用的茶杯、瓶装水等都贴上写有个人名字的标签，代表委员们来京参会在机场拼车，代表手中没有纸质报告等细节。透过这些细节报道，展示了两会的节俭新风。

四是着力发挥新媒体作用，进一步扩大舆论主阵地。在 2013、2014 年全国两会期间，中央和地方各级电台电视台注重利用微信、微博和客户端等新媒体传播平台，不断创新会议报道形式。中央电台、国际台、央视利用旗下的网络广播电视媒体，微信、微博公众账号以及客户端等，使用多语种，运用高清直播、视频点播、动画、微博微信互动等各种方式，开设重点专题或栏目，强化对话、交互、点播等多媒体特色，实现规模传播效应，有力引导新媒体舆论。央视《晚间新闻·“据”说两会》栏目品牌形象“数据哥”受到网络热捧，“数据哥”官方微博建立当日粉丝量即过万。“数据哥”是由两会“热词”组成的人形图像，词的大小、位置、颜色深浅都根据互联网海量客观大数据产生，观众可一眼了解民众关注的领域、最希望解决的问题。有关舆情监测显示，97% 的网民认为“数据哥”的形象准确传达了民众对两会的真正诉求。地方广播电视媒体均通过自己的微信、微博公共账号及时发布两会动态，有的还积极与重点门户网站、大型商业网站、搜索引擎等联合进行两会宣传报道，进一步拓展了两会报道的深度与广度。

十八届三中全会是党和国家政治生活中的一件大事，也是关系中国未来十年改革发展的一次重要会议。中央和地方各级电台电视台精心策划，紧扣社会和民众关切，会议报道平实亲和，加强专家解读，强化台网互动，实现了全方位、全媒体、立体宣传常态化。中央电台经济之声举办了 10 多场“大国大时代——中国经济十月谈”全媒体系列时事报告会，并在经济之声频率、央广网及其他新媒体平台上同步实时呈现，为公众更好地领会全会精神发挥了重要作用。

2. 中国梦、党的群众路线教育实践活动等主题报道丰富多彩

党的十八大以来，中国梦一词随着媒体的高频度报道传遍海内外，迅速深入人心。全国各级电台电视台紧紧围绕中国梦主题，通过多种报道讲述和阐释各条战线、各领域人们寻梦、追梦、筑梦和圆梦的动人故事，进而增进广大群众对中国梦的切身理解和共识共鸣。2013 年 4 月至 11 月，央视和中国网络电视台策划推出了“出彩人生：中国梦我的梦”主题活动，面向全球观众征集有关“国家富强梦”“民族振兴梦”和“幸福生活梦”的精彩故事。同时，在央视新闻频道和《新闻联播》等重要栏目开辟专栏进行节目展播，在人民网、新华网、中国网等多家重点网站设置专题页面，推介优秀节目视频。中央电台中国之声精心策划《听见中国——我的中国梦》，多路记者用脚走、用眼看、用心体会，运用纪实等多种手法阐释和传播中国梦，引发了较好的社会反响。国际台围绕中国梦主题开辟了 50 多个专题专栏，持续深入地“用世界语言，讲述中国故事”。其中，国际在线中文网和多语种网站推出了“共筑中国梦”等专题，积极利用境内外多种新媒体平台摘编发布有关中国梦的报道，扩大传播覆盖面，增强了各国受众对中国梦的了解和认同，推动形成实现中国梦的良好国际舆论环境。上海、天津、广东、湖南、浙江、重庆、安徽、江西等省市电台电视台主动作为，积极开办了“同心奔小康　共筑中国梦”“中国梦·我的梦”“圆梦直播间”等专题专栏，通过讲述人们身边普通人的追梦故事，引导广大人民群众将个人梦与中国梦很好地结合起来，汇聚梦想，凝聚力量。

从 2013 年 6 月开始，党的群众路线教育实践活动（第一批）在全党深入开展。全国各级电台电视台加大力度、形成声势，为全面深入搞好此项活动提供了强大的舆论支持。一是中央和地方电台电视台都推出了一系列相关的专题专栏节目，宣传中央的重大决策部署，反映教育活动的主要进展，介绍各地典型经验，重点关注活动推进中的各种热点问题，进一步统一思想、汇聚能量，促进教育实践活动的扎实有效开展。二是通过播发重点评论言论，树立正气，狠刹“四风”，形成有力的舆论引导。中央和地方主要电台电视台通过重点新闻栏目，播发各类评论性报道、新闻短评、编后话以及摘播重点报刊评论文章，有效引导群众路线教育实践活动不虚、不空、不偏，推动活动健康深入开展。同时还旗帜鲜明地表彰先进，针砭时弊，帮助群众明辨是非，充分发挥主流媒体的舆论引导作用。三是充分利用新媒体传播平台，进一步扩大宣传。中央和地方主要电台电视台官方网站大都开设“党的群众路线教育实践活动”专题，全方位开展活动宣传报道，积极营造网上舆论正能量，努力实现传播效应最大化、最佳化，营造了良好的舆论氛围，形成强大宣传声势。

此外，全国主要广播电视媒体对第十二届全运会开幕式闭幕式、2013 年博鳌亚洲论坛、2013 年夏季达沃斯论坛、第五届海峡论坛、第十届东盟博览会、第三届中国—亚欧博览会和中阿博览会等一系列国内外重大活动进行全面及时的报道，进一步增强了电台电视台的信息服务和舆论引导功能。

（二）重大事件报道应急反应机制基本形成

2013 年，全国各级电台电视台进一步建立健全重大事件报道应急机制，积极参与、快速跟进国内外重大事件报道，及时发布权威信息，排解社会情绪，掌握话语权，广播电视媒体公信力、影响力和舆论引导力明显增强。

1. 重大突发性事件报道与应急机制日益成熟

2013 年，全国各级电台电视台不断健全应急报道机制，在应对重大突发性事件上及时反应、快速出击，努力实现从“先声夺人”到“一路领先”。广播电视成为重大突发性事件的权威信息发布渠道。

2013 年 4 月 20 日，四川雅安芦山县发生 7.0 级强地震。灾难发生后，央视综合频道和新闻频道中断正在播放的节目，快速作出调整：一方面，及时准确地播发地震新闻，通报前方最新讯息；另一方面，快速启动了重大事件报道的二级响应机制，迅速搭建了新闻指挥中心，调动 66 路记者深入灾区开展新闻报道，通过直播报道等形式及时准确地报道抗震救灾第一线的消息。四川广播电视台迅速启动应急预案，派出 83 组特别报道小组赴灾区一线，以卫星直播、电话连线等多种方式开展报道。上海、浙江、江苏、宁夏、安徽、湖北、深圳等省市卫视频道快速反应，暂停常规节目的播出，打通全天的时段，直播雅安地震情况。全国其他省市主要电台电视台也纷纷派出记者和技术人员奔赴灾区，进行现场采访报道。报道中，各台注重前方后方的有效联动，以及传统媒体与新媒体的密切协同。媒体的大联合、大行动在抗震救灾、服务灾区民众、维护灾区社会稳定方面，发挥了重要作用。

国家应急电台的开播是 2013 年广播电视事业发展的亮点，也是近年来中国建设应急广播体系的重要成果。四川雅安芦山地震发生后，中央电台联合地方电台在四川芦山迅速开播了国家应急广播——芦山抗震救灾应急电台，成为国内首个面向灾区听众播出的应急电台。芦山应急电台采用前后方协同制作播出以及台网互动模式，全天 24 小时滚动播出。在 32 天的时间里，应急电台累计播出稿件 2000 多条，及时为当地抗震救灾工作提供了点对点的信息服务，凝聚了人心，传播了正能量。应急电台被誉为当地政府的“大喇叭”和百姓的“求助台”，探索了重大突发性事件广播电视应急报道的新模式。

在甘肃定西地震、超强台风“海燕”以及新疆鄯善、和田发生暴力恐怖袭击等突发性事件后，中央和地方各级电台电视台反应迅速，及时跟进，为抗灾救灾工作以及重大突发性公共事件的及时处置提供了强大舆论支持。在定西地震报道中，央视启动了重大公共突发事件新闻报道二级响应机制，传统媒体与“央视新闻”新媒体、国际视通等新媒体平台联动，及时发布权威信息和提供服务信息，有力引领了新媒体和国际媒体舆论场。

在 2013 年强台风“海燕”的报道中，央视及时调度亚太中心站、马尼拉站、吉隆坡站等海外站点记者奔赴灾区进行报道，央视新闻频道、中文国际频道打破常规节目编排，推出特别节目，持续关注“海燕”动向，并适时引入越南国家电视台的直播信号，全面报道“海燕”对各地的影响。央视国际视通在不到一天的时间里对外整合发布的 34 条台风“海燕”报道视频素材，共被美国有线电视新闻网（CNN）、英国广播公司（BBC）、美国全国广播公司（NBC）、哥伦比亚广播公司（CBS）、卡塔尔半岛电视台（Al Jazeera）等 620 家境外媒体使用近 5000 次。

在新疆鄯善、和田两起暴力恐怖袭击事件报道中，中央和新疆当地电台电视台加大舆论引导力度，主动发声和回应国际国内关切，第一时间发布权威信息，报道事实真相，旗帜鲜明地表明中国政府坚决打击恐怖势力的决心和态度。据不完全统计，在此期间，新疆人民广播电台编译中央主要媒体稿件 800 余篇（次），发稿 500 余篇，推出特别节目 33 期。新疆电视台播发消息评论 480 余条、专题节目 78 期、宣传片 240 次。全疆各州（市）广播电视播出机构也在重要时段转播了中央和自治区电台电视台的重要节目（栏目），为维护新疆社会稳定和各民族团结发挥了重要作用。

2. 国内外重大事件报道有速度有深度

近年来，全国广播电视系统在国内外重大事件报道中，始终坚持“及时准确、公开透明”的报道原则，出色完成了各项宣传报道任务。在 2013 年国内外重大事件中，中央电台、国际台和央视及时跟进、快速反应，注重调动各种新媒体手段和各类新闻资源，展开全方位、多层次、多角度的连续报道，第一时间传播中国的声音，有力引导了舆论，产生了积极的社会影响。各级地方广电机构也积极参与，着力引导社会舆论，彰显主流媒体的使命责任。

2013 年，“神舟十号”载人飞船、“嫦娥三号”探测器登月以及“蛟龙号”深潜等重大事件引起了国内外广泛关注。为向全世界展现中国科技事业的伟大成就，生动记录中华民族征服太空、探索海洋的辉煌时刻，中央和地方电台电视台精心谋划，创新形式，举全台之力投入这些重大事件报道中。其中，承担电视直播报道任务的中央电视台，通过综合、新闻、中文国际等八个频道全景式、多角度呈现了“神舟十号”和“嫦娥三号”发射的壮观场景。特别是对“嫦娥三号”登月之旅的报道，央视采用虚拟演播室技术，生动形象地展示了着陆器着陆的全过程、月球车与着陆器互拍、月球车在月球表面工作等情况，为观众提供了一场“视觉盛宴”。中央电台的现场直播充分依托前方现场报道点，充分融合官方微博、微信等新媒体手段，全程直播报道载人航天任务。相关直播内容被其他媒体广泛转载，收到了较好的传播效果。

2013 年，美国广播公司（ABC）辱华事件、日本安倍政府各种错误言行等严重伤害了中国人民的感情，激起了海内外中华儿女的强烈愤慨。中央和地方主要电台电视台快速反应、沉着应对、稳妥把握，第一时间发布中国政府表态的信息，通过制作系列的专题专栏深度报道有关信息和各方评论，强烈谴责上述错误言行，及时阐明中国政府的严正立场，反映中国人民的正义之声，有力地配合了中国的外交斗争，在捍卫国家主权和民族尊严上打了一场漂亮的国际舆论战，赢得了国际社会的广泛支持。

全国主要电台电视台在 2013 年国内外重大事件报道方面取得重要进步，一旦发生，及时跟进，密切和持续关注事件进展，强化新闻报道的服务性，全面提供各种信息，满足受众的需求。

二 广播电视日常新闻宣传工作创新

2013 年，全国广播电视宣传工作紧紧依靠新闻立台、强化媒体责任和用好新媒体等几个关键抓手，将贯彻中央重要部署与关注民生、聚焦基层和建设有影响力的强势媒体紧密结合，不断创新工作方法和宣传模式，努力使宣传工作上通下达、精彩纷呈、富有实效。

（一）广播电视“新闻立台”实践取得新进展

2013 年，中央以及地方电台电视台进一步强化“新闻立台”理念，不断创新，推出了一批群众喜爱的新闻栏目和节目，广播电视新闻节目的信息量、针对性、时效性和影响力都进一步增强，社会反响较好。美兰德调查数据显示，2013 年全国电视观众对新闻类节目的喜爱率高达 74.77%，比 2012 年增加 8.59 个百分点，新闻类节目首次超越电视剧，成为中国观众最喜爱的节目之一。

1. 强化时政新闻，巩固立台之本

一是运用“加减法”来提升时政新闻的传播品质。2013 年，全国各级广电媒体在时政新闻报道数量、篇幅和时长上大做“减法”，特别是在对领导同志活动和会议新闻的报道上，明显“瘦身”。一直以来，央视旗舰栏目《新闻联播》是全国新闻宣传工作特别是时政新闻的“风向标”。党的十八大以来，央视《新闻联播》的改版力度明显加大，“变脸”后的《新闻联播》每天播发中央领导同志活动的新闻一般不超过 15 分钟，全年共播发中央领导活动新闻 2200 条，约 3100 分钟，仅占全年时长的 28.3%，报道数量和时长较 2012 年均有明显下降。在做好“减法”的同时，全国各级电台电视台努力做足“加法”，更加注重现场报道和挖掘精彩细节，新闻报道力求“短”“实”和“新”，突出广播电视特色。央视《新闻联播》2013 年 2 月 6 日播出李克强总理在内蒙古考察和访贫问苦时，百姓家中小孩光屁股在炕上躲进躲出的场景细节，给观众留下了深刻印象。这种报道在以往的时政新闻中十分鲜见。广东电视台新闻频道 2013 年创新编播思路和模式，在日间版面上实行“整合全媒体滚动新闻信息 + 大版面直播”，对突发事件、热点事件做滚动报道和专家连线访谈，推出了 60 多场次大型特别节目直播，取得了较好的社会效益和收视效果。

二是更加注重头条新闻的选择与编排。头条是整个新闻节目的首个“兴奋点”，往往表明广播电视机构的新闻立场。2013 年，央视《新闻联播》摒弃了过去主要领导同志活动必成头条的做法，重点将党和政府关心、社会关注、百姓关切的热点话题或社会热点新闻作为头条，如多地天然气供应紧张、多地出现雾霾、成都曹家巷拆迁、互联网思维等。据统计，此类新闻报道在2013年央视《新闻联播》头条新闻中占了一半以上。此外，各级电台电视台还在头条新闻形式上大胆创新，除惯常的消息新闻、短新闻之外，还不时推出系列报道或专题，努力在新闻的深度与广度上下功夫，将头条新闻做深做透，增加头条新闻的信息量。2013年1月12日，央视《新闻联播》头条新闻是《我国多地雾霾笼罩》，紧跟其后的有新闻背景、专家解读和编后话等四篇报道，信息量大，可视性强。这是《新闻联播》组稿和新闻编排上的一个突破。

2. 做深做透民生新闻，深挖立台之源

2013年是中国民生新闻发展的第十一个年头。各级广播电视台继续深入开展"走转改"活动，把镜头和话筒更多地对准基层、一线和群众，聚焦群众火热的社会生活和改革开放实践，新闻宣传的贴近性和社会的关注度明显增强。

一是加大民生新闻报道比例，关注民生渐成主流。2013年，央视、中央电台深入推进"走转改"活动，着力加大民生新闻播出比例，把版面和镜头更多地留给百姓，努力增强新闻节目的亲和力、感染力、引导力和影响力。其中，央视《新闻联播》经重新改版后，民生新闻占据了主要版面。以2013年1月份的播出统计为例，其社会民生类新闻的时长从2012年同期的386.2分钟增加到496分钟，占总时长比例从50.68%上升到60.81%。地方电台电视台特别是省级地面频道、地市级城市电台电视台等立足本土，凸显地域特色，加大民生新闻的比例，注重从"为民""惠民""便民"等角度进行宣传策划和报道，更加强调"平民化视角"和"接地气"，进一步拉近电台电视台与受众的心理距离。

二是创新报道方式，提高新闻报道的吸引力。2013年，各级电台电视台的民生新闻主动抵制"三俗"，不搞噱头。首先，在内容选择上，更加关注那些党和政府关心、社会关注、百姓关切的话题或问题，如医疗、社会保障、安居工程、春运购票等。其次，在报道的把握上，注重报道效果的建设性，重点强调化解各种矛盾，帮助群众排忧解难，让民生新闻更有热度和温度。再次，在报道形式上，大量借用纪录片的纪实手法报道民生新闻，通过跟拍、长镜头等方式还原现场、展示情节、记录细节，追求报道的故事性、感染力，增强民生新闻的吸引力，取得了很好的收听收视效果。

3. 强化新闻评论，高举立台之旗

2013 年，各级电台电视台加大新闻评论力度，新开办了一批有影响力的评论类栏目节目，增强舆论引导能力，及时快速发出主流媒体声音，提升主流媒体的权威性和影响力。央视、中央电台加大了新闻评论节目比重。央视《新闻联播》、各整点新闻等重点新闻栏目还建立了新闻评论员制度，邀请评论员对社会热点问题进行实时点评，及时表达立场、引导舆论，彰显国家台的社会责任和职责使命。全国省级上星频道、地面频道也加大了新闻评论的分量，在重要的新闻时段推出常态化评论、系列评论和专家现场点评等多种类型的评论节目，着力提升新闻言论在节目中的地位，有效推动了相关问题解决，赢得了观众信赖和社会好评。

（二）加强公益类节目，彰显媒体责任

2013 年，全国各级电台电视台积极践行媒体的社会责任与公益使命，推出了一大批积极向上的公益与道德类栏目节目，在丰富节目类型、深化节目内涵、提升节目品质等方面取得了较大突破。

1. “最美”系列活动极大提升广电媒体公益品牌价值

中央广播电视媒体推出的“最美”系列，是中国新闻媒体“走基层、接地气”的重要成果，是中国宣传报道领域和典型报道的创新形态，是弘扬社会主义核心价值观、凝聚正能量的重大节目创新实践。2013 年，央视、中央电台在 2012 年的基础上继续推出了寻找“最美村官”“最美乡村教师”“最美孝心少年”“最美乡村医生”等寻找“最美”系列大型公益宣传活动，引起社会各界的广泛关注和强烈反响。一是全媒体积极参与。央视、中央电台在其官网开设专题，向网友征集线索，通过图片、摄影、视频征集等形式持续跟踪报道活动，开展网络投票等，同时还集中各频道频率节目资源进行专题展播等，对活动进行立体式呈现。其中，“寻找最美‘村官’”主题活动，全国仅参加网上投票的人数就超过 1.7 亿人，使该活动真正成为与中国最基层群众的一次深度对话，被认为是“教育实践活动的生动教材”。二是各级各类媒体共同参与。在央视、中央电台“最美”系列活动中，以人民网、新华网、光明网为代表的主流媒体网站，和以新浪网、搜狐网、网易网、腾讯网为代表的重点门

户网站都积极介入、深度报道，为该活动的信息传播以及品牌推广提供了重要的渠道。“最美”系列公益活动有效地提升了广播电视媒体的公益品牌价值和社会影响力。

2. 公益、道德和文化类节目有效提升广播电视媒体文化品位

公益是照亮社会前行的明灯。党的十八大以来，各级广播电视机构自觉抵制泛娱乐化和“三俗”之风，进一步加大了公益、道德、文化类节目的制作与播出，有效地提升了广播电视媒体的文化品位，为弘扬和传承中华优秀文化、引领文明风尚、传播正能量，发挥了示范作用。

一是创办了一批公益、道德以及文化类节目。2013 年，全国主要电台电视台新开办了一批群众喜爱的公益类栏目和节目。比如，原创性音乐节目《梦想星搭档》（央视）、道德建设类栏目《感恩成长》（河北电视台），以及专题故事栏目《中国好人》（辽宁广播电视台）、《中国梦　劳动美》（四川广播电台）等，唱响了主旋律、引领了社会风尚，取得了良好的社会反响。此外，全国主要电台电视台还深入挖掘传统文化资源，积极开办了以弘扬和传承优秀传统文化为主旨的原创文化栏目或节目。2013 年，央视《中国汉字听写大会》、河南卫视《汉字英雄》等节目热播，掀起一股原创文化节目热潮。此后，河南卫视《成语英雄》、河北卫视《中华好诗词》、云南卫视《中国灯谜大会》等节目相继而起，分别以画漫画猜成语、古诗词记诵、猜灯谜等形式，生动展示传统文化魅力，形成独特的电视文化现象。这些节目把中华文化元素与现代视听节目形态有机结合，在传承展示优秀传统文化、丰富电视节目内容和创新节目形态方面进行了有益探索。

二是初步建立起广播电视公益广告制播长效机制。为大力传播先进文化、引领文明风尚，2013 年 1 月，中宣部、国家广电总局等 7 部门联合发文，对新时期深入开展“讲文明树新风”公益广告宣传作出部署；5 月，国家新闻出版广电总局印发开展广播电视公益广告集中制作展播的通知，要求调动社会企业积极参与，加快建立共享机制，推动形成公益广告制播的长效机制。2013 年，全国共制作广播电视公益广告 3 万余条，累计播出近 1000 万次，总时长超过 10 万小时，起到了传递文明、引领风尚的积极作用。2013 年 4 月，央视率先启动“全国电视公益广告大赛”，面向社会征集电视公益广告作品，通过群众喜闻乐见、贴近式的公益短片，倡导文明新风尚，弘扬社会主旋律。2013 年，国际台在环球资讯广播等频率中播出公益广告 15766 条，平均播出量占其广告总播出量的 9%，远超国家规定的 3% 公益广告播出比例。广播电视公益广告表现形式丰富，品质较高，许多公益广告很有创意、接地气，能直抵人心，给人以启迪。比如，央视制播的《关爱老人》《春节回家》《讲文明　树新风》系列，国际台的《无偿献血—大众篇》《关爱自闭症》，上海台调解家庭纠纷的《新老娘舅》系列，湖南台的《我的中国梦》系列，新疆台维护民族团结稳定的《三个不离开》系列等公益广告，充分彰显了主流媒体的社会责任和文化担当。

（三）充分利用各类新媒体开展融合立体报道

2013 年，全国各级广播电视机构主动顺应媒体融合发展的新形势，积极推动传统媒体与新兴媒体融合发展，加快建设形态多样、手段先进、具有强大传播力和竞争力的新型主流媒体平台，进一步巩固宣传思想文化阵地，壮大主流思想舆论。

1. 借助微博、微信等新媒体传播平台，拓宽覆盖面

近年来，以新浪微博、腾讯微信等为代表的新兴媒体迅猛发展，用户数量均超过 5 亿，其中年轻网民群体占比较高。为加快抢占新的宣传阵地，全国主要广播电视机构纷纷在微博、微信平台和相关新闻客户端建立自己的传播平台，推动广电媒体与新媒体的融合传播。

自 2012 年以来，央视以“央视新闻”为品牌，发展建立了三个新媒体平台：微博、微信、客户端，到 2013 年年底共拥有用户 5000 万户。其中，新浪微博是央视新闻向新媒体进军的第一个平台，到目前该平台拥有近 1600 万用户，位列新浪微博媒体影响力榜第一名。2013 年，央视又先后推出了央视新闻官方微信公共账号以及搜狐客户端、独立客户端两大平台。这三大平台各具特点，相互补充，其中微博主打“首发”，微信突出“互动”，客户端以“视频”见长。中央电台中国之声“新浪微博电台”、微信公众账号和搜狐新闻客户端三个新媒体，每个平台上订阅户均超过百万。国际台国际在线移动互联网广播平台用户数稳步上升，环球资讯广播官方微博、微信全年阅读和互动量超过8亿人次。

地方主要电台电视台也纷纷与新媒体“亲密接触”，大到频道小到栏目，积极利用网站、微博、微信等新媒体开辟新闻宣传阵地。比如，福建东南卫视在全国初步建立起完整的台网联动新闻稿件发布渠道和户外推广系统，注重深化与主流视频网站合作，不断优化自媒体推广系统。目前，其官方微信拥有粉丝2万多人，官方微博总粉丝数量超过200万，全年节目网络视频总点击率超过3000万次。

2. 积极利用新媒体技术，提升日常新闻报道的吸引力

2013年，全国各级广电机构树立一体化发展观念，强化互联网思维，增强借力发展意识，充分利用客户端、二维码等新媒体技术，在内容分发、互动服务等方面加强创新，努力提升日常报道的吸引力和影响力。

一是建立新媒体应用客户软终端。中央和地方主要广播电视机构利用新媒体技术，纷纷建立自家的新媒体应用客户端，为广大互联网、移动用户提供视音频服务。“央视新闻”客户端充分发挥中央电视台在突发事件中的快速响应能力，基于遍布全球的记者资源和强大的影像传播实力，以视频为主，图文为辅，为用户提供新闻直播、知名新闻栏目点播、新闻现场独家视频、电视新闻导读等多种选择。“网络新闻联播”通过网页端与移动平台，24小时不间断地以微博形式播发新闻资讯，及时报道社会热点，扩大品牌影响力。江苏、上海等主要省台纷纷推出客户端占领传播主阵地。2013年8月，由江苏广电总台自主研发的手机客户端“荔枝新闻”正式上线，向新媒体用户发布多种文本格式的最新新闻信息。

二是利用二维码等新媒体技术开展节目互动。二维码技术具有存储量大、保密性高、成本低等特性。为开启电视节目的多屏互动，主要电视机构纷纷利用二维码技术为观众开设节目互动的窗口。比如，2013年央视经济频道的音乐娱乐节目《开门大吉》，观众通过能上网的移动设备扫描电视屏幕左下方的二维码参与到节目中去，进行同步互动，实现了屏幕内外的互动答题体验。湖南卫视大型音乐选秀节目《我是歌手》，观众通过扫描二维码就可以下载手机社交应用程序“呼啦”软件，参与答题游戏积分，或是与他人共同探讨电视节目，提升了节目的吸引力、影响力。

三　广播电视宣传管理创新

2013 年以来，全国各级广电行政部门积极探索新形势下的宣传工作规律，进一步创新宣传管理理念和手段，加大节目制播的宏观调控，强化提升节目品质，着力提高主流媒体的传播力、公信力和影响力，满足广大群众的多样化收听收视需求，广电宣传管理工作取得了显著成绩。

（一）坚决制止豪华铺张，提倡节俭办晚会和节目

2013 年 1 月，为落实中央“八项规定”和“厉行勤俭节约、反对铺张浪费”的要求，国家广电总局下发《关于节俭安全办节目的通知》，要求各级电台电视台节俭安全办好节日广播电视节目。通知强调，包括春节晚会在内的节日广播电视节目要坚持以人民为中心的创作导向，在思想性、艺术性、观赏性相互统一上下功夫，不要讲排场、比阔气、拼明星；要提倡节俭简约朴素大方的艺术风格和舞台效果，不要一味追求舞美灯光炫目、服饰道具奢华；要削减不必要的项目，压缩不必要的开支，把节约的资金用于提高节目水平、资助公益事业，为形成勤俭节约的良好风气发挥引领示范作用。2013 年 8 月，中宣部、财政部、文化部、审计署、国家新闻出版广电总局再次联合发出通知，制止豪华铺张，提倡节俭办晚会和节庆演出。在电视播出方面，通知要求加强电视文艺晚会播出总量控制和宣传管理，对上星综合频道播出电视文艺晚会实行总量调控，避免晚会播出扎堆。这两个通知发布后，中央和地方广播电视媒体积极响应，付诸行动，取得了实际效果。2013 年中秋、国庆期间，全国上星综合频道共播出 8 台晚会，比上一年同期减少 69%；2014 年元旦期间共有 9 台晚会申请播出，比 2013 年同期减少 55%，广播电视节目铺张奢华之风和同质化倾向得到了有效遏制，荧屏呈现出清新节俭新气象。

（二）建立和完善节目引导机制，推动广播电视创新创优

2013 年，国家新闻出版广电总局强化宣传管理工作的顶层设计，通过创新宣传管理机制，强化创作生产引导扶持资金管理、创新动画纪录片季度推优

机制等，围绕公益、原创、文化三个关键词，推进广播电视节目的创新创优。

1. 进一步创新宣传管理机制，为节目创新发展营造良好的制度环境

主要做法有：第一，建立健全了“电视纪录片题材公告制度”，要求各地电视台上报纪录片拍摄题材，帮助纪录片业界及时了解电视纪录片题材信息，吸引社会力量参与电视纪录片创作生产，避免题材撞车、资源浪费等问题；第二，改进了纪录片、动画片季度推优机制，2013 年，国家新闻出版广电总局还创新性地将播出机构负责人、幼儿园小学校长以及大学教授吸收进推优评审组，提高节目推优的针对性和有效性；第三，建立了观众评议会机制，重点吸纳专家学者和制作播出机构代表参与重要管理政策制定，根据听众观众投诉举报和报纸、互联网等媒介的批评，及时掌握节目动态，作出妥善处置，内外联动，形成合力，引导广播电视节目创作的正确方向。

2. 建立创新引导机制，为广播电视节目原创提供方向指引

主要做法如下。第一，出台多个文件，推动节目创新创优。2013 年，国家新闻出版广电总局相继出台了《关于进一步规范歌唱类选拔节目的通知》（广发〔2013〕52 号）、《关于做好 2014 年电视上星综合频道节目编排和备案工作的通知》（广发〔2013〕68 号）等一系列文件，鼓励节目原创。2014 年 1 月，进一步出台《关于积极开办原创文化节目弘扬和传承优秀传统文化的通知》（广发〔2013〕97 号），明确提出，各广播电视机构要重视和加强节目创新，要在资金、人才、评优评奖等方面给予重点支持和倾斜。第二，建立和完善节目创作生产引导扶持资金。在做好纪录片、动画片等专项资金管理工作的同时，为大力推动中国梦主题宣传报道和重点作品创作播出，国家新闻出版广电总局还专门协调安排了引导资金扶持中国梦主题纪录片、动画片重点作品创作，目前已评审出 4 个总局项目和 10 多个省级项目，这些作品将在 2014、2015 年陆续完成制作播出。第三，继续推进广播电视节目创新创优评选活动。为进一步促进广播电视节目健康发展，发挥优秀节目的引领示范作用，国家新闻出版广电总局在 2014 年 2 月发布了表彰通报，决定对中央电台《央广求证》等 10 个广播栏目、央视《开讲啦》等 15 个电视栏目予以表彰（见表 1－1）。这些受到表彰的栏目，导向正确、质量上乘，注重社会效益，追求改进创新，传播核心价值，唱响了实现中华民族伟大复兴的中国梦主旋律，产生了良好的社会反响。

表 1-1　2013 年广播电视创新创优栏目

	序号	栏目名称	所属机构
广播栏目	1	《央广求证》	中央人民广播电台
	2	《媒体双行线》	中国国际广播电台
	3	《话里话外》	北京广播电视台
	4	《方雨大搜索》	浙江人民广播电台
	5	《讲述历史典故传承中华文明》	合肥市人民广播电台
	6	《说事论理》	广西人民广播电台
	7	《中国梦　劳动美》	四川广播电视台
	8	《微公益·聚能量——我为盲人说电影》	贵州广播电视台
	9	《驻村夜话》	西藏人民广播电台
	10	《青葱幸福里》	甘肃人民广播电台
电视栏目	1	《开讲啦》	中央电视台
	2	《中国汉字听写大会》	中央电视台
	3	《天才知道》	中国教育电视台
	4	《幸福来敲门》	天津广播电视台
	5	《感恩成长》	河北电视台
	6	《中国好人》	辽宁广播电视台
	7	《身边发现》	吉林电视台
	8	《赢在中国蓝天碧水间》	江苏电视台
	9	《传奇故事》	江西广播电视台
	10	《汉字英雄》	河南电视台
	11	《成语英雄》	河南电视台
	12	《大王小王》	湖北广播电视台
	13	《我是歌手》	湖南广播电视台
	14	《爸爸去哪儿》	湖南广播电视台
	15	《技行天下》	广东广播电视台

资料来源：国家新闻出版广电总局宣传司。

（三）加大宏观调控力度，着力优化上星综合频道的节目结构

为了进一步实现电视上星综合频道的正确定位，积极优化节目结构，大力推动节目创新，最大程度丰富电视节目类型，2013 年国家新闻出版广电总局出台了有关电视上星综合频道节目编排和备案工作的文件，并要求从 2014 年元月开始执行。主要管理措施有以下几个方面。

1. 着力增加新闻性、公益类节目的播出比例

文件提出，要进一步扩大电视上星综合频道新闻、经济、文化、科教、生活服务、动画和少儿、纪录片、对农等类型节目的播出比例，总播出时长按周计算平均不少于30%。道德建设类节目需安排在6:00~24:00时段播出。按周计算，每天6:00至次日1:00时段至少播出平均30分钟的国产纪录片；每天8:00~21:30时段至少播出平均30分钟的国产动画片或少儿节目。

2. 实行严格的备案管理制度

为进一步抵制电视节目的过度娱乐化，继续按照“总量控制、错时播出、优化结构、提升质量”的原则，对同质化、扎堆播出的各类节目进行宏观调控。凡拟在2014年1月1日起每天任何时段播出的新闻类、道德建设类、歌唱选拔类、晚会类、引进境外版权模式节目，需提前两个月申报备案；每天19:30~22:00播出的婚恋交友、才艺竞秀、情感故事、游戏竞技、综艺娱乐、访谈脱口秀、真人秀等类型的节目，需按规定履行备案手续。

3. 首次提出实行年报制度

实行年报管理和承诺制度，接受政府和公众监督，是世界主要国家广播电视管理的通常做法。为推动各省电视上星综合频道更好地履行社会责任，自2013年起，各电视上星综合频道须在每年年底向国家新闻出版广电总局提交本频道落实各项管理规定、履行社会责任的年度报告，国家新闻出版广电总局将对各频道年度报告进行审核，并依据实际完成情况作出奖惩。此举是对过去管理方式的重要创新，为完善新时期的广播电视宣传管理提供了制度条件。

第二节　广播影视公共服务

2013年，广播影视系统将公共服务体系建设放在更加突出的位置，贯彻落实中央部署，围绕完善服务体系、提高服务效能和满足群众需求，推进广播影视公共服务升级，取得重大进展和显著成效。

一　广播影视现代传播体系建设进入新阶段

一年来，各级广播影视部门以数字化、网络化、融合化为重点，全面推进有线、无线、卫星传输覆盖网络建设，大力加强广播影视和视听新媒体建设以及播出监管体系建设，强化内容生产服务创新创优，兼顾国内国外两个传播环境，广播影视现代传播体系建设再上新台阶。

（一）广播电视传输覆盖网络建设进一步推进和完善

1. 无线传输数字化加快推进

中国广播电视传输网络从模拟单向向数字化、网络化、交互化、全覆盖演进，形成了中央与地方、城市与乡村、国内与国外相结合，无线、有线、卫星、互联网等多种技术手段并用的传输覆盖体系。截至2013年年底，全国广播、电视综合人口覆盖率分别为97.79%和98.42%，同比分别增长0.28和0.22个百分点。

地面数字电视建设不断推进。截至2013年年底，已有26个省制定本省地面数字电视覆盖网总体技术规划，国家新闻出版广电总局已审核批复新疆、宁夏、广东等12省（区）的地面数字电视覆盖方案，增加数百个模数同播频道，使覆盖区内的广大直播卫星户户通用户可以收看多套本省（区）、本地的电视节目，尤其是少数民族地区群众也能收听收看到多套本地、本民族语言电视节目，深受群众期待和好评。

2. 有线网络数字化智能化水平进一步提高

高品质的数字电视、双向交互高清电视成为有线广播电视服务的主要着力点。2013年，通过建设全功能全业务网和提高三网融合业务承载能力，全国有线网络数字化率和双向覆盖率有较大提升。截至2013年年底，全国有线广播电视用户为2.29亿户，数字电视用户达到1.72亿户，有线双向网络覆盖近9500万户，开通双向业务用户超过2850万户。有线网络创新服务业态，加强广电与物联网、数字家庭等新技术的融合应用，推广智能家庭、远程医疗、电子支付、民生服务等新业务，多屏融合互动，提供便捷的多媒体综合服务。下一代广播电视网（NGB）建设取得重要进展。北京、上海、江苏、浙江、重庆等10个省市已完成省域骨干网和市骨干网建设，各省市骨干网可以承载各种跨域视频业务和宽带业务，NGB示范网络覆盖用户超过5000万，开通双向业务用户超过1000万，示范区全网内基本实现点播、宽带和视频通信等三网融合业务的互联互通。

3. 卫星传输覆盖方式不断完善

与其他传输方式相比，卫星传输距离远、信息容量大、节目质量高、地域适应性强，因而应用范围越来越广泛。2013 年，围绕卫星加密传输覆盖的要求，中央电视台积极推进部分节目卫星加密传输工作，中星 9 号直播卫星备份星立项和研发工作也已启动。当前中星 9 号的 22 个转发器中只使用了 8 个，为了充分利用转发器资源，中国将大力发展高清频道的上星传输工作。2013 年，中央电视台 2/7/9/10/12/14 高清同播频道已上星传输，湖南卫视高清同播频道本地上星，三沙综合、厦门卫视、青海安多藏语广播上星传输。中国直播卫星用户已超过 3200 万户，其中户户通 1309 万户，村村通用户 1909 万户。

（二）广播电视媒体建设取得新进展

1. 广播电视播出机构与频率频道

截至 2013 年年底，全国共设播出机构 2568 座，包括：电台 153 座，电视台 166 座，教育电视台 42 座，广播电视台 2207 座（其中含县级广播电视台 1996 座）。上述播出机构共开办 4199 套节目，其中：广播节目 2863 套（中国国际广播电台的 65 种语言对外广播不计在内），电视节目 1336 套。

付费频道和高清频道增多。截至 2014 年 4 月，经批准的付费频道共有 135 套，其中付费电视频道 127 套（全国覆盖 102 套，省内覆盖 25 套），全国覆盖的付费广播频道 8 套。2013 年，中央、省、地市三级广播电视播出机构经批准开办的高清电视频道达 50 个，其中高标清同播频道 44 个，高清开路频道 2 个，高清付费频道 4 个，全国范围内高清节目播出规模扩大。

2. 广播电视媒体建设数字化融合化加速

2013 年，面对新旧媒体加速融合趋势，传统广电媒体因势而谋、顺势而动，加快实施数字化建设，着力建设内容制作、集成播控、监测监管的平台，推动广电行业的战略转型和可持续发展。

一是大力推动电台电视台制播系统数字化网络化建设。一方面，中央级电台电视台制播系统全面实现了数字化网络化，省级、地市级和县级电台电视台的平均总体数字化率分别超过 90%、70% 和 50%。制播系统的数字化网络化促使广播电视内容生产从粗放单一向高效集约转变，从封闭独立向开放多元转变，从专业化生产向受众参与转变，为电台电视台从单一传统业务模式向为多种终端提供多种业务模式转变，提供了有力的技术支撑。另一方面，高清电视节目传输质量提升。截至 2013 年年底，全国共开播 50 个高清频道，上星播出的高标清同播频道同播率已经达到 100%，70% 的省级电视台和 20% 的地市级电视台均具备了至少一个频道的高清制作播出能力。全国 300 多个大中城市的地面数字电视系统具备播出高清电视节目能力。

二是广播电视媒体与新媒体的融合加速。为了适应广播影视传播与服务体系由单向、孤立、简单向双向、协同、智能的转变，各级电台电视台积极构建网络广播电视台技术平台和支撑 IPTV、互联网电视等全业务集成、全方位运营、全媒体服务的集成播控平台。将融合播控作为智能协同覆盖的必要支撑，集内容集成、服务封装、认证计费、用户管理等多功能于一体。

（三）应急广播体系建设稳步推进

党的十七届六中全会提出建立统一联动、安全可靠的国家应急广播体系，这一体系已被纳入国家“十二五”发展规划。国家应急广播体系按照政府主导、广电实施、统一规划、分级负责、资源共享、可管可控、平战结合的原则进行筹建，覆盖直播卫星、CMMB（中国移动多媒体广播）、无线发射、有线数字电视等几大覆盖网，可到达多种类型终端，实现在突发公共事件中第一时间发布民众所需应急信息的目标。2013 年，国家应急广播体系建设各项工作得到稳步推进。

一是组建了国家应急广播中心。根据中编办的批准文件，2013 年 12 月 3 日，中央人民广播电台设立国家应急广播中心，为国家应急广播体系建设提供了有效的组织保障。二是加强了工作部署。2013 年 11 月，国家新闻出版广电总局向全广电系统下发了《推进国家应急广播体系建设工作方案》，从工程建设、法规制度、标准规范、培训和演练等方面明确了下一步的具体任务、分工、责任和时间进度。三是探索建立应急广播体系联动机制。国家新闻出版广电总局与中国地震局、中国气象局、国家海洋局、水利部等应急信息来源单位进行深入沟通，对接了各信息来源单位的应急信息，研究探索建立应急信息对接、发布的工作流程和基本规范。四是开展了应急广播关键技术研究和技术试验。编制完成了《应急广播消息生成技术规范》等4项应急广播标准建议草案，初步建成了应急广播调度控制平台、制作播发系统等原型系统，建立了国家应急广播社区网站，初步尝试了开办应急广播试验电台，为下一步应急广播体系的全面建设奠定了基础。五是积极推动应急广播相关试点工作。四川省广电局编制完成了《四川省应急广播系统总体技术方案及应急广播村村响技术方案》，下一步将按照此方案在四川开展应急广播试点工作。六是大力推动村村响建设工作。村村响是应急广播体系的重要组成部分，是预警信息发布的“最后一公里”，国家新闻出版广电总局组织相关力量研发了村村响关键技术，编制了《应急广播农村大喇叭系统技术白皮书》（征求意见稿），指导各地开展相关系统建设，浙江、福建、重庆、陕西、新疆等5省（区、市）已基本完成了村村响建设，四川、湖南等20多个省区及新疆生产建设兵团正在积极推进此项工作。七是应急电台在危急时刻发挥重要作用。“4·20”芦山地震发生后，为充分发挥广播作为救灾媒体的独特作用，更好实现应急广播的功能，现场试验应急广播的有效性，中央人民广播电台在国家新闻出版广电总局无线局配合下，联合地方电台在四川芦山开播“国家应急广播·芦山抗震救灾应急电台”。这是国内首个专门面向灾区听众点对点播出的应急广播，是国家应急广播体系建设的首次探索。芦山应急电台设立直播间，以政府公告、救援信息、听众热线、专家访谈、记者连线、灾害互助热线等形式，针对身处灾区的民众、救援人员等群体，提供定制化、点对点、全方位的实用信息实时播发，实现国家应急广播中央、省、地市、县四级响应、互相支撑，对畅通和加快救灾物资有效发放和利用、消除志愿者救灾盲目性、排解群众心理压力、消除误解、阻击谣言及维护社会稳定起到了重要的作用。芦山应急广播电台赢得了当地听众的认可，赢得良好的社会声誉，也为国家应急广播体系的规划建设积累了宝贵的实践经验。

（四）加强政策引导，推动广播影视节目创新创优

1. 广播影视内容创作质量提升

2013年，各级广电行政部门和运营机构进一步实施精品战略，建立健全调控机制，抓重点带整体、抓剧本促原创、抓培训促引导，影视剧、动画片、纪录片等创作生产繁荣发展。

通过精品影视剧的评选和编剧人才的培训促进影视剧质量提升。“夏衍杯电影剧本征集活动”作为政府主办的电影剧本评选活动，在发现和培养青年编剧人才，引导电影剧本创作等方面发挥了重要作用。为鼓励编剧们的创作热情，提升剧本质量，2013“夏衍杯”评选活动提高了政府采购额度。广电行政部门还多次举办编剧研修班，侧重引导编剧深入生活，了解国情、社情和民情。在政策的引导下，2013 年全国影视剧生产数量回落，质量提升。全年生产完成并获得《国产电视剧发行许可证》的剧目共计 441 部 15770 集，与 2012 年相比减少了 65 部 1933 集。全年共制作完成电视动画片 358 部，总时长为 204732 分钟，同比分别下降 9. 37% 和 8. 17%；全年生产各类电影总量达到 824 部，同比下降了 7. 73%。与此同时，影视剧质量提升明显。电视剧方面，现实题材继续成为 2013 年影视剧创作主流、播出主导，全年创作生产现实题材电视剧 242 部 8143 集，占创作生产总量的 51. 64%。电影方面，以《中国合伙人》《致我们终将逝去的青春》等为代表的一批中小成本现实题材影片受到全国观众的热烈欢迎，创造出社会关注的文化热点。

播出调控机制促使国产纪录片创作生产能力进一步提高。国家新闻出版广电总局下发文件，明确规定上星综合频道平均每天播出国产纪录片的时间不得少于 30 分钟。播出渠道的畅通大大激发了纪录片的创作生产，仅 2013 年上半年，全国已计划或投入制作的纪录片就达 403 部，远超同期水平。2013 年前三季度，全国申报参评优秀国产纪录片 327 部，较 2012 年同期增加了 54 部。国产纪录片题材更加丰富，现实题材纪录片增多，叙事手法更加专业，思想内容、艺术水准和制作水平不断提升。

2. 公益广告深入人心广受欢迎

2013 年，在政策的引导下，广播电视公益广告数量激增，编排考究，形式多样，覆盖广泛，做到了时时有宣传、处处有提示。全年共制作公益广告 3 万余条，累计播出近 1000 万次，总长超过 600 万分钟，发挥了公益广告传递文明、引领风尚的重要作用。国家新闻出版广电总局通过充实公益广告作品库、免费提供展播和加强监听监看等方式，加强对公益广告制作播出的引导。同时，各地广电行政部门和播出机构纷纷出台相关措施，对公益广告的作品类型、来源、内容、数量、保障和奖惩等提出要求，有的还建立了评议队伍，定期对本辖区本单位公益广告的制作水平、编播技术、传播效果进行考评，有力促进了公益广告数量和质量的提升。在公益广告的制播过程中，采取多种形式激发社会力量参与，调动社会各方参与广播电视公益广告活动的积极性，拓展了公益广告的发展空间。

（五）电影放映网络建设日益完善

1. 电影银幕数量高速增长

2013 年，全国银幕增长迅速，中小城市影院建设进一步加快，且全部实现数字化。2013 年全国新增银幕 5077 块，截至 2013 年年底，全国共有银幕 18195 块，同比增长 38.7%，是 2003 年银幕数量的 8.28 倍，年均增长率达到 23.54%（见图 1－1）；其中，2K 数字银幕 1.8 万块，3D 数字银幕近 1.4 万块，IMAX 巨幕 136 块，中国巨幕 40 块。新建巨幕打破了只存在于大中城市的传统，部分经济发达地区的三线城市也开始兴建巨幕影厅。

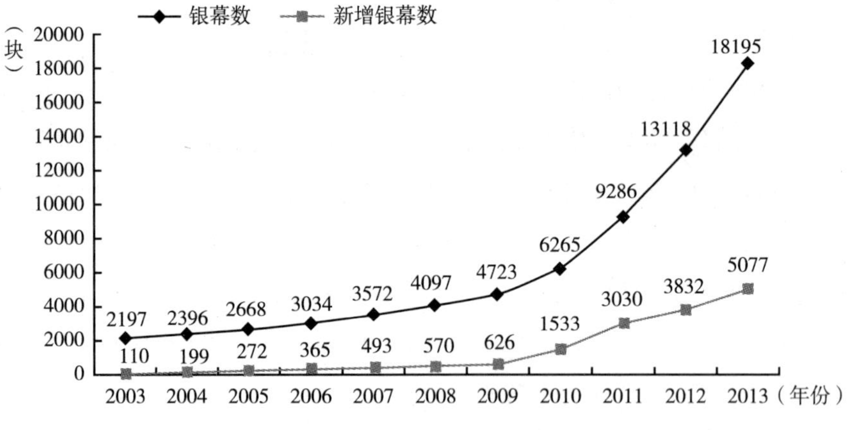

图 1－1　2003～2013 年中国电影银幕数量增长情况

数据来源：国家新闻出版广电总局电影局、中国电影发行放映协会。

2. 县级影院建设步伐加快

县级影院建设热情高涨。2011 年在河北省唐山市召开全国县级城市数字影院建设工作现场会后，2012、2013 两年县级影院建设明显增速，平均年增长率超过 60%。大大超过全国银幕增长率，县级城市影院拥有数字银幕累计超过 5000 块。县级影院建设的高增长主要得益于政策的大力推进。2013 年，财政部和国家新闻出版广电总局联合出台《关于县城数字影院建设补贴资金申报和管理工作的通知》（财教〔2013〕249 号），利用电影事业发展专项资金对县级城市影院进行资金补贴奖励，激发起各类投资主体投资兴建、改扩建县级数字影院的热潮。电影专项资金全年共补助 22 省 264 家县级数字影院 2.05 亿元，各地广电系统也通过税收、信贷、补贴奖励等措施鼓励县级影院建设。经济实力较强的县级城市多修建数字化多厅影院，一步到位满足当地群众的观影需求。

二 重点工程推动城乡广播影视公共服务一体化

2013 年，广电系统进一步实施重点工程带动战略，村村通工程、西新工程、农村电影放映工程及户户通工程不断深化、升级，覆盖城乡、面向全体人民的广播影视公共服务体系进一步健全。

（一）村村通工程逐步升级

1. 村村通工程提高乡村广播电视覆盖水平

2013 年，村村通工程作为广播影视重点工程之首，利用卫星、无线、有线等多种手段，有重点、分步骤地消除农村广播电视覆盖盲区，已有 12 个省（区、市）提前完成“十二五”村村通任务，惠及众多农民群众。广电系统着力推进全国 20 户以下自然村“盲村”覆盖建设和广播电视高山无线发射台站基础设施建设，落实下达中央预算内投资 3.6258 亿元，招标 143 万套直播卫星接收设备。主管部门审核通过了 25 省区广播电视高山无线发射台站基础设施建设方案，落实下达中央预算内投资 3.3742 亿元。此外，还审核办理 10 万余张村村通智能卡配发申请，支持西藏等省区村村通长效机制建设。

针对广大农村地区不同的地形地貌，各地多采用直播卫星覆盖和地面数字电视覆盖的方式实施村村通工程。四川省全年完成 5.1 万个村庄的村村通建设任务，其中通过直播卫星覆盖 2.1 万个村，通过地面数字电视无线覆盖 3 万个村。内蒙古广播电视村村通“十二五”以来完成了 40.1674 万户的建设任务，85% 以上采用直播卫星方式。

目前村村通工程进入向户户通升级阶段，各地由村村通延伸而来的“村村响”“渔船通”“广电低保”等其他工程也取得了重要进展。新疆实现了自然村大喇叭全覆盖，部分沿海省份“广电进渔船”工程全面完成，“广电低保”工程让城乡低保户免费看上了有线数字电视。村村通及其附属工程的实施，大大缩小了广播影视公共服务的城乡差别和地域差别。

2. 对农节目丰富多彩

对农频率频道既是专门针对农村受众的专业频率频道，又是综合频率频道，其节目设置力求满足听众信息、知识、娱乐等多方面的需求。大部分对农频率频道播出内容除三农新闻等资讯类节目外，还有农资质量监督、法律咨询、技能培训以及地方戏、音乐、故事等娱乐内容。有的广播电台与农业科技研究部门合作，所播内容实用、接地气，为农民们带来可观的经济收益。2013 年，各地通过表彰考核优秀对农栏目、抓好通用性节目制作、组织专家开展研讨、启动线下活动等方式，推进广电对农节目服务升级。浙江全省电台电视台对农节目服务体系建设领先全国，目前每个台自办广播电视对农栏目都达到每周 3 档、每档 10 分钟的要求，新颖的形式和喜闻乐见的内容受到广大农民群众欢迎。

（二）农村电影放映工程加快升级

1. 全国农村电影放映总体形势良好

截至 2013 年年底，全国共有农村电影数字院线 249 条、放映队 5 万余支，完成影片订购 870 万场，观众约 15 亿人次。一些口碑和品质俱佳的新片在城市院线下线后很快转入农村市场，使农民及时看大片的愿望得以实现。

农村电影放映运营与技术服务进一步完善。数字电影交易服务平台全面升级改造基本完成，数字电影流动放映系统后台子系统能够支持超过 20 万个流动放映服务器的注册量，提高了流动放映后台管理系统的功能性和便利性，增强了平台的运营与技术服务能力。

日益丰富的片源为农村观众提供了更多的观影选择。2013 年，电影数字节目管理中心交易服务平台版权方总数达 196 家，同比增长 25.6%；新增影片 747 部次，续签影片 464 部次，可订购影片总数为 3131 部次，同比增长 27.3%。《真爹假娘俏媳妇》《巧娶媳妇》两部农村题材影片全年订购超过 5

万场，被评为“农民最喜欢的农村题材影片”。

由农村电影放映工程延伸出的各类公益放映、主题放映活动在全国各地展开，着力满足城市打工群体以及低收入人群的观影需求。全国校园院线已达到 10 条，充分利用节假日和主题活动，深入学校放映爱国主义和德育教育影片。多年来，外来务工人员越来越多地参与到城市建设中，外来务工人员公益电影专场放映活动已被列为各地政府文化惠民实事。全国城市商业院线也根据自身特色，积极配合“三下乡”活动，开展了多种形式的主题放映活动，取得了良好效果。

2. 固定放映场所建设提高观影质量

固定放映点建设是国家在实施“一月一村放映一场电影”工程的基础上，为了进一步改善农民群众观影条件，提高观影质量，而对原有工程进行的升级改造。目前北京、上海周边区县基本实现室内放映，宁夏、广东、四川、新疆等地的部分院线启动了从室外向室内的试点。乡镇固定影院、室内放映示范点、电影大棚的建设都取得了重要经验。如今，一些室内放映试点成功后，正在积极推动由不定时放映向定时定点放映转变。

3. 农村电影放映市场化运作全面实施

农村电影放映工程始终按照“企业经营、市场运作、政府购买、群众受惠”的发展思路，公益性与市场化运作紧密结合。农村院线积极与知名企业和商家影企合作，共同探寻贴片广告加现场活动相结合的定制型宣传新方式，让企业的品牌和服务走进老百姓的视野，达到影企双赢的目的。在此基础上，农村电影发行模式逐渐多样化，保底分账、买断发行、代理发行、版权方直接发行等多种发行模式共存，保证交易双方利益最大化，又拓展了可购影片片源。更为可贵的是，各地开始重视提升农民的观影体验，观影方式逐渐多元。如浙江省安吉县整修新建农村影院，为农民免费定制观影一卡通，凭卡全年可免费看 12 场电影，超出场次刷卡只要 5 元，受到广大农民的热烈响应。农民不仅仅免费观看，也成为潜在的客户，农村电影放映的市场化运作取得新进展。

4. 农村电影放映监管逐步加强

2013 年，农村电影放映工程充分利用有限的卫星资源，开发接收终端数据采集功能和统计界面化功能。全年共进行 44 次卫星传输，完成卫星分发流动放映影片 4621 部次，同比增长 33.3%。广播影视公共服务需要完善的监管措施，而完善的监管措施得益于不断创新的技术体系。2013 年，农村电影放映影片解码卡数据回传系统推广到 7 个省（市）、36 条院线，为各级主管部门对影片订购、场次放映进行规范化管理提供了技术服务和系统支撑。

随着城镇化步伐加快，农村“空心村”越来越多，农村观影人群数量和结构发生变化；富裕地区的农村群众获取娱乐和资讯的渠道增多，对农村电影放映的依赖减少。面对公共服务对象和环境的变化，需要不断改善服务方式与途径。

（三）西新工程启动第五期建设项目

1. 西新工程进一步改善少数民族地区群众广播电视收听收看条件

国家新闻出版广电总局落实下达了中央对西新工程第五期的投资 5 亿元，启动了西藏、新疆、内蒙古、广西等省区及新疆生产建设兵团共 30 个项目。西部及少数民族地区广播电视传输覆盖能力提高。其中，西藏全区广播、电视综合人口覆盖率分别达到 94. 38% 和 95. 51%，与 2012 年相比各提高 1 个百分点。青海省广播、电视综合人口覆盖率分别达到 95. 74%、96. 93%，同比分别提高 1. 6 和 0. 6 个百分点。

2. 民族语节目和影视剧译制播出使少数民族地区群众听得懂看得懂广播电视节目

2013 年，全国 11 个少数民族语电影译制中心共译制完成影片 772 部次，故事片与科教片的占比分别为 61. 7% 和 38. 3%。少数民族语言译制影片订购达到 212784 场。新疆全年译制维吾尔语、哈萨克语、蒙古语、柯尔克孜语 4 种语言影视剧 5975 集，其中维吾尔语、哈萨克语所占比例分别为 61. 1% 和 30. 5%，能够满足新疆电视台 3 个维吾尔语频道每天播出 3 集新剧及 2 个哈萨克语频道每天播出 2 集新剧的需要。民族语言影视剧的译制播出在宣传党的方针政策、维护地区和边疆稳定、加强民族团结、活跃民族地区生活等方面发挥了重要作用。

民族语自制节目日益丰富。四川省加强民族语言频率频道建设，康巴卫视实现全天 24 小时播出。新疆全区 84 个县（市）均设立了广播电视台，民族语言频率频道占总量的 38. 4%。民族语言广播电视节目的制作播出丰富了少数民族群众的精神生活，但部分地区民族语言节目建设不足的现象仍然存在，应因地制宜适当增加地级以下播出机构民族语言节目数量。

（四）直播卫星公共服务深入推广

1. 直播卫星公共服务区域扩大，售后体系逐渐完善

自 2011 年实施以来，直播卫星户户通工程努力使广大农民在“听得上看得上”广播电视的基础上，再实现“听得好看得好”，实现广播电视公共服务升级。2013 年，直播卫星公共服务工程建设总体进展顺利，全国累计开通户户通用户 1309 万户。宁夏、内蒙古、贵州、甘肃、青海等 8 省（区）基本实现户户通，海南、云南、陕西等省区工程建设二期工作已启动。截至 2013 年年底，全国直播卫星公共服务区域覆盖 31 个省（区、市）的 239858 个乡镇和行政村，占全国行政村总数的 37%，直播卫星服务区域逐步扩大。

本着对用户高度负责的宗旨和“建养并重”的原则，全国各地努力推进直播卫星售后维护体系建设。累计建立专营服务网点 3 万多个，服务区域覆盖率近 50%，宁夏、海南、贵州等省（区）已基本实现本省全覆盖。各地还相继完善了直播卫星公共服务长效机制和售后服务体系考评机制。为了解决直播卫星接收设备后期维护的经费问题，国家广电行政部门与中国家电维修协会开展合作，将接收设施售后服务纳入家电维修服务标准、指导价格及资质认证体系，为直播卫星公共服务今后的顺利推广和市场化改革奠定了基础。

2. 直播卫星承载的节目内容更加丰富，应用范围不断拓展

直播卫星集成播出平台集成 49 套广播、61 套电视节目，其中中央级广播 17 套、电视 17 套，省市级广播 32 套、电视 44 套，全年累计播出 96 万余小时，有效扩大了各级广播电视媒体的传播力（见图 1－2）。不过，与村村通平台相比，户户通平台所特有的频率频道竞争优势不明显，下一步应加强节目包建设，并逐步开通高清和 3D 节目传输。此外，直播卫星公共服务正逐步向行业用户延伸，着力架设“空中信息高速公路”；与国家安全生产监督管理总局合作搭建“安全生产宣教卫星平台”，为中海油海上作业平台提供多种形式的海上收视收听服务等。

3. 科技创新助推户户通工程深入开展

科技创新是经济发展的驱动力，也是广播影视公共服务建设升级的驱动力。2013 年，科技创新促进直播卫星集成播出平台进一步完善系统，提高服

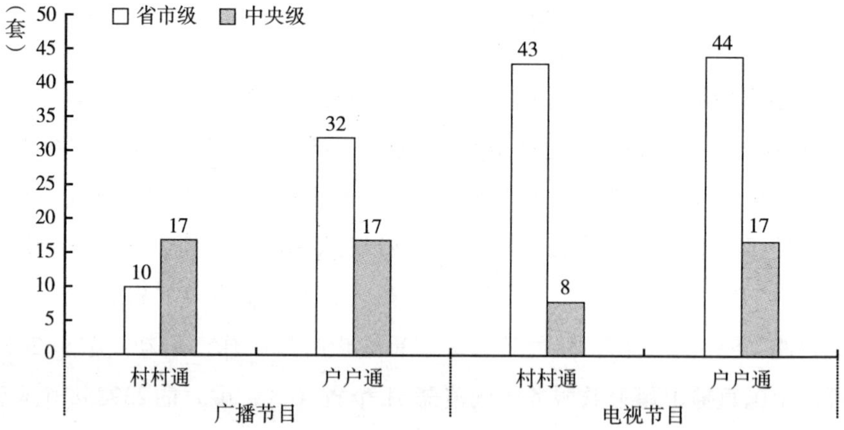

图 1-2　直播卫星村村通和户户通平台集成的广播电视节目比较

数据来源：国家新闻出版广电总局广播电视卫星直播管理中心。

务质量。国家广电行政部门完成直播卫星平台总体规划，建设信息安全防护系统，搭建直播卫星应用研究平台，优化直播卫星机顶盒技术，简化安装流程，改进通讯基站定位机制，降低了安装成本。同时，加强成果转化应用，扩展了机顶盒 EPG 功能，增强了数据广播业务展现能力。此外，为满足新业务快速部署和规模推广的需求，广电部门还设计研究了直播卫星数据业务自动播出调度管理系统，组织研发低成本可高清化升级的机顶盒关键技术。

三　广播影视政策法规建设为行业健康发展提供保障

2013 年，围绕中心，服务大局，广播影视立法、普法、执法监督、知识产权保护等各项工作再上新台阶，为广播影视事业产业发展繁荣提供了法律保障和支撑。

（一）广播影视政策法规制定修订工作加快推进

一是积极推进《电影产业促进法》立法进程。2013 年，国家新闻出版广电总局继续配合国务院法制办等有关部门，加快《电影产业促进法》立法工作进度，目前已就财税扶持等重要条款与国家相关部委取得一定共识，2014

年年内有望提请全国人大常委会审议。

二是《卫星电视广播地面接收设施管理规定》（国务院令第 129 号）已完成修订工作并正式颁布。2013 年 7 月 18 日，修改后的《卫星电视广播地面接收设施管理规定》经国务院令第 638 号公布实施，明确质检部门在设施生产环节的许可责任和对违法行为的处罚权，避免了生产源头管理松弛；明确质检部门、工商部门在定向销售和市场管理方面的法定职责，将此前有关规范性文件中规定的定向销售原则上升至行政法规层面，为管理工作提供了法律依据；明确设施安装服务机构的法律地位，解决了长期以来广电部门对安装服务机构实施许可的法律依据问题。

三是《广播电视管理条例》修订完成。根据《国务院关于取消和下放 50 项行政审批项目等事项的决定》（国发〔2013〕27 号）和国务院法制办工作要求，国家新闻出版广电总局对涉及广播影视的内容进行统一研究，提出了相应的修改意见。修订后的《广播电视管理条例》经国务院令第 645 号公布实施，下放了部分审批权力。

（二）创新管理政策，加强频道与节目治理

2013 年，国家新闻出版广电总局出台了多项管理措施，其中卫视频道治理与节目内容管控是重点。这些政策的颁布和实施对提升广播影视公共服务的效果和质量起到了重要作用。

针对近年电视荧屏歌唱类选拔节目总量偏多、形态雷同、夸张作秀等问题，2013 年 7 月国家新闻出版广电总局下发《关于进一步规范歌唱类选拔节目的通知》（广发〔2013〕52 号），实施总量控制、分散播出的调控措施。同时严格管理和调控境外节目模式引进，要求上星综合频道大力加强自主创新，提高原创节目比重。针对文件要求，各级播出机构作出调整，充实节目类型，受众选择范围扩大。

为了厉行节约、反对浪费，国家新闻出版广电总局与中宣部、文化部等五部委联合发布《关于制止豪华铺张、提倡节俭办晚会的通知》（中宣发〔2013〕19 号），要求各级电视台制作、播出电视晚会应坚持少而精的原则，切实在丰富思想内涵、引领价值追求、提升审美品位和增强文化底蕴上下功

夫，力戒炫目包装和煽情作秀，防止比阔气、讲排场。这些文件切中时弊，有效遏制了文化领域的享乐主义和奢靡之风。

国产动画片、纪录片的生产播出获得政策支持。国家新闻出版广电总局出台《关于做好2014年电视上星综合频道节目编排和备案工作的通知》（广发〔2013〕68号），一方面明文限制蜂拥而起的新引进境外版权模式节目、歌唱类选拔节目、电视晚会和节庆演出等；另一方面，鼓励加大新闻、科教、生活服务、动画和少儿、纪录片、涉农等节目类型的播出比例，尤其是明确规定国产动画片、纪录片平均每天的播出时间均不得少于30分钟。此举将对国产动画片、纪录片的创作、生产和市场化运营起到至关重要的促进作用。

针对部分播出机构所播电视剧数量过多、内容低劣的情况，国家新闻出版广电总局出台《卫视综合频道电视剧播出调控管理办法》，对电视剧播出总量、范围、比例、题材、时机、时段等作出限定。鼓励创作播出现实题材剧，要求其黄金时段播出集数的比例需要达到总集数的50%以上。文件还明确了电视剧的播出和审查程序，强调主管部门对卫视综合频道黄金时段播出的电视剧实行备案和抽查审看制度。该文件的出台有助于提升影视剧作品的质量，防止创作和播出上的盲目跟风与同质化现象。2014年4月，国家新闻出版广电总局宣布，将对卫视综合频道黄金时段电视剧播出政策进行调整，从2015年1月1日开始，同一部电视剧每晚黄金时段联播的卫视综合频道不得超过两家，同一部电视剧在卫视综合频道每晚黄金时段播出不得超过两集。这一调整的主要目的在于进一步均衡卫视综合频道节目构成，强化综合定位，优化频道资源，丰富电视剧荧屏。

（三）广播影视依法行政、普法和知识产权保护工作不断加强

2013年，国家新闻出版广电总局两次组织召开总局依法行政工作领导小组会议，研究部署国务院机构改革和政府职能转变情况下广播影视依法行政的工作要点，并组织编写《广播影视行政执法实用手册》，加强对基层广播影视行政执法工作的服务和指导。积极推进广播影视行政审批改革，按照“减少微观事务管理、改善和加强宏观管理”的要求，最终确定取消6项、下放8项、保留33项。组织开展了全国广播影视系统“六五”普法中期督导检查工作，加强全

系统普法宏观指导。国家新闻出版广电总局在“六五”普法工作中发挥重要作用，国家新闻出版广电总局政策法制司等 5 个单位和 2 位个人，获得全国普法办“六五”普法中期先进单位和先进工作者表彰。为提高法制培训的吸引力，国家新闻出版广电总局通过网络远程教育形式进行培训，并修订出版了《广播影视法规汇编》(2013 年中英文版)，完善了广播影视普法相关教材。

2013 年，国家新闻出版广电总局积极参与国家知识产权战略实施工作，完成了《国家知识产权战略纲要》(国发〔2008〕18 号) 5 年目标评估自查评估报告，就 5 年来贯彻执行《国家知识产权战略纲要》的落实情况、成效与经验、新形势和新问题进行总结梳理，并就进一步实施《国家知识产权战略纲要》提出了建议。同时，还配合国家知识产权局开展 2013 年全国知识产权宣传周活动，积极展示广播影视领域有关知识产权保护工作的成果，并举办了广播影视知识产权骨干培训班（第四期)。一些广电机构在实施国家知识产权战略纲要工作中发挥重要作用，中央人民广播电台资产管理中心节目版权资源管理处、中央电视台总编室版权管理部被评选为国家知识产权战略实施工作先进集体。

第三节　广播电视产业

近年来，中国文化产业日渐融入国民经济大循环。广播电视产业作为文化产业核心的、最活跃的组成部分，经济带动效应和贡献更加凸显。在深化改革和媒介融合的大背景下，2013 年中国广播电视产业创新步伐明显加快，国有民营、新老媒体多元主体竞合局面初步形成，业务形态更加丰富多元，节目类型更多、品质提升，市场活力、产业潜能进一步释放，整体进入结构调整、产业融合和转型升级的关键阶段。

一　2013 年广播电视产业总体情况

2013 年广播电视行业总收入和创收收入均创历史新高，但增幅放缓。省级广播电视机构创收收入增长最快，对广播电视产业的经济贡献更加突出。经济发达地区广播电视产业仍处于龙头地位，成为产业创新的主力。民营机构更多参与产业发展，市场竞争更加充分，产业发展更具活力。

（一）产业规模稳步扩大，产业分布梯次结构明显

广播电视行业总收入持续增长。2013 年全国广播电视行业总收入达到 3734.88 亿元，比上年增长 14.26%，较 2012 年 20.29% 的增幅降低 6.03 个百分点（见图 1－3）。增幅放缓是广电产业在结构调整和发展换挡过程中的必然现象，随着产业结构的优化和发展质量的不断提高，未来有望实现更大更持续的增长。

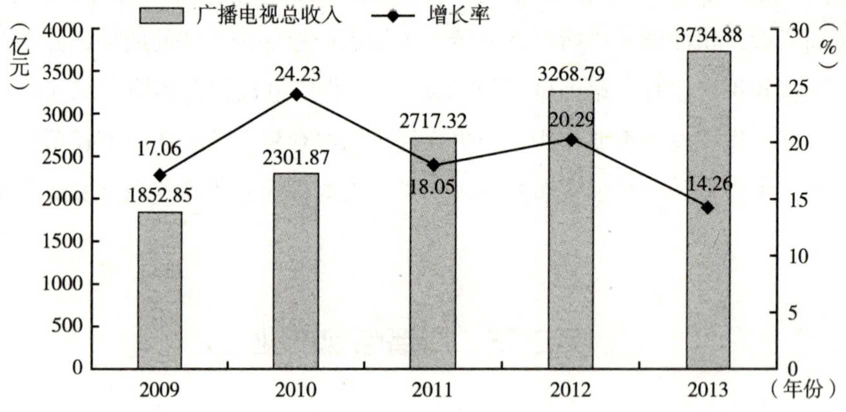

图 1－3　2009～2013 年全国广播电视总收入及增长情况

数据来源：国家新闻出版广电总局财务司。

省级广电机构贡献突出。从 2013 年全国广播电视总收入分级构成情况来看，省级广电机构的贡献率最高，总收入达 2197.54 亿元，占据总收入的 58.84%；中央级广电机构贡献率居第二，总收入为 635.53 亿元，占据 17.02% 的份额；地市级广电机构贡献率居第三，总收入为 533.28 亿元，占据 14.28% 的份额；县级广播电视机构产业贡献率较低，只占 9.87%，总收入为 368.53 亿元。

优势地区广播电视产业发展引领作用明显，梯次结构更加分明。一些经济发展和广播电视体制机制改革以及节目创新探索的先行区域成为行业领军者。

2013 年全国广播电视行业创收收入 3242.77 亿元，比 2012 年的 2803.35 亿元增加 439.42 亿元，增幅 15.67%。其中北京市广播电视创收收入稳居全国第一位，达到 360.95 亿元，同比增长高达 48.94%。上海市、浙江省广播电视创收收入分别达到 310.71 亿元和 290.59 亿元，同比增长 15.87% 和 29.70%，分列第二、三位。江苏省、广东省广播电视创收收入分别为 244.84 亿元和 221.82 亿元，同比增长 3.26% 和 10.58%，分列第四、五位。湖南省、山东省广播电视创收收入分别为 179.40 亿元和 135.64 亿元，同比增长 19.70% 和 14.18%。四川省、湖北省、安徽省分列第八至十位，广播电视创收收入均超过 70 亿元（见图 1-4）。

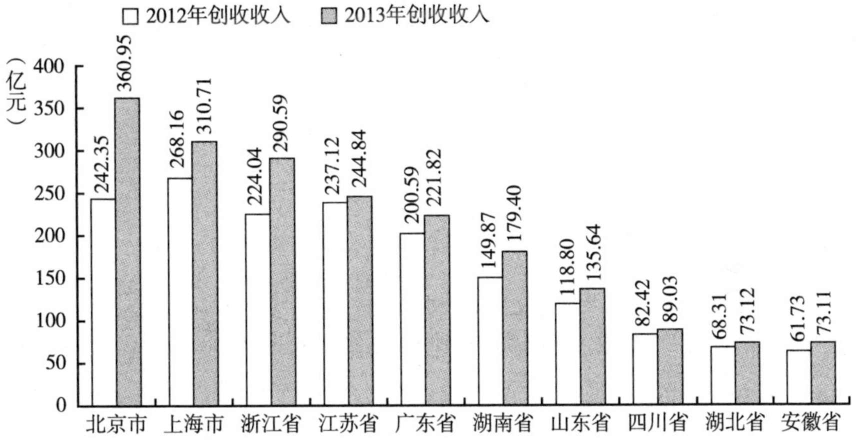

图 1-4　2013 年广播电视创收收入排名前十位的省份

数据来源：国家新闻出版广电总局财务司。

（二）创收收入结构逐步优化

广播电视创收新方式不断涌现，创收渠道日益多元，收入结构不断优化。广告仍然是创收大头，但占比明显收缩，网络收入份额也由第二位退居为第三位，以版权收入等构成的其他收入份额稳步增长，跃升为紧随广告收入之后的第二大收入来源。2013 年全国广播电视广告收入达 1387.01 亿元，比上年增长 9.19%，增幅降低 3.93 个百分点；有线网络收入达 754.91 亿元，比上年增长 14.21%，增幅略降。从近 5 年的发展趋势看，广播电视收入结构日趋合理，广告收入在总收入中的比重自2009年的近一半降低为不到四成，有线网络收入所占比重也下降了约6个百分点，而其他收入则上升了约18个百分点（见表1－2）。

表1－2　2009～2013年广播电视各项收入占比变化

单位：%

年份	广告收入占比	有线网络收入占比	其他收入占比
2009	49.42	26.48	24.10
2010	46.93	24.34	28.73
2011	47.36	23.78	28.86
2012	45.31	23.58	31.11
2013	37.14	20.21	42.65

数据来源：国家新闻出版广电总局财务司。

（三）市场机制作用日益凸显

2013年，市场在广播电视产业发展中的基础作用更加明显。

民营企业迅速壮大，扮演愈加重要的角色，国有为主、多种经济成分共同发展的产业格局逐步形成。在与国有机构合作中成长起来的一批优秀民营企业，将更多更成熟的市场机制带入产业领域，促进了广播电视产业的市场化进程，提升了产业质量。特别是在节目制作领域，民营企业已经成为不折不扣的市场主力和创新主力，源源不断地为电视播出机构输送着节目内容，让电视屏幕实现了从未有过的丰富多彩，也为广播电视产业领域注入更多竞争发展的生机和动力。这些机构凭借产品质量和竞争实力逐渐在制播市场获得平等的议价权和谈判权，推动中国的电视节目制播市场逐步走向成熟，进而释放充沛的创新力和生产力。

与此同时，行业内人才流动明显加剧。各类人才都在这一领域寻找更适合自己发挥才能的事业高地，用人机构也不断推出发展空间和股权激励等吸引人才的机制，人才市场空前活跃。

这些因素都给广播电视产业未来发展带来巨大张力，为其展现出无限增长空间。

（四）版权交易收入大幅增长

版权内容的国际国内多渠道售卖是广播电视产业新增收入的主要来源。一批实力较强的广播电视机构发挥自有内容优势，不断挖掘优质节目的版权价值。

在国内市场，节目销售额大幅提高。2013 年，电视剧国内销售额超过百亿元，达到 100.09 亿元，电视动画片国内销售额 17 亿元，纪录片国内销售额 6.34 亿元，同比分别增长 29.25%、172.82% 和 381.65%。版权市场表现出巨大潜力。上海广播电视台旗下五岸传播依托 73 万小时的版权内容，获得版权销售收入 24.5 亿元，并正式开始运营基于互联网的版权交易平台“秒鸽传媒交易网”。

在国际市场，节目海外版权贸易额不断扩大，内容结构更加多元。国内最大的广播影视版权交易平台中国广播影视节目交易中心实现国际签约 1515 万美元，突破亿元人民币大关，创外销业绩历史新高，市场覆盖全球各大洲 100 多个国家和地区。综艺节目成为版权贸易的新亮点和新增长点。以创新综艺节目模式跻身中国省级广电机构第一阵营的一批广播电视台成为国际版权售卖的领先机构。例如，江苏广播电视总台 2013 年海外版权贸易创收超过 100 万美元，同比增长 15%，其中《非诚勿扰》《全能星战》《超人总动员》等节目销往东南亚、中东、欧洲、大洋洲、北美、非洲以及中国港澳台地区等 50 多个国家和地区。一批反映中国当代社会生活的电视剧，由于更加注重有的放矢的本土化语言译制和贴近性的文化阐释，在国际市场受到欢迎。

（五）产业链实现突破性延展

2013 年，广播电视产业资源整合明显加剧，社会资本、市场资源进一步向优势媒体、优势企业集中，整体产业链实现突破性延伸，以资本为纽带的价值链条组合更加紧密有序。

通过并购实现产业链延伸。2013 年沪深两市涉及影视、广告、游戏等领域的并购事件 55 起，涉及金额近 400 亿元。华策影视、华谊兄弟、奥飞动漫等一批影视动漫上市公司，发挥资本优势，引领并购风潮。华策影视通过收购上海克顿文化传媒和入股上海最世文化，其打造“文化＋影视”平台的战略迈开大步。奥飞动漫通过收购资讯港（《喜羊羊与灰太狼》系列品牌运营商意马国际的全资子公司）、广东原创动力（《喜羊羊与灰太狼》制作企业），以及手机游戏公司方寸科技和爱乐游，从原来的玩具公司发展壮大成为拥有制作能力、播出渠道、玩具生产和游戏开发等的全产业链运营动画公司。

通过核心业务多层次开发布局全产业链。如灿星制作等一些拥有优质品牌资源的影视公司，借助《中国好声音》等节目展开品牌扩张，加长自身产业链条。2013 年，《中国好声音》除了电视播出广告收入和演唱会赞助、影像音频版权出售等各种延伸领域收入，还与中国电信合作举办“天翼飞 Young 中国好声音”全国巡回演唱会，推出音乐手机，财源广进。《中国好声音》正在从一个节目变成一个产业链，进而还将成为一个平台，一个音乐生态系统。

这些具有先发优势的影视和动漫公司通过并购和产业联合，进一步补齐了产业链短板，完善了产业布局，扩大了市场份额，产业链深入渗透社会更多层面，从而获得后续发展的雄厚基础，逐步向规模化、集约化、综合性的传媒娱乐集团迈进。

（六）广电国企转型升级步伐加快

2013 年，随着新媒体的迅速崛起和民营市场主体的蓬勃发展，国内国际市场竞争愈演愈烈，全国广电国企积极创新体制机制，奋力探索深化改革路径，努力推动国有广电产业实现转型升级，打造在新的发展环境中的持续竞争力。

在人才激励方面，出现了股权激励探索。为了聚合人才，增强国有广电企业市场竞争力，上海百视通尝试推出股权激励计划，成为国有媒体企业股权激励“第一单”。这一举措为国有广电企业深化体制机制改革，提升竞争力，提供了启示与借鉴。

在产业布局方面，一些强势广电机构借助优势资源不断向相关领域拓展延伸产业网络，实现品牌资源与广告资源及衍生业务、增值业务的最大化整合。江苏广播电视总台凭借近年来积累的产品、频道和媒体品牌价值，抓住时机布局扩展自身产业板块，打造了幸福蓝海、好享购物、电视产业、广播产业、报刊产业、新媒体产业和海外业务产业等七大产业集团，并逐步向旅游、教育、影视文化版权国际贸易等领域拓展业务。湖南广播电视台所属企业着力产业结构的优化和转型升级，整合多平台视频服务，多渠道开源创收。2013 年湖南广播电视台产业板块累计税前利润总额达 8.1 亿元，同比增长 37%。营业收入过亿的产业单位 10 家，其中快乐阳光收入增长幅度高达 99%，利润增长幅度高达 280%。湖北广播电视台旗下湖北长江垄上传媒集团“频道 + 公司”模式日渐成熟。“线上”销售内容，打造节目品牌链，“线下”销售农资，打造传媒产业链，并实现了对新公社、新农会的股权收购。“垄上行”品牌成功复制到湖北全省，形成直营 100 家、加盟 500 家、产值 5 个亿的农业产业化实体。

二　电视剧产业

在政策调控和市场杠杆的双重引导下，2013 年电视剧产业总体上调控数量，提高质量，由数量增长转向质量提升的趋势明显。各运营机构品牌意识、市场意识、行业联盟意识明显增强，产业转型升级深入推进。

（一）电视剧制作

1. 现实题材剧集引领创作，电视剧制作数量理性回落

2013 年，全国在电视剧制作领域的总投资为 103.73 亿元，同比增长 27.13%。生产完成并获得《国产电视剧发行许可证》的剧目共计 441 部 15770 集，与 2012 年相比减少了 65 部 1933 集，产量 5 年来首次回落（见图 1 -5）。

电视剧创作题材视野更加开阔，贴近现实、关注社会的现实题材成为创作主流。全年共创作生产现实题材剧目 242 部 8143 集，分别占总部数、集数的 54.88% 和 51.64%；历史题材剧目共计 192 部 7366 集，分别占 43.54% 和 46.71%；重大题材共计 7 部 261 集，分别占 1.59% 和 1.66%。电视剧题材的差异化、多样化正在形成。

2. 电视剧制作主体开始向规模化、集约化聚集

截至 2013 年年底，全国共有经审核合格的《电视剧制作许可证（甲种）》

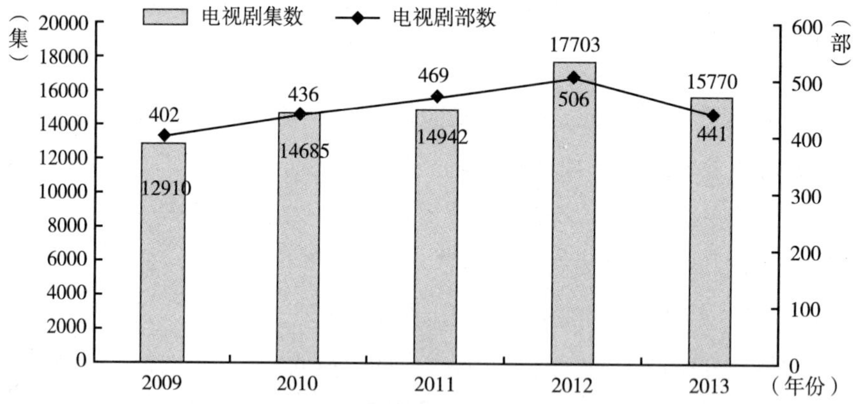

图 1－5　2009～2013 年全国生产完成并获得发行许可证的电视剧数量

数据来源：国家新闻出版广电总局电视剧司。

机构 137 家，与上年持平。其中以电视剧为主营业务的上市公司有 7 家，即华谊兄弟、华策影视、光线传媒、华录百纳、新文化、中视传媒和浙江长城影视（借壳江苏宏宝）。电视剧生产制作领域社会投资热情高涨，投融资渠道更加多元。这为电视剧产业未来发展积聚着强大的能量。以上市企业为领军者，电视剧生产制作主体正在向规模化、集约化方向发展。

3. 网络媒体机构成为电视剧制作生力军，逆袭电视剧制作市场

2013 年，网络媒体以更加活跃的姿态融入电视剧制作领域。第一，网络剧反向输出电视台现象更加普遍。比如，在各大视频网站热播的网络情景喜剧《爱情公寓》，第二季即成功登陆一些地方电视台，第三季则登陆上星卫视，到 2014 年年初第四季已经登陆湖北、安徽、黑龙江、上海东方四大卫视黄金档，且开播即获得了收视佳绩。网络媒体机构的剧集制作实力正在获得电视剧市场认可。第二，一批网络剧“升级”为电视剧。例如，在 2013 年 12 月国家新闻出版广电总局立项的剧集中，乐视网入围的剧目《我叫郝聪明》就是 2013 年 3 月同名热播网络剧的升级版。虽然剧情经过全新创作，但网络剧播放带来的超高人气和品牌效应能助力电视剧创作和营销。第三，网络媒体机构规模化进入电视剧制作领域。越来越多的视频网站加快进军内容产业上游，国产网络剧呈现大规模、高速度、精良化发展态势。在 2013 年首届中国电视剧节目推介会（杭州）上，众多主流视频网络媒体成为重要参展商，与海内外影视制作与发行公司、中央及各省市电视台（频道）就电视剧制作及销售展开合作。

4. 电视剧制作领域行业组织建设加强，行业协同机制初步形成

为更好凝聚全国电视剧制作力量，进一步促进电视剧产业的繁荣发展，适应政府职能转变，加强电视剧产业的社会化专业化管理，中国电视剧制作产业协会于 2013 年 5 月经批准成立。首批 138 家会员是中国电视剧制作业最具实力和影响力的骨干企业，其电视剧总产量和黄金时段播放占有率约占全国总量的 2/3①。协会将在强化产业服务、规范行业秩序、制订产业竞争规则、加强行业自律、促进各方交流合作等方面发挥重要作用，成为行业主管部门的参谋助手。

影视公司自发的行业协会建设也在 2013 年得到加强。2013 年 8 月，中国电视剧强势地面频道 G20 制播俱乐部（以下简称 G20）在北京成立。该俱乐部的制作成员单位多为省级广电系统的国有影视制作公司，如浙江影视集团、江苏幸福蓝海、贵州经纬星、四川星空等，播出成员单位则覆盖全国 12 个省份的 20 家强势地面频道。制播双方的此次联合旨在打造一个全新的制播、项目议定和投资销售平台。对于 G20 制作方参与制作的定制电视剧，G20 中 20 家地面频道将有优先采购权。此类制播俱乐部的出现是产业各相关主体努力实现共赢发展的积极探索和有益尝试。

（二）电视剧播出

2013 年，全国卫视黄金时段电视剧总播出量为 616 部，其中首播新剧 266 部，占播出总量的 43%。总体来看，多层次多元化播出体系正在形成，独播、定制和跨屏营销成为电视剧播出市场的新特点。

1. 多层次多元化播出体系初步形成

在播出市场方面，已初步形成中央、省、地市电视台共同参与、播出方式灵活多样、传统媒体与新媒体相互补充的局面。随着传统媒体与新媒体的融合

---

① 中国电视剧制作产业协会官网，http：//www. ctpia. tv/introduce/xhjs/2013 - 9 - 23/1379922481637. shtml。

和多屏时代的到来，电视剧以其独有的魅力始终吸引着广大电视观众和新媒体用户，无论在电视屏，还是在手机、平板电脑和 PC 端，电视剧都是人们最主要的消费内容之一。对于电视台来说，电视剧是主打节目类型，播出总时长居各类电视节目之首，占总播出量的三分之一以上。在互联网上，70% 的流量来自视听节目，其中以国产电视剧为主。一些主要视频网站的热播国产电视剧点击量屡破 10 亿。

2. “一剧一星”式独家首播剧备受青睐

2013 年，“一剧一星”式的独家首播剧进一步受到各大卫视青睐。在全国省级卫视 266 部首播新剧中，174 部为独家首播，占比高达六成以上。充分显示出市场已经开始自发、自觉、自愿地向独播模式倾斜。独播模式要求电视台具有相当的实力，因此目前还主要集中在几家强势卫视。例如，湖南卫视采用“周间三集 + 周末一集”全独播模式。江苏卫视以“周间三集 + 周末两集”为主，除少量联播剧外，其余都是独播剧。与此同时，多家卫视联合购买一部电视剧同时播出的“联播”模式还是大多数卫视的播出常态，而其中“一剧两星”“一剧三星”的小范围“联播”模式正在受到二三线卫视的欢迎。

3. 电视剧定制趋势已经显现

定制剧是真正的以销定产，即制作方与播出方电视台从电视剧的投资制作阶段即开始合作，为某一个电视台或频道独家“定制”，这是电视剧市场发展的新趋势。目前国内电视剧行业投资渐趋理性，为避免盲目生产和投入，并通过电视剧树立频道品牌，2013 年，一些制作机构和电视台把定制剧作为重要发展领域。北京电视台首部定制剧《渗透》以 12 月同时段全国收视第二名的好成绩收官。江苏卫视专门成立了定制剧工作室，负责经营定制剧业务。安徽卫视、东方卫视都计划推出符合频道定位的定制剧。定制剧具有可分摊电视台成本、积累电视台版权内容、凸显电视台品牌特色等特点，未来将成为重要制播模式。

4. 电视剧跨屏营销渐成常态

2013 年，电视剧在新媒体平台的分发已经成为常态。上星频道播出的“大剧”全部实现网络分发和播出，网络版权收益成为电视剧版权收入的重要增量。据统计，各大视听节目网站版权投入的约 70% 都用于购买电视剧，一些视听网站购剧价格甚至超过了电视台首播价格。同时，电视剧产业更加成熟地运用各类新媒体渠道展开融合营销，提升剧集的话题度，扩大市场效应。例如，通过网络播出电视剧预告片或集锦，通过微博等社交平台进行电视剧制作团队与观众的互动宣传，主要创作人员在社交媒体中对电视剧进行植入式宣传等。中央电视台为延续电视剧《咱们结婚吧》的传播热度，专门举办了“1212：要爱要爱登月之旅”原创网络互动活动，实现“线上线下结合，双屏无缝衔接”。电视剧《小爸爸》通过微博上的“炫父大赛”等活动吸引了更多“粉丝”观众。随着电视剧跨屏营销的普及，新媒体已成为电视剧营销的重要平台。

三　电视动画产业

2013 年，中国电视动画进入产业升级的过渡期和攻坚期。从产量上看，国产电视动画已连续 2 年有所回落；从质量上看，精品创作正成为国内动画业界的主要关注点和实践方向；从产业驱动力来看，政策的扶持拉动逐渐让位于市场的优胜劣汰。

（一）电视动画制作

1. 国产动画产量稳中有落，质量逐步提升

2013 年，地方政府扶持动画产业方式更趋合理科学，不再以产量而是以质量和市场效益作为主要考量因素，全国电视动画产量继续理性回落。全年在电视动画制作领域的投资额为 16.14 亿元，同比增长 65.86%。共制作完成电视动画片 358 部，总时长为 204732 分钟，总量和时长同比分别下降 9.37% 和 8.17%（见图 1－6）。随着产业发展的日渐成熟，在电视动画产业的资源配置中，市场逐步发挥更主要的作用，部分由于过多扶持而出现的产量虚高被逐渐挤掉水分。

电视动画制作产业集中度进一步提高。2013 年全国共有 24 个省份和一些中央直属单位生产制作了国产电视动画完成片。其中，广东、江苏、福建三省分别以 4.3 万分钟、3.6 万分钟和 3.1 万分钟的产量位列电视动画片产量前三

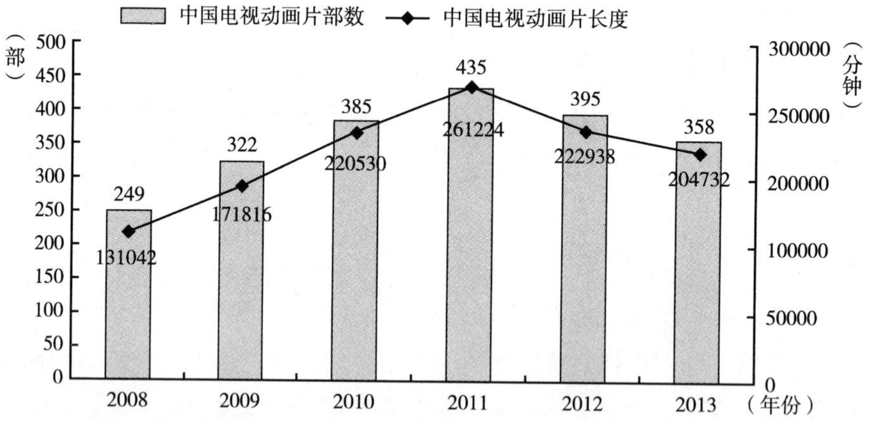

图 1－6　2008～2013 年全国制作完成电视动画片数量及时长

数据来源：国家新闻出版广电总局宣传司。

位。以浙江、江苏和上海为中心的东部沿海地区和以广东为中心的南部沿海地区，已成为中国电视动画制作的 2 个中心区。从 2009 年到 2013 年，两区域 5 年的动画总产量均接近或超过全国电视动画产量的 2/3。

国产电视动画品质逐步提高。2013 年，国家新闻出版广电总局共推荐优秀国产电视动画 49 部，至此，2008 年以来被推荐的国产电视动画总量达到 393 部。其中，《新大头儿子和小头爸爸》《神奇阿呦》等 38 部国产动画片获评 2013 年度少儿精品及国产动画发展专项资金优秀国产动画片。这些作品以丰富的想象力、童趣盎然的剧情，向青少年传递了快乐成长、健康成长的正能量。《抢狮头》《照片回收》等一批动画短片在东京国际动漫节、荷兰动画节、昂西国际动画节等专业国际动画节展上入围或获奖，受到世界瞩目。

2. 国产动画制作技术接近国际先进水平

国产电视动画在制作技术上不断进步，不少国产动画的制作技术已经赶上国际先进水平。这进一步提升了中国电视动画的市场价值，同时也增强了动画技术行业本身的市场渗透力。杭州玄机科技公司出品的《秦时明月》已经推出四季电视动画，其细腻的建模、丰富的特效以及出自动作捕捉设备的人物表演，让电视动画呈现出电影一般的高品质。北京若森数字科技在开发《侠岚》电视动画的同时，还开发了“曼陀罗多媒体智能开发系统”。其自主研发的

“智能形变跟随系统” 等 13 项技术也获得了国家专利，并经过国家版权局进行了软件注册权登记。

动画技术领域有望孕育出新的产业。由于动画制作越来越趋于高品质，一些中小企业内部的计算机数量和运算速度已经无法达到大批量渲染的要求，一批基于云计算的专业云渲染企业应运而生。它们通过搭建专业的渲染平台，为有需求的动画企业提供技术支撑，有望在未来 1 ~2 年形成新的产业。此外，一些动画公司不止将技术运用于电视动画的制作，还广泛参与到电视栏目包装、电子游戏、广告、工业设计、电影预示等多个领域，形成动画制作技术的多行业渗透和多领域应用，丰富了企业的赢利模式。

（二）电视动画播出

2013 年，电视动画播出市场继续保持稳健上扬态势，播出平台与制作环节亲密牵手结成产业联盟。市场化的产业链条竞合格局初具雏形。

1. 电视动画收视稳中有升

动画播出市场继续保持良好态势。中央电视台少儿频道稳居所有上星频道 4 ~14 岁年龄段收视份额之首，在 4 ~14 岁儿童群体中的收视份额从 2012 年的 10.53% 增长至 11.79%；北京卡酷、湖南金鹰、江苏优漫等动画上星频道 2013 年的儿童收视份额也有 0.2% ~0.3% 的增长。据有关部门统计，2013 年中央电视台少儿频道和 5 家上星动画频道共播出 120 部动画片，同比下降 9.1%，其中新片 21 部，同比下降 16%；但是有 17 部电视动画平均收视率超过以往同时段的 10%，比 2012 年有所增长。虽然上星动画频道的电视动画播出部数有所减少，但好片重播的排片策略仍然使动画播出机构的收视成绩相当稳定。

2. 联制联播产业联盟带动动画产业链不断完善

电视动画制播产业联盟出现，开启动画作品全产业链运营新模式。2013 年 7 月 11 日，湖南金鹰卡通和上海炫动传播等省级动画媒体和播出平台联合 11 家动漫企业成立了中国优质动漫项目创投联盟服务平台。这是中国电视动画领域自发形成的第一个以省级卡通频道为核心，以行业领军企业为基础，面向动漫全产业链企业的战略合作联盟。该联盟按照国际上成熟的“联创、联投、联营”模式，以项目创意为起点，从前期孵化到内容投产，再到后端衍生开发，全程介入，形成项目联合投资的稳定制播合作关系。凡播出机构联投的作品，将享有在联盟播出机构的首播权。目前该联盟已成功投资运作了《泡泡美人鱼》等动画作品。这个产业联盟改变了播出机构原来的角色定位，开启了播出机构主动介入动画作品全产业链运营的新模式，促进了动画产业链条之间的相互融通和价值链的逐步完善。

（三）电视动画授权市场快速发展

国产电视动画精品力作越来越多，国产动画的品牌授权快速发展。一方面，一批国产动画品牌在国内形成了较为稳定的授权市场。例如，杭州玄机科技的《秦时明月》进行了“主题酒店”的形象授权，授权金额达到1000万元。在2013年4月举行的浙江文化艺术品交易所首场动漫衍生品授权拍卖会上，有9个动漫形象完成洽拍并现场签约，签约额达3340万元。拥有较多品牌的动画企业，纷纷寻找专业的代理机构进行授权开发，涌现出了天络行、艺洲人等数家专业的授权代理企业。另一方面，国产卡通形象品牌在海外也逐渐获得声誉。2013年4月，中国卡通形象阿狸入围国际授权业协会（LIMA）“年度最佳形象奖”提名，这是中国内地的卡通形象首次入围该项大奖。此外，中国玩具展、深圳品牌授权展等一批专业节展也成为动画授权商与被授权商对接、中国市场与海外市场对接的重要平台。

四　纪录片产业①

2013年，中国纪录片产业发展加速，呈现出政府和市场双轮驱动，社会各有关方面积极参与的新格局、新气象。纪录片制播市场全面增长，收入结构多元化趋势逐步显现。2013年中国纪录片实现行业总收入约23亿元，比2010年增长127.8%，3年翻了一番多。其中超过一半收入来自广告，30%来自国际国内联合制作或委托制作等合作收益，国内节目销售和海外节目销售分别占8%和5%，音像发行和电影票房收入占0.15%左右。纪录片产业的前景空前看好。

① 本节部分数据参考了《平台年的中国纪录片市场》，《综艺报》2014年4月14日。

（一）纪录片创作生产

1. 纪录片创作生产力进一步释放，市场规模迅速扩大

2013 年，中国纪录片制作生产投入大幅度增长，共投入 13.03 亿元，同比增长近 3 倍。全国共生产纪录片 11000 多小时，同比增长 6.8%。其中来料加工约 6000 小时，完全自制约 5000 小时；纪录片节目约 1200 小时，纪实栏目产品约 9800 小时。与 2010 年相比，总投入增长 93.8%，首播节目量增长 12.5%，年产量增长 26.4%，自制节目比重增长 14.8%，行业赢利率增长 88%。纪录片创制潜能得到进一步发挥。

中国梦主题纪录片成为亮点。2013 年，国家新闻出版广电总局着力引导市场加强中国梦主题纪录片的创作、播映和推荐工作。全国各级电视台推出一批中国梦主题纪录片，展现普通人与国家和时代一起发展成长的励志故事。中国教育电视台打造了国内首部以传统人文纪录片形式反映中国梦的大型纪录片《我的太阳 · 我的期盼》。由北京电视台等推出的《中国梦 365 个故事》，讲述了一个个普通人寻梦、追梦、筑梦、圆梦的故事。

题材更加丰富，现实题材作品进一步增加。有重大革命历史题材文献片，反映了中华民族优良的爱国主义传统、顽强不屈的斗争精神和革命先辈强烈的家国情怀，如《不能忘却的伟大胜利》《习仲勋》等；有纪录普通人通过勤劳努力，追求出彩人生真实经历的纪录片，如《乡村里的中国》《寻找最美乡村教师——阿力太》等；有聚焦城市拆迁、教育改革等社会热点的纪录片，如《头号难题》《我的人生我的课》等；也有文化、经济、自然类题材国产纪录片，如《茶，一片树叶的故事》《大国重器》《与蛇共舞》等。这些纪录片充满正能量，精致细腻，思想性、艺术性、观赏性突出。2013 年，国家新闻出版广电总局向社会推荐的优秀国产纪录片数量达 108 部，精品力作明显增多。

经过几年的探索，中国纪录片步入产业化发展轨道，面向全球的创作提案市场开启，纪录片创意进入市场化操作阶段。2013 年 11 月，首届中国国际纪录片提案大会在四川电视节期间成功举办。提案大会由中央电视台纪录频道牵头主办，中国纪录片播出联盟、中国纪录片制作联盟承办，采用国际

通行的纪录片提案方式，以“中国故事”为主题，面向全球纪录片创作者发掘具有中国元素的优秀纪录片提案，为世界范围内的导演、制片人、投资人和观众提供一个交流合作的平台。大会收到来自中、英、法、德、澳等十几个国家的405份纪录片提案，题材涵盖社会、自然、历史、科技等领域。这类活动的举办和项目的推进，将进一步扩大中国纪录片创作的视野，提升纪录片的品质，繁荣纪录片创作，也有利于纪录片创意与投资人同市场需求的对接。

2. 纪录片制作主体多样化发展，专业频道成为核心生产力量

纪录片专业频道已成为国内纪录片生产的核心力量。据统计，2013年国内年投入超过1亿元的纪录片制作机构共有4家，分别为中央电视台纪录频道、中央电视台科教频道、上海纪实频道和中央新影集团。中央电视台纪录频道、中央电视台科教频道、上海纪实频道、北京纪实频道、中国教育电视台3频道、湖南金鹰纪实频道和重庆科教频道等7家纪录片专业频道的投入占总投入的51.4%。

各省级卫视以相关扶持政策为契机，加大对纪录片制作的投入，推出形式多样、内容丰富的纪录片作品。湖南卫视与湖南金鹰纪实频道联合成立了纪录片项目部，面向全国20多个纪录片制作公司发布了引进、合拍、定制等需求。江苏卫视则把纪录片与主流节目形态结合，按照季播节目剪辑和播出。浙江卫视加强人文纪录片的创作和播出，周播人文纪录片栏目《人文深呼吸》在2014年春节之后全新改版亮相。

此外，民营机构成为不可忽视的新生力量。2013年全国民营制作机构在纪录片制作方面的总投入为3.77亿元，较2012年增长88%。

3. 纪录片制作联盟成立，推动纪录片制作专业化、市场化进程

2013年7月17日，作为中国纪录片联盟的重要组成部分，中国纪录片制作联盟由中央电视台纪录频道发起成立。该联盟汇聚了国内100多家纪录片制作机构，其中既有电视台主导的国有机构，也有大陆桥、三多堂、雷禾传媒、良友影视等众多的民营机构，覆盖了纪录片生产的整个链条。联盟通过多种模式的合作，逐步建立中国纪录片行业标准，推动国内纪录片制作专业化、市场化进程。

制作联盟的成立推动了国内纪录片合作制片市场。在联盟成立仪式上，中央电视台与 6 家电视台签署了合作备忘录，包括与四川电视台拍摄历史纪录片《三国》，与江西电视台拍摄纪录片《景德镇》，与云南电视台拍摄纪录片《西南联大》，与河南电视台拍摄《功夫少林》，与广东电视台拍摄反映清末通商口岸对外贸易的纪录片《十三行》，与福建广电集团拍摄反映马尾船政的历史文化纪录片《船政学堂》等。这类合作在一定程度上整合了纪录片制作优势资源，有利于中国纪录片产业升级和跨越式发展。

制作联盟的成立还促进了市场细分。随着国内纪录片行业的进一步发展，市场细分化、多元化将成为必然趋势，而专注于某一类型纪录片创作的机构，或擅长文本策划、剪辑包装、音效制作等细分领域的独立公司，都将通过联盟获得更好的发展，在产业链的环节上找到自己的准确定位。比如，科影传媒每年为中央电视台纪录频道提供 2000 分钟节目，将自身定位为自然类纪录片的专业拍摄者。

4. 中外联合制片深入拓展，推动中国纪录片融入国际化制作体系

2013 年，纪录片的中外联合制片深入拓展，扩展了中国纪录片人的创作视野，提升了中国纪录片的创作水平，也带动国产纪录片更好地走向国际市场。

中央电视台纪录频道是中外合作制片的重要平台。近两年来，该频道每年投入超过 1000 万美元用于中外联合制作，已经启动了 20 余部、70 余小时的国际联合摄制项目。其中有中国题材的纪录片《秘境中国——天坑》《中国创意》等，也有全球题材的纪录片《生命的奇迹》《非洲》等。与英国广播公司（BBC）、美国探索频道和法国国家电视集团合作摄制的纪录片《非洲》，是中国人第一次参与拍摄国外野生题材的作品，该片 2013 年在英国 BBC 播出，成为该台收视率最高的纪录片。与美国国家地理频道共同制作的纪录片《春晚》国际版，首次进入美国国家地理频道的黄金时段播出，取得了超出同时段平均收视率的良好收视效果。

一些有实力的地方电视台也展开中外合作，提升自身纪录片制作实力，并寻求打开国际市场。北京纪实频道与法国电视五台合作的纪录片《GPS 星球大战》已经完成，与澳大利亚合作的纪录片《北京—堪培拉》正在拍摄。陕西广播电视台则与意大利国家电视台达成合作意向，合拍全景式纪录片《西安对话罗马》。

融入国际化制作体系，中国纪录片的原创能力快速提升，海外售价比肩国际一流媒体。2013 年中央电视台纪录频道累计向海外发行原创精品纪录片 21 部 109 集，销售额近 43 万美元，累计签约节目销售额 100 万美元。海外销售单价同比提升 26%，已经跻身纪录片国际售价第一梯队。

（二）纪录片播出

1. 纪录片频道收视情况良好，成为电视广告发布优质新平台

2013 年中国播出纪录片约 7 万小时，首播节目约 1.8 万小时，同比增长 3%。纪录片的主要播出平台是纪录频道，其中中央电视台纪录频道播出总时长达 4460 小时，占全年首播电视纪录片的 93%。全国纪录频道在 2013 年获得了良好的收视和广告业绩。中央电视台纪录频道开播以来收视份额年平均增长达到 55%，成为全国中高端电视观众最喜爱的电视频道之一，2013 年频道广告总额超过 4 亿元，是 2012 年的 2 倍多。在电视广告整体增幅放缓的背景下，纪录频道广告业绩的翻番显示了其强有力的发展态势。北京广播电视台纪实频道在 2013 年 3 月 31 日播出序号由 620 转到 20，频道关注度大大提高，收视率飙升 300%，在全国纪实频道排名前三位。上海纪实频道 2013 年 7 月改版后，平均收视率上升 20%。

2. 中国纪录片播出联盟成立，夯实纪录片播出市场

2013 年 7 月 19 日，中国纪录片播出联盟由中央电视台纪录频道牵头成立。该联盟首次整合中央电视台与各省、市电视台优秀纪录片内容资源与优势播出资源，以期逐步形成全国纪录片产业链，推动纪录片“行业”升级至“产业”时代。

中国纪录片播出联盟成立后的首个重要举措，是联合全国 32 家省级电视台和 60 多家市级电视台打造全国性的纪录片合作交流平台——中国纪录片联播网，在这些电视台的地面频道开办每天 30 分钟的《纪录中国》栏目。该栏目由中央电视台纪录频道提供优秀片源，有效解决了一些地方台在纪录片方面存在的“资金少、片源少、专业人员少”等问题。《美丽中国》《花豹女王》《舌尖上的中国》等优秀作品在《纪录中国》栏目的陆续播出，有效提升了纪

录片在全国范围内的传播度以及美誉度。纪录片的市场影响力与日俱增。从 2013 年 11 月 11 日该栏目正式启动后一个月的收视效果看，其播出时段的平均收视率比栏目开播前提高约 78%。在陕西电视台公共频道和兰州电视台公共频道，收视率比开播前增幅高达 436.8% 和 415.2%。

中国纪录片播出联盟及其所推动的联播栏目《纪录中国》正在吸引更多的电视台加盟。中国纪录片进入“联盟时代”，这种联盟除了构筑起“互利共赢”的平台，也组建起面向国际市场的中国纪录片“联合军团”。

3. 纪录片网络播出平台不断扩展，新媒体成为纪录片产业新市场

2013 年，中国各大网络媒体平台在纪录片领域频频发力，推平台、推活动、推作品，不仅成为纪录片播出的重要渠道，也是纪录片产业发育发展的重要推动力量。2013 年 1 月 22 日，中国纪录片网正式上线。该网站是国家新闻出版广电总局委托中国网络电视台（CNTV）建设的国家级纪录片新媒体产业运营平台，承担着纪录片政策发布、人才培养、题材集纳、融资交易、行业动态、学术研究、传播推广、推介展示、创作生产等功能。目前，中国纪录片网已建成拥有 6000 多部 7 万多集纪录片的检索数据库。此后，国内一批主打纪录片的视频网站纷纷改版上线，并播出了众多全新的纪录片内容。土豆纪实频道改版后推出了自制商业纪录片《进藏》；优酷网则推出了系列纪录片《侣行》，点击量已过亿；新浪纪录片频道、良友纪录网全新改版上线；重庆华龙网也与中国纪录片网及重庆纪录片研究会合作推出纪实频道。

纪录片网络播出平台积极开展线下活动，向产业链上游——纪录片生产制作环节扩展影响力，为纪录片创作注入更多活力。例如，中国纪录片网与中国电视艺术家协会电视纪录片学术委员会联合主办了首届“发现美丽中国”微纪录作品及提案征集展播活动，网易举办了首届“网易有态度”大学生纪录片大赛，爱奇艺与 2013 年中国（广州）国际纪录片节、第三届中国纪录片学院奖开展合作等。

网络平台为大批纪录片作品和纪录片人才提供了展示、成长和交流的平台，成为纪录片人才的孵化器、纪录片作品的展演台和纪录片行业合作的重要渠道。

五　广播电视节目制播

2013 年，全国广播电视节目制播呈现欣欣向荣的局面，节目制作机构发展进入成熟期，创新创优取得重大进展，节目类型更加丰富多彩，节目市场交易更加活跃。

（一）广播电视节目制作播出能力进一步提升

广播电视节目制作机构发展呈现出数量增长、结构优化、业绩优良的良好态势。截至 2013 年年底，全国共有经审核合格的《广播电视节目制作经营许可证》机构 7248 家，比 2012 年增加 1073 家，增幅 17.38%。

1. 广播节目生产与播出情况

2013 年，全国广播节目产量稳步上升，总产量达 739.12 万小时，同比增长 2.82%。产量居前三位的节目类别仍然是专题服务类、综艺类和新闻资讯类节目，产量分别为 209.18 万小时、197.61 万小时和 139.73 万小时，占节目总产量的比重分别为 28.30%、26.74% 和 18.91%（见图 1－7）。

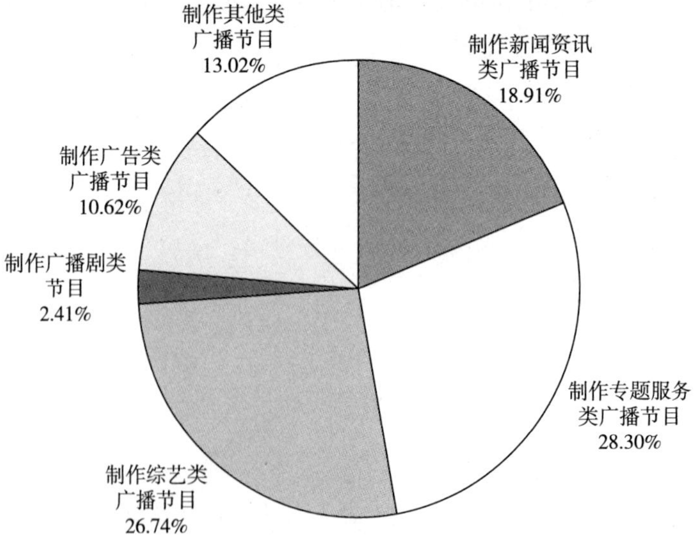

图 1－7　2013 年全国制作的各类广播节目时间分类构成情况

数据来源：国家新闻出版广电总局财务司。

2013 年，全国公共广播节目播出时间总量为 1379.55 万小时。其中，综艺益智类、专题服务类、新闻资讯类为播出量居前三位的节目类别，播出时间分别为 373.24 万小时、310.86 万小时和 282.01 万小时，占全年广播节目播出时间的比重分别为 27.06%、22.53% 和 20.44%（见图 1－8）。

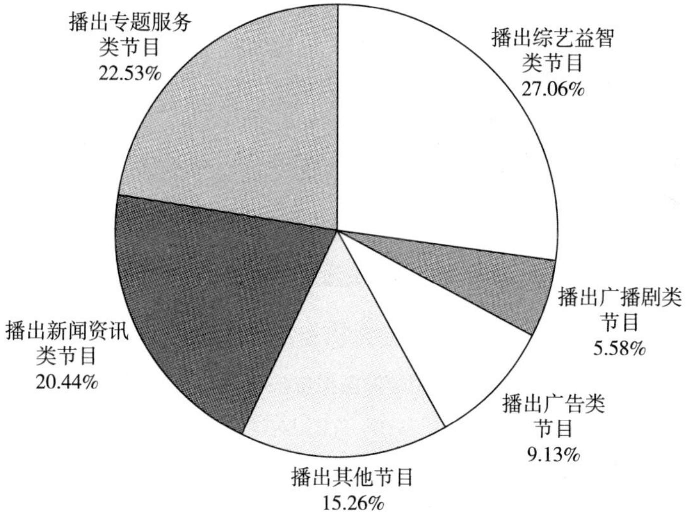

图 1－8　2013 年全国公共广播播出时间按节目类别构成情况

数据来源：国家新闻出版广电总局财务司。

2. 电视节目生产与播出情况

2013 年，在行业管理部门的宏观调控下，全国电视节目产量略降，整体结构优化，突出新闻和社会服务节目。全年总产量为 339.78 万小时，同比下降 1.12 个百分点。其中，新闻资讯类和专题服务类电视节目产量位列前两位，分别为 86.68 万小时和 85.41 万小时，占节目产量的比重为 25.51% 和 25.14%（见图 1－9）。

2013 年全国公共电视播出时间总量与 2012 年基本持平，为 1705.72 万小时。其中，影视类、新闻资讯类、专题服务类和广告类为播出总量排名前四位的节目类型，播出时间分别达到 736.60 万小时、235.23 万小时、210.89 万小时和 195.11 万小时，占全年电视节目播出时间的比重分别为 43.18%、13.79%、12.36% 和 11.44%（见图 1－10）。

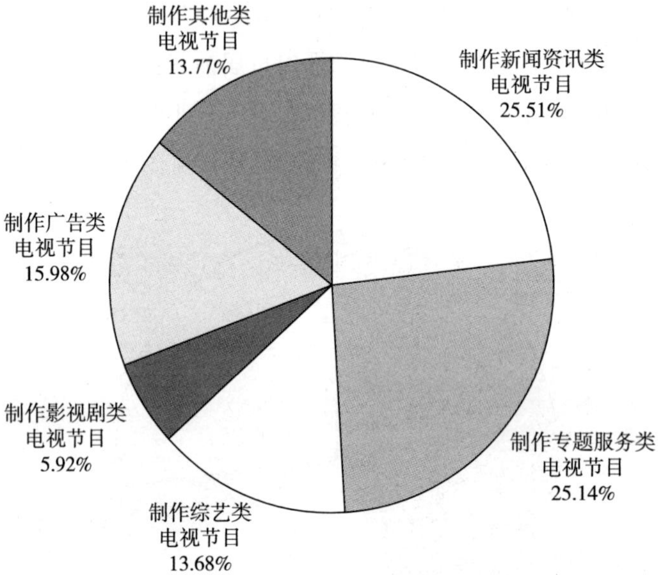

图 1－9　2013 年全国制作的各类电视节目时间分类构成情况

数据来源：国家新闻出版广电总局财务司。

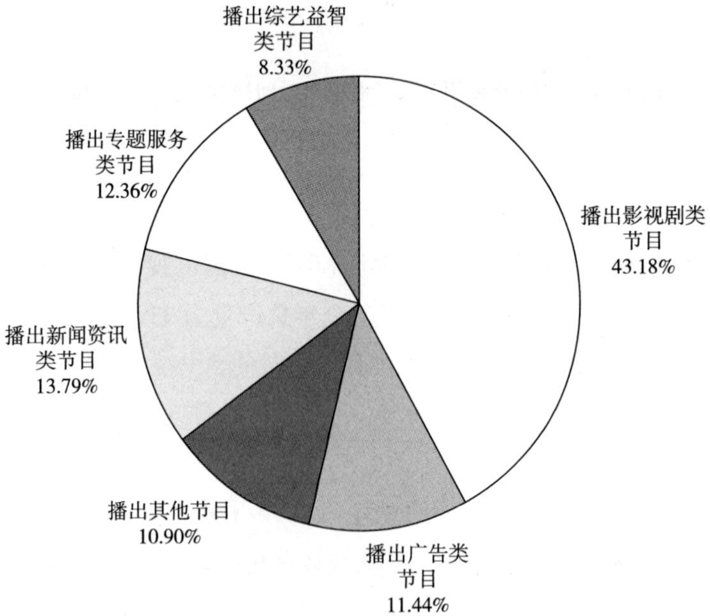

图 1－10　2013 年全国公共电视播出时间按节目类别构成情况

数据来源：国家新闻出版广电总局财务司。

（二）广播电视节目创新创优成果丰硕

1. 广播电视节目创新创优大力推进

2013 年，各级广播电视台大力推进节目栏目创新创优，以适应不断变化的受众与市场需求，提升竞争力。地方广播电视播出机构纷纷通过设立创新创优节目研发部门、设置原创节目专项资金等方式，把创新创优工作制度化、常态化。随着创新创优工作的推进，全国广电系统涌现出一批思想性、艺术性、观赏性俱佳的好节目，受到广大受众的欢迎。中央人民广播电台《央广求证》等 10 个广播栏目，中央电视台《开讲啦》《中国汉字听写大会》等 15 个电视栏目荣膺“2013 年广播电视创新创优栏目”，受到国家新闻出版广电总局的表彰。

2. 差异化的原创节目模式崭露头角

原创节目在全国各级电视机构开花结果。2013 年，在节目政策调控和市场竞争双重作用下，全国各广播电视台主动寻找差异化的创新空间，推出了一批富有特色的原创节目和节目模式，并取得了良好的收视效果。在题材创新方面，中国传统文化备受关注，涌现出了《中国汉字听写大会》《汉字英雄》及《中华好诗词》等一批既有文化深度又受到观众喜爱的优秀节目。在形式创新方面，以中央电视台财经频道《是真的吗》为代表的一些原创节目融合了新闻调查、综艺娱乐、脱口秀、观众互动等不同的形式元素，深度调动观众全方位的体验感，获得了市场认可。这些差异化的原创实践为国内电视节目类型生态带来勃勃生机。

原创节目模式取得重大进步。一些电视节目制作公司将原创模式纳入业务重点，全国涌现出一批原创节目模式，这意味着中国电视节目生产取得突破性进展。四川电视节推出了“首届中国电视节目模式大赛”，以《棋逢对手》为代表的国内众多优秀原创节目模式脱颖而出，获得大赛奖项以及业界认可。在 2013 年 FMM – SCTVF 国际电视节目模式大赛上，天津卫视选送的全国首创大型职场真人秀节目《非你莫属》获得中国赛区“节目模式大奖”，这是中国原创节目首次斩获国际大奖。中国原创节目模式崭露头角，反映出节目生产制作领域从“中国制造”向“中国创造”理念的转变。从引进节目模式到原创节目模式，最终到输出节目模式，中国电视节目模式有望成为中国文化走出去的新生力量。

（三）广播电视节目生产制作主体更加多元

1. 民营制作机构成为节目制作有生力量

随着灿星制作、光线传媒等一批民营节目制作企业的快速成长，广播电视节目的生产制作体系逐步向主体多元化方向深入发展，节目市场空前活跃繁荣。据统计，民营企业《广播电视节目制作经营许可证》持证机构数量超过6000家，占制作机构总量的80%以上。其产品在市场中形成强大的竞争力，不断优化着国内电视节目的内容结构。2013年约有20家上星频道购买播出了由民营机构制作的节目（见表1-3）。

表1-3　2013年国内主要民营节目制作公司与卫视播出合作情况

公司	制作节目	播出平台	公司	制作节目	播出平台
灿星制作	《中国好声音》	浙江卫视	元纯传媒	《人生第一次》	浙江卫视
	《酷我真声音》	浙江卫视		《发现》	黑龙江卫视
	《娱乐梦工厂》	浙江卫视		《军情会客室》	四川卫视
	《最佳现场》	地面频道	维画传播	《妈妈咪呀（二）》	东方卫视
	《加油！少年派》	中央电视台—综合频道		《我爱我的祖国》	湖北卫视
	《梦想合唱团》	中央电视台—综合频道		《美人我最大》	湖北卫视
	《超级减肥王》	中央电视台—财经频道		《大运之星》	深圳卫视
	《势不可挡》	安徽卫视		《金钟奖·中国音超》	深圳卫视
	《激情唱响》	辽宁卫视		《征服全场》	重庆卫视
东方风行	《超级访问》	山东卫视	唯众传媒	《波士堂》	宁夏卫视第一财经
	《非常静距离》	安徽卫视		《职场好榜样》	宁夏卫视第一财经
	《天声王牌》	安徽卫视		《谁来一起午餐》	宁夏卫视第一财经
	《美丽俏佳人》	黑龙江卫视		《上班这点事》	宁夏卫视第一财经
	《今晚男得》	甘肃卫视		《开讲啦》	中央电视台—综合频道
	《我爱每一天》	甘肃卫视		《一起聊聊》	中央电视台—财经频道
世熙传媒	《一生所爱·大地飞歌》	广西卫视		《魔力之城》	东方卫视
	《完美际遇》	广西卫视		《我最时尚》	东方卫视
	《猜的就是你》	广西卫视		《大驾光临》	河南卫视
	《天下无双》	天津卫视		《爱拼才会赢》	东南卫视

数据来源：《传媒》杂志。

2. 广播电视机构创办的节目制作企业正在崛起

在民营制作机构快速成长的同时，一批广播电视机构创办的节目制作企业在市场竞争中发展壮大，并展现了令人刮目相看的原创活力，形成了自己的制作能力，成为节目制作市场重要的竞争力量。例如，长沙广播电视集团控股的天择传媒有限公司、湖南卫视旗下子公司北京快乐京林文化传播有限公司，以及湖北广播电视台旗下子公司长江传媒等，依托广播电视机构的既有优质制作力量，生产制作了《军情第一线》《我为歌狂》《我的中国星》等一大批优质电视节目，并实现了跨区域节目定制和播出。像天择传媒，为云南卫视制作了《士兵突击》，为江苏卫视制作了《花样年华》，为东方卫视制作了《大爱东方》，为青海卫视制作了《花儿朵朵》，为黑龙江卫视制作了《幸运电梯》等。多年存在的广播电视节目一般由本台自制自播、“自产自销”的老体系被逐渐打破。

3. 以专业化分工合作为基础的新型制播分离体系稳步确立

在节目生产制作主体多元化竞争的趋势下，播出机构与制作机构的关系从简单的购片逐步发展为深层次的专业化分工合作。相较于此前将一档节目整体包给一家制作公司完成的模式，如今许多卫视更倾向于将一档节目拆分成几个部分，把外景拍摄、现场录制、后期制作、节目包装等环节交由不同的公司完成，从简单的节目买卖升级为对优势资源进行有机整合的市场。

在新的制播分离机制下，制作公司成为拥有相当话语权的市场主体，按照市场的要求单独策划制作节目，将节目创意向播出机构进行营销；制播双方达成合作后签订协议，双方分别负责节目制作和播出，节目版权归制作单位，播出权归电视台；制播双方共同投资，共担风险，共享利润。

以市场化的平等合作为基础的新型制播分离体系的建立，一方面可以将民间资本的活力与民营企业的创造力有效调动起来，为市场提供质量更高、类型更加丰富的广播电视节目；另一方面也可以推动传统播出机构从单纯的节目制作播出角色向聚合各类优质资源的播出平台转变，从而拉动收视，提升品牌竞争力。这种新型制播分离模式无疑将更能发挥市场对资源的配置作用，创作出更符合市场需求的高质量节目。

（四）广播电视节目价值链得到大力拓展

2013 年，广播电视节目价值进一步提升，节目衍生价值和全产业链运作的特点更加突出。

面对日益激烈的市场竞争环境，电视台纷纷举全台之力打造具有标识意义和超高人气的“综艺大片”。在众多“综艺大片”之中，由强势电视频道打造的品牌节目交易价值明显提升。浙江卫视播出的《中国好声音》第三季独家网络版权以 2.5 亿元卖给腾讯网，价格比第二季上涨 2 倍。《爸爸去哪儿》与湖南卫视另外四档节目《快乐大本营》《天天向上》《百变大咖秀》《我们约会吧》合计打包 2 亿元卖给爱奇艺。乐视网也花费过亿元买下 2014 年《我是歌手》第二季独家版权。

电视台和节目制作机构以创新思维不断拓展电视节目的衍生价值。《爸爸去哪儿》在 2014 年寒假档推出同名电影，主打“粉丝”观众，票房达到 6.96 亿元。另外，电视剧与电视节目的绑定、电视节目品牌话剧的开发以及各种生活服务类节目的产业链打造，都成为活跃节目市场、提升节目衍生价值的重要手段。比如，中央电视台节目《谢天谢地你来啦》开发剧场版项目，走进全国剧场进行演出及节目录制。随着电视剧《龙门镖局》的热播，天津卫视专门为该剧打造了衍生节目《职场龙门镇》，依靠电视剧的观众群实现内容价值的多次开发。

六　广播电视广告

2013 年，全国广播电视广告收入达 1387.01 亿元，同比增长 9.19%，增幅比 2012 年下降 3.93 个百分点（见图 1－11）。从广播电视广告收入分布情况看，省级广播电视广告收入超过了半数，占比达到 54.84%。中央级广播电视广告收入占比 24.26%。地市级和县级广播电视广告收入占比分别为 17.02% 和 3.88%。从地区分布看，东部地区广播电视广告收入占比最高，为 46.56%；其次是中央级、中部地区和西部地区，广播电视广告收入分别占比 24.26%、20.10% 和 9.08%。

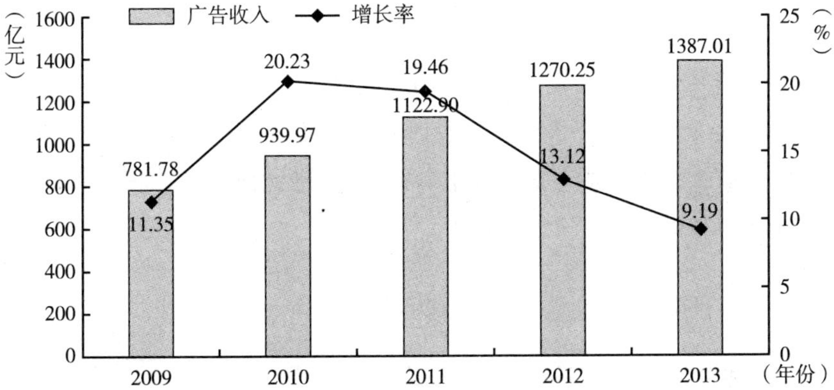

图 1－11　2009～2013 年广播电视行业广告收入及增幅走势

数据来源：国家新闻出版广电总局财务司。

从广播电视广告的收入构成来看，2013 年广播广告收入、电视广告收入和其他广告收入在广电行业广告总体收入中的占比分别为 10.09%、80.69% 和 9.22%。广播和电视广告占比均略有下降，其他广告收入占比从 2012 年的 6.91% 提升了 2.31 个百分点，达到 9.22%，已接近广播广告的份额（见表1－4）。

表 1－4　2009～2013 年广播电视行业广告收入及占比情况

单位：亿元，%

年份	广播广告收入	占比	电视广告收入	占比	其他广告收入	占比
2009	81.46	10.42	675.82	86.45	24.50	3.13
2010	99.58	10.59	796.59	84.75	43.80	4.66
2011	123.32	10.98	934.54	83.23	65.04	5.79
2012	136.20	10.72	1046.29	82.37	87.76	6.91
2013	139.92	10.09	1119.26	80.69	127.83	9.22

数据来源：国家新闻出版广电总局财务司。

全国广播电视行业积极应对转型发展遇到的各种挑战，努力提高在市场经济环境和媒介融合背景下的媒体运营能力，保持了广播电视媒体的影响力和广告收入的持续增长，广告结构进一步优化。在新的媒体竞争格局中，广播电视广告运营迎来增长的拐点。

（一）广播广告

1. 广播广告收入保持增长，增势明显放缓

2013 年，全国广播广告总收入达到 139.92 亿元（见图 1－12）。2013 年，中央人民广播电台广告业务同比增长 11%，但增速放缓。广播广告收入排名前三位的省份分别为江苏、浙江和广东。

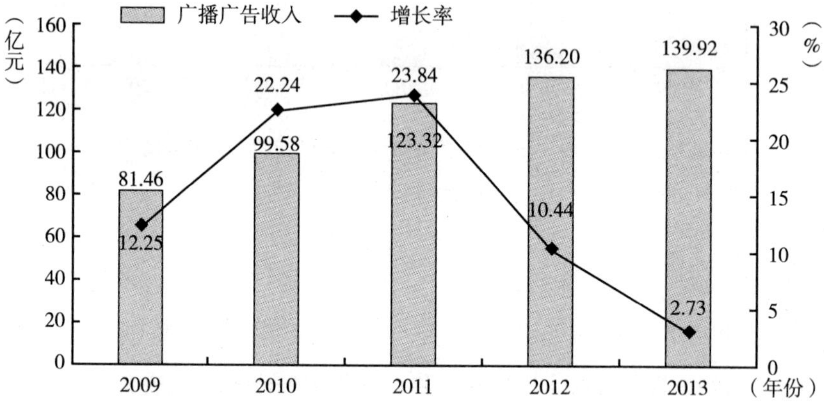

图 1－12　2009～2013 年全国广播广告收入及增长情况

数据来源：国家新闻出版广电总局财务司。

2. 广播广告营销方式进一步创新

2013 年，全国各级广播电台通过整合营销、活动营销等创新方式，保持广告增长。中央人民广播电台引入关键词搜索广告等广告经营新方式，领跑行业市场。湖南广播电视台广播广告经营改变以往各频率单独经营的模式，成立广播广告营销中心，整合广播资源，通过整合营销带动劣势频率，统一把握价格，实现收入显著增长。天津广播电台交通广播汽车俱乐部加大“线下”活动力度，组织汽车团购活动，相声广播引入社会资金主办“裘英俊相声专场＋原创摇滚相声剧”等专场演出，屡屡刷新票房销售纪录。

（二）电视广告

1. 电视广告收入增速显著放缓

2013 年，全国电视广告总收入达到 1119.26 亿元，同比增长 6.97%，增

幅下降近 5 个百分点（见图 1－13）。电视广告收入排名前三位的省份分别为湖南、江苏和广东。

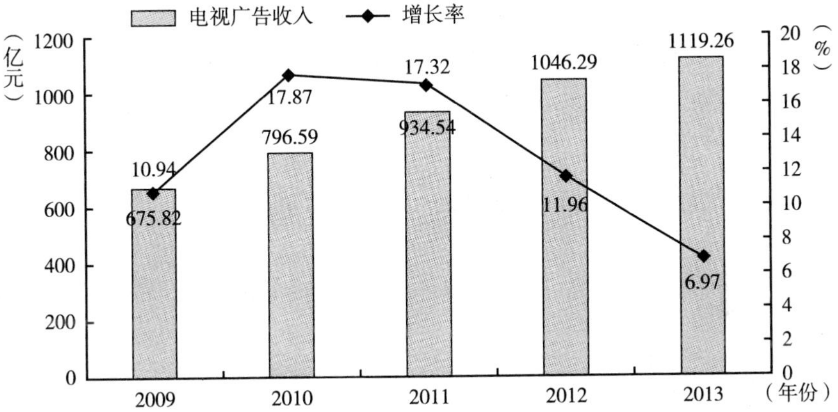

图 1－13　2009～2013 年全国电视广告收入及增长情况

数据来源：国家新闻出版广电总局财务司。

中央电视台广告收入稳步增长，稳居全国各广播电视台龙头地位。省级上星卫视是省级电视媒体广告产业的主要支撑。2013 年，湖南卫视、江苏卫视和浙江卫视广告收入分别达到 63.5 亿元、48 亿元和 35.3 亿元，比 2012 年均有较大幅度提高，成为省级卫视中的第一梯队。大部分省级地面电视频道的广告创收保持了 15% 左右的增幅。

在互联网媒体的分流下，电视广告增幅减缓是全球性趋势，未来电视广告增速可能进一步降低，并可能出现负增长。随着对新媒体环境的逐步适应和媒体运营模式的不断创新，电视广告产业的发展将步入平稳轨道。面对新的广告运营环境，电视台必须创新经营方式，丰富广告服务，强化广告价值，才能稳住广告增收局面。

2. 广告资源向优质特色综艺类节目聚集

2013 年，电视广告进一步向一批模式新颖、内容丰富鲜活、特色鲜明的综艺类品牌节目集中，名牌综艺节目成为几大优势卫视的“创收大户”。除中央电视台《新闻联播》外，浙江卫视《中国好声音》、湖南卫视《我是歌手》和《快乐大本营》分别以每秒 7.47 万元、6.47 万元和 4.73 万元的广告价格位列2014年卫视广告招标会单条广告价格排行榜前三名。《中国好声音》（第三季）广告招标总收益超过13亿元，冠名费达2.5亿元。《爸爸去哪儿》（第二季）和《我是歌手》（第二季）广告招标总收益达18.7亿元，冠名费分别达3.12亿元和2.35亿元，再创新高。在中央电视台2014年黄金资源广告招标会上，《梦想星搭档》《中国汉字听写大会》等一批品牌节目的广告吸引力明显增强，冠名费分别达到1.35亿元和8618万元。据统计，2014年全国卫视综艺节目冠名招商位列前十的节目，冠名收入总计高达16.16亿元（见表1－5）。

表1－5　2014年全国综艺节目冠名费排行榜前十位

单位：亿元

排名	栏目名称	播出频道	冠名费
1	《爸爸去哪儿》	湖南卫视	3.12
2	《中国好声音》	浙江卫视	2.5
3	《非诚勿扰》	江苏卫视	2.4
4	《我是歌手》	湖南卫视	2.35
5	《梦想星搭档》	中央电视台	1.35
6	《我要上春晚》	中央电视台	1.31
7	《中国梦之声》	东方卫视	1.12
8	《中国汉字听写大会》	中央电视台	0.8618
9	《开讲啦》	中央电视台	0.5996
10	《非你莫属》	天津卫视	0.5500
总计			16.1614

数据来源：根据网易统计数据整理。

一些优质节目往往捆绑广告整体打包跨屏输出，如《非诚勿扰》在爱奇艺网络版节目中的广告就可随片播出。这表明强势电视节目已经拥有对视频网站的议价权。在跨屏收视统计越来越受到重视的背景下，这一模式更加凸显优质节目对广告资源的吸引力。

3. 电视广告营销方式加快转变

2013年，各地电视台积极创新广告营销模式，努力推动广告收入增长。浙江电视台推进广告经营方式“从量的扩张向质的提高转变，从时段营销向节目、栏目和活动营销转变，从被动坐等向主动出击转变”，首次将广告信用指数列入频道年度经济目标考核，进一步优化广告结构，提升媒体形象。江苏卫视尝试以广告资源置换股权，已经与时尚工房合作投资了眼镜项目。天津广播电视台成立天津电视传媒文化有限公司，牵手媒体、网络、地产与三佳购物公司推出“网台电商”合作营销模式，尝试将触角延伸到销售终端，实现传统媒体经营的多元化转型。湖北广播电视台则由长江广电广告有限公司统一调配全台广告资源，增强了多元化经营合力。这些探索取得的经验，正在向广播电视广告业推广，将有力提高广播电视广告运营能力。

七　传输网络产业

2013 年，中国有线电视网络和移动多媒体广播电视（CMMB）积极应对三网融合，产业稳步发展，用户数量和收入持续增长，但增速有所放缓。有线网络和 CMMB 运营商进一步创新业态和赢利模式，推进跨区域合作，进入一个新的发展周期。

（一）有线电视网络产业发展基本情况

截至 2013 年年底，全国有线广播电视用户数达到 2.29 亿户，比 2012 年的 2.15 亿户增加 1385 万户，增幅 6.44%，较 2012 年 6.14% 的增幅略有上升。新增用户主要来自东部地区和部分中部地区。这些地区积极推进农村有线电视网络发展，农村居民用户明显增加。全国数字电视用户继续保持高速增长。截至 2013 年年底，全国数字电视用户 1.72 亿户，比 2012 年的 1.43 亿户增加 2857 万户，增幅 19.97%，数字电视用户占有线电视用户比重已达 74.95%（见图 1－14），比 2012 年增长 8.45 个百分点。付费数字电视用户 3498.41 万户，占数字电视用户的 20.39%，比 2012 年增长 2.90 个百分点。高品质的数字电视、双向交互高清电视成为有线电视网络服务发展的方向。目前，全国有 100 多个有线电视网络传输了高清电视节目，300 多个大中城市的地面数字电视系统具备播出高清电视节目能力。

2013 年，全国有线广播电视网络总收入 754.91 亿元，同比增长 14.21%，增速较过去的 3 年有所放缓（见图 1－15）。

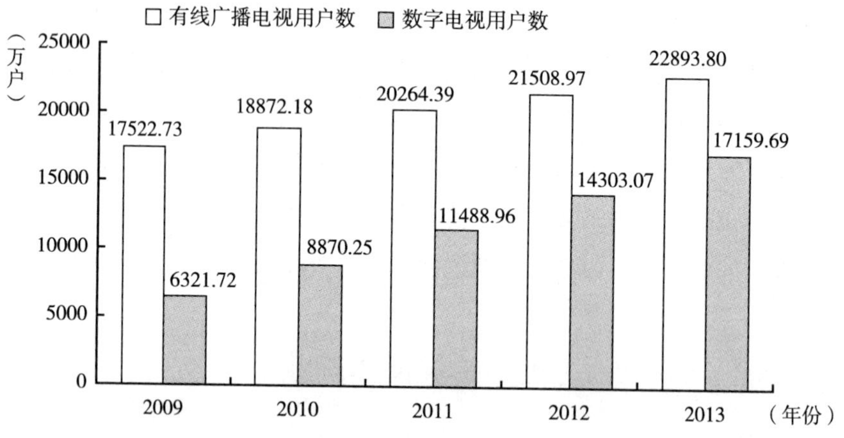

图 1－14　2009～2013 年全国有线广播电视用户和数字电视用户增长情况

数据来源：国家新闻出版广电总局财务司。

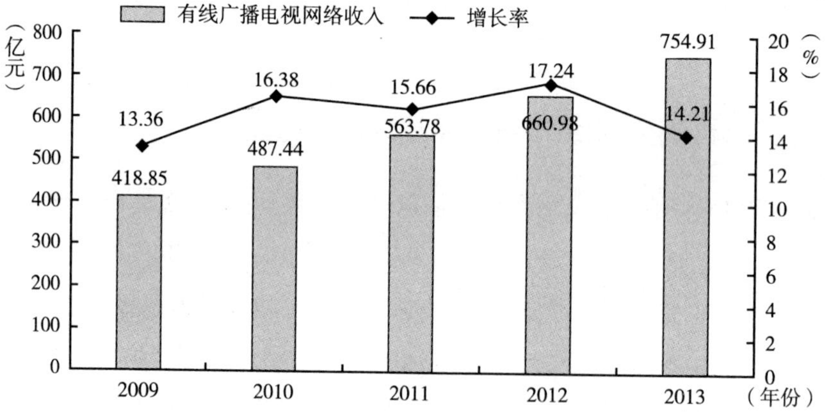

图 1－15　2009～2013 年全国有线广播电视网络收入及增长情况

数据来源：国家新闻出版广电总局财务司。

1. 有线网络数字化双向化改造稳妥推进，三网融合深入开展

2013 年，全国各地有线电视数字化整体转换工作稳步推进，双向高清已成为主流，各种交互类业务不断开展，用户服务工作趋于规范，消费者对数字电视的认知度不断提高。截至 2013 年年底，全国有线双向网络覆盖近 9500 万户，占全国有线广播电视用户的 41.5%，比 2012 年的 32.71% 明显提升。其中，开通双向业务用户超过 2850 万户。一些省份的有线网基本实现数字化和

双向化。浙江全省城区已全面完成数字化发展任务，数字电视整体转换率、有线网络双向化改造率均达到99%以上，全省农村有线数字电视用户达到872.5万户，整体转换和双向化改造完成率分别达到90%和75%以上。边疆地区的有线网络数字化双向化改造也取得了较大成绩。新疆完成数字化整转的地市和县分别达到14个和4个，并已经完成全疆双向化改造。内蒙古完成全区80%的有线电视用户双向网改造。广西广电网络公司立足双向有线电视网络，创新开发和部署了综合服务平台系统，解决了IP广播网的单向广播和隔离。

2013年8月，三网融合在全国范围内深入推进。上海东方有线推出了“东方有线云视”服务，用户可以通过智能手机、平板电脑等智能终端享受电视直播、视频点播、多屏共享等三网融合视频业务服务。宁夏有线网络与中国移动宁夏分公司合作，于2014年1月起在全区合作开展移动电话、电视、互动、宽带等融合业务。湖南省有线电视网络集团面对用户流失加剧的严峻局面，创新融合套餐、终端捆绑业务等营销模式，拓宽社会营销渠道，增值业务发展逐步加快。多屏互动业务从长沙起步，至2013年年底共发展用户近2万户，用户只需通过有线电视网络就可享受上网、看电视等多种服务。新疆有线网络通过集成云计算、媒体内容应用聚合、智能交互等技术，开展家庭互动媒体在聚合云服务平台系统的应用示范。

2. 有线电视增值业务发展迅速，业态更趋多样化

2013年，基于有线电视网开展的各类增值业务发展迅速，业态更趋多样化。

探索“DVB + OTT”模式，赢得用户市场。湖南有线与快乐阳光合作推出“DVB + OTT”芒果TV机顶盒。浙江华数联系产业链上下游推出“华数广电DVB + OTT产业链开放式解决方案”，一期已在中广有线两个试点城市绥化和枣庄推广。DVB + OTT成为有线电视网络开展三网融合业务的主要选择。

基于新技术融合的增值业务不断拓展。各省有线网络着力在医疗、教育、电子阅读、游戏、电商等领域展开增值服务，同时也积极尝试与微信等新媒体平台捆绑，与邮政、水电费缴费等业务打通等新的增值业务模式。新业务的开展吸引了用户，增加了创收渠道。2013年湖南省有线电视网络集团实现视频增值业务收入2.66亿元，比2012年增加6800万元，增长34.34%。华数传媒2013年在互联网和3G手机电视等方面增值业务的收入分别达8970万元和

7140 万元，同比分别增长 73.87% 和 13.69%。北京歌华有线由于各类新型业务收视率突飞猛进，其高清互动平台获得广告主认可，广告业务实现跨越式增长。2014 年公司广告招标突破 1 亿元，同比增长 40%。

3. 下一代广播电视网（NGB）建设取得新成果

2013 年，NGB 被列入“十二五”国家自主创新能力建设规划，成为国家重点扶持的新一代信息网络。

NGB 关键技术攻关取得突破性成果。在 NGB 宽带接入技术方面，突破了国外企业在有线电视宽带接入技术方面的垄断地位，不仅在北京、上海、浙江、江苏、广东、深圳等有线电视网络广泛应用，而且在国际上得到好评和应用。国家新闻出版广电总局分别在广播电视规划院、北京歌华、广东省网和云南省网建立了 NGB 技术实验室或实验基地。这些实验室作为创新平台，在突破关键技术、创新融合业务、制订相关标准、支撑试点示范应用和探索运营模式方面发挥了重要作用。

NGB 示范区建设扎实推进。北京、上海、江苏、浙江、重庆、安徽、湖北、海南、深圳、大连等 10 个省（市）完成了省域骨干网和市骨干网建设，各省市骨干网的能力都达到或超过了 3.36T，可以承载各种跨域视频业务和宽带业务。同时完成了宽带、双向的 NGB 接入网络改造建设，在示范区全网内基本实现点播、宽带和视频通信等三网融合业务互联互通。上海作为第一批 NGB 试点城市，已完成 550 万户以上的用户覆盖建设，双向用户 200 万户，高清用户 150 万户。福建省把 NGB 列入文化产业重点项目进行规划和建设。NGB 示范区的建设，还形成了一系列有关 NGB 业务的运营规范，有力地支撑了 NGB 的建设、发展和运营。

（二）移动多媒体广播电视产业发展情况

2013 年，CMMB 产业稳步发展。CMMB 网络已覆盖全国 337 个地级市，主站点覆盖网可用率为 99.97%。运营主体中广传播丰富节目内容，全年推动 120 余个省份、地市分支机构对本地睛彩频道改版上线，实现收入 3.7 亿元。

1. 部分地区移动多媒体广播电视业务拓展良好

CMMB 在部分省市取得良好成绩。山西中广传播有限公司积极推进网络建设，实现全省80%的市、县CMMB信号覆盖。上海数字电视覆盖网络已通过数字电视国标（DTMB）、CMMB等技术将广播电视网络延伸至上海城区90%以上的区域，上海所有已建地铁线路已覆盖无线数字电视信号。安徽中广传播公司通过与安徽移动的联合营销、与终端厂商和渠道商的广泛合作，努力推进终端用户发展。目前，CMMB信号已覆盖安徽全省16个地级市和59个县城，全年新增手机电视用户数16万户，使安徽CMMB用户总数达到80万户。河南中广传播完成CMMB“睛彩BRT”① 无线电视网建设，该项目由河南中广传播有限公司与郑州市文明办、郑州市公共交通总公司合作联办，在郑州市BRT一期72座站台播出。

2. 创新业态带来新的赢利增长点

2013年，中广传播进一步通过创新业态实现业绩增长。在上海，CMMB除手机外，已发展前装车载、后装车载、平板电脑、手持GPS等各类终端，以满足不同细分领域的各类用户需求。奥迪、比亚迪、奇瑞等量产车型已内置CMMB设备，同时中广传播已与一汽、二汽、上汽完成战略合作部署。青海省完成CMMB西宁地区网络优化，在网用户超过3.2万户。该省还在机场、火车站、客运站、银行、医院等安装终端300台，通过终端推广CMMB业务。2013年青海CMMB业务实现收入180万元，同比增长50%。目前，中广传播集团新开发的CMMB云媒体热点服务正在展示和推广。该服务借助已建成的覆盖全国的CMMB数字移动多媒体广播网络，通过播存技术，将视频、文件等内容存储于WiFi热点，提高WiFi热点的服务价值。随着WiFi网络的迅速普及，各地加速智慧城市建设，云媒体热点服务有望成为CMMB新的赢利增长点。

八 广播电视会展产业

2013年，广播电视会展业品质更高，效果更实，功能更强，国内国际市场影响更深更广，在中国广播电视产业信息发布、产品展示、技术交流、项目

① BRT即快速公交系统（Bus Rapid Transit）。

交易以至行业引领等方面发挥着越来越重要的平台作用。纪录片、动漫等专业会展快速成长，成为新亮点。

（一）会展规模不断扩大，成交额进一步增长

1. 广播电视综合会展注重实效，国内外市场影响力明显提升

2013 年，全国各大广播电视综合会展规模进一步扩大，成效显著。目前已形成中国国际广播电视信息网络博览会、北京国际广播电影电视设备展览会、北京电视节目交易会、中国（广州）国际纪录片节、中国国际动漫节等一批品牌会展。这些会展已经成为广播电视产业发展的风向标和产业合作共赢的交流交易平台。

以“首都电视节目推介会”为例，该会在春秋两季各举办一届，2013 年“春季推介会”升级为“北京电视节目交易会”，而“秋季推介会”则定名为“中国电视剧节目推介会”，在浙江省杭州市举办。2013 年 3 月底举行的北京电视节目交易会对国内电视节目交易市场有着风向标的作用。全国各地及海外的数百家制作机构携约 2.5 万集电视剧、动画作品、纪录片和电视节目参加了该交易会，创历史纪录。交易额达到 50.28 亿元，比上年春秋两季推介会的 30 多亿元和 40 多亿元成交额均有大幅增长。在杭州举行的首届中国电视剧节目推介会也吸引了海内外影视业 1200 名专业人士参会，推介电视剧节目 1.7 万余集，比此前的“秋季推介会”有较大幅度提升。推介会还举行了“2013 中国电视剧产业发展论坛”、中国（浙江）影视产业国际合作实验区杭州总部建设签约等活动。

2. 纪录片、动漫等专业会展成长迅速，交易活跃

2013 年，广播电视领域各类专业会展更加活跃，对于推动纪录片、动漫等各个新兴产业的成长发育发挥了积极作用。

由国家新闻出版广电总局、广东省人民政府主办的中国（广州）国际纪录片节是国内纪录片领域的专业会展，已成为世界最重要的纪录片节展之一。2013 年该项节展共吸引了来自全球 72 个国家与地区的 2071 部纪录片参展，其中竞赛影片 705 部、展播影片 700 部，报名参加预售方案的影片 113 部。据统计，本届纪录片节共促成纪录片交易合约价值总额为 1.5 亿元，创造了历年

最高纪录。

动漫节展在广播电视会展中最为活跃。2013 年第九届中国国际动漫节设立了主会场和 10 个分会场，共吸引了 68 个国家和地区 472 家中外企业机构参与，123 万人次参加了各项活动。其产业交易会开展预约洽谈 723 场，达成交易意向和签约项目 171 项，购片意向 8.4 万分钟。

（二）品牌会展的议程设置功能增强，引领产业发展

2013 年，一些形成了较高认知度、美誉度和忠诚度的品牌会展举办的论坛，紧跟行业发展设置主题，发挥了较强的议程设置功能，成为产业发展的助推力量。例如，第十九届上海电视节高峰论坛聚焦“转型”这一议题，探讨媒介融合背景下广播电视的转型与发展，“‘网台联动’的进化之路”“云时代的版权革命”“节目模式引进与原创高层对话”等专业论坛人气十分旺盛。这些会展论坛站在产业发展的国际前沿，凝聚共识，汇集智慧，交流思想，研判趋势，商讨战略，为广播电视产业的长远发展提供了重要的智力支持。

第四节　电影产业

2013 年，中国电影全面发展势头强劲，观影人次、银幕数量、票房收入等电影产业相关指标都取得新突破。与此同时，电影市场的稳定性和成熟度有所提升，进口影片配额增加对国产影片造成的冲击明显缓解，国产影片在本土电影市场的优势地位进一步巩固，已经成为主导电影市场脉搏的决定性因素。凭借全球第二大电影市场的地位和巨大的发展潜力，中国电影日益影响全球电影格局。

一　电影创作生产

2013 年，中国电影创作生产更趋活跃，多样化、多类型的电影不断涌现并受到市场认可，艺术电影市场空间有所拓展，青年导演成为市场主力军。

（一）电影产量稳中略降，中小成本电影迅速崛起

2013 年，中国电影创作生产保持稳定，全年生产各类电影总量达 824 部。其中，故事片 638 部，位居世界前列（见图 1－16）；动画影片 29 部，纪录影片 18 部，科教影片 121 部，特种电影 18 部（见表 1－6）。2013 年国产故事片产量同比减少 107 部，有效化解了产能过剩的问题，供求基本平衡。

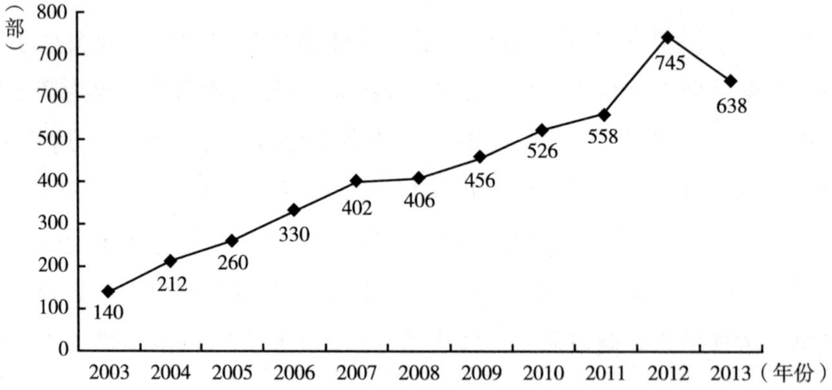

图 1－16　2003～2013 年国产故事片生产情况

数据来源：国家新闻出版广电总局电影局。

表 1－6　2007～2013 年中国故事片以外的其他影片生产情况

单位：部

电影种类＼年份	2007	2008	2009	2010	2011	2012	2013
动画电影	6	16	27	16	24	33	29
纪录电影	9	16	19	16	26	15	18
科教电影	34	39	52	54	76	74	121
特种电影	9	2	4	9	5	26	18
合　计	58	73	102	95	131	148	186

数据来源：国家新闻出版广电总局电影局。

2013 年，国产影片质量整体稳定提升，全年涌现出多部既受到市场认可又获得观众好评的影片。与以往大场面、大制作影片才受市场认可的情况有所不同，2013 年一些中小成本影片迅速崛起。在 2013 年票房收入前十名国产影

片中，中等成本影片占据绝大多数。特别是《中国合伙人》《小时代》等一些内容贴近时代和观众、叙事节奏明快、表达风格时尚的影片，获得观众热烈欢迎，创造出社会关注的文化热点。这一现象表明，在经历电影产业化初期持续多年的大片垄断阶段后，中国电影影片结构逐渐趋于合理。

（二）创作格局多样化发展，现实题材电影广受欢迎

2013 年，中国电影创作整体呈现出多样化发展趋势，主要体现在电影题材的多样化和电影类型的多元化。全年院线共上映 326 部国产影片。

从影片类型来看，2012 年全国票房收入前十名的国产影片以爱情、喜剧、动作等常规商业片类型为主，而 2013 年青春、魔幻、警匪、悬疑等多种类型电影焕发活力（见表 1－7）。特别是《致我们终将逝去的青春》《北京遇上西雅图》等一批现实题材影片，内容观照普通人的生活、情感和梦想，引发观众和市场的极大共鸣，在票房收入和观众口碑上均大有斩获。自中国电影产业化改革以来，国产商业电影“不接地气”的问题在 2013 年有了很大改进，并经受住市场检验。这也说明国产片创作质量进一步提高，结构进一步合理，电影生产整体呈现出健康发展的良好态势。

表 1－7　2012 年、2013 年全国票房收入前十名国产影片的影片类型

2012 年			2013 年		
序号	片　名	类　型	序号	片　名	类　型
1	《人再囧途之泰囧》	喜剧	1	《西游·降魔篇》	喜剧、魔幻
2	《画皮 II》	爱情、魔幻	2	《致我们终将逝去的青春》	爱情、青春
3	《十二生肖》	喜剧、动作	3	《狄仁杰之神都龙王》	悬疑、动作
4	《一九四二》	战争、历史	4	《私人订制》	喜剧
5	《寒战》	动作	5	《中国合伙人》	青春、喜剧
6	《听风者》	悬疑	6	《北京遇上西雅图》	爱情、喜剧
7	《四大名捕》	悬疑、动作	7	《小时代》	青春、爱情
8	《大魔术师》	喜剧、动作	8	《警察故事 2013》	动作、警匪
9	《搜索》	悬疑、爱情	9	《风暴》	动作、警匪
10	《喜羊羊与灰太狼之开心闯龙年》	动画、儿童	10	《天机—富春山居图》	惊险、动作

数据来源：国家新闻出版广电总局电影局。

（三）青年导演崭露头角，正在成长为有生力量

2013 年，国产片取得的成绩在一定程度上得益于新一批青年创作人才的成长。以徐峥、薛晓路、赵薇、非行、金依萌为代表的一批青年电影导演，更加关注当下电影市场主流观众群的喜好，善于抓住现实生活中具有社会关注度的题材和话题，在影片表现形式和风格上更加注重现代性。

2013 年国产片票房收入排名第二位的《致我们终将逝去的青春》，是演员赵薇的导演处女作，该片不仅在同档期进口大片《钢铁侠 3》的竞争下获得高票房，还斩获第二十九届中国电影金鸡奖最佳导演处女作奖，以及第五十届台北金马影展金马奖最佳改编剧本奖。位列第六位的《北京遇上西雅图》是薛晓路导演的第二部电影作品，影片凭借扎实的剧本和良好的口碑取得了市场的认可。这些青年导演为中国电影注入源源不断的创新活力，也将逐渐肩负起发展国产电影的重担。

（四）合拍片走势稳定，内地与香港合拍片成绩喜人

2013 年，在中国电影合作制片公司获准立项的影片共 55 部，涉及中国香港、中国台湾地区，以及法国、美国、英国、韩国等国家。尽管 2013 年合拍片数量较 2012 年有所下降，然而影片质量与市场口碑都有所提升。内地与香港地区合拍片仍为合拍片中的主力军，在 2013 年国产影片票房前十位中占据 8 部，在 2013 年立项的合拍片中占 62%，在 2013 年最终审查通过的合拍片中占 68%。内地与香港地区合拍片多为类型电影，涉及警匪、动作、喜剧、魔幻等多种类型。

2013 年，中韩合拍片有所加强，《分手合约》《大明猩》《笔仙 2》等影片均为韩国导演执导，讲述与中国有关的故事、主打中国市场，中韩两国合作已经具备一定的市场基础。自 2012 年中法签署政府间合作协议之后，中法合作影片数量快速增长，目前已有包括《我 11》《狼图腾》等在内的 8 部合拍片。中美合拍片《太极侠》由中国电影股份有限公司、万达影视传媒有限公司、威秀电影亚洲有限公司和环球影业共同投资制作，2013 年 7 月在中国上映，该片在吸引全球电影人才、采用先进电影技术方面进行了有益尝试。随着国际

间合作的不断加深，国际化资本的流动加快，多部正在酝酿之中的合拍片值得期待。

（五）科教电影产量提升，国产动画电影取得新成绩

2013 年，科教电影产量明显提升，同比增幅达 63.51%。科教电影的快速增长与近些年农村群众生活水平的提高和对各类知识的需求增长紧密相关，科教电影的内容生产由过去单一的种植类、养殖类向科普类、生活类扩展。河南影视制作集团等一些制片单位长期致力于科教电影的创作和发行，目前已生产出一系列质量较好的科教片，并形成产供销一体化经营，取得良好的市场业绩。

2013 年，国产动画电影在树立品牌、拓展市场方面呈现出良好的发展态势。全年共上映 29 部国产动画电影，创造票房 6.46 亿元，同比增幅高达 48%。国产动画电影主要集中在寒假档、六一档及暑期档，其中《喜羊羊与灰太狼之喜气洋洋过蛇年》以 1.25 亿元票房收入位列 2013 年国产动画电影之首，另有 5 部动画电影取得 5000 万元以上的票房收入（见表 1－8）。总体来看，2013 年上映的国产动画电影制作水平有所提升，其中不乏制作精良、想象丰富的作品。《青蛙王国》气氛铺陈到位、画工精巧细腻，是完成度较高的佳作；《昆塔：盒子总动员》的场景、角色、动作、光效、色彩、材质等细节均有上佳表现。国产动画电影的品牌意识逐渐得到强化，《潜艇总动员》《赛尔号》《魁拔》等动画电影的续集作品已具有一定的市场号召力。

表 1－8　2013 年票房收入超过 5000 万元的国产动画影片

单位：万元

序号	片　　名	票房收入	上映日期
1	《喜羊羊与灰太狼之喜气洋洋过蛇年》	12524	1 月 24 日
2	《赛尔号 3(战神联盟)》	7673	7 月 12 日
3	《我爱灰太狼 2》	7490	8 月 1 日
4	《洛克王国:圣龙的心愿》	6973	1 月 31 日
5	《潜艇总动员 3:彩虹宝藏》	5736	5 月 31 日
6	《巴啦啦小魔仙》	5098	1 月 31 日

数据来源：中国电影发行放映协会。

二　电影放映与票房

2013 年，中国电影票房突破 200 亿元，稳居全球第二大电影市场的位置，仅次于美国。国产影片票房份额大幅提升，市场份额再度超过进口影片。

（一）电影票房持续大幅增长，平均票价有所回落

2013 年，全年电影票房收入 217.69 亿元，同比增长 27.51%，增幅略有收缩（见图 1－17），自 2002 年的 11 年来平均增幅超过 30%。中国内地电影票房约相当于北美地区（美国和加拿大）票房的 1/3，全球总票房的 10%，中国电影市场对世界电影市场格局的贡献和影响越来越大。

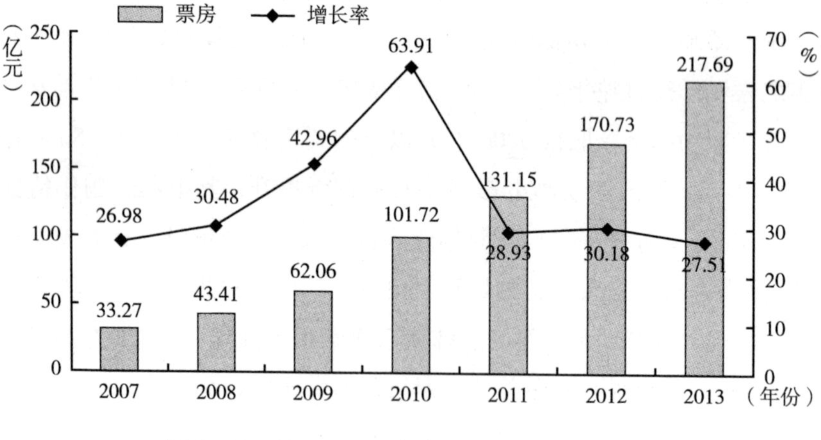

图 1－17　2007～2013 年全国电影票房及增长率

数据来源：国家新闻出版广电总局电影局。

2013 年，中国城市影院观影人次达到 6.169 亿，同比增长 32.4%①，观影人次增幅略高于电影票房增幅（27.51%）。观影人次连续 3 年保持 30% 以上的增长速度，说明近些年国内观众的观影习惯正在唤醒和逐步形成。若按照国家统计局发布的 2013 年中国城镇化率 53.7% 计算，城镇人口年人均观影 0.84

① 数据来源：中国电影发行放映协会。

次，为电影产业化改革以来最高值。随着国产片质量的不断提升和影院建设的快速发展，未来中国观影人次上升空间巨大。

2013 年，全国城市院线市场平均票价为 34.91 元，同比回落 0.79 元，电影票价 10 年来首次出现回落（见表 1－9）。虽然 3D、巨幕制式放映的影片票价较高，但网络售票、银幕数量增多，二三线城市影院建设加速等诸多因素对降低平均票价起了一定作用。

表 1－9　2008～2013 年全国城市院线市场年度平均票价及涨幅变化

单位：元，%

类别＼年份	2008	2009	2010	2011	2012	2013
平均票价	27.55	30.03	34.69	35.04	35.70	34.91
涨　　幅	12.63	9.00	15.52	1.01	1.88	－2.21

数据来源：中国电影发行放映协会。

（二）国产片打主动仗成效显著，票房份额大幅提升

2013 年全国总票房收入中，国产片票房收入 127.67 亿元，同比增长 54.32%，占总票房收入的 58.65%，力压进口片 17 个百分点，同比大幅提升（见表 1－10）。在全年票房收入前十名影片中，国产片占据 7 席。尽管《钢铁侠 3》《环太平洋》《地心引力》等片均在全球范围内掀起观影热潮，但在与表现优异的国产片的竞争之中仍显相对弱势。这是国产片市场份额在 2012 年低于进口片之后，快速打响主动仗、翻身仗的突出成果。在 2013 年新增的近 47 亿元票房收入中，国产片贡献率高达 96%，体现了与好莱坞电影竞争的实力，强有力地捍卫了国产片的市场主体地位。

表 1－10　2007～2013 年国产片和进口片市场份额情况

单位：亿元，%

年　份	2007	2008	2009	2010	2011	2012	2013
国产片票房	18.01	25.63	35.15	57.34	70.31	82.73	127.67
进口片票房	15.26	17.78	26.91	44.38	60.84	88.00	90.02
国产片票房比例	54.13	59.04	56.64	56.37	53.61	48.46	58.65

数据来源：国家新闻出版广电总局电影局。

2013 年，全年累计有 62 部影片票房过亿元，其中国产片 35 部（含跨年上映影片 2 部），进口影片 27 部（见表 1－11）。国产片同比增加 13 部，增幅 59.09%，为历史最高。国产片票房前十名均过 3 亿元，单片票房增幅明显。

表 1－11　2007～2013 年中国内地票房过亿元影片数量

单位：部

年　　份	2007	2008	2009	2010	2011	2012	2013
票房过亿元影片总数	7	11	21	27	38	45	62
票房过亿元国产片	3	8	12	17	20	22	35

数据来源：中国电影发行放映协会。

2013 年，全国排名前十位国产片的票房收入约占全国总票房的四分之一，对整体票房的拉动作用十分明显。其中，3D 影片占据过半席位，凸显高新技术电影应用对于电影市场竞争力的重要性。全年票房收入第一位的影片是《西游・降魔篇》，观影人次逾 3000 万，票房达到 12.4604 亿元，这是继 2012 年《人再囧途之泰囧》之后国内电影市场第二部单片破 10 亿元的国产片（见表 1－12）。

表 1－12　2013 年全国票房收入排名前十位的国产片

单位：万元

排名	片　　名	3D 版本	票房收入
1	《西游・降魔篇》	有	124604
2	《致我们终将逝去的青春》		71901
3	《狄仁杰之神都龙王》	有	60220
4	《私人订制》		58929
5	《中国合伙人》		53926
6	《北京遇上西雅图》		51967
7	《小时代》		48810
8	《警察故事 2013》	有	34538
9	《风暴》	有	30913
10	《天机—富春山居图》	有	30014

数据来源：国家新闻出版广电总局电影局。

2013 年，进口片市场份额较上年略有下滑。尽管有多部好莱坞大片上映，排名前十名的进口片票房收入约为 45.3 亿元，仅占全国总票房的 20.81%，占比较上一年下降 9.01%（见表 1－13）。这说明因《中美双方就解决 WTO 电影相关问题的谅解备忘录》（简称《中美电影协议》）实施而增加的进口片配额并未给进口片票房带来直接拉动，中国电影观众也没有盲目追捧进口大片，观影选择正在趋于理性。

2013 年进口片票房前十名榜单中，续集电影占据过半席位，导演史蒂文·斯皮尔伯格的影片《侏罗纪公园》3D 重映版收获较好票房成绩，表明观众对好莱坞"怀旧"及续集电影仍保持较高关注度。《钢铁侠 3》以 7.6844 亿元夺得进口片年度票房冠军，《环太平洋》在北美和日本市场受挫的同时，却在中国市场上意外收获 6.9583 亿元的好成绩。首部从俄罗斯引进的分账大片《斯大林格勒》取得 7280 万元票房收入。

表 1－13　2013 年全国票房收入排名前十位的进口影片

单位：万元

排名	片　名	票房收入	排名	片　名	票房收入
1	《钢铁侠 3》	76844	6	《超人:钢铁之躯》	39464
2	《环太平洋》	69583	7	《007:大破天幕杀机》	37678
3	《地心引力》	43633	8	《星际迷航:暗黑无界》	35390
4	《速度与激情 6》	41385	9	《侏罗纪公园》	34896
5	《疯狂原始人》	39488	10	《雷神 2:黑暗世界》	34350

数据来源：国家新闻出版广电总局电影局。

（三）全国电影市场格局稳定，中西部地区增幅水平较高

2013 年，全国各地区电影票房收入均呈快速增长趋势，31 个省（区、市）的观众数量、放映场次及票房均有不同幅度增长。票房前十名的省（区、市）排名变化不大（见表 1－14）。广东省同比增长 25.20%，成为全国票房增长最多的地区，与第二名拉开近 10 亿元票房距离，连续 11 年保持全国冠军地位。江苏保持良好发展势头，以 20.21 亿元票房收入赶超北京跃居第二，同比增长 29.23%，所增数量仅次于广东。

表 1-14　2010～2013 年票房前十名的省（区、市）对比

单位：万元，%

排名	2013 年			2012 年			2011 年		
	地区	票房收入	同比增长	地区	票房收入	同比增长	地区	票房收入	同比增长
1	广东	296886	25.20	广东	237120	27.11	广东	186544	14.84
2	江苏	202054	29.23	北京	161160	19.42	北京	134952	12.76
3	北京	186041	15.44	江苏	156348	43.43	上海	110339	13.15
4	浙江	180368	31.17	浙江	137511	35.60	江苏	109007	44.12
5	上海	157877	17.06	上海	134865	22.23	浙江	101413	37.41
6	四川	113566	30.19	四川	87232	29.99	四川	67106	7.85
7	湖北	107472	32.25	湖北	81265	38.58	湖北	58643	31.29
8	辽宁	82793	25.93	辽宁	65747	35.66	辽宁	48466	29.54
9	山东	75538	31.43	山东	57476	42.20	重庆	42908	41.15
10	福建	72013	43.72	重庆	55420	29.16	山东	40418	35.39

数据来源：国家新闻出版广电总局电影局。

福建以 43.72% 的同比增幅取代重庆，从 2012 年的票房第 12 名跃居 2013 年第 10 名，显示了新兴市场的发展潜力。福建票房快速增长得益于当地政府的政策支持和奖励资助。福建省从 2009 年起，对全省县级数字影院建设与改造给予资金或设备补助金额达 2200 万元，有效地促进了影院的新建与改造，拉动了电影消费。

2013 年，中西部地区电影票房收入增幅拉升。票房收入增幅超过 40% 的 8 个省（区、市）中，除福建外，青海、甘肃、广西、安徽、河北、西藏、江西 7 个省（区）均处在中西部地区。其中，广西发展较快，票房收入超过 3 亿元。东部地区中小城市电影市场提速较快，泉州、中山、惠州、湖州等城市票房增幅均超过 40%。中西部城市电影市场也有新突破，桂林、西宁、岳阳、黄石、大同、乐山、南充、晋城等城市票房收入超过 3000 万元。目前，观众观影习惯逐步培养，中小城市及中西部经济欠发达地区未来将成为中国电影市场发展的重要增长点。

三　院线与影院

2013 年，全国有银幕 18195 块，大城市影院建设渐趋饱和，竞争压力加大，二三线城市影院建设加速，成为电影票房新兴市场。

（一）影院和银幕数量高速增长，一线城市竞争加剧

2013 年，内地新增影院 1048 家，新增座位 48 万个，新增银幕 5077 块，平均每天增加 14 块银幕（见表 1－15）。在 18195 块银幕中，2K 数字银幕 1.8 万块，3D 数字银幕近 1.4 万块，以 IMAX 巨幕（136 块）和中国巨幕（40 块）为主体的巨幕约 200 块①，中国已成为全球 3D 银幕占比最高的国家。银幕数量和技术品质的进一步提高，为中国电影产业的快速发展奠定了坚实的终端基础。

表 1－15　院线制改革以来中国电影市场院线和银幕增长情况

年份	院线数(条)	银幕数(块)	新增银幕(块)
2003	32	2197	110
2004	33	2396	199
2005	36	2668	272
2006	33	3034	366
2007	34	3527	493
2008	34	4097	570
2009	37	4723	626
2010	38	6256	1533
2011	39	9286	3030
2012	45	13118	3832
2013	45	18195	5077

数据来源：中国电影发行放映协会。

城市院线延续高速发展态势，竞争日趋激烈。2013 年，票房收入超过 15 亿元的电影院线有 6 条，分别是万达、上海联和、中影星美、广东大地、中影南方、广州金逸，这 6 条院线票房收入共计 115.57 亿元（见表 1－16），占到全国总票房收入的五成。万达院线疾速发展，龙头地位更加凸显，2013 年度票房收入超过 30 亿元，继 2012 年首次突破 20 亿元后又攀上新高峰，同比增长 28.7%。上海联和和中影星美仍名列第二、第三名。广东大地票房增长 43.87%，院线排名从 2012 年的第六名上升为 2013 年的第四名，放映场次和观影人次同比增长分别为 47.64% 和 36.16%。中影数字票房增长 42.80%，首次进入前十名。

① 数据来源：中国电影发行放映协会。

近年来，一线城市影院建设趋于饱和，影院之间竞争压力加大。影院2012年票房收入前十名总计68983万元，2013年这一数字为70305万元，增幅仅1.9%，总体持平。2012年和2013年全国票房收入前十名影院（见表1－17），全部集中在北京、深圳、上海、广州等一线城市。其中8家影院2012～2013年均进入前十，票房收入有升有降，整体格局变化不大。影院票房收入前三名与2012年一致，其中北京耀莱成龙国际影城连续三年并列总票房和观影人次第一名，是2013年票房收入前四名影院中唯一一家实现票房增长的影院，增幅为12.68%。

表1－16　2013年票房收入前十名电影院线公司

排名	院线名称	票房收入(万元)	场次(万场)	人次(万人)
1	万达电影院线股份有限公司	316149	212.41	7780
2	上海联和电影院线有限责任公司	188261	161.60	5111
3	中影星美电影院线有限公司	183824	181.47	5217
4	广东大地电影院线有限公司	159035	277.14	5242
5	深圳中影南方新干线有限责任公司	154341	189.23	4294
6	广州金逸珠江电影院线有限公司	154136	159.42	4116
7	浙江时代电影大世界有限公司	90637	116.36	2574
8	北京新影联影业有限责任公司	87559	86.02	2284
9	浙江横店电影院线公司	77805	128.49	2434
10	中影数字院线(北京)有限公司	75030	123.57	2261

数据来源：中国电影发行放映协会。

表1－17　2012年、2013年全国票房收入前十名影院

单位：万元

2012年			2013年		
排名	影院名称	票房收入	排名	影院名称	票房收入
1	北京耀莱成龙国际影城	8169	1	北京耀莱成龙国际影城	9205
2	深圳嘉禾影城	7786	2	深圳嘉禾影城	7336
3	首都华融电影院	7700	3	首都华融电影院	7296
4	上海万达国际电影城五角场店	7404	4	上海永华PIC电影城	7030
5	北京UME华星国际影城	6703	5	江苏蓝海——南京新街口影城	6928
6	北京UME国际影城双井店	6384	6	上海万达影城五角场店	6825
7	上海永华电影城	6369	7	北京UME国际影城双井店	6775
8	北京万达国际电影城CBD店	6326	8	北京UME华星国际影城	6457
9	广州万达影城白云店	6142	9	广州万达影城白云店	6368
10	广州飞扬影城正佳店	6000	10	北京金逸影城(朝阳大悦城店)	6085

数据来源：国家新闻出版广电总局电影局。

（二）二三线城市影院建设加速，成为院线投资重点

伴随着中国经济的快速发展和城镇化进程的加速，二三线城市电影市场已经成为新的增长点。2013 年，全国 35% 的县级城市实现了影院覆盖，其中大多数是数字多厅影院。截止到 2013 年年底，中国县级城市影院拥有数字银幕超过 5000 块。

由此，挖掘二三线市场的消费潜力，填补县级城市的影院空白，成为各大院线和影院投资发展的方向。广东大地、浙江横店等院线立足于二三线城市，显示出蓬勃发展之势。2010 年才成立的中影数字主攻西部经济欠发达地区，如新疆、内蒙古等地，成效显著（见表 1－18）。北京万达、中影星美、上海联和等强势院线亦纷纷进驻中小城市，进行“填空式补充”和差异化发展。

表 1－18　部分院线影院、银幕数量及增幅情况

单位：家，%

院线名称	影　院			银　幕		
	影院总数	2013 年新增影院数	同比增幅	银幕总数	2013 年新增银幕数	同比增幅
广东大地	381	92	31.8	1796	477	36.2
中影数字	199	45	29.2	1009	247	32.4
浙江横店	132	29	28.2	797	186	30.4

数据来源：中国电影发行放映协会。

（三）艺术电影放映空间扩大，初步显现院线形态

近年来，中国电影市场快速发展，电影放映空间逐步扩大，电影观众对多元电影文化的需求增长，电影审美水平不断提高，艺术电影受到越来越多观影群体的喜爱。2013 年，艺术电影放映空间呈扩大之势，由独立影院、零散分布向院线联盟、区域发展方向发展，艺术电影放映生态环境有所改善。与中国电影资料馆艺术影院、Moma 百老汇电影中心、中国电影家协会金鸡百花影城、尤伦斯当代艺术中心艺术影院等单个影院相比，2013 年成

立的上海艺术电影联盟与“后窗放映”已初步显现出院线形态。2013 年 6 月 14 日，上海艺术电影联盟正式成立，该联盟由 4 条院线、10 家影院组成，探索艺术电影放映的跨院线和常态化。2013 年 5 月 13 日，致力于探索艺术电影全国放映模式的“后窗放映”成立，目前已覆盖南京、杭州、大连、广州、深圳、重庆、成都等 20 个城市、30 家影院。预计艺术电影市场将稳步增长。

四　电影发行与营销

2013 年，电影发行主体积极探索新的发行渠道和发行方式，专业化营销机构逐渐成熟，社交媒体在营销中的作用凸显。发行和营销与电影产业链结合更为紧密，成为推动电影产业快速发展的重要力量。

（一）国企拓展新业务，民企持续快速发展

2013 年，中国电影股份有限公司（以下简称中影股份）、华夏电影发行有限责任公司（以下简称华夏）、上海电影股份有限公司（以下简称上影股份）等国有电影发行公司依然保持领先地位。中影股份继续扩大市场份额，2013 年共发行影片 276 部，可结算收入票房 147 亿元，约占全国电影市场票房的 67.74%。同时，中影股份尝试以“宣发代股份出品”的合作模式，搭建优质宣传发行平台，针对不同影片采取多种营销手段，全年累计发行《201314》《101 次求婚》《分手合约》《等风来》等近 20 部影片，票房十几亿元。2013 年，华夏共发行影片 102 部，其中国产片 62 部，实现票房 50.12 亿元。其重点发行的《周恩来的四个昼夜》实现票房近 8000 万元。上影股份 2013 年全年发行影片 22 部，发行票房收入 7.1 亿元。

民营发行公司不断壮大。华谊兄弟发行了《西游·降魔篇》《忠烈杨家将》《狄仁杰之神都龙王》等影片，覆盖元旦档、春节档、暑期档、国庆档等主要档期。光线影业共发行 9 部影片，包括《致我们终将逝去的青春》《中国合伙人》《厨子·戏子·痞子》《光辉岁月》等多种类型影片。乐视影业凭借《小时代》系列两部、《我想和你好好的》《控制》《同谋》等 9 部影片一跃成

为民营电影发行公司三强。此外，博纳影业、万达影视、银都机构、安乐影业等民营发行公司也充分利用自身优势，积极协调市场资源发行国产片。

（二）营销方式细分多元，社交媒体作用凸显

2013 年中国电影营销总费用逾 28 亿元，相比 2007 年有近 4 倍的增长。电影营销正在成为中国电影产业除制作、发行和放映三个传统环节之外的第四个细分环节，是助推电影票房增长的新动力。2013 年上映的《小时代》系列，制片费用仅 5000 万元，却依靠高达 6000 万元的营销发行费用博取了近 8 亿元的票房成绩。国产片的商业化营销策略正在逐步成熟。

在营销投入迅速增长的同时，营销方式趋于多元化发展，从以往的辅助手段提升为拉动票房的重要手段。《西游·降魔篇》注重营销新渠道开发，通过《锵锵三人行》《看见》等电视栏目增加关注度与话题；《中国合伙人》发起在网上晒电影票根获名企实习机会的活动；《全民目击》通过 360 影视大全 APP 独家播放该片幕后制作特辑。此外，针对细分观众群而采用的独特、精准的营销方式也颇具成效。《北京遇上西雅图》《致我们终将逝去的青春》《中国合伙人》采取青春怀旧营销，《小时代》系列、《快乐大本营之快乐到家》采取粉丝营销，《私人订制》采取话题营销，都是比较成功的例证。

随着观众需求和信息获取习惯的改变，电影营销开始进入“多屏化”时代，社交媒体的作用得到了极大凸显，微博、微信、时光网、豆瓣电影等成为重要阵地。利用官方微博发布影片相关新闻、花絮、预告片已较为普遍，通过与影片受众直接互动、举办线上活动、与微博大号话题炒作等方式提升话题热度、聚集观影人气，这些措施大大推动了影片的宣传造势。豆瓣电影通过分析用户特征，策划与影片相关的线上活动，发掘网站用户生成内容能力，形成二次传播。其与二十世纪福克斯公司合作推广影片《金刚狼 2》，首次启动了手机客户端 APP 开机广告，可追踪广告覆盖人群和到达率，获得良好效果。

（三）电影走出去步伐加快，国际影响力有所提升

2013 年，全年共有 17 家制片单位在海外销售 45 部影片，其中 33 部为合拍片，销往 49 个国家和地区，共计 247 部次，实现海外票房和销售收入 14.14

亿元，同比增长33.02%，扭转了中国国产电影近两年来在海外销售大幅下滑的局面（见图1-18）。《西游记之大闹天宫》还未在国内上映便销往40多个国家，居2013年国产片海外票房和销售收入榜首（见表1-19）。

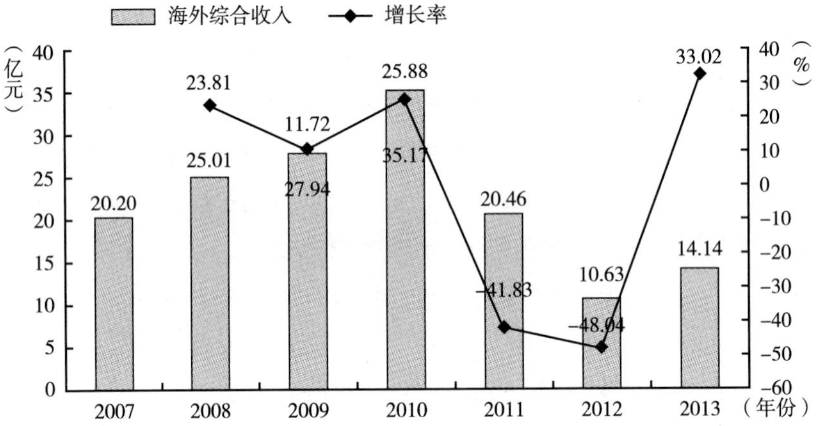

图1-18　2007～2013年国产电影在海外票房、销售等综合收入及增长情况

数据来源：国家新闻出版广电总局电影局。

表1-19　2013年国产片海外票房和销售收入排行前十名影片

单位：万元

排名	片　名	海外票房和销售收入	主要出品方	是否合拍
1	《西游记之大闹天宫》	34211.00	星皓娱乐	是
2	《十二生肖》	27104.42	华谊兄弟	是
3	《一代宗师》	15075.73	银都机构	是
4	《西游·降魔篇》	7591.04	华谊兄弟	是
5	《激战》	7578.26	保利博纳	是
6	《大明猩》	5516.05	华谊兄弟	是
7	《扫毒》	5026.06	保利博纳	是
8	《特殊身份》	3574.98	中影股份	否
9	《逃出生天》	3371.03	保利博纳	是
10	《魁拔2》	3070.20	青春树	否

数据来源：中国电影海外推广公司。

2013年，国产电影在北美上映的数量达到了创纪录的22部，共收获票房784万美元，相比2012年的267万美元增长了近两倍。其中，《一代宗师》成为2013年北美票房最高的华语电影，首周末票房收入约300万美元，打破了2006年华语电影《霍元甲》在美国上映首周末票房收入最高纪录，该片在两个月内斩获票房收入659万美元，占到2013年国产影片北美总票房的84%。

2013年，中国共在境外48个国家及港澳台地区举办了113次中国电影节展活动，展映影片951部次。全年共有429部次国产片参加了27个国家及港澳台地区的76个国际电影节，其中89部次影片分别在22个电影节上获得116个奖项。此外，电影卫星频道节目制作中心已经与31个非洲国家的39家主流电视媒体签署了中国电影播出协议，已经开播的有10多个国家。

五 电影投融资

在国家政策鼓励、居民收入增加、消费习惯形成等因素的共同作用下，电影的观影人次、票房和相关收益都呈现快速上升趋势，电影项目赚钱效应扩大。因此，电影业投融资在2013年宏观经济形势比较严峻的情况下，仍然十分活跃。

（一）投资主体向专业化发展，资本运作日趋活跃

2013年，中国电影投资环境越来越好，除传统来自电影制片企业（包括国企和民企）的资金外，来自地产、银行、信托、产业资金、互联网等行业的实力雄厚企业，或信贷投入，或投资电影项目，或并购重组电影企业，或投资影院建设，兴起前所未有的投融资热潮。2013年，地产商起家的万达集团投资建设青岛东方影都，推出了《警察故事2013》《太极侠》等作品；恒大集团推出了《粉红女郎》《天台爱情》等作品；银行对影片制作项目封闭式贷款不断增多。此外，行业外资本逐渐摆脱散兵作战状态，开始通过投资与并购进入大型影视公司，由专业团队操盘。中国电影的投资逐渐进入规范化、专业化轨道，有力推动中国电影产业升级换代。

2013年中国电影市场的重组、注资、融资十分活跃，华谊兄弟、乐视网、光线传媒、华策影视等公司围绕产业链建构向上下游进行投资并购，迅速做大做强。

（二）投融资形式多样化发展，网络众筹成为融资新模式

2013 年，中国电影投融资模式不断创新，除了传统的直接投资、银行债券融资、广告收入、政府财政投入等融资方式外，股权融资、版权质押、版权预售、演员股份制等新兴的多层次融资体系正在形成，投融资方式呈多样化发展态势，投资模式日渐成熟。

2013 年，利用互联网来筹措制作资金的新型电影融资模式受到业界广泛关注。2013 年 6 月，动画片《大鱼·海棠》在“点名时间”众筹网站 45 天内得到 3596 人出资，共筹集 158.25 万元，一些投资人通过众筹网站获得电影项目的信息，并最终促成该影片融资成功。2013 年 9 月，众筹网协助天娱传媒推出“快乐男声”主题电影众筹项目，该项目在 20 天内有 2.8 万名支持者参与，筹集到 500 万元资金。2014 年年初，中国互联网巨头百度和阿里巴巴都将网络众筹和电影行业联系到了一起。百度公司计划将打造一个规模巨大的互联网众筹平台；阿里巴巴数字娱乐部事业群发布娱乐宝平台，网民出资 100 元即可投资热门影视剧作品。

（三）中美电影产业合作频繁，中国电影国际化进程加快

2013 年，美国好莱坞越来越看重蓬勃发展、潜力巨大的中国市场，与中国电影的合作交流日渐频繁。2013 年上映的中美合拍片《太极侠》由中美两国的 4 家影视公司共同投资制作。好莱坞电影公司出品发行的部分影片在前期就与中国电影公司进行深度合作，如引进片《钢铁侠 3》《生化危机 5》《地心引力》《云图》等专门针对中国市场植入“中国元素”。此外，好莱坞明星频频来中国宣传造势，六大公司巨头来中国寻求合作机会，美国大牌导演在中国建立工作室，这些都说明中国电影产业与世界电影产业在加快接轨。

此外，中国电影企业积极进军国际影视业。继万达收购美国 AMC 院线，小马奔腾收购美国顶级特效公司数字王国，华谊收购国际领先的数字放映公司 GDC 9% 股权后，2013 年，一批电影企业高调进入美国，或合作制片，或并购，或设立公司。最具电影市场潜力的中国与电影产业最发达的美国在电影产

业方面的合作与融合日趋深化，这将对全球电影发展尤其是中国电影产业国际化进程产生重大影响。

六　电影发展政策与管理

（一）电影发展政策环境进一步优化

近年来，国家有关部门就资金扶持、市场规范、人才培养、海外推广等出台了一系列鼓励扶持政策，推动中国电影产业化发展。2013 年，《电影产业促进法》立法进程继续推进，已就财税扶持等重要条款与国家相关部委取得了共识，2014 年有望提请审议。

2014 年 2 月 26 日，国务院印发《关于推进文化创意和设计服务与相关产业融合发展的若干意见》（国发〔2014〕10 号），提出增强创新动力、强化人才培养、壮大市场主体、加大财税支持等八项措施，推动文化产业成为国民经济的支柱性产业，促进经济持续健康发展。2014 年 3 月 3 日，国务院印发《关于加快发展对外文化贸易的意见》（国发〔2014〕13 号），对加快发展对外文化贸易、推动文化产品和服务出口作出全面部署，就明确支持重点、加大财税支持、强化金融服务和完善服务保障均作出具体安排。此举将有助于中国电影在更大范围、更广领域和更高层次上参与国际文化合作和竞争，把更多具有中国特色的优秀文化产品推向世界。2014 年 4 月 2 日，国务院办公厅发布《关于印发文化体制改革中经营性文化事业单位转制为企业和进一步支持文化企业发展两个规定的通知》（国办发〔2014〕15 号），修订完善一系列推动文化改革发展的重要经济政策，为新一轮文化体制改革提供有力支撑。国家连续下发三个促进文化产业发展的文件，强调文化创意要尊重和符合市场规律，突出企业主体和市场运作，表明中国文化产业发展正在谋求新布局和新思路。从国内来看，影视、出版、演艺等文化产业将融入国民经济大循环；从国际来看，应加大力度推动原创、高附加值的文化产品走向世界，既提高在世界文化贸易中的“硬实力”，又提升中国文化的“软实力”。目前来看，电影业作为中国文化产业中市场化程度较高和市场较为开放的行业，将获得更有利的发展环境，整体实力将显著增强，发展空间将显著扩大。中宣部、国家新闻出版广电总局等五部门发出通知，要求从 2013 年 12 月开始广泛开展以中国梦为主题的文艺创作活动，这将有力推动主旋律电影创作，提升电影创作的整体质量。

（二）全面试行国产电影属地审查

2014 年 2 月 17 日，国家新闻出版广电总局下发《关于试行国产电影属地审查的通知》（新广电发〔2014〕27 号）。此举是在 2010 年 7 月实行“一备两审制”取得成功经验的基础上，对电影审批制度的进一步改革。

这项政策规定，省级广电行政部门和电影审查机构负责本行政区域内所属电影制片单位摄制的各类影片的审查，并负责电影审查中相关的制片管理工作；重大革命和重大历史题材影片、重大文献纪录影片及中外合作影片由省级广电行政部门电影审查机构审查通过后，分别送国家新闻出版广电总局审核通过后，颁发《影片审查决定书》。该政策还提出，从健全完善机构、严格审查标准、增强服务意识和改进工作作风四个方面完善审查制度，提高管理水平。这是改革电影管理工作的重大举措，将更好地发挥地方广电行政部门的作用，提高电影生产力。

（三）电影专项资金与优税政策引导作用增强

随着电影票房的增长，电影专项资金收缴额再创历史纪录。全年收缴额达到 10.94 亿元（按财政年度），比 2012 年同期增加 3.2 亿元，同比增长 41.9%。2013 年电影专项资金完成了多个资助项目。一是多种形式资助全国影院建设，资助影院达 2837 家。其中，对 980 家新建影院“先征后返”项目资助 2.387 亿元，对 1514 家影院数字放映设备补贴 1.878 亿元，对 325 家影院放映国产影片达标奖励 6879 万元，对 18 家城市影院改造资助 1055 万元。二是推动县城数字影院建设，对符合条件的全国 22 个省（区、市）的 264 家县城数字影院，共资助资金 2.05 亿元。三是返还各省管委会资金 4.32 亿元。四是中央本级支付补贴资金 7000 万元。这些专项资金导向明确，有力促进了电影事业产业的发展（见表 1-20）。

表 1－20　2013 年电影专项资金主要安排项目表

单位：万元

序号	专资使用项目	支付金额
1	返还各省专资 40%	43279
2	新建影院先征后返	23870
3	影院安装数字放映设备补贴	18780
4	国产高新技术格式影片补贴	4715
5	影院改造资助、国产影片放映奖励及少数民族语译制补贴等	9084
6	县城数字影院建设	20540
合　计		120268

数据来源：国家电影事业发展专项资金管理委员会办公室。

2013 年 8 月 29 日，财政部、国家新闻出版广电总局出台了《关于县城数字影院建设补贴资金申报和管理工作的通知》（财教〔2013〕249 号），进一步加大推进县级影院建设力度，要求电影事业发展专项资金对“十二五”期间新建的县城数字影院建设予以补贴。中央财政补贴资金采取“先建后补”的方式对中西部地区和东部地区县城（含乡镇）数字影院建设予以资助。这一政策将有力推动中西部中小城市影院建设步伐，助力国家“新型城镇化”蓝图的实现。2013 年 11 月 29 日，国家电影事业发展专项资金管理委员会办公室（以下简称国家电影资金办）发布了《关于对国产高新技术格式影片补贴的补充通知》（电专字〔2013〕1 号），该政策对国产高新技术格式影片创作生产的补贴扶持政策进行细化调整。电影专项资金在 2013 年先后对《画皮2》《西游·降魔篇》等 14 部影片补贴资金 7025 万元。这种补贴和奖励，对于稳定国产影片市场占有率发挥了积极作用。

2013 年 8 月 1 日起，营改增试点扩至全国，这项政策原要求广播影视服务与其他服务一样按 6% 税率征税。针对可能对电影行业带来的巨大影响，在国家有关部门的支持下，国家调整了有关政策规定，自 2014 年 1 月 1 日起，电影放映服务可以选择按照简易计税办法计算缴纳增值税（增值税征收率为 3%）。预计调整后的增值税率可进一步减轻电影企业税负，增加企业收入和效益。

（四）严厉打击偷漏瞒报票房现象

2013 年，电影管理相关部门继续加大规范电影市场力度。国家电影资金办及时对票房异常的影院进行查访，并配合众大合联、华夏监票公司完成了对 26 省（区、市）197 家影院违规行为的核实工作，处理了 4 家影院使用双系统偷漏瞒报票房问题。

为打击屡禁不止的偷漏瞒报票房现象，国家电影资金办与中国电影科学技术研究所联合成立了工作组，对 2005 年出台的《电影院计算机票务管理系统软件技术规范》（GY/T 207 –2005）进行修订。2013 年 12 月 31 日，国家新闻出版广电总局批准新的技术规范《电影院票务管理系统技术要求和测量方法》（GY/T276 –2013）。2014 年 1 月 20 日，国家新闻出版广电总局电影局出台《关于加强电影市场管理规范电影票务系统使用的通知》（新广电发〔2014〕12 号），对电影市场违规行为全面宣战，要求严格完善影院票务软件产品市场准入制度，切实加强票务软件产品市场应用管理，严格规范影院经营行为，大力加强行业监督，加大对违法违规行为的打击力度。以上举措完善了电影市场数字化体系建设，规范了市场秩序，对促进电影产业的健康持续发展将发挥重要作用。

（五）大力扶持国产动画电影发展

2013 年 7 月 5 日，国家新闻出版广电总局电影局出台《推动国产动画电影发展的九条措施》（以下简称“九条措施”），对国产动画电影给予政策扶持。政策包括在现有的每年对电影剧本创作扶持资金 1500 万元中，增加对动画电影创作的扶持；在中国电影华表奖、中国电影导演协会年度表彰大会、中国国际儿童电影节等活动中适当增加或调剂对国产动画电影的奖项等。“九条措施”营造了良好的创作环境和市场环境，将推动国产动画电影的创作、生产、宣传、发行、放映以及后续产品开发，促进全产业链的良性运作和更好发展。

2014 年，中国电影产业将持续高速发展，电影创作将进一步活跃，电影票房将稳定高速增长，电影市场将向规模化、专业化发展。按照 2014 年首季票房收入情况及近年来全国票房平均增长率进行估算，2014 年中国电影票房有望达到 280 亿元左右。电影产业将在速度和质量上协同发展，整体实力将加快提升。

第五节　视听新媒体发展

中国视听新媒体快速发展，进入了强化创新、深度渗透、规范发展和影响力全面提升的新阶段。2013 年，视听新媒体建设已纳入国家文化发展战略，政策环境和发展体系不断完善，行业规范不断健全，发展活力十分强劲。各类视听新媒体运营机构紧紧围绕融合、特色、互动、合作、体验，不断完善服务平台建设。视听新媒体市场规模再上新台阶，用户数量快速增长，产业整合不断深化，整个行业朝着平台化、移动化、差异化方向发展。

一　2013 年视听新媒体发展的总体情况

（一）政策和管理环境不断完善

视听新媒体政策与管理体系不断创新和完善。党的十八届三中全会明确指出，要整合新闻媒体资源，推动传统媒体和新兴媒体融合发展。2013 年全国宣传思想工作会议作出部署，提出要适应社会信息化持续推进的新情况，充分利用新技术创新媒体传播方式，占领信息传播制高点。中央部署不断完善和调整相关政策和管理措施，为行业发展繁荣营造良好环境。

一是进一步完善网络视听节目内容管理制度，视听新媒体节目内容得到规范发展。2012 年 7 月国家有关部门联合发布的《关于进一步加强网络剧、微电影等网络视听节目管理的通知》（广发〔2012〕53 号）得到有力落实和贯彻，网络视听节目发展秩序良好。自 2013 年 1 月 1 日起，持《信息网络传播视听节目许可证》的视听节目网站播出的网络剧、微电影、影视类动画片、纪录片等自制节目开始正式纳入网络剧、微电影等网络视听节目备案，优化了有效管理手段。2013 年 12 月国家新闻出版广电总局下发《关于明确网络视听节目服务机构总编辑职责要求的通知》（广办发网字〔2013〕142 号），就各视听节目网站建立完善总编辑责任制提出了明确要求，解决了部分网站没有总编辑或者总编辑级别和权限不够的问题。2014 年 1 月国家新闻出版广电总局印发《关于进一步完善网络剧、微电影等网络视听节目管理的补充通知》（新广电发〔2014〕2号），从内容生产制作、播出等环节，对节目管理提出了更加具体的规范，并明确了用户上传内容管理要求。这些措施有力地促进了视听节目内容有序传播，实现良性发展。由行业协会组织的审核员培训工作持续开展。2013年，中国网络视听节目服务协会开办审核员培训7期，全年培训人员800余人，不断壮大专业化的审核员队伍，为网络视听节目服务业健康发展打下了坚实基础。

二是严格实施互联网视听节目服务主体进入和退出机制，规范视听新媒体市场竞争秩序。2013年，广播影视行政管理部门新批准11家机构开办互联网视听节目服务，注销7家机构的《信息网络传播视听节目许可证》。截至2013年年底，全国共有持证运营互联网视听节目服务机构612家，有27家省级以上（含省级）广播电视播出机构获准开办网络广播电视台。与此同时，国家新闻出版广电总局协调相关部门，对未经批准擅自从事视听节目服务的行为进行查处，强化对传播有害节目内容网站的打击，净化网络环境，为合法互联网视听节目服务主体营造良好的氛围。此外，及时核查和纠正违规开展互联网电视业务的行为，引导各有关主体按照要求开展互联网电视服务。这些措施为行业发展创造了更加公平、健康、有序的环境。

（二）市场规模不断扩大

随着网络视听内容的不断丰富，服务方式和手段的不断创新以及流量的迅猛增长，网络视听市场规模保持较高增长幅度。2013年，网络视听节目服务主体持续引进热门版权内容，深入探索移动端商业化，大力发展自制内容。在这些因素的助推下，网络视听市场规模继续快速扩大。艾瑞咨询预测数据显示，2013年，中国网络视频市场规模达到128.1亿元，比2012年同比增长41.9%。

从收入结构来看，广告收入仍然占据主导地位，并呈增长趋势，版权分销收入有所下降，增值服务收入略有增长。艾瑞咨询预测数据显示，2013年中国网络视频收入中，广告收入所占份额高达75.0%，比2012年增长2.5个百分点。其次是版权分销收入，占比为10.0%，比2012年略有下降。增值服务收入占比6.6%，比2012年增长1.9个百分点。

（三）用户数量快速增长

网络视频用户数稳步增长。中国互联网络信息中心（CNNIC）的数据显示，截至2013年年底，中国网民规模达6.18亿，其中手机网民规模达到5亿，年增长率为19.1%，手机继续保持上网第一大终端的地位。音视频节目仍然是网民最常用的网络应用。网络视频用户规模达4.28亿，同比增长15.2%，在网民中的使用率达到69.3%；网络音乐用户达4.53亿，同比增长4.0%，在网民中的使用率达到73.4%。

通过PC上网的网民数量增长趋缓，同时PC端网络视频用户数也趋于稳定。艾瑞咨询的数据显示，2013年11月，互联网视频PC端网页与PC客户端的月度覆盖人数分别为4.55亿人和3.42亿人，环比增长率分别为1.6%和6.7%。从2013年1～11月的用户增长情况看，PC端网络视频的用户规模将难以大幅增长（见图1－19）。

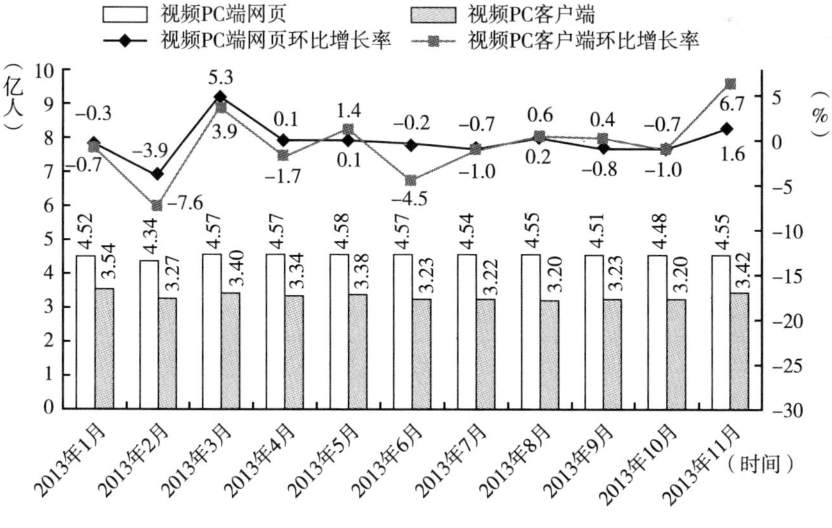

图1－19　PC端视频用户增长情况

数据来源：艾瑞咨询。

随着移动通信网络、无线网络和智能移动终端的进一步普及，移动视听服务用户迅猛增长。CNNIC数据显示，截至2013年年底，中国手机端在线收看或下载视频的用户数为2.47亿，同比增长1.12亿，增长率高达83.8%，手机视频跃升至移动互联网第五大应用，在手机类应用用户规模增长幅度中排名第一。

移动视听服务中，移动端APP观看方式具有快捷、便利、节省流量等特征，通过APP观看视频呈快速增长态势。艾瑞咨询数据显示，2013年11月，网络视频移动端APP用户规模达到1.7亿，较2012年12月增长72.9%；使用移动APP观看视频人数占网络视频总观看人数的比例达到37.1%，较2012年12月的21.5%提升了15.6个百分点，呈现持续快速增长态势。

IPTV用户稳步增长，地区发展差异明显，东部地区占据绝对优势。截至2014年1月底，中国IPTV用户近3000万。其中，东、中、西部地区用户分别为1729.2万、500.7万和684.4万，占比分别是59.3%、17.2%和23.5%。全国IPTV用户数前三位省份均集中在东部地区，分别是江苏、广东、浙江，三省用户之和的占比达到43.7%（见图1-20）。

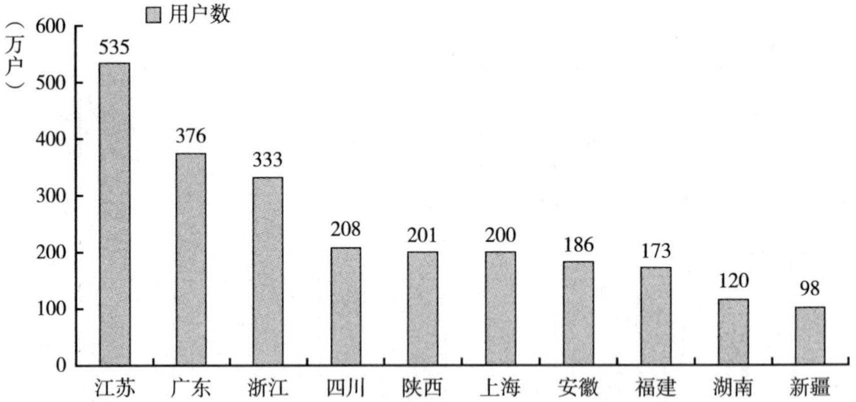

图1-20　IPTV用户数前十省份（截至2014年1月底）

数据来源：工业和信息化部。

二　视听新媒体内容建设

内容是视听新媒体最重要的资源。2013年，各类视听新媒体采取多种措施加强内容建设，丰富内容数量，提高内容质量，逐渐呈现内容差异化发展。

（一）内容建设力度加大

视听新媒体服务机构通过版权合作、购买等多种方式，大量引进版权内容，丰富节目资源，增强用户吸引力。2013 年，中央人民广播电台旗下央广手机台与超过 250 家视频版权机构合作，为用户提供了丰富的内容。中国国际广播电台手机电视与苹果公司网络播客平台上排名前十位的音频应用达成版权合作，丰富手机电视内容。商业新媒体运营机构更是利用其品牌影响力、资金优势等，进行版权合作与购买。搜狐视频、爱奇艺、优酷网、乐视网等机构，均与众多境内外影视节目制作机构达成了长期版权合作，获得了大量优秀节目版权，其中包括国内卫视频道的《爸爸去哪儿》《天天向上》《我是歌手》等多档综艺节目的独家播放权。2013 年外购版权内容占据了乐视网 90% 的流量。

自制内容以其差异化竞争优势越来越受到视听新媒体服务机构的青睐。传统媒体机构继续发挥在主阵地、公信力方面的优势，在新媒体平台推出大量自制的民生、文化、教育题材节目。2013 年，中国网络电视台（CNTV）大力打造《中国公开课》内容平台。截至 2013 年年底，课程总量达到 2000 门 1 万余集 5000 余小时。江苏网络广播电视台日均制作视频、图文数量都超过 800 条。辽宁网络广播电视台针对本地用户收视习惯，推出多个原创专题，如“感动在基层”等。商业新媒体机构发挥在娱乐领域的既有优势，加大自制力度，获取用户关注。搜狐视频通过《屌丝男士》《极品女士》等网络剧自制实践，不断提高自制能力和节目质量。截至 2013 年年底，《屌丝男士》总播放量超过 7 亿。优酷自制剧《侣行》《万万没想到》的播放量也超过一些电视剧。爱奇艺则创立了《娱乐大事件》《娱乐猛回头》等多档自制栏目，新推出的大型网台联动节目《汉字英雄》也大获成功。2013 年，乐视网推出“午间自制剧场”，其自制剧《唐朝好男人》《屌丝日记》《光环之后》等都受到网友热捧。

打造平台吸引专业生产内容（PGC）成为视听新媒体机构内容建设的新亮点。经过多年的培养和发展，一大批专业视频内容制作机构涌现出来，PGC 快速发展。2013 年，优酷土豆实施 PGC 分享计划，为优质视频创作机构或个人提供资金、资源以及优酷专属官网定制服务，其作品可在优酷平台上得到优先推荐，并有机会成为优酷土豆的签约作品。在这一计划下，《一席》《罗辑思维》《不吐不快》等 PGC 的播放量过亿。56 网已经吸引《地球人搞对象指南》《十万个冷笑话》等共 70 多档 PGC 入驻，日均播放量超过 1000 万。

（二）内容库更加充盈丰富

网络广播电视台内容越来越丰富。截至 2013 年年底，CNTV 每天提供 139 套直播电视频道、2600 个电视栏目的点播服务。江苏网络广播电视台媒体资源库内容总量超过 107 万条，可提供 14 套电视频道 60 个电视节目点播回看、5 个频道 24 小时直播、10 套广播频率的点播及直播服务。城市联合网络电视台（CUTV）拥有数万小时的新媒体内容，在线播出成员台 118 套电视频道、121 套广播频率，日均视频更新量近 2000 条、月均 5 万多条。

互联网电视内容资源积累成效明显。截至 2013 年年底，CNTV 互联网电视已存有 150 万小时的优质节目资源，并拥有奥运会、世界杯、欧洲杯独家互联网电视转播权等其他独特资源。百视通互联网电视拥有 40 万小时正版内容，长期在线内容超过 5 万小时，月更新量 3500 小时。浙江华数互联网电视拥有 48 套电视频道 7 天回放的内容，15 套影视剧频道，其应用商店还拥有数百款游戏、教育、音乐、支付等应用。

IPTV 总平台及各地分平台沉淀了大量节目资源。截至 2013 年年底，IPTV 总平台拥有上百套标清直播频道、十余套高清直播频道、70 万小时的影视内容资源以及旅游、卡拉 OK、在线购物等增值服务。江苏 IPTV 分平台内容总时长超过 10 万小时，可提供 71 套标清直播频道、10 套高清直播频道、20 套轮播频道服务，每月更新 3000 多小时的点播节目。辽宁 IPTV 分平台共有 120 套直播频道，包括 113 套标清频道、7 套高清频道；每日更新新闻资讯、实时更新重大比赛及重大事件，影视剧每周更新 100 小时内容。云南 IPTV 分平台节目内容共有 121 套，其中直播频道为 110 套，轮播频道 11 套（中央电视台 9 套、云南 2 套）。

手机电视、移动互联网音视频内容库不断扩充。截至 2013 年年底，CNTV 手机电视提供中央电视台综合频道等 12 套直播电视频道，新闻、电影、电视剧等上万条点播节目。“央视影音”（Cbox）移动客户端集纳中央电视台、全国卫视、城市电视台共 140 多套电视频道，可以直播、时移、预约、回看，同时还拥有海量点播内容。“央视悦动”内容涵盖中央电视台 16 个中文开路频道 240 多档在播栏目及精彩花絮等内容。央广手机台集成了包括湖南卫视、江苏卫视在内的 240 多家内容提供商的版权内容，入库节目上万小时，每天更新 1000 多条。乐视网手机客户端为用户提供 10 万多集电视剧和 5000 多部电影，以及体育、综艺、动漫等丰富的节目内容。

商业新媒体服务机构进一步扩大优质内容保有量，突出独家优势，形成各自的内容风格与特色。截至 2013 年年底，搜狐视频美剧总量达 2000 集，并引入《周六夜现场》《艾伦秀》等大量美国综艺节目。优酷土豆用户原创内容（UGC）品牌化运作再上新台阶，存量规模达 28.7 万部。

（三）内容编排更加契合新媒体用户需求

为使用户从海量内容中选择适合其兴趣、爱好的节目内容，各视听新媒体服务主体不断创新内容编排、分发和推送方式，满足用户个性化的内容消费需求。

一是加强分类，突出特色内容，提高浏览舒适度与搜索快捷性。56 网、腾讯视频、爱奇艺、PPS 等都进行了首页改版，细分内容，突出独家。腾讯视频推出“内容分类 + 特色频道”导航模式，强化影视剧及综艺、娱乐等节目，将特色内容“好莱坞影院”“腾讯出品”等在首页直接为用户提供入口导航，方便观众一键触达观看。

二是开发大数据资源，实现个性化视频推荐。2014 年，新媒体服务机构纷纷深入挖掘分析用户视频搜索、观看、聊天等数据，根据用户消费行为编排内容，使用户享受个性化视频推荐服务。2013 年 9 月，爱奇艺对安卓（Android）客户端进行改革，使视频推荐更加个性化，每个爱奇艺用户都可获得一个属于自己的个性化视频页面，使用爱奇艺时间越长，量身推荐的内容越丰富。优酷网根据用户的兴趣和喜好，自动分析并为用户提供“一对一”的优质服务，使每个用户拥有属于自己的视频“专区”。

三　视听新媒体平台建设

2013 年，各类视听新媒体服务机构纷纷完善平台功能，提升平台技术水平，并以打造多屏互动融合平台作为主要目标，借以提高用户服务能力，提升用户体验。

（一）围绕多屏互动打造统一的视听新媒体平台

随着云计算技术的不断发展与应用，为了更好地服务于用户在多屏之间的互动行为，节省资源、节约成本，视听新媒体服务机构纷纷加强多屏联动的统一视听新媒体平台建设。2013 年，CNTV 完成“一云多屏”总体架构的设计方案，完成了国家网络视频数据库一期平台和多层编目生产平台建设。其中，国家视频数据库平台能为多屏视频直播点播业务提供标准化 IP 信源，统一编码发布视频节目，实现多终端格式、多码率、高效率、自适应输出，能快速响应各种线上视频业务需求。多层编目生产平台从视频数据源头上解决了编目体系缺乏统一规范的问题，实现了“云”端的统一编目管理。2013 年 6 月，优酷土豆发布了优酷网、土豆网以及拍客 APP 适用于多屏的全新版本，推出了优酷网全新“多屏化”的网站页面，实现产品、内容和营销贯通的多屏融合，打通手机、PC 和平板的底层架构，保证各个屏之间风格、内容及交互的一致性，满足了用户便捷流畅地在多屏间转换视频内容的需求。2013 年 7 月，爱奇艺推出了云端内容传输互动技术“绿尾巴”，用户只需将 PC、手机、平板电脑相互碰撞就可以建立设备配对并进行视频内容传输，还可以分享、传输所看的视频。

（二）加强网络视听节目服务平台技术升级，强化发展特色

经过多年的发展与运营，网络视听节目服务平台发展逐步趋于稳定。各平台加大技术资源投入，升级平台功能，突出自身特色。

网络视听节目服务机构纷纷加快平台技术升级改造，提高用户播放的流畅度，强化“好玩”体验。CNTV 通过采用蓝汛的视频加速解决方案，使得单一的视频流经转封装处理后，可以同时向多屏、多网分发，并根据用户的网络条件自动选择合适的传输码率，确保流畅播放。爱奇艺不断更新其 HCDN 技术（融合了 CDN 和 P2P 的新型技术），能够更加稳定高效地进行视频传输，实现了多集视频连播切换零缓冲加载。按热播电视剧《来自星星的你》在该网站 11 亿次的播放计算，采用该技术相当于为用户节省了 61 万小时的时间。

网络广播电视台突出主流媒体优势，打造文化宣传新平台，向全世界传播

中国声音和中国文化价值。2013年8月，CNTV上线熊猫频道，通过在成都大熊猫繁育研究基地内五大区域架设32路高清摄像头，多机位向用户24小时直播大熊猫日常起居、繁育、娱乐等情况。频道为每只大熊猫建立了互动社区和粉丝圈，进行多终端、多语种的传播，通过直观展示和充分互动让全球观众感受大熊猫，更多认识中国。截至2013年年底，熊猫频道独立访问用户数已累计突破300万人次，覆盖全球五大洲204个国家和地区。CNTV原创大型辟谣栏目《是真的吗》充分利用多平台互动优势，通过采访、求证、专题、微信、微博等形式和手段，以及专业记者调查、权威部门回应、各方不同声音呈现，致力于考证新闻事件的真相。该栏目自2013年6月上线以来已制作发布136篇真相调查类稿件。国际台依托多语种网站联动，开展了“2013中国城市榜——全球网民推荐的中国生态城市”网络互动活动，通过技术手段实现了不同母语网友之间的相互交流，推出多语种报道专题，共获得多语种网络投票1440万张，其中来自境外的投票占79%。

（三）完善IPTV平台体系

IPTV全国统一运营的平台体系更加完善。2013年5月，CNTV与百视通正式成立爱上电视传媒有限公司，负责全国IPTV中央集成播控总平台可经营性业务的运营。截至2013年10月底，中国已有17个省（区、市）完成了总平台、分平台以及当地电信公司三方协议的签署，30个省（区、市）完成了总平台、分平台两方协议的签署，10个地区开通运营IPTV业务。江苏IPTV集成播控分平台、四川IPTV集成播控分平台分别通过国家新闻出版广电总局的验收。

各地IPTV分平台功能不断加强。2013年，江苏IPTV数据统计基础软件及硬件平台搭建完毕，完成一期业务软件开发测试，已具备订购、点播、直播、用户四个维度的数据统计分析功能。自主研发了第一版具有透明播控技术的高清EPG，整套页面实现了画面焦点的自主定制和快速自然滑动等功能。此外，平台还研发了多套具有悬浮、九宫格、WIN风格等针对酒店、社区、院校的定制版高清EPG，以及安装在智能手机上用于与IPTV机顶盒互动的手机版EPG。海南完成了IPTV集成播控分平台建设，具备存储中央电视台3万小时点播节目内容的能力。在此基础上各分平台用户数量稳步增长，四川IPTV业务与电信合作发展用户超过100万户，与联通合作发展用户近15万户；云南全省累计发展IPTV用户超过55万户；江苏IPTV激活用户总数为230万户；天津IPTV全年新增20万户，累计用户超过46万户。湖南IPTV平台内容点播次数达2.2亿次，点播时长达8000万小时。

（四）加快建设手机电视和移动互联网音视频平台

2013年，手机电视、移动互联网音视频业务的技术环境不断改善，平台建设迅猛发展，尤其是移动互联网音视频业务方面，用户和市场规模也随之实现较快增长。

手机电视集成播控平台稳步推进，用户和市场达到一定规模。2013年，CNTV手机电视业务全年收入约1.5亿元，同比增长40.76%。同时，成本费用较上一年降低了24.58%。截至2013年年底，央广手机台包月用户达到800万，其中在中国移动视频平台的包月用户达到400万，在中国联通平台达到200万，在中国电信平台达到200万。

传统广电机构加快移动互联网音视频平台建设，积极探索商业化运营。2013年CNTV海外手机视频项目完成硬件支撑平台、网络及安全管理平台、数据分析平台和C-Mall系统平台的开发建设和验收，完成CNTV旗舰版、直播中国、我爱非洲的扩容以及海外传播栏目客户端建设，以及CNTV旗舰版手机客户端iPad版和iPhone版移动广告的开发和投放。台网广告营销形式也实现了创新突破，通过二维码信息或声音识别互动，引导观众使用手机参与节目，同时植入广告赞助商品牌元素，使客户投放效果从电视屏幕延伸扩展到移动终端。“一云多屏”全新广告系统谷歌DFP布设与试用完成，将打通各平台的广告资源。截至2013年年底，央广手机台在安卓市场等客户端下载量达到340万次。国际台移动国际在线多语种网站已开办语种数达22种，2013年新增俄语、捷克语等14个语种；全台各媒体端口二维码和APP应用范围逐步扩大，英语轻松调频、资讯广播、视频和实景汉语移动应用下载量突破5万。

商业新媒体机构移动互联网音视频平台建设力度加大。2013年，搜狐网将移动端建设作为主要的发力点，通过搜狐视频、搜狐新闻客户端、搜狗拼音三个平台，向移动互联网发展。仅《中国好声音》第二季在搜狐视频移动端的播放量就达到 7 亿。爱奇艺将优化手机视频播放性能、智能观影特色功能开发作为移动端建设的主要方向，发布了爱奇艺炫动版视频客户端，有效解决了用户观看视频时手机耗电量过大、加载速度缓慢等问题。同时，爱奇艺实现了 H. 265 编解码技术应用，让用户在移动端也能获得超高清观影体验。移动互联网音视频平台的建设推动用户数迅猛增长。艾瑞咨询的数据显示，移动 APP 相对 PC 端网络服务的渗透率（移动 APP 月度覆盖人数/PC 端网络服务月度覆盖人数）由 2012 年 8 月的 17. 9% 上升至 2013 年 6 月的 28. 3%。优酷 APP 的日播放量 2013 年 12 月达到 3. 5 亿，聚力网移动客户端总安装量已超 1. 4 亿，主要为手机下载。

（五）在融合互动中发展互联网电视平台

互联网电视集成平台功能得到进一步完善。2013 年，互联网电视集成机构加强内容平台建设，通过广泛合作不断提高技术水平，提升用户体验。CNTV 互联网电视平台完成了二期建设，上线了 BOSS 系统，新增内容供应商管理、支付网关、业务支撑、计费结算等功能，新平台支撑并发用户数达到原平台的 100 倍以上。同时，通过广泛合作，开发了一系列适合互联网电视用户观看习惯和操作行为的创新产品。例如，智能化 EPG 推荐，基于用户收视行为分析，实现精准推荐符合用户兴趣点的节目；微信支付，轻轻一扫，瞬间升级至 VIP 尊享服务；多屏互动，让手机、平板动起来，家庭娱乐更轻松。目前，CNTV 互联网电视集成平台已经具备了千万级用户的运营维护支撑能力。2013 年年底，CNTV 还发布了微信社交电视，用户可以通过微信平台（包括语音）在任何时候查找喜欢的节目内容，并能通过微 EPG 直接遥控电视，轻松实现多屏支付。国际台与加拿大新动力传媒（XINFLIX）开展互联网电视业务战略合作，联合制作反映中国文化和具有加拿大本土特色的节目内容，服务加拿大主流人群及加拿大华人群体，并在用户共享、网络分发（CDN）、终端、技术等方面展开深度合作。上海百视通互联网电视平台通过构建“视频云”和开展多屏互动服务，支撑跨平台、跨屏幕、跨网络的智能媒体版图，实现“统一信源、统一片库、统一播控、动态码率、智能分发、多终端适配”的集约化运营。截至2013年年底，百视通互联网电视业务用户规模突破1000万。

互联网电视集成平台全面加强与终端厂商的合作，市场覆盖率进一步扩大。继与海信、LG、三星等厂商合作后，2013年CNTV互联网电视又与小米、康佳、长虹等厂商启动独家合作或者战略合作，形成与国内外主流厂家全面深入合作的格局。截至2013年年底，CNTV互联网电视业务已经覆盖3500万用户。

互联网电视平台不断加强与其他平台的融合互动。CNTV互联网电视与山东广电网络合作，通过能加载数字电视与互联网电视的机顶盒终端，实现直播走有线网络、点播走互联网电视。河北广电网络公司也与CNTV互联网电视达成合作协议，并在邯郸等地进行试点。

四　视听新媒体传输网络与接收终端发展

（一）网络建设加快，为新业务新业态提供强有力支撑

移动通信网络的布局，为视听新媒体业务的发展提供了良好的网络支持，极大促进了移动音视频业务的发展。从2010年开始，中国已相继完成了4G网络技术试验、规模技术试验、扩大规模技术试验，4G网络迅猛发展。中国移动的数据显示，截至2013年年底，其4G网络覆盖城市达100多个，部署基站超过20万个，可向北京、上海、广州、深圳等16个城市提供4G服务。预计到2014年年底，将有超过340个城市的用户可享受到中国移动的4G服务，其4G终端将超过200款，计划销售终端超过1亿部。中国电信扩大了实验网建设范围，中国联通也启动了网络建设计划。3G网络用户增长迅速。工业和信息化部数据显示，截至2014年1月底，3G用户总数达4.19亿户，占移动电话用户的比重达到33.9%。其中，TD用户总数达2.05亿户，占3G用户比重达49.0%。

《“宽带中国”战略及实施方案》（国发〔2013〕31号）的出台，为宽带网络建设指明了方向，促使中国宽带网络水平的提升。工业和信息化部数据显示，截至2014年2月，4M、8M和20M以上宽带接入用户占比分别达到

80.5%、24.7%和5%。2013年，中国光纤到户（FTTH）覆盖家庭新增7200万户，总量达到1.67亿户；新增固定宽带接入互联网用户1900万户，总量达到1.89亿户；宽带接入速率普遍提升，4M及以上宽带接入用户占比达到79%。中国农村宽带基础设施条件也得到进一步改善，新增1.9万个行政村通宽带，通宽带比例从2013年年初的88%提高到91%。2013年8月份，中国电信启动第三次全国宽带大提速，可向用户提供高达100M的宽带接入。截至2013年年底，中国电信FTTH覆盖家庭突破1亿户。

广播电视网络数字化、双向化不断加强，为视听新媒体发展奠定了新的网络基础。截至2013年年底，全国数字电视用户达到1.72亿，双向网络覆盖近9500万户，开通双向业务用户超过2850万户。全国337个城市实现了地面数字电视网络覆盖，其中310多个发射站完成了验收。上海作为第一批下一代广播电视网（NGB）试点城市，已完成500万户以上的用户覆盖建设，双向用户200万户，高清用户150万户。北京、上海、江苏、浙江、重庆、安徽、湖北、海南、深圳、大连等10个省市已完成了NGB省域骨干网和市骨干网建设，各省市骨干网的能力都达到或超过了3.36T，可以承载各种跨域视频业务和宽带业务；同时完成了宽带、双向的NGB接入网络改造建设，NGB示范网络覆盖用户超过5000万，双向业务用户超过1000万，在示范区全网内基本实现点播、宽带和视频通信等三网融合业务的互联互通。

（二）视听接收终端性能不断提升

可承载视听新媒体业务的终端设备包括智能电视机、机顶盒、外接电视棒、游戏主机、平板电脑、智能手机、可穿戴电子设备等各类产品，这些设备功能日趋智能化、融合化，性能不断提升。

终端设备继续朝着智能化方向发展。互联网数据中心（IDC）市场研究公司的报告显示，2013年全球智能手机出货量达到10.042亿部，第一次突破10亿，比2012年的7.253亿部增加了38.4%；中国智能手机出货量达到3.5亿部，比上一年同比增长63.6%。电视机也加快朝着智能化方向发展。根据中怡康公司数据，在中国智能电视已经成为彩电市场的主导产品，全年约五成彩电销量来自智能电视机，智能电视机销量年增长率为56.84%，远高于8.66%的彩电整体年增长率。

视听终端的性能不断提高。随着多核心处理器、通用图形处理器等技术的出现，各种智能终端设备的数据处理能力、图像处理能力快速提升，各种缓慢、卡顿现象大幅减少。超高画质电视（Ultra High Definition Television，UHDTV）技术的发展，使得终端画面显示更加清晰。自 2013 年以来，一些厂商已开始展示并生产装配有柔性液晶显示屏、曲面液晶显示屏的平板电视产品和智能手机产品。相较于传统屏幕，柔性屏幕在体积上更加轻薄、功耗更低，有助于提升设备的续航能力，同时基于其可弯曲、柔韧性佳等特性，其耐用程度也大大高于普通屏幕。另外，语音识别、动作识别、人脸和表情识别等人机交互技术不断发展，智能终端操作方式不断简化、升级，进一步提高了终端设备的易用性和可操作性。

各类主体进入终端生产领域。从国内外发展趋势看，互联网机顶盒已成为市场蓝海，各类公司纷纷涉足这一领域。在国外，苹果、谷歌等各类公司分别推出了 Apple TV、Google TV 等终端。在国内，终端厂商、互联网企业、新媒体服务机构等，通过与互联网电视牌照方合作，进入终端领域，包括乐视网、小米公司、聚力网、海信、华为等。

五　视听新媒体发展趋势分析

在互联网技术快速发展、行业管理逐渐规范、发展环境更加向好的技术与政策背景下，视听新媒体行业整合将更加深入，围绕用户体验的竞争更加激烈，移动视频商业模式将更为成熟。

（一）行业整合持续，格局不断调整

视听新媒体行业技术创新层出不穷，各种市场主体不断涌现，并各具优势。为了更好地实现规模化发展，促进资源有效利用、优势互补，市场格局将持续调整。未来，视听新媒体行业将在以下领域出现重组并购。

一是同类业务整合，以提高市场份额与行业集中度。同类业务的整合，包括内容生产领域、终端领域、播出平台领域的整合。视频行业对用户规模、资本、技术的要求都比较高，为了占据更多的市场份额，未来视频行业将发生较

多同类性质业务的并购重组。

二是产业链整合，以加强对产业链的控制，增强竞争力。产业链的整合包括从终端厂商向上游内容与集成分发平台的整合，集成分发机构对内容、终端的整合等。未来其他产业链环节主导的整合也将不断涌现。

三是不同行业的市场主体整合，推进产业融合与创新。视听新媒体拥有庞大的用户规模及较高黏性的视频内容，使其拥有各个行业最重视的资源，其他行业将广泛与其合作，切入互联网领域和视听服务领域，并直接获得庞大的用户群。例如，电商行业与视频企业整合，不仅可以实现电商视频化、电商广告营销整合，还可以在用户资源方面进行开发，为用户提供更多服务，拓展产业空间。中国正进入信息化带动工业化的新时代，随着云计算、大数据等技术的不断进步及其在互联网行业的广泛应用，各类互联网应用之间的关联和互动不断增强，视听新媒体作为较早实现互联网化的领域，在未来将有更多的机会主导行业整合，推动其他行业的网络化、信息化。

（二）提升用户体验将继续成为重要竞争手段

随着新技术、新应用、新功能的不断增多，简化用户操作流程，方便用户随时随地享用视听服务，将继续成为重要的竞争手段。视听新媒体服务机构将不断加大技术创新，满足用户高质量的体验需求。一是服务商通过改善网络环境、终端显示技术等，提高视频流畅性和清晰度。4G 网络在全国的覆盖将大大改善视频传输环境。终端生产商以及内容生产商加大 4K 技术研发与应用力度，将大幅提升视频画质。二是开发应用跨屏及多屏互动技术，实现电视无处不在。随着移动设备的普及以及视频用户向移动端的迁移，企业将不断创新，开发跨屏观看技术，以实现用户在多个终端之间的随意切换。三是人机互动将向智能化演进，可以通过语音、手势等对智能电视机进行操作控制。四是随着大数据、云计算技术的不断应用，越来越多的机构将为用户提供个性化、精致化服务。视听新媒体服务面向每个用户的“个人中心”将逐步打造成用户发现、观看视频的最佳入口，为用户提供个性化的视频服务，其“云记录”功能将自动保存所有的观看进度，用户可以从分布在主站各处的“正在看”功能继续观看。

（三）移动互联网视听节目服务商业模式将逐步走向成熟

经过多年的探索和市场培育，移动互联网音视频服务用户已经达到一定规模，为商业模式的开拓奠定了坚实基础，其商业化运营将取得新的突破。

移动广告收入将逐步增长。庞大的用户群和巨大的流量，成为移动互联网视听服务广告收入的基石。诸如爱奇艺针对 iPad 和 iPhone 终端的视频广告标准化售卖模式和搜狐网“自媒体原生广告系统”等广告模式不断涌现，从而带来更大的移动广告市场。

移动用户付费收看有望得到突破。移动互联网视听节目服务依托电信运营商成熟的商业模式，以及不断发展的第三方支付体系、自主开发的在线支付平台，有望建立起付费收看模式。目前，移动互联网视听服务机构已在这方面进行尝试。未来，随着内容质量的不断提高、支付体系的日益完善，移动用户付费收看模式有望获得突破性发展。

第六节　广播影视技术发展与应用

2013 年，中国广播影视技术发展与应用以数字化、网络化、信息化、智能化为重点，以提高聚合化制作效率、立体化传播能力和智能化服务水平为主线，大力推进和深化科技与视听传媒的融合，取得显著进步。

一　2013 年广播影视制播技术发展与应用情况

2013 年，广播影视制播技术数字化、网络化深入推进，在高清电视、3D 电视、电影制映技术、视听新媒体集成播控技术、应急广播技术等领域取得重要进展。

（一）电台电视台制播技术发展与应用

1. 数字化、网络化技术升级向纵深发展

数字化、网络化是实现电台电视台制播系统升级转换的必经之路。2013

年，全国各级电台电视台数字化、网络化水平大幅提升。中央人民广播电台、中国国际广播电台、中央电视台台内制播系统全面实现了数字化、网络化，省级电台电视台的平均总体数字化率超过 90%，地市级电台电视台的平均总体数字化率超过 70%，县级电台电视台的平均总体数字化率超过 50%。

在数字化、网络化逐渐普及的基础上，各级电台电视台深入开发和应用新技术，为其从单一业务模式向多业务模式、多终端覆盖转变提供有力的技术支撑。中央电视台、江苏广电总台、湖南广播电视台等研发建设了面向多个播出系统、多种传播渠道、多类用户终端的综合制播平台。江苏广电总台于 2013 年开发和应用隐声通信技术，在电视中植入基于隐声技术的音轨，使观众通过手机或平板电脑自动识别正在观看的频道和节目，还可实时将互动内容、商业信息推送至移动终端，这种“声音的二维码”让手机、平板电脑真正成为电视的“第二屏”。广西电视台通过统一的基于云编辑的 EPG，汇聚高清网络视频制播发布系统，将视频、图文同时发布到手机、平板等移动终端，实现了“一云多屏”。湖南广播电视台推出一系列技术应用，包括“超集群演播室”系统、5.1 环绕立体声、特效化妆、虚拟技术、字幕在线包装系统、在线包装编播一体化系统、全台网文件化传输、广告集成上载平台等，为内容创新和丰富荧屏表现力提供了优越条件。诸如此类的技术应用陆续在全国各级电台电视台推广，从整体上提高了中国广播电视制播技术水平。

2. 高清节目制播技术发展与应用加快推进

全国高清电视频道迅速发展。截至 2013 年年底，全国共开播 50 个高清频道，比 2012 年年底的 28 个实现较大幅度增长，上星播出的高清同播频道高标清同播率已经达到 100%。13 个省级电视台共开播 29 个高清频道，地市级电视台主要频道和付费频道的高清化工作正在逐步推进，70% 的省级电视台和 20% 的地市级电视台具备了至少一个频道的高清制作播出能力。

高清节目制播系统标准建设有序推进。广播电视国家标准《高清晰度数字电视主观评价用测试图像》（GY/T228 - 2007）通过审查，填补了中国高清电视测试图像的技术空白，这对提高电视节目图像质量、规范数字电视系统建设、引导设备的研发和生产将起到重要作用。《AVS + 高清编码器技术要求和测量方法》（GY/T271 - 2013）、《16∶9 的高清图像在 4∶3 屏幕上显示的安全区域》（GY/T272－2013）等广播电视行业技术标准相继出台，对确保高清电视系统的质量具有重要意义。

2013年，各级电视台高清节目制播系统建设取得新进展。中央电视台实行“高进标退”战略，相继停止外租标清设备服务，停止使用标清电编和非线编机房，成立“高进标退”实施工作组，标清设备退出制作序列，全面实施高清节目制作。在2013年两会报道中，中央电视台首次实现了人民大会堂重大时政转播前方全高清现场制作，全高清回传，在中央电视台综合频道（高清版）全程高清直播总理和外长记者招待会，为全面实现重大时政转播全高清直播迈出了重要的一步。北京电视台新媒体演播室建成投入使用，体育频道实现高标清同播。上海广播电视台全力推进高清进程。东方卫视、娱乐频道、电视剧频道、五星体育、纪实频道均已实现高清制作播出，高清节目产能为30小时/天，高清节目储备量逾10000小时。此外，上海广播电视台2013年已实现采编播存管全流程的高清化平台建设，其中播出平台100%实现高清化，采集设备80%实现高清化，演播室系统高清率90%，转播系统高清率65%，非编制作系统高清率70%，媒资系统高清率50%，整体技术设备高清率约80%。江苏广电总台为推进高清频道节目的环绕声制作播出，专门成立5.1环绕声制播项目组，历经一年顺利完成了播出系统音频编码方式的切换，并于2013年12月6日在江苏卫视高清频道《全能星战》中使用播出。南方电视台完成了全台制播格式设备的高清转换，目前台外录设备高清率提高到70%，全台格式设备高清率达到100%。其他省、地市级台的高清制播系统建设在逐步推进中。

2013年，超高画质电视（4K）技术得到有力推进。超高画质电视（Ultra High Definition Television，UHDTV）是高清晰度电视（HDTV）的下一代技术。国际电信联盟（ITU）规定了4K（2160P）和8K（4320P）两种超高清显示屏的技术标准。国家新闻出版广电总局指导开展了《高效视频编码（HEVC）技术及在超高清电视（4K）和全高清3D电视中应用的研究》，启动HEVC视频编码关键技术研究及实验。上海广播电视台搭建了超高清（4K）采编制作系统，尝试应用4K技术进行拍摄制作，完成了国内首部4K企业形象片的制作。

3. 3D 电视制播技术与应用稳步发展

2013 年，3D 电视试验频道的技术工作机制、节目制播流程得到进一步完善，播出内容逐渐丰富，技术质量极大提升。上海广播电视台已建成 3D 前期摄录系统、后期制作系统和 3D 转播车等，具有一年 300 小时的 3D 电视节目制作能力，全年完成了 290 小时自制节目更新量。江苏广电总台制作了 3D 频道《万家灯火》节目，拍摄制作了《美丽江苏》等十余档 3D 旅游类节目。

与此同时，国家新闻出版广电总局推动打造 3D 电视节目制作基地，提升 3D 节目拍摄制作生产能力，带动中国 3D 立体视觉产业的发展。预计到 2015 年，全国将具备制作播出 10 个 3D 电视频道的能力，并打造 5 个 3D 节目制作基地，形成年产 3000 小时 3D 节目的拍摄制作能力。

（二）电影制映技术发展与应用

紧贴电影产业发展需求，2013 年中国电影数字化进程加快，电影拍摄、制作环节基本实现数字化，相关技术的应用与发展有所突破。

影片拍摄制作方面，3D 拍摄、特技特效、全景声制式等高新技术的应用水平进一步提升。采用数字技术和设备拍摄的电影越来越多，影片的画面构图、数字跟焦、数字高速、暗光掌握和灯光运用水平整体提高，部分影片已达到较为理想的状态。后期制作全面采用全数字化工艺、数字非线编、数字校色、数字配光、特效制作与合成，在数字与传统技术的结合方面技术质量不断提高，在置景和烟火特效环节表现突出。2013 年，《狄仁杰之神都龙王》《逃出生天》等影片为观众带来了媲美外国大片的视觉盛宴。

电影声音技术方面，中国紧跟国际先进技术并进行了积极的探索和实践。自主提出了 13.1 多声道制作标准和影院还音系统的技术方案，该技术处于国际前沿领域，为今后电影声音技术的发展奠定了良好基础。利用该技术制作完成的《一九四二》《西游·降魔篇》等影片，声音方向感明显，声像定位准确，立体声移动轨迹清晰。

电影数字化修护稳步发展。2013 年《电影档案影片数字化修护工程》项目共完成 25 部高清精修影片以及 2 部 2K 精修影片。该项目实施以来，共计完成各种修护影片400余部。

电影制映技术研发和标准制定方面，《电影送审数字母版画面字幕技术要求（暂行）》（GD/J017－2007影字〔2013〕297号）的出台和施行，为电影数字母版字幕制作提供了规范；中影股份与中国电影科学技术研究所、深圳市时代华影科技有限公司合作研发的新一代双光路高光效3D系统，主要技术指标均达到国际先进水平；《高动态范围连续影像的拍摄与处理》等5项科研业务的立项将有力推动电影拍摄环节中高新技术的应用。

（三）视听新媒体技术发展与应用

网络广播电视台快速发展，节目服务持续增长，广电主流媒体逐渐成为以网络视听节目传播及互动服务为核心的跨网络、跨终端、全媒体的新媒体播出机构，相关平台和技术处于国内领先地位。中国网络电视台2013年完成国家网络视频数据库一期建设，建有亚洲最大的正版网络视频数据库，媒资库存总量超过480万条。中央人民广播电台2013年推出全国电台集成播出平台中国广播网，内容包括中央人民广播电台16套落地频率的网络在线直播、各频率的点播节目，以及中国广播网独家视频和网友上传推荐、外网转稿等共计8个栏目的视频资源。中国国际广播电视网络台2013年与国内43家电视播出机构等建立了联系，为组建面向海外的中国特色内容新媒体平台奠定了基础。

各级IPTV集成播控平台功能不断完善。2013年，北京IPTV集成播控分平台投入试商用，系统拥有自主研发的高清悬浮式EPG和多项交互内容，提供106路频道。江苏IPTV分平台高清制作系统采用了“云客户端+云转码中心+内容服务平台”的全新流程，实现了网络高清素材的快速碎片化处理，显著改善了视频质量。广东南方广播影视传媒集团IPTV集成播控分平台技术系统建设完成，点播内容已达4万小时，直播频道110套（含14套高清频道），具备了商业运营的条件。各省级广播电视台基于各自业务需求建设IPTV集成播控分平台。

互联网电视向智能化方向发展。2013年，中国具有自主知识产权的智能电视操作系统研究取得阶段性成果。智能电视操作系统TVOS1.0正式发布，TVOS1.0智能电视机顶盒终端入网认定技术、应用的相关措施和技术也正在研发中，这将终结长期以来智能电视终端不统一的局面，推动互联网电视业务的发展。除国家层面积极推动互联网电视技术研发和成果应用外，各级广电机构也积极开展该领域的技术创新和应用。2013 年，中国网络电视台海外互联网电视平台搭建完成，内容存储、视频质量监测系统、业务运营支撑系统、播控系统、中心节点及海外节点建设推进顺利，各系统均已上线。百视通公司获批“核高基”科技重大专项“智能数字电视终端基础软件研发及产业化”，目标是研发交互娱乐、电视商务、应用商店等三个新型数字电视示范应用系统，相关的研究成果将应用于互联网电视、智能电视、云电视等平台建设及终端领域。2013 年 1 月，百视通发布智能电视业务平台，并不断对其智能电视业务平台及相关终端进行全面升级，通过技术优化、平台能力增强及硬件升级等手段，实现“快速启动、极速视频起播、流畅操控”功能，界面切换响应迅速流畅。杭州华数推出云电视，开始利用云计算、云转码和云控制技术。该技术将传统条件下由机顶盒完成的应用计算任务统一集中到云端完成，所有的增值应用在云端运行，呈现界面则在实时转码成视频流后，通过 IPQAM 播发给机顶盒，机顶盒只需具备基本视频解码功能即可支持增值业务和应用。

移动多媒体广播电视（CMMB）技术应用向多业务、多媒体方向发展。2013 年，CMMB 运营机构加强移动接收、便携接收和多媒体服务等领域技术研究。同时加强 CMMB 应急功能，提升应急服务水平；研究 CMMB 手机内置超材料天线等关键技术，以适应手机终端轻薄化的要求，加快推动 CMMB 标准升级，实现双向化。这些为提升 CMMB 服务提供了技术支持。

（四）应急广播体系建设技术发展与应用

2013 年，中国应急广播体系进入全面建设阶段。《推进国家应急广播体系建设工作方案》正式印发，全面部署国家应急广播体系建设工作。应急广播系统的功能定位研究，以及信息制作和发布、接收终端自动响应等关键技术研究和试验都在紧锣密鼓推进。2013 年 12 月，国家应急广播中心正式成立，将协同相关部门加紧构建国家应急广播体系体制机制，并计划在 2015 年年底前实现气象部门的预警、重大地震速报、海洋灾害预警、森林火险预警等。同期，中国国家应急广播网正式上线，及时发布预警、救灾、求助和科普等有关信息。国家地震局的地震速报信息，中国气象局的气象预警信息，国家海洋局的海浪、风暴潮警报速报和海啸信息都可以自动发送，水利部的全国主要江河、水库的水情信息，林业局的森林高火险警报等，都已实时传送到了中心网络服务器。各地的应急广播系统建设也取得突破。2013 年，四川省编制完成了《四川省应急广播系统总体技术方案及应急广播村村响技术方案》，并进一步开展修改完善工作。

二　2013 年广播影视传输覆盖技术发展与应用

（一）有线电视网络主要技术发展与应用

2013 年，有线电视网络建设以下一代广播电视网（NGB）为龙头，推进全国有线电视网络互联互通平台建设，在网络传播融合化、全功能化方面取得重要进展。

NGB 技术研发力量不断壮大。继 NGB 应用、融合业务创新、媒体云业务和视频云等实验室之后，2013 年，“下一代广播电视网（NGB）技术应用实验室”“下一代广播电视网（NGB）融合业务平台实验室”和“下一代广播电视网（NGB）融合业务和运营支撑实验室”相继成立，这些实验室在突破关键技术、创新融合业务、制定相关标准、支撑试点示范应用和探索运营模式方面发挥了重要作用。NGB 应用实验室基于“SOA + 云计算”的开放平台架构，承载家庭多媒体娱乐平台、全媒体平台、政府资讯信息平台、公共文化教育平台、泛行业应用服务平台等五大业务平台，实现跨网络、跨平台、跨 CP、跨终端的创新服务。NGB 媒体云业务实验室推出了“东方有线云视”业务，实现通过不同终端提供电视频道直播、视频点播、多屏共享等服务，形成三屏融合系统的接入能力，并利用已有的大量视频内容资源，实现内容共享、业务互动、业务优势互补。媒体云业务实验室以“媒体云”业务为重点，提供“云存储”“云转码”“云宽带”等基础能力的应用实践，推出“一云多屏”“云空间”“云录像机”“云分享”等媒体云应用。

NGB 网络建设关键技术取得突破性成果。NGB 宽带接入技术打破了国外企业的优势垄断地位，自主创新的 HINOC 标准和 C-DOCSIS 标准，不仅在北京、上海、浙江、江苏、广东、深圳等有线电视网络广泛应用，而且逐步走向国际化。HINOC 标准已被国际电信联盟接纳为国际标准建议提案，C-DOCSIS 标准已被接纳为 DOCSIS 系列标准，获得了美国 Comcast、欧洲 UPC 等北美、欧洲有线电视运营商的好评。墨西哥有线电视运营商已决定在墨西哥城采用 C-DOCSIS 技术标准。《NGB 宽带接入系统 C-HPAV 系统技术规范》（GY/T269 - 2013）促进了网络系统构架和业务开展。

NGB 示范区建设积极推进。截至 2013 年年底，北京、上海、江苏、浙江、重庆、安徽、湖北、海南、深圳、大连等十省市已完成了省域骨干网和市骨干网建设，各省市骨干网的能力都达到或超过了 3. 36T，可以承载各种跨域视频业务和宽带业务，同时完成了宽带、双向的 NGB 接入网络改造建设。

（二）地面无线网主要技术发展与应用

各地积极推进地面无线网络数字化进程。按照 2012 年年底颁布的《地面数字电视广播覆盖网发展规划》（广发〔2013〕113 号），各地积极制定本省地面数字电视广播覆盖网发展规划。截至 2013 年年底，全国已有 26 个省（区、市）启动了本地规划的制定，吉林、江苏、山东、湖南、广东、海南、四川、云南、甘肃、青海、宁夏、新疆等省区的地面数字电视规划方案得到审核批复。各地在网络建设的基础上，积极推进相关业务的发展。2013 年，江苏、宁夏、云南、重庆等省份地面数字电视单频网示范项目陆续建成。按照 2013 年 1 月工信部、国家广电总局等六部委出台的《关于普及地面数字电视接收机的实施意见》（工信部联电子〔2013〕14 号）要求，从 2014 年 1 月 1 日开始，在中国境内市场销售的 40 英寸及 40 英寸以上的电视机必须要具备地面数字电视的接收功能；从 2015 年 1 月 1 日开始，在境内市场销售的所有尺寸的电视机，都要具备地面数字电视接收的功能，这一规定的实施将大力推动中国地面数字电视接收终端的普及。

具有自主知识产权的地面数字声音广播系统中国数字音频广播（CDR）

技术稳步发展。中国数字音频广播行业技术标准《调频频段数字音频广播第1部分：数字广播信道帧结构、信道编码和调制》（GY/T 268.1－2013）和《调频频段数字音频广播第2部分：复用》（GY/T 268.2－2013）针对不同应用场景设计了不同的传输模式和参数，规定了87MHz～108MHz频率范围内数字音频广播系统广播信道的信号帧结构、信道编码和调制技术，能够满足中国调频频段声音广播从模拟到数字平滑过渡的需求，对中国数字音频广播及相关产业的发展提供技术支持。其他配套标准也正在制定之中。北京、广州、深圳等地均搭建了CDR试验系统，进行了技术测试和试验，效果良好。

（三）直播卫星技术发展与应用

直播卫星集成播出平台配置进一步优化。2013年，直播卫星平台总体规划制定完成，为进一步提升系统功能提供了指导。平台信息安全防护系统建设完成，加强了系统安全防护能力。直播卫星应用研究平台搭建完成，为各种应用开发、业务开展提供了有力支撑。此外，为满足新业务快速部署和规模推广的需求，2013年有关各方研究设计了直播卫星数据业务自动播出调度管理系统，有利于充分利用现有资源，开展多样化的数据业务，并组织低成本可高清化升级的机顶盒关键技术研发。

直播卫星机顶盒技术得到进一步发展。2013年，通过技术升级，机顶盒终端安装流程得到大大简化，并且通过改进通讯基站定位机制，降低了安装成本。机顶盒EPG功能得到扩展，数据广播业务展现能力进一步增强。此外，可高清软件升级的直播卫星标清机顶盒关键技术正在加紧研发，统一的技术要求和测量方法正在制定中，预计2014年能实现可高清软件升级的直播卫星标清机顶盒规模化生产，这将推动直播卫星新业务的发展，进一步拓展直播卫星覆盖范围和服务领域。

技术的优化和提升促进直播卫星服务范围不断拓展，能力不断增强。截至2013年年底，全国直播卫星公共服务区域覆盖31个省（区、市）的239858个乡镇和行政村，占全国行政村总数的37%，直播卫星服务区域稳步扩大。截至2013年年底，全国累计建立专营服务网点3万多个，服务区域覆盖率近

50%，销售安装户户通接收设施近 66 万台。直播卫星集成播出平台集成 49 套广播、61 套电视节目，全年累计播出 96 万余小时，为超过 3000 万用户提供了优质的广播电视节目信号。

直播卫星技术不断服务于其他领域和行业。2013 年，直播卫星“船船通”“渔船通”工程取得新进展，全年共开通浙江“船船通”3800 户、广东“渔船通”1066 户。与解放军总政治部等部队单位合作开展的推送业务应用，累计开通用户 8150 户。与国家安监总局合作开展的“中安传媒”安全生产信息推送试点工作已完成相应的筹备。海洋预报预警、农业信息等通过直播卫星数据广播平台发布有序推进。

（四）电影数字发行放映主要技术发展与应用

2013 年，电影数字发行放映环节的多项高新技术及应用水平已居世界前列，数字化发行放映能力显著增强，信息化、网络化管理与建设加快推进。

基于卫星的电影数字拷贝传输与接收技术由示范运营转入商业试运行，电影数字化发行取得重大突破。截至 2013 年年底，基于电影数字拷贝传输与接收技术的第四代卫星接收机实现量产，已完成全国近 500 家影院的安装调试，广东与新疆基本实现全省区覆盖，西藏、云南、青海等边远地区实现重点覆盖，浙江时代院线与湖北银兴院线实现全覆盖，传输影片近 800 部、1000 个版本。

拥有自主知识产权的中国巨幕系统实现技术升级。2013 年，“中国巨幕系统”在经过一年多的试运行后，成功进行了技术升级，完成了基于 FPGA 的双投影机放映系统的图像优化系统设计和研发，实现了基于 FPGA 硬件进行图像优化算法处理的技术方案。该系统二代成为全世界首个拥有双机图像优化处理的专用芯片的板卡，有力地提高了放映系统的安全性和可靠性。截至 2013 年年底，全国基于中国巨幕系统的巨幕达到 40 多块。

农村数字电影流动放映技术和设备不断升级。2013 年“农村流动放映一体机”在应用转化方面取得了新进展，走出实验室进入流动放映队，开始批量生产，为农村流动放映设备的升级换代提供了新技术新装备，使其在轻型化、小型化、稳定性方面上了一个新台阶。

影院票务管理系统和技术的升级，为规范市场秩序、促进产业升级奠定了良好的技术基础。2013 年，“全国电影票务综合信息系统”完成系统二期研发、验收和上线工作，先后开展了 NAS 测试及部署、历史数据迁移、查询功能研发、网络智能域名解析方案实验和“特殊影片编码”模块研发与应用等科研活动，并对平台功能进行了梳理调整，极大提高了数据平台的稳定性，使其能更好地服务于电影行业。同时，行业标准《电影院票务管理系统技术要求和测量方法》（GY/T276 -2013）为各有关电影单位和电影院票务管理系统软件升级提供了技术规范，可以有效防范票房偷漏瞒报等现象，进一步完善了电影市场的数字化体系建设。

三 2013 年广播影视终端技术发展与应用

可承载广播影视和视听新媒体业务的终端种类日益扩展，除传统电视机和收音机之外，各种机顶盒、电视棒、移动设备、游戏机、家庭媒体网关、可穿戴设备等，均加入广播影视终端行列。各类终端功能不断升级，质量不断提升，智能化水平逐步提高，并朝着融合化方向发展。

2013 年国家新闻出版广电总局组织产学研用 17 家单位，成立了 NGB TVOS 合作开发组，研发了 TVOS 的关键技术和原型机，并进行了试验验证，于 2013 年 12 月 26 日发布了 NGB TVOS1.0 版本软件。在此基础上，成功申报 2014 年国家核高基重大专项课题“智能电视终端操作系统参考设计开发及批量应用”，获国家专项拨款经费达 1.4 亿元左右。该项目的实施，将为实现中国数字电视终端标准化、智能化奠定坚实基础。

随着高清、超高清电视的不断发展，高清化终端成为技术发展与应用的重要领域。高清终端画面显示更加清晰，能带给用户更加震撼的观看体验，尤其是广受追捧的基于 4K（2160P）和 8K（4320P）技术标准的超高清显示终端，成为终端技术发展与应用的趋势。4K（2160P）格式的最小分辨率为 3840 × 2160，8.3 百万像素，是 1080P 格式（1920 ×1080，2.1 百万像素）像素的四倍；8K（4320P）格式的最小分辨率为 7680 ×4320，33.2 百万像素，是 1080P

格式像素的 16 倍。研究机构 Display Search 的报告显示，2013 年全球 4K 电视出货量约 190 万台，其中中国内地约占全球份额的 87%，预计 2014 年全球 4K 电视出货量将增至 1270 万台。格兰研究数据显示，截至 2013 年 9 月，中国高清机顶盒（包括有线高清机顶盒、IPTV 高清机顶盒和互联网电视机顶盒）累计出货量达到 3950 万台，比 2012 年年底增长了 89.5%。其中，有线高清机顶盒出货量达到 2466 万台，比 2012 年年底增长了 47.8%；高清 IPTV 机顶盒出货量达到 550 万台，相比 2012 年年底翻了一番；互联网电视机顶盒达到近千万台，相当于 2012 年的近 3 倍。

智能化技术在广播影视终端生产中广泛应用，智能终端的市场份额快速增大。2013 年，智能终端从硬件、软件的竞争，逐渐发展到以应用为核心竞争力的综合竞争。各类终端广泛采用多核心处理器、通用图形处理器等技术，其数据处理能力、图像处理能力大幅提升；语音识别、动作识别、人脸和表情识别等人机交互技术的广泛应用，使得智能终端操作方式不断简化，易用性和可操作性增强；回看、点播等功能不断完善智能终端“看电视”的功能，体感游戏、购物、应用商店、缴纳水电费等服务进一步拓展“玩电视”和“用电视”的功能。市场研究机构 Stategy Analystics 的数据显示，2013 年，全球智能电视出货量达到 7600 万台，同比增长了 55%，占平板电视出货总量的 33%。海信、TCL、长虹和流媒体网共同发布的《2013 智能电视产业白皮书》显示，2013 年中国智能电视出货量约为 1385 万台，预计 2014 年智能电视（包括外接设备）的出货量将超过传统电视。其他智能终端（包括智能手机、平板电脑、笔记本、台式机）方面，IDC 市场研究公司发布的数据显示，仅 2014 年 2 月中国智能终端出货量就达 3787 万台，同比增长 20.1%；预计 2014 年中国智能终端整体出货量将达到 5.1 亿台，较 2013 年增长 17.4%，其中智能手机出货量将达 4.28 亿台。

随着三网融合的不断推进，各种融合性媒体形态呈现，终端设备也充分研发和应用新技术适应并引领这一潮流，各类融合型终端不断涌现。融合型终端具有多样化的功能，而且不同终端的功能趋于一致。例如，电视将兼有电脑和手机的功能，同样，电脑兼有电视和手机的功能。这些终端能打通不同的业务形态，提供多样化的融合业务，衍生出“DVB + OTT”“IPTV +

OTT”“DVB + OTT + GAME”等多种新业务模式，能打通不同的终端产品，使得不同设备之间实现互动。2013 年 7 月谷歌推出电视棒 Chromecast，插在电视 HDMI 接口上，在同一 WiFi 环境下，用户可将手机或电脑上播放的视频推送到电视上。在国内，融合型终端也屡见不鲜。2013 年 5 月，上海电信联合百视通推出“魔盒”，能同时为用户提供 IPTV、互联网电视以及大量的网络应用服务。同洲电子飞 PHONE 采用电视映像触控技术，能把电视内容同步“映射”到手机和平板电脑上，手机屏可同步电视、遥控电视；飞 TV 是支持“DVB + OTT”的智能高清电视机，实现了广电网内容和互联网内容的有机整合。

第七节　广播影视国际传播与交流

2013 年，全国广播影视系统紧紧围绕国家改革开放大局和大外交、大外宣工作部署，积极提高广播影视对外开放水平，进一步加强国际传播能力和对外话语体系建设，全方位、多层次、多方式推进国际交流与合作，形成了中央媒体与地方媒体、国有广电机构与民营影视机构、传统广电媒体与视听新媒体对外传播的巨大合力，有力地推动了中国广播影视节目和服务走出去，更好地向世界展示了中国良好的大国形象，增强了中华优秀文化的国际影响力，进一步提高了国家文化软实力。

一　广播电视国际传播能力建设与走出去情况

2013 年，中央电视台（CCTV，以下简称央视）、中国国际广播电台（CRI，以下简称国际台）等重点国有广播电视媒体加快走出去步伐，积极推动国际传播能力建设由以硬件建设为主向硬件建设与软件提升相互促进转变，由以广播电视媒体为主向以广播电视为主体的全媒体转变，由以传统的传播拓展方式为主向传统方式与本土化、商业化方式互为补充转变，国际一流媒体建设取得明显成效。

（一）重点媒体海外落地与覆盖取得新进展

1. 央视通过多种手段实现国际频道和节目有效落地覆盖

截至2013年年底，央视初步形成了以英语新闻频道为龙头，以中文国际频道为纽带，6个语种（汉、英、西、法、阿拉伯、俄）、7个国际频道的对外传播频道群，节目覆盖了全球170多个国家和地区的电视家庭用户，基本实现了全球覆盖，接近全球知名媒体英国广播公司（BBC）、美国有线电视新闻网（CNN）的覆盖水平①。

一是电视节目快速进入海外主流媒体。2013年8月，央视北美分台《财经亚洲——美洲版》正式登陆美国公共数字电视平台MHz全国电视频道，有4200万美国用户可在当地黄金时间段收看该节目。在MHz平台上，《财经亚洲——美洲版》每天与美国其他知名栏目同时出现在《华盛顿邮报》媒体版"收视指南"中，产生了较好的推介作用。2013年，有《舌尖上的中国》《京剧》《春晚》《普洱茶》《神农架》《消失的建筑》等30多部中国纪录片在德国、法国、美国、澳大利亚等国家的主流媒体黄金时段播出。其中，央视与美国国家地理频道（亚洲）共同制作的纪录片《春晚》国际版节目，首次进入美国国家地理频道的黄金时段播出；《远方的家》《国宝档案》《客家足迹行》等在美国中文电视、华韵尚德等华语电视媒体播放，受到海外观众欢迎。

二是中国电视长城平台稳步发展。截至2013年年底，中国电视长城平台已建成北美、欧洲、非洲、大洋洲等9大系列平台，拥有全球付费用户约15万户，是目前全球最大的付费华语电视平台。2013年7月，长城（新西兰）平台开播，该平台依托新西兰MegaTEL电信公司的网络技术平台及运营网络，为新西兰观众提供优质中文电视节目，并进一步扩大长城平台在全球范围的覆盖。经过近9年的市场化运作，中国电视长城平台已有效带动了中央和地方30多个中文和外语频道在一些国家主流电视媒体基本层落地，其中，长城

① 在全球传统电视机构中，节目覆盖超过190个国家和地区的机构较少。BBC覆盖国家和地区数最多，达到223个；CNN次之，为210个。目前全球有230多个国家和地区，其中联合国成员国有193个。

（非洲）平台用户覆盖数已达300万户，成为非洲地区拥有最多用户的华语电视包。截至2013年年底，在国际主流电视媒体基本层落地的央视国际频道用户数超过4000万户。

2. 国际台通过优化海外布局扩大区域覆盖

进入21世纪以来，国际台以构建现代国际广播体系为目标，积极推动由单一媒体向综合媒体，由传统媒体向现代媒体，由本土媒体向跨国媒体转变发展，初步建立起了现代化、综合型的国际传播媒体。截至2013年年底，国际台每天使用65种语言播出广播电视节目3000多小时，节目信号几乎覆盖全球。就语种规模和播出时间来说，国际台基本与国际大型传媒集团英国广播公司（BBC）和美国之音（VOA）不相上下。

（二）海外全球新闻采编播网络布局日益优化完善

1. 央视本土化制播能力显著提升

一是海外站点数量在全球电视媒体中位居首位。央视已初步形成覆盖全球的新闻采编网络，海外记者站数量超过BBC、CNN和日本放送协会（NHK）等国际一流媒体。其中，北美、非洲两个海外分台持续提升海外传播实力，非洲分台的《非洲直播室》实现了扩版，日播节目增至1小时；北美分台日播2小时的《财经亚洲》，选题更具广泛性，记者现场到达率明显提高。

二是海外采编队伍规模进一步扩大。截至2013年年底，央视海外采编队伍超过500人，与BBC、CNN的千人海外采编人员规模越来越接近，进一步强化了以中国的视角、本土化的语态报道本地新闻的能力，适应了多语种国家观众的需求。此外，还建立起了70多人的特约报道员队伍，他们是海外报道团队的重要补充，报道范围覆盖亚洲、欧洲、美洲、非洲、大洋洲等地。

三是海外新闻内容采制数量和质量明显提高。2013年，央视播发自采国际新闻比例大幅度提升，并积极改进国际传播语态，对外传播的贴近性、针对性明显增强。海外记者站全年发稿总量2.2万多条，在全球重大事件中驻外记者到达率为97%。北美分台区域制作中心每天制播节目由1小时增至2小时，非洲分台区域制作中心由1小时增至1.5小时，英语新闻频道播出的由央视自采的国际新闻提升至76%，改变了以往频道国际新闻主要依赖西方媒体的局面。外语频道完善专家评论员库建设，强化了中国声音表达，引导国际涉华舆论。依托海外分台和海外合作媒体大力加强本土化节目制作，以外国人视角制作的《我的中国梦》《车行新疆》《拉萨雪顿节》等反响良好。“在非洲报道非洲”“让非洲人报道非洲”等理念得到非洲各界的认同和观众的好评。

2. 国际台本土节目的品牌影响力有较大提升

截至 2013 年年底，国际台拥有 32 个海外记者站、8 个地区总站，实现在非洲、西欧、北美、中东、亚洲、拉美、东欧、大洋洲等地区的合理布局，为提升国际新闻报道的快速反应能力以及加强中国与各国的联系发挥着重要作用。

一是节目本土化制作能力日益增强。为实现节目制作端口的“前移”，国际台近年来大力加强海外工作室建设。2013 年，国际台在博茨瓦纳和韩国首尔建立了节目制作室，完成了葡萄牙里斯本节目制作室建设和土耳其伊斯坦布尔节目制作室、塞内加尔达喀尔节目制作室的验收工作。与此同时，实现海外机构人员靠前管理。国际台以公司化的方式向雅典、巴黎、墨西哥城、加德满都、雅加达、首尔等多个节目制作室派出人员，加强管理与协调。截至 2013 年年底，国际台拥有 23 家境外节目制作室，有力地提升了对外节目的本土化制作能力与水平，增强了国际台在对象国节目的贴近性、丰富性和有效性。

二是本土化节目品牌逐步增多。为实现“全球内容，中国价值”的对外传播理念和构建对外话语体系，增强节目的贴近性，国际台推出德语版、俄语版、阿尔巴尼亚语等 22 个语种电视节目在 10 多个国家的电视台播出，收到良好效果。其中，俄语版《你好，中国》节目在俄罗斯“我的星球”电视频道播出，俄罗斯观众达到 5200 万人次。此外，国际台主动设置媒体议题引导舆论，邀请当地政府官员、议员、意见领袖和普通民众参与中文访谈节目《环球聚焦》、英文访谈节目《东西对话》（From East to West），定期梳理美国、全球与中美关系中的热点问题，并紧盯突发事件，从华人媒体的角度为当地民众提供独到的新闻信息服务。此外，还陆续增加了《娱乐线上》《环球抢鲜看》《环球音乐梦想》等常设栏目以及华人普遍欢迎的连续剧，有效地提升了电视节目的整体品质与品牌效应。

（三）新媒体传播服务范围日益扩大

1. 央视海外传播新媒体建设取得重大进展

一是加快建设海外镜像站点和互联网、手机电视平台。2013 年，央视旗下的中国网络电视台（CNTV）相继推出了欧洲（英语）、拉美（西班牙语）、中东（阿拉伯语）3 个本土化网站，至此 CNTV 完成了亚太、北美、俄罗斯、欧洲、拉美、中东等 6 大本土化网站搭建和内容建设，几乎覆盖全球。在互联网电视业务上，CNTV 搭建完成了海外互联网电视平台，积极推进内容存储、视频质量监测系统、业务运营支撑和播控系统等环节建设，目前各系统均已上线。在海外手机视频业务上，CNTV 完成了硬件支撑、网络及安全管理、数据分析和 C-Mall 系统等四大平台的开发建设和验收，完成了 CNTV 旗舰版、直播中国、我爱非洲 3 个客户端的扩容以及海外传播栏目客户端建设等。

二是推出具有中国特色的专门互联网频道。2013 年，CNTV 推出的熊猫频道，突出 24 小时网络直播、实时互动与多终端观看，独立访问用户数（UV）累计突破 340 万人次，覆盖五大洲 204 个国家和地区，增强了 CNTV 的吸引力和影响力。

三是借助海外主流媒体平台传播节目。2013 年，CNTV 借力国际主要视频社交网站脸谱网（Facebook）、优兔网（You Tube）、推特网（Twitter）和谷歌 +（Google Plus）等，在这些海外新媒体传播平台推出央视精品节目海外版，将央视精品节目向国外主流人群推送。

四是国际视通在对外传播中发挥越来越重要的作用。成立于 2011 年的央视国际新闻视频在线发稿平台“国际视通”，通过互联网向全球媒体机构发布各种格式的新闻视频。截至 2013 年年底，对外发布各语种“央视新闻”4.82 万条，较 2012 年全年发布量增长 25%；已有 71 个国家和地区的 1653 家电视台（频道）累计采用“央视新闻”素材 61.9 万余次，较 2012 年增长约 55%；在对外发布的 39 场央视重大新闻直播信号中，有 533 家（次）海外媒体以全程报道、插播、重播等方式累计使用 7500 多次；海外媒体转载引用央视的国际新闻的稿件量占比达 28%，比 2012 年翻了一番。

2. 国际台海外新媒体布局基本完成

一是推动多语种在线网站的集群化发展。国际台已形成 61 个语种网站、18 家环球网络电台的网站集群。截至 2013 年年底，国际在线多语种网站日均页面浏览量约 2464 万人次，用户规模达到 6200 多万人，独立用户数（UV）月均 2972 万人。

二是大力发展移动新媒体业务。2013 年以来，国际台在移动新媒体平台上新增俄语、捷克语、罗马尼亚语、保加利亚语等 14 个语种，至此移动国际在线多语种网站的语种数达 22 种，全年环球资讯官方微博、微信阅读和互动量达到 8 亿多人次。在已有的手机视频业务基础上，国际台积极开拓手机音频新业务模式，面向手机用户提供优质音频服务。2014 年 2 月，国际台葡萄牙语部先后开通了“荔枝 FM”和 Podcast 播客类服务，为移动听众收听葡萄牙语节目提供了选择。目前，在苹果公司的网络播客平台上排名前十位的网络电台，都已被整合到 CRI 手机台的平台上，定期为 CRI 手机台提供内容。

三是全资收购中华网。为进一步统筹新媒体发展，建设现代综合新型国际传媒集团，国际台旗下的国广环球传媒控股有限公司在 2013 年 8 月整体收购了中华网。国际台将依托中华网及其域名打造“中华云”平台和“中华网”品牌，建设具有中国名声和形象的多语种国家级对外传播门户网站。2014 年 1 月 18 日，中华网第一批新增日语、韩语、印尼语、越南语、泰语、菲律宾语等 10 个语种网站全面上线。

（四）省级广电媒体大力推进节目海外落地覆盖

2013 年，中国省级广播电视机构通过卫星、互联网等多种手段加快走出去，取得显著成效。省级广播电视媒体已成为中国广播影视走出去的重要力量。

1. 省级广电媒体通过多种方式加强节目海外落地覆盖

一是创新节目内容。安徽省台国际频道推出了《精彩抢先看》《外国人在安徽》等自制节目，实现了频道在内容生产上的零的突破。截至 2013 年年底，该频道覆盖北美、欧洲、大洋洲、亚洲和非洲 40 多个国家，日更新节目量 8 小时，在长城（美国）平台的 29 个频道中，收视排在全国省级台前列。江苏省台国际频道全新版面正式上线，并推出全新栏目《走读江南》《新视界》

等，以“中国内容、国际表达”的方式展示江苏对外交流活动，展现江苏乃至大江南地区的文化历史及人文风情，已有栏目《看文化》《长江视野》《纪录》等得到进一步深化，树立了频道的高端文化形象。截至2013年年底，该频道已进入中国电视长城平台8大平台，覆盖全球50多个国家和地区。山西黄河电视台推出的《唐风》《看中国》《晋善晋美看山西》和《汉字三人行》等栏目影响力不断扩大，在长城平台收视排名稳步上升。二是大力借助新媒体扩大覆盖。2013年，湖南“Now芒果”成功进入新加坡、马来西亚、泰国、加拿大等国家，影响力进一步扩大。在国际台互联网电视平台上，山西黄河电视台还设立了品牌专区，突出“中华文化”和“汉语教学”特色，不断更新和丰富内容，迅速覆盖加拿大、西班牙、印度尼西亚等国家，海外传播范围得到拓展。

2. 边疆省区不断加强对周边国家的节目覆盖

广西人民广播电台加快推动北部湾之声走出去，多个重点项目取得成效。比如，在东盟国家成立文化传媒公司，与越南媒体合办频率，扩大节目在东盟国家直接落地，在境外建立记者站等，目前已形成广播、网络、杂志、线下活动、市场运作五位一体的对外传播平台，对东盟传播能力快速提升。2013年3月开播的内蒙古人民广播电台蒙古语对外广播——草原之声，在保留原来蒙古语广播部分节目的基础上，策划了《美丽内蒙古》《走遍中国》《索龙嘎》《空中门诊》等4档直播节目。目前该频率已在蒙古国首都乌兰巴托调频播出，全天播出18个小时，覆盖乌兰巴托地区100多万人口。到2013年年底，内蒙古自治区蒙古语广播电视在俄罗斯和蒙古国拥有超过14万户有线电视用户和100多万广播听众，成为中国对外传播的重要窗口之一。云南国际频道通过云南广播电视台输出老挝的DTMB地面数字电视标准和老挝国家干线网，在老挝实现有效落地，目前频道每天有3集电视剧通过老挝语进行播出，用户达15万户。2013年，新疆电视台与土耳其、哈萨克斯坦、塔吉克斯坦等国广播电视制作机构在节目交流、落地播出、版权运营、网站合作等方面达成多项合作协议，目前新疆电视台电视节目在上述国家落地播出和影视剧的版权运营已进入实质性合作阶段。

二　广播影视产品和服务出口情况

2013 年以来，中央和地方政府大力促进包括广播影视在内的文化对外贸易，进一步完善相关支持和配套政策，加大对出口重点企业和出口项目的扶持，发挥其出口引导和带动作用，推动中国广播影视文化产品和服务出口快速发展。

（一）中央和地方政府积极推动广播影视对外贸易

1. 加大扶持出口重点企业和重点项目

近年来，在国家有关文化对外贸易政策的促进下，中国内地核心文化产品出口规模不断扩大。2013 年，中国内地核心文化产品出口达 251.3 亿美元，同比增长 15.65%，是2006 年的2.6 倍。其中，全国电视文化产品和服务出口7.4 亿美元，影视节目出口 6000 多万美元，服务出口约 6.8 亿美元。从影视出口地区分布来看，东南亚、北美市场和中国香港、台湾地区仍是影视节目出口的主要市场。中东、欧洲、非洲市场稳步发展。

为进一步鼓励和支持中国文化企业参与国际竞争，扩大文化产品和服务出口，中国国际电视总公司、上影集团、江苏广电、深圳广电以及浙江华策影视、湖南宏梦卡通、北京华韵尚德等 79 家广播影视机构，以及中国电影海外推广销售服务平台、电影译制拷贝制作平台、俄罗斯乌兰乌德有线电视覆盖工程、蓝海电视欧美落地项目等 43 个广播影视项目均纳入由商务部、中宣部、文化部、国家新闻出版广电总局等多个部门共同发布的“2013 ~2014 年度国家文化出口重点企业和重点项目”。云南、浙江等省政府相继组织评选了2013 ~2014 年度省级文化出口重点企业和重点项目名单。其中，云南广电网络集团公司等纳入云南省级文化出口重点企业，柬埔寨 DTMB 地面数字电视推广项目、老挝北部有线电视及电视台投资运营项目、澳亚卫视有限公司文化产业合作项目等纳入云南省文化出口重点项目。

2. 部际合作推动中国电影走出去

2013 年 12 月 25 日，国家新闻出版广电总局电影局与文化部外联局签署了《关于推动中国电影走出去的战略合作协议》。根据协议，双方将建立长效合作机制，把推动中国电影走出去纳入各自对外交流总体战略规划和年度计划，将中国电影展（周）作为在境外举办中国文化年（节）等综合性文化活动的重要组成部分，同时将充分发挥驻外文化机构的设施和相关资源作用，举办形式多样的公益性电影展映活动，推荐优秀国产影片参加国际电影节，全方位、多渠道、多方式推动中国电影走向世界，不断扩大中国电影的国际影响力、竞争力和市场占有率。

（二）广播电视节目内容与服务走出去形式多样

1. 电视节目合作合拍取得新进展

2013年，央视与非洲部分国家电视机构合作开展了“东非野生动物大迁徙”直播特别报道工作。该节目以“魅力地球、共同家园”为主题，选题延展至马赛部落文化、生态环保、旅游产业、教育、反盗猎等，受到海外媒体广泛关注，共有134个国家和地区的384家电视机构转播或部分使用了央视直播信号。此外，央视还通过与国际一流的制作公司美国PASSMORE公司合作制作《舌尖上的中国》3D版；与委内瑞拉VENEVISION公司合作推动国产纪录片《超级工程》的西班牙语版改编与发行，共同拓展国际市场。国际台旗下的中国国际广播电视网络台（CIBN）先后与加拿大新动力传媒（XINFLIX）、意大利媒体集团GIGLIO① 开展互联网电视业务战略合作，CIBN将借助它们的广泛覆盖面和影响力，将优秀的中国视频内容带向加拿大、意大利主流人群及华人群体。

2. 电视节目海外销售创新高

有关机构将电视节目出口纳入文化对外贸易发展战略，逐步形成了全球电视节目销售网，在稳定扩大传统市场的基础上积极开拓非洲地区等新兴国家市场。

一是中央和地方广电机构节目海外销售稳步增长。2013年，央视节目海

① GIGLIO是意大利的一家大型传媒集团，主营业务包括节目制作、分销以及频道直播，内容涉及运动、音乐、奢侈品、生活时尚等。其节目在美国、欧洲、非洲、俄罗斯以及中东等35个国家和地区均有播出。

外销售业绩创新高，全年外销影视节目 8322 小时，覆盖全球各大洲 100 多个国家和地区，尤其是以往销售较薄弱的非洲、拉美等地区获得突破。《舌尖上的中国》《超级工程》《丹顶鹤》《熊猫淘淘》等原创纪录片精品节目 30 部，在全球 43 个国家和地区播出，销售额超 100 万美元。上海五岸传播自开展国际发行业务以来，已将 50 余档优秀节目发行至 30 多个国家和地区的电视播出机构，截至 2013 年 10 月底，五岸传播本年度国际发行总签约金额超过 118 万美元，较 2012 年同期上升了 10%。五岸传播保持客户数量每年 15% ~18% 的平均增量，累计发行节目时长超过 17500 小时。北京、山东、江苏、湖南、广东等省市广电机构节目海外销售也取得新进展，扩大了节目的国际影响。

二是电视节目模式海外销售成效初显。2013 年 6 月，江苏卫视电视相亲节目《非诚勿扰》节目模式销往津巴布韦国家电视台，并计划推出《非诚勿扰》非洲版。8 月，江苏卫视与国际知名节目模式机构以色列阿莫扎公司（Armoza）签订协议，将当时尚未播出的原创音乐对战节目《全能星战》节目模式输出海外，这是中国首个输出的音乐节目模式。

三是走出去模式创新取得新进展。2013 年 2 月，国际台与中国铁建公司正式签署框架性协议，双方将在推动中国优秀企业在国内外增强影响力和全面实施走出去战略等方面进行合作。2013 年 6 月，国家新闻出版广电总局与中国石油天然气集团公司签署在缅甸开展影视文化交流活动合作协议书，确定以中石油赞助译制及推广资金，国家新闻出版广电总局落实版权、译制、播出和推广的合作方式，在缅甸开展中国优秀影视剧播出工作。

3. 电视节目多语种译制带动影视产品销售

一是加大国产影视节目的多语种译制，初步形成了本土化配音、境内外制作的新模式。2013 年，国际台与中国国际电视总公司、上海东方传媒集团有限公司、北京四达时代传媒有限公司、浙江华策影视股份有限公司、浙江博采影视有限公司共同合作，使用英语、法语、阿拉伯语、豪萨语等 8 种语言，译制了 80 余部中国国产影视剧。自 2013 年 9 月以来，由当地演员使用当地语言配音的中国国产电视剧《北京爱情故事》（豪萨语版）、《金太狼的幸福生活》（阿拉伯语版）、《媳妇的美好时代》（法语版）等，分别在尼日利亚、缅甸、坦桑尼亚、塞内加尔、埃及等国电视台播出，收到了良好的收视效果。中共中央总书记、国家主席习近平 2013 年出访坦桑尼亚时，对斯瓦希里语译制片《媳妇的美好时代》给予了高度评价。中国国际电视总公司先后与拉美、中东、东南亚等地区多个译制公司签约，目前已完成印尼语、泰国语、阿拉伯语等多种语言近 1000 小时影视节目的译制，不但全部实现了销售，还极大地提高了节目价值，有效带动了外销规模。

二是加快建设影视节目译制园区（基地）。为促进影视译制产业集约化发展，中国（浙江海宁）影视产业国际合作实验区“进出口译制产业园合作项目”于 2013 年 4 月正式启动。到 2013 年年底，该项目拥有影视制作和出口资质企业 90 家，制作影视剧近 300 部，其中《老爸的心愿》和《妈妈的花样年华》出口坦桑尼亚，《一克拉梦想》《幸福的面条》出口东南亚国家和地区，全年译制出口影视剧、动画片 3000 部集，覆盖 18 个国家和地区，年经营收入超过 5 亿元。2014 年 1 月，国际台成立了国家多语种影视译制基地，基地将联合社会机构采取市场化运作方式，集中优质的影视译制资源，共同打造影视译制产业链。

4. 民营影视企业成为走出去新生力量

以四达时代、蓝海电视、俏佳人传媒、万达集团等为代表的民营影视公司不断扩大海外投资，通过多种方式推动广播影视节目和服务走出去，积极抢占国际传播市场。一是加大与国内媒体合作，共同推动节目走出去。西京集团旗下的普罗派乐电视台与北京广播电视台合作向欧洲观众播出 300 集纪录片《北京印象》。二是依靠自身优势自办频道和节目，推动节目走出去。蓝海电视（BON）逐渐探索出了一条中国民营电视走出去的新路子。2013 年 5 月，蓝海电视 BON 英文频道成功进入欧洲最大的卫星电视运营商天空广播（BSkyB）的播出网络，覆盖 1100 万家庭用户；8 月，BON 成功进入美国东部主流的 MHz 电视网，每天 24 小时用英文节目向美国观众报道中国，使得原先使用该电视网频道的卡塔尔半岛电视台（Al Jazeera）不得不另选播出渠道。BON 每天首播新节目量约 6 小时，日播 20 多个栏目，年产英文节目达 10 万分钟、4000 多集节目。经过三年多时间的努力，BON 卫星频道已覆盖亚太、欧美、北非地区的 120 多个国家，有线频道进入欧洲、美国的主要有线电视网络系统，覆盖 6000 多万用户。三是借助海外新媒体平台，帮助国内影视机构走出去。东方嘉禾公司通过自主研发的“网球系统”，在第一时间将高清视频分发到海外，目前已向海外传输了超过 240 部国产电视剧、500 多档电视栏目和 4000 多部微电影，不仅覆盖国外大多数主流在线视频播放平台，还通过脸谱网、谷歌 +、推特网等社交网站进行营销和推广。截至 2014 年 3 月 31 日，东方嘉禾总流量超过 12 亿次，总观看时长超过 11 亿分钟，日均独立 IP 近 200 万个，在海外市场赢得较好的口碑（见图 1－21）。

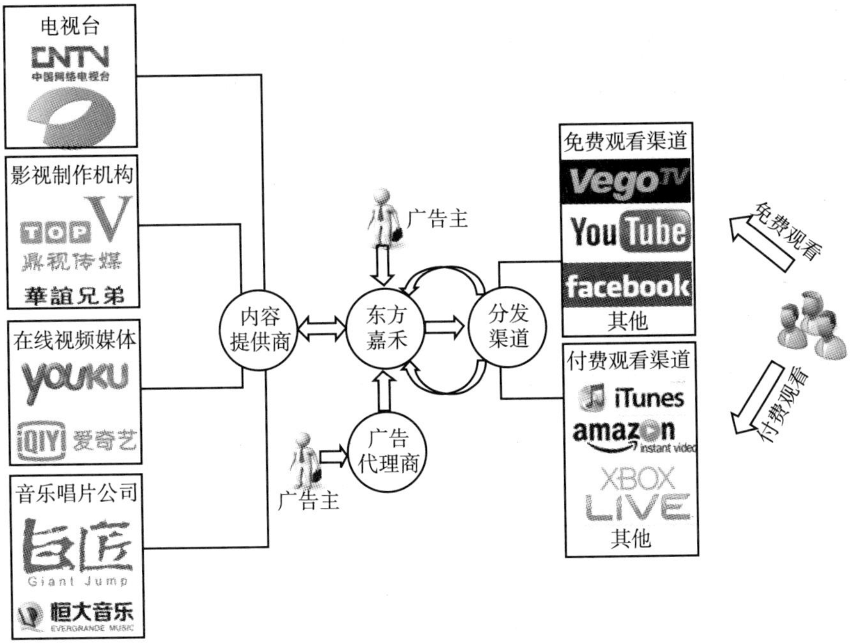

图 1－21　东方嘉禾海外传播平台示意图

三　广播影视国际交流与合作情况

2013 年，中国广播影视系统通过多种措施进一步密切了与主要大国、周边国家及发展中国家的广播影视交往，交流合作更趋深化与务实。

（一）广播影视节展成为重要的推广交流平台

2013 年，中国广播影视机构在境内外举办和参与了各类国际性影视节展、论坛等，大力推介中国优质影视产品和服务，积极寻找交流与合作机会，有力促进了国际交流与合作。

1. 国内国际性论坛和影视节展的国际特色凸显

一是中阿广播电视合作论坛成为中阿广电交流的重要平台。2013 年 9 月，作为“中阿合作论坛”活动之一，第二届中国和阿拉伯国家广播电视合作论坛在宁夏银川市举行，有来自 16 个阿拉伯国家的广播电视政府组织、媒体机构负责人，以及阿拉伯国家联盟、阿拉伯国家广播联盟等国际组织的 160 余位代表参会。此次论坛围绕中阿广播电视政策、中阿广播电视交流与合作、广播电视技术发展与数字化进程等议题进行了深入探讨。其间，中方与约旦、也门、突尼斯、科摩罗及阿拉伯国家广播联盟等国家和国际组织签署了七项广电领域的综合性合作协议和播放中国影视节目的授权协议，并举办了中阿广播电视节目推介交流活动和中阿广播电视节目技术设备交流展等。

二是各类综合性影视节展国际影响力日渐提高。2013 年 3 月，第二十一届中国国际广播电视信息网络展览会（CCBN）成功举办。展览会吸引了欧美、亚洲等 30 个国家和地区的近 1000 家境内外广播影视机构参展，其中国际展馆面积占 20%，展会汇集了全球范围内广播影视领域数字化、网络化、高清化的创新成果，为境内外相关企业了解世界广播影视新技术、展示创新成果，以及寻求合作发展机会提供了直接、便捷的沟通交流平台。2013 年 8 月，第十一届中国国际影视节目展（BIRTV）吸引了境内外参展商 1500 多家，其中国际展商占 12.3%，展会还特设“国家文化出口重点企业联合展区”和“国家文化出口重点项目展映区”，集中宣传展示了近年来中国影视节目走出去的丰硕成果。此外，还举办了国际合作高峰论坛、台湾地区 HD 高画质节目推介会等系列活动。

三是专业性国际影视节展的海外影响进一步扩大。第十九届上海电视节共有 50 多个国家和地区的 1600 多部节目参与“白玉兰奖”角逐，电视节吸引了来自 30 多个国家和地区的近 400 家展商参展。其中，来自韩国、日本、马来西亚等国家和地区的 40 余家境外客户与中国国际电视总公司达成 100 万美元的合同意向。2013 年，中国（广州）国际纪录片节共吸引了来自全球 72 个国家与地区的 2071 部纪录片参展，本届纪录片节共促成纪录片交易合约 1.5 亿元，创历史新高。第九届中国（杭州）国际动漫节共吸引了 68 个国家和地区 472 家中外企业机构参会。在动漫产业交易会上，有境内外 232 家企业推出了洽谈项目 248 个，达成交易意向和签约项目 171 项和购片意向 8.4 万分钟。第五届中国国际影视动漫版权保护和贸易博览会吸引了 61 家来自海外动漫企业带来的 110 个原创动漫品牌，现场共有 6 个项目成功签约，成交金额达 33.5 亿元，同比增长 19.6%。

2. 中国联合展台模式品牌效应初显

近年来，国家广播影视行政部门倡导的中国联合展台模式品牌效应初步显现，在各类国际影视节展上的影响力越来越大。据统计，中国联合展台 2013 年签约总额达 1000 多万美元。2013 年，在戛纳电视节期间，由 9 家影视机构组成的“中国联合展台”参展，精选上千小时的各类国产优秀电视作品，合作策划了突出中国主题和中国文化元素的专题活动，取得良好的社会和经济效益。2013 年中国在海外参展呈现的亮点主要有以下方面。

一是中国原创节目、模式的出口逐步增多。中国原创的栏目、节目模式开始出口到东南亚和西方媒体。比如，新加坡与上海广播电视台就《百里挑一》节目模式出口达成协议，澳大利亚最大的无线电视台 SBS 购买了江苏广播电视台的《非诚勿扰》。

二是中国纪录频道和纪录片越来越受到西方主流媒体关注。央视举办了央视纪录频道专题推介会，《透视春晚》《舌尖上的中国》《超级工程》等 9 部原创新片全部实现销售签约，纪录频道从买家变成最具吸引力的卖家，英国天空卫视（BSkyB）表示有意开辟专门的中国节目时段，澳大利亚 SBS 电视台购买了《透视春晚》《熊猫淘淘》等 7 个节目，并将在固定时段播出。此外，央视纪录频道还与奥地利国家广播公司（ORF）、BBC 环球公司（BBC Worldwide）、英国独立影视制作人联盟（PACT）等机构签署战略合作协议，以参与投资、共同制作等方式启动了 13 部、总时长达 33 小时的国际联合摄制项目等。

三是节目营销与特色表演文化有机融合。为加大中国国产纪录片《京剧》的传播，在节展现场相关方面还安排国家京剧院演员做了现场京剧表演，吸引众多观众驻足，这一做法既生动诠释了《京剧》的内容，又有效传播了中华文化，成为节展活动的亮点。

（二）广播影视国际交流日益深化与务实

2013年，中国广播影视开展了多种形式的国际交流合作，广播影视在公共外交、国家宣传中具有越来越重要的作用。

一是继续加强与主要大国广播影视机构的交流合作。2013年，中俄两国互办电影节，中国电影节成为俄罗斯“中国旅游年”期间人文交流活动的新亮点，俄罗斯相关方面和媒体给予了高度关注。中俄媒体合作分委会第六次会议在上海成功举办，会议达成48项交流合作项目，创历届会议之最，中俄广播影视合作进一步拓展深化。此外，还积极谋求与美国等西方大国影视机构在影视合作合拍等方面的合作。2013年6月，中国与韩国、印度、美国等国家达成20多项电影合作意向，与新西兰、加拿大、英国、澳大利亚等10多个国家达成或落实相关电视合拍协议，通过合作合拍等方式增进中国与各国广播影视业界的密切合作与交流。

二是深化和拓展同新兴国家广播影视的合作。2013年，10多个广电专门培训项目吸引了50多个发展中国家300多位学员来华参加，学员们通过培训了解了中国先进的广播电视采编播技术以及中国广电的运作与经营管理经验。接待了埃塞俄比亚、朝鲜、柬埔寨等来访团组以及黎巴嫩、加蓬、刚果（金）、印度等国摄制组，收到良好效果。为配合中缅建交63周年，首部使用缅甸语配音译制的电视剧《金太狼的幸福生活》在缅甸播出，在当地获得热烈反响。此外，柬语动画片《猫眼小子包达达》在柬埔寨国家电视台播出，动画片《小鲤鱼历险记》在斯里兰卡电视台播出。

此外，2013年中国相关机构加强与亚广联、欧广联等国际性广播电视组织的联系，参加各类广播电视峰会、论坛等，积极维护中国广播电视机构权益，展示了中国负责任的大国形象，扩大了中国广播影视的国际影响。

B.3

第二章 专题研究报告

第一节 弘扬中国梦主题 繁荣影视创作生产

党的十八大以来，习近平总书记提出和深刻阐述了实现中华民族伟大复兴的中国梦。中国梦生动形象地表达了全体中国人民的共同理想追求，昭示着国家富强、民族振兴、人民幸福的美好前景，已经成为凝聚党心民心、激励中华儿女为实现中华民族伟大复兴而奋斗的强大精神力量。中国梦的提出具有重要的时代意义和历史意义。以优秀的影视作品塑造中国梦、弘扬中国梦、唱响中国梦，是广播影视义不容辞的历史使命、社会责任、文化担当。

中国梦的丰富内涵，中国人民为之所进行的艰辛探索和伟大实践，为影视创作提供了无比丰厚的宝藏，为影视工作者施展才华提供了无比广阔的舞台。但同时，如何适应当今时代人民群众精神文化需求多样化多层次的新特征和审美需求的新变化，艺术地、多维度地表现中国梦，讲好中国故事，凝聚中国力量，也对影视创作提出了新的更高要求。

在具体实践中，需要把握好以下几个方面的问题。

一 加强中国梦主题影视创作，必须坚持以人民为中心的创作导向

习近平总书记说，中国梦归根到底是人民的梦。人民群众是推动历史发展的真正动力，是创造中国梦、实现中国梦的第一主角。打造中国梦主

题作品，必须坚持以人民为中心的创作导向，充分体现人民主体地位，反映人民创造美好生活的梦想和实践，真正做到源于人民、为了人民、属于人民。

坚持以人民为中心的创作导向，要求影视创作者积极主动深入到火热的现实生活之中。创作不是无源之水、无本之木。影视创作者只有走出象牙塔和亭子间，深入生活、深入实际、深入群众，把目光聚焦于人民、聚焦于现实生活，才能获得无穷的智慧和灵感，才能挖掘到创作的真金白银。深入生活，不能蜻蜓点水、浮光掠影，应该真正走进人民心中，有对生活的敏锐观察和感悟，有把握生活本质的能力，有对生活充满理想的艺术创造，这样作品才能源于生活而又高于生活。

坚持以人民为中心的创作导向，必须生动深刻地表现人民。影视创作最基本的任务是塑造形象。弘扬中国梦，一定要在塑造性格鲜明、真实感人的艺术形象上下功夫。影视创作者尤其要深怀百姓情感，善于将中国梦主题构筑于百姓的日常生活中，将时代精神融汇于人民群众喜闻乐见的故事里，真正把中国梦内化于人物命运当中，从微观见宏观、从身边看天下。要扩大视野，热情讴歌人民群众寻梦、追梦、筑梦、圆梦的生动实践，充分展示人民群众在大发展大变革大进步时代所发生的巨大变化、展现的良好风貌，让中国人的美好梦想与精彩人生得到充分表达和反映，以人民的力量来体现国家的力量，以人民的变化来彰显国家的进步。

坚持以人民为中心的创作导向，要尊重艺术规律、丰富艺术表现。弘扬中国梦，不能局限于某个题材类型，也不能局限于某种表现方式。革命历史题材、英雄模范人物题材可以表现中国梦，其他各类题材也都可以体现中国梦。发奋自强、创业发明、敬业爱岗、诚信友善、崇贤孝亲、婚姻幸福等都是中国梦主题的创作题材。如果题材类型单一、结构失衡，中国梦的主旋律就很难有多彩的音符。要通过各种各样的主题反映多彩的生活，透过各类题材演绎伟大的时代。近年来，涌现出一大批热点题材优秀影视剧，这些剧目真实再现百姓生活，直面当今社会现实，激发情感共鸣，陶冶道德情操，广受观众喜爱。这些特色鲜明的热点题材优秀影视剧，充分证明了完全可以通过多元丰富的题材阐述好中国梦。

二　加强中国梦主题影视创作，必须把社会主义核心价值观作为灵魂

任何一部文艺作品都反映着一定的价值观、价值导向。价值选择从根本上决定着文艺作品的思想穿透力和影响力，进而决定其品格和境界。影视创作亦是如此。社会主义核心价值观构成了中国梦不可或缺的价值内核，是中国梦的价值支撑。习近平总书记强调，要把培育和弘扬社会主义核心价值观作为凝魂聚气、强基固本的基础工程。坚持精神文化产品属性，大力传播和弘扬社会主义核心价值观，这是影视创作的“灵魂”，是中国梦主题影视创作的基本要求，应该成为影视创作者的自觉追求。

（一）彰显正确的价值导向和思想内涵

真、善、美是艺术的永恒主题，是影视作品展现社会主义核心价值观的基本着力点。影视作品必须坚持正确导向，用鲜活动人的艺术形象告诉人们什么是真善美，什么是假恶丑，什么值得肯定和赞扬，什么必须反对和否定。这其中有两个问题需要正确对待。一是正确处理生活真实与艺术真实的关系。影视创作要源于生活，但要高于生活，不能完全照搬、简单复制生活，不能把支流当主流、不加分析地展示矛盾和过多表现生活消极面。影视创作应该是对生活真实的净化、深化和美化，给人以积极向上的力量，给人以对美好未来的憧憬和向往。如果人民群众看过影视作品后，反而对生活失去信心；如果影视作品表现的一些情节，可能是现实生活的反映，但突破了道德底线，这样就难以发挥塑造美好心灵、培养道德情操、引领社会风尚的重要作用。二是正确看待收视率。影视作品要讲收视率，但不能完全受经济利益驱动，把收视率作为第一标准，更不能作为唯一标准。影视作品的创作播出要肩负起社会责任，讲格调、讲品位，不迎合低级趣味、不搞低俗庸俗媚俗，真正把社会效益放在首位，努力实现社会效益和经济效益的统一。

（二）立足中华优秀传统文化

牢固的核心价值观，都有其固有的根本。源远流长、博大精深的中华优秀传统文化，积淀着中华民族最深层的精神追求，包含着中华民族最根本的精神基因，是社会主义核心价值观的根基和深厚源泉。打造中国梦主题影视作品，既要着眼当代、扎根现实，也要回望历史、传承传统，把中华优秀传统文化作为立足点，认真汲取中华优秀传统文化的思想精华和道德精髓，深入挖掘中华优秀传统文化的时代内涵，提炼中华优秀传统文化的时代价值。这方面值得注意的问题，一是涉及传统文化的影视创作不能把文化糟粕拿来放大、拿来翻炒，对人民群众特别是青少年产生误导和消极影响。要加强鉴别、合理扬弃，取其精华、去其糟粕，弘扬好以爱国主义为核心的民族精神，弘扬好扶正扬善、诚实守信、友爱互助、见义勇为、扶危济困、孝老爱亲等中华传统美德，绝不能借艺术之名、假娱乐之手做贬损民族、蔑视传统的事。二是历史题材影视剧创作有责任维护历史的尊严。要坚持用科学的历史观指导创作，以正确的态度选取素材、塑造人物、评价历史事件，正确反映五千年中华文明史，正确看待近代中国革命史，正确看待党领导人民的奋斗史、创业史，引导人们认清历史发展的主流和方向，以史为鉴、传承文明，激励中华儿女自尊、自信、自强。

（三）努力做到“润物细无声”

影视作品只有为观众所接受，入耳入脑入心，才能真正实现对所承载的价值观的传播。枯燥的概念化、简单的脸谱化和空洞的说教往往适得其反。传播社会主义核心价值观，有“三个层面 24 个字”，即国家层面的富强、民主、文明、和谐，社会层面的自由、平等、公正、法治，个人层面的爱国、敬业、诚信、友善，这些在影视作品的元素、情节、台词、对白、画面里都可以体现，关键要有机融入。要精心选择“三个倡导”的切入点，深入挖掘国家、社会、公民“三个层面”的结合点，找准情感共鸣点，拉近与人民群众的心灵距离。要把社会主义核心价值观的要求艺术地贯穿于影视作品、融入叙事内容、浸入人物言行，不着痕迹而又生动具体、富有感染力地表现出来，真正做到春风化雨、润物无声。

三　加强中国梦主题影视创作，必须坚持品质至上、多出精品

一切艺术归根到底要以质取胜，而不是以量取胜。精品力作大量涌现，是影视创作繁荣的重要标志。中国是影视作品生产大国，但还不算强国，主要问题是影视作品质量不高。集中表现为“三性”统一的精品力作、扛鼎之作、传世之作偏少，而平庸之作、粗陋之作、跟风之作占有相当比例。随着人民群众欣赏水平的不断提高，社会对高品质影视作品怀有极高的期待。加强中国梦主题影视创作，必须把提升品质、多出精品放在突出位置，努力推出更多更好的优秀作品。

近年来，国家新闻出版广电总局围绕促进精品创作生产，采取了一系列行之有效的措施。在加强中国梦主题创作工作中，这方面的措施得到进一步强化。

（一）抓剧本促原创

剧本是打造影视精品的基础。剧本、剧本一剧之本，剧本是源头、是根本，故事情节、人物形象、思想内涵等，都首先来自剧本的创意设计。抓精品创作，就必须从源头抓起，高度重视剧本创作，为二度创作打下坚实基础。在2012年召开的全国影视创作座谈会上，国家广电总局明确提出实施剧本精品创作工程，设立优秀剧本奖励基金，面向全社会征集奖励优秀剧本。2013年，总局正式设立“电视剧剧本扶持引导专项资金”，每年1500万元，确立了坚持扶持原创、坚持扶持现实题材、坚持扶持公益题材、坚持注重培养中青年编剧等四个原则，重点资助反映实现中华民族伟大复兴中国梦主题的优秀剧本。2013年，共评选出18部优秀电视剧剧本。同时，继续发挥电影精品、少儿精品和国产动画等专项资金引导作用，奖励优秀原创精品创作。总局还从2012年开始实施影视剧创作人员培训“百人计划”，重点培训中青年影视剧编剧，对于推动他们增强社会责任感，更好地投身剧本创作实践，脚踏实地、精益求精，以“十年磨一剑”的态度打造精品，起到了积极作用。

（二）加大好剧推荐力度

优秀的影视剧作品具有很强的示范和引导效应。近年来，总局围绕纪念建党 90 周年、迎接党的十八大等重要节庆、重大活动，精选和推广优秀影视剧，引导行业创作资源有效配置和播出平台集中投放，产生了很好效果。2014 年，为开展好中国梦主题电视剧展播活动，总局专门推荐 127 部电视剧，供全国电视台尤其是各省级卫视选购播出。总局还建立了优秀国产动画片、纪录片推荐制度，并将播出推荐作品情况作为重要指标纳入扶持项目评选考核体系，调动各方面加大精品创作生产力度。

（三）加强播映调控管理

近年来的实践表明，以播映为重点加强调控，不仅可以直接促进优秀作品占领市场、走进大众，而且还可以对创作生产起到非常有效的逆向调节作用。这方面的政策措施不断完善。以电视剧为例，着眼于提升电视剧品质，总局进一步加强和改进了以卫视频道为重点的电视剧播出调控。2013 年 6 月，出台《卫视综合频道电视剧播出调控管理办法》，要求卫视综合频道黄金时段现实题材电视剧播出比例要达到 50% 以上，这一政策有力促进了优秀现实题材电视剧创作生产。2013 年，现实题材电视剧的创作和播出均占全年总量的 50% 以上。2014 年 4 月，调整卫视综合频道黄金时段电视剧播出方式，要求自 2015 年 1 月 1 日开始，同一部电视剧每晚黄金时段联播的卫视综合频道不得超过两家，同一部电视剧在卫视综合频道每晚黄金时段播出不得超过二集，这一政策将进一步扩大优秀电视剧播出，进而促进精品生产。

加强中国梦主题精品创作，还必须正确处理政府引导和发挥市场机制的关系。在社会主义市场经济条件下，出精品要靠市场机制，但仅靠市场机制也不行，政府必须加强引导和扶持。2013 年以来，总局对中国梦主题影视创作作出全面部署，放宽视野广泛搜寻，确定了一批电影、电视剧、动画片和纪录片创作项目，并集中力量加强重点扶持，加强跟踪指导和服务，力争通过抓重点、带整体，推出更多思想性、艺术性、观赏性俱佳的精品力作，为实现中国梦提供强大精神力量。

第二节　推动科技发展创新　构建现代传播体系

电视业是一个高科技、重装备的行业。在过去的十几年中，以信息技术为代表的高新技术深刻地改变了人们的生产和生活方式。电视技术对人们的影响正是这种改变当中的一个突出表现，技术的创新与革命已经成为电视媒体发展与进步的直接推动力。随着电视技术不断向前发展，电视节目形态将更多样，传播内涵将更丰富，传播效能将更强大，服务方式将更便捷，而所有这些将会给电视行业带来激烈的竞争。科学技术是第一生产力，迎接挑战必须加快创新，要想提高中国电视传播业的创新能力，发展高新技术是一个非常重要的方面，我们应该以最快的速度将科学技术转化为生产力。基于对当今国际国内电视科技发展的客观分析，放眼电视传播业的未来，我们对于推动科技发展创新，构建现代传播体系，提出如下战略思考。

一　技术发展与科技创新对电视媒体产生的影响和发挥的作用

（一）世界电视科技发展变化态势

随着信息技术的快速发展以及技术应用所呈现的多变趋势，媒体产业正处于推陈出新的变革时期，媒体消费者正在逐步减少通过传统媒介获取信息，而是更多地转向新媒体。调研发现，近年来，由于可获取电视内容的渠道和技术迅速增加并日益成熟，各类家庭用的屏幕终端越来越多样化，消费者观看电视的传统习惯受到很大的冲击和影响，但目前仍然以电视机作为最主要的观看平台。有权威调查数据表明，媒体消费者每天平均观看视频内容的时间73%还是利用大屏幕，所以目前电视仍然是家庭用于共享信息和娱乐的最佳设备。虽然传统电视的收视率正在逐步下降，但还没有迹象表明移动视频设备能够很快取代电视作为主流媒体的固有地位。

在世界范围内，各种新技术、新应用、新业态、新市场层出不穷，此起彼伏。与此同时，几乎所有著名的、国际化的电视媒体都在悄然发生着深刻变化。洞察这些变化趋势，可以归纳为以下几个特点。

1. 数字技术应用日趋深入

数字化已经成为信息社会发展一个最突出的主题。电视媒体已基本上全面实现了数字转换的升级换代，网络化、数据化、文件化、制播存一体化等都已渐成主流，数字有线网络、数字地面广播、数字直播卫星等数字电视传输技术的应用发展迅猛。高清晰度电视作为数字电视的最大亮点成为人们的关注焦点，在此基础上，超高清晰度电视和互联网电视应用又成为国际电视技术发展的下一个目标，已经在国际上引起广泛关注。许多国家和地区也都制定了具体的发展规划，成立了强劲的产业联盟。显然，在下一代电视的发展中，作为数字技术的高新应用和产业经济的增长亮点，超高清晰度电视和互联网电视应用将成为重大趋势之一。

2. 新兴业务形态层出不穷

随着数字技术应用的日趋深入，电视媒体正在充分利用高新技术改造和提升传统业务，积极发展新兴业务。例如：在巩固传统的公共电视服务的同时，开展多种付费电视和多元化的电视经营业务；在优化单向传输的广播式服务基础上，推动双向互动交流和个性化信息服务；在完善基本节目传输的条件下，新增相应的综合信息交换和各类资讯服务等。节目内容信息不仅可以通过广播电视网络传输，还可以通过各种通信网络传播；不仅可以通过传统的电视接收界面发布，还可以通过其他电子信息媒体和综合网络媒体分发。

3. 全媒体技术融合方兴未艾

全媒体技术的应用，使媒体传播的内涵更为多样化和复杂化，为受众提供了丰富的信息和多元的选择，搭建起全方位、多维度的信息渠道。全媒体技术的演进，催生了其他媒体对电视媒体行业的进击和挑战，同时也为新老媒体的融合发展提供了莫大机遇。

4. 新型服务体系渐露头角

数字技术的应用为电视媒体带来新型业务形态的同时，也萌生了新型服务体系和新型增值渠道。在新型服务体系下，各种信息资源、服务门类、发布渠道、传播手段、业务开发贯通融合，形成一个面向内容资源的新型服务业态。

新型服务体系的建立给电视媒体带来新的市场空间，增加和优化了电视行业的经济属性和产业比重。

（二）中国电视科技发展创新趋势

当前，中国的广播影视行业也正在高速发展和急剧变化，由传统媒体向现代媒体转变，由专一媒体向复合媒体转变，由集中媒体向多元媒体转变，由单向媒体向交互媒体转变。但无论广播电视媒体的形态如何发展和变化，作为主流媒体，作为电视媒体人，我们的责任和任务没有改变，这就是最大限度地满足人民群众日益增长的精神文化和信息娱乐需求。随着社会主义和谐社会建设的不断推进，人民群众的文化生活日趋丰富，对信息量和娱乐性的需求飙升，并且更加个性化和多元化，在信息消费能力增强的同时，对于信息和娱乐的选择能力也越来越高。虽然电视作为强势媒体仍然是当今传播力、影响力和吸引力最大的传媒形态，但是在受众需求变化迅速、个性化要求差异明显的多元开放环境下，各种信息传播渠道不断增多，传统电视观众的流失也正在增加。电视行业要保持可持续发展，就必须坚持以科学发展观为统领，在发展思路上实现观念创新，在运行方式上实现机制创新，在管理方法上实现体制创新，逐步构建现代传播体系。

1. 全面推动数字应用

数字化是世界广播电视的发展趋势，也是中国当前和今后一个时期广播电视发展的重中之重。要全面完成节目制播方式和存储交换的数字化、网络化、高清化，创新和提高利用传统终端提供节目内容服务的方式和效率，使电视媒体真正成为开放的节目内容平台。在以有线电视为切入点进行数字化转换的基础上，将在卫星、有线、地面传输系统中分阶段、分步骤、分区域全面实施和开展数字电视广播。要重视发展数据业务，加快实现三网融合，还要更大力度地开展互联网电视、移动电视、手机电视等新业务。要统筹卫星、有线、无线、IP 等各种技术手段，确保电视信号传输的覆盖率、入户率和收视率。要积极建立下一代广播电视网技术体系，注重开发和推动下一代广播电视网相关业务发展。按照技术、运营、内容并重并举并行的方针，使电视传播从单向单一传统业务形态向双向多元多种业务模式转变，推动电视媒体从传统媒体向现代媒体转变。

2. 建立巩固产业结构

中国作为电视大国，电视行业市场庞大，需求旺盛。要在确保公益服务的基础上，大力发展经营市场。进一步建立和巩固符合国情社情和技术发展要求的电视产业结构，促进电视产业的有力提升，实现保增长、保民生和促发展。电视行业在装备设施、内容消费、信息服务等方面的市场潜力很大，要积极利用行业重点工程和重大技术投资的发展时机，激活产品市场，拉动产业增长。要积极促进内容消费，通过建立市场化经营体系，构建内容流通的社会化大市场，以市场为导向配置资源和组织生产。另外，要坚持推广电视服务的有偿运营模式，在提高电视行业社会效益的同时，必须要有力地提高其经济效益，为国民经济发展培育新的增长点。

3. 加快培育内容市场

数字技术使电视频道数量大大增加，从而形成巨大的节目内容空间，一个更繁荣、市场化程度更高的内容市场必然形成。频道资源的释放和各种新媒体的涌现，对个性化的内容信息产生更大的需求，因此，一个以数字化内容为核心的新型产业链将会形成。应充分利用内容需求，培育内容竞争力，通过市场化经营、品牌化运作，构建跨媒体、跨地域的内容平台，打破单一频道化的电视内容经营，开发多种业务类型，形成多层次的内容经营。探索建立良性互动、多元化经营、集约化发展的运营模式，形成内容开发、网络传输、终端接入等环节合理分工、优势互补、合作共赢的市场分布和开放体系，实现各方面力量增长的最优化和最大化。

4. 积极应对竞争格局

媒体间综合实力的竞争和国际多元文化的竞争，将会对电视媒体的发展产生更大的冲击，同时也带来巨大的发展张力。媒体的彼此融合和相互渗透引发传播市场的重新配置，电视行业大都在体制上进行新的改革，在结构上进行新的调整，在资源上进行新的整合，在秩序上进行新的调配，在功能上进行新的扩展。这些变化给电视行业带来的直接影响就是资源配置更加合理，服务规模更加庞大，社会参与更加广泛，但竞争程度也将更加激烈。而新媒体的勃发和国外媒体的进击，使国内电视媒体面对的不仅仅是市场占有份额的竞争，而且还是多元传播、多元文化、多元意识形态的竞争，实际上也就是阵地的竞争。面对环境的变化和发展的挑战，中国的电视媒体必须积极有为，改变传统思维和旧有方式，确定适合的发展战略和积极的竞争手段，实现多向创新拓展，增强竞争实力。

二　实施科技创新战略，构建现代传播体系的基本原则与现实任务

（一）基本原则

实施电视科技创新战略，必须要遵循明确的原则与正确的方针。

要以业务为核心。技术路线的选择和技术方法的运筹，必须围绕和适配电视媒体核心业务和重点建设，进行统筹规划和统一部署，这样才能有的放矢，才能满足资源效益的最大化，才能确保重大战略思想的实现。

要以创新为重点。当前，电视技术发展极其迅速，并且相关行业技术和其他异质媒体向电视行业的融合和扩张也非常猛烈。技术已经成为媒体竞争和生存较量中制胜的关键，电视媒体要在新一轮的媒体竞争中占据有利地位，必须紧紧依靠科技进步和自主创新。

要以服务为原则。一方面，电视宣传工作必须确保完成党和政府所赋予的舆论导向职责，为国民经济发展和信息化建设服务，为最大限度地满足人民群众日益增长的精神文化需求服务；另一方面，电视媒体的技术应用还必须为宣传任务的高效高质完成提供服务，为广大电视观众方便快捷地获取更多更好的内容信息提供服务。

要以市场为主线。在市场经济条件下，电视文化产品开始通过市场营销实现其内容价值，因此在选择技术手段和采用生产模式时，应该认真地在市场竞争的环境和要求下，考量其运营前景和传播效能，只有这样才会保证技术手段的先进性和生命力。

（二）现实任务

研究和实现电视技术领域的发展创新，必须牢牢把握并扎实立足于媒体的责任、电视的功能、传播的需要。要分清轻重缓急，理清优劣得失，稳扎稳

打，循序渐进。

强化安全播出，扩大传播能力。安全播出是广播电视的命脉和基础，应进一步完善以网络化和文件化为对象的安全播出体系，增强安全预警和故障处理能力，完善智能化、全流程安全播出技术质量控制的功能性措施。同时，努力扩大电视节目的多途径传输和全方位覆盖，采取有线电视、卫星传输、宽带网络、数字地面广播等多种传播手段并举的措施，积极开发传输资源和覆盖手段，完善数字电视传输平台，合理利用直播卫星的丰富资源，适时推广电视直播卫星业务。进一步落实走出去工程，完成电视传播的全球覆盖，并建立全球新闻交换网，采用卫星传输、宽带网络等方式进行全球范围的多语种、多线程、高性能、高效率的新闻素材交换。

整合频道布局，完善制播体系。按照专业化、精品化、品牌化的要求，加强频道整合，调整节目布局，构建定位明确、特色鲜明、合理优化的电视频道新格局。要适配频道建设和规划需求，大幅度提高节目生产能力，改革流程，创造高效率、低成本的节目制作新模式。通过规模建设和能力提升，形成更加完善和齐备的技术功能体系。进一步加快节目制播形态的创新，加快制播工艺流程的优化，全面普及电视节目的网络化制播，提高节目制作的效率和质量，实现网络制播系统对全流程管理的互联支持。

加强资源建设，实施版权管理。加强媒体资产管理是优化配置信息资源，进一步增强电视媒体核心竞争力的有效途径。要集中力量抓紧做好节目资料的数据化工作，巩固提高存量，开发拓展增量，实现内容资源的高效存储、集中共享和再生利用。大力加强数字版权管理技术的研究应用，在制作领域实现积极的版权管理和控制，在终端播放环节形成良性的版权保护家庭播放体系，采取全过程的版权管理措施，积极解决和有效控制数字化、网络化条件下内容权利保护等新生问题。

构建信息平台，推进科学管理。要构建满足业务运行智能化要求的综合性基础信息技术平台和信息控制管理体系，实现信息资源共享，大力促进信息技术在电视媒体的业务应用，满足节目生产和频道管理的需要。要加强信息安全和网络安全管理，构建信息安全监控系统，构建数据灾备体系，全面保证内容资源的安全存储和播出服务的持续可靠。

培育新兴业务，拓展服务功能。要大力推动互联网电视、移动电视、分众化电视媒体以及其他多形式、以提供节目内容为基础的信息服务，突出经营和增值服务业务。要研究和推广数字媒体分发和交换技术，建设交互业务和内容分发平台，强化网络信息交换功能和信息发布功能，加强节目衍生产品开发，制定电视新业务发展规划，在保证电视公共服务发展的基础上，拓展新型电视业务的发展空间。建立同信源、多通道、多终端的电视内容发布和管理平台，形成覆盖各种传输平台、信源共享、互惠共赢、促进电视业务新增长的新格局和新体系。

重视科技开发，促进持续发展。必须强化电视科技发展的战略性研究，重视应用技术的基础性开发工作，密切跟踪和分析电视传播及信息技术发展的趋势和方向，结合电视媒体当前的业务发展和未来的事业建设，重点研究和开发促进流程革新和结构优化的关键技术。建立自主创新型的科研机构和科技人才激励机制，努力保持并不断突出在技术方面的强势地位和战略高度，增强市场竞争能力和可持续发展能力。

三　中央电视台技术建设与科技创新的实践经验和总体构想

中央电视台正在进入一个更新和更快的发展阶段，传统的装备和工艺将被逐步取代，新的技术概念和新的系统设备将会得到更加广泛的普及与应用，瞄准“推动科技发展创新，构建现代传播体系”的目标，发展一流的技术，创新一流的节目。

（一）中央电视台技术发展的实践经验

增强技术转化能力，提升节目制播的数量、质量和效率，必须高度重视电视新技术的转化应用。任何一项电视高新技术能否落地生根，关键要看它如何充分在节目制播与生产管理方面发挥作用。要把好技术用好，使之事半功倍、以一当百，使节目的制作和播出以及信号的传输和覆盖能力成倍地增强。

大力强化科技创新效能，优化内容创作手段和功能。电视媒体的传播优势实际上就是电视技术的功能优势，新技术的产生要比新技术应用的速度更快些，要让优秀的节目创意都能有优秀的技术手段来实现。要把好技术用活，使之出神入化、大有作为，全面改善和创新内容创作手段和技术功能。

努力构建现代传播体系，创新和延伸电视服务的模式与渠道。电视媒体正面临重大转换的战略机遇期，应该主动适应各种新媒体技术方式，强化运用社交化、互动性的技术手段和制作技能，开发符合多终端要求和全媒体特质的节目产品和服务渠道，抢占全媒体技术的关键应用。要把好技术用足，使之如虎添翼、锦上添花，使电视媒体成为能够适应社会信息化发展要求、可以提供各类综合信息资源和不同形式传播服务的现代化信息媒体与传播体系。

总之，任何电视新技术手段的开发和应用都必须服务于电视节目的生产和创作，以及为广大观众收看电视节目提供更好更新的方式和途径。中央电视台近些年来在技术建设和科技创新上的具体实践，一直遵循这样的原则和路线。

（二）中央电视台推动科技创新、构建现代传播体系的总体构想

中央电视台以新址启用为契机，全面构建适配国际一流媒体的运行、管理、服务体系，进一步完善工艺流程，全面实现资源利用最大化、节目制播信息化、生产流程科学化。坚持以“技术先进”为目标，让科技支撑发展，技术引领进步，适应新技术手段和新业务形态所带来的新竞争和新变化。中央电视台技术发展的总思路和总目标就是：实现与新台址启用、国际传播能力建设、全媒体业务发展三个方面的衔接与适配。

打造与新台址相适配的全球领先技术体系。全面实现节目制播的高清化、网络化和文件化，提高生产流程环节的共享性、时效性和互通性。构建一个可持续发展的平台，体现高可靠性、高可用性和高可维护性的基本原则，建成一个真正意义上的全面数字化、网络化、智能化的电视台。

建设传输便捷、安全高效的信息系统和管理平台。建立适配新址全新节目生产方式的科学管理体系，以及全流程的质量监测、资源配置、应急灾备安全保障体系，构建播出安全、系统安全和内容安全三位一体的大安全布局。

建立与国际传播能力建设相适配的现代媒体技术架构。打造覆盖全球新闻采集、加工、发稿全流程的网络制播和交换平台，建设以扩大海外用户为目标的全球覆盖网络，构建覆盖广泛的全球网络视频内容分发平台。

探索和跟踪与全媒体发展相适配的国际前沿技术。加强与新媒体新业务的技术融合，实现节目、数据、资源的充分共享，加强新媒体核心技术、关键技术、共性技术的研发，建立适应电视传播特点及信息技术发展方向的技术研发机制，加强前沿电视技术的研究利用，提升电视媒体的自主创新能力。

中央电视台科技创新，要符合国家媒体的定位，要满足国际传播的要求，要突出文化产业的特征，要具备持续发展的能力。要在深度传播、精准传播、交互传播、多维传播、高效能传播和多样化传播新方向上努力探索开拓传统媒体与新媒体融合发展的创新之路。

第三节　多语种影视译制助推中国文化软实力

一　多语种影视译制与文化软实力

当今时代，文化作为软实力的重要组成部分，在综合国力竞争中的地位和作用更加凸显。影视剧一直是最贴近人们生活、最受欢迎的大众文化娱乐形式，是进行文化传播的重要载体。多语种影视译制有助于影视文化产品走出去，彰显国家文化软实力。

（一）影视译制的定义与类型

1. 影视译制的定义

影视译制，顾名思义就是影视作品的翻译制作。由于电视剧剧情冗长、引进成本高、制作周期长，早期的影视译制并没有广泛涉及电视剧领域。《世界电影百科全书》对“影片译制”的定义是：“把影片的语言部分从母语译成另一种语言的创作过程。其目的是创造一种准确的影片对话的翻译，使之在各个方面（思想、风格、人物性格等）同原版片保持一致，并与银幕上演员们的口型、手势和动作完全符合。”① 可见，影视译制是对影视作品中的语言进行加工转换的

① 杨海明等：《世界电影百科全书》，社会科学文献出版社，1993，第770页。

艺术活动。它将一部原版影视作品的对白或解说，从一种语言翻译成另一种语言，再由配音演员重新配音复制，使听不懂原版影片语言的观众可以充分了解和欣赏影片内容。影视译制是一种语言转换，是跨文化传播的重要手段。

在中国，译制的内涵和外延越来越宽泛，不仅指引进作品，也包括输出作品，并从单纯的“电影译制”，扩展为既有电影又有电视的“影视译制”。进入互联网时代，字幕翻译迅速扩大，网络在线字幕、光盘字幕等形态赋予译制新的内容。随着对外译制越来越显示出促进文化传播、提高国家软实力的独特优势，影视译制的范畴也从单一走向多元，形成集引进、民族语交流、对外传播三位一体的格局。

2. 影视译制的类型

影视译制主要包括字幕和配音两大方面。字幕，是指在电影银幕或电视荧屏下方出现外语对话的译文或其他解说文字，包括以文字形式显示在影视作品里的对话等非影像内容。配音，是指给影视作品中的人物配上目的语①声音和所需要的效果。相对而言，字幕翻译对原片进行的修改较小，目的语观众能最大程度上感受原片的异域风情。配音则是一门语言表演艺术，能让目的语观众感觉到剧中演员和自己讲同样的语言，能最大程度上弥补文化鸿沟。

（二）多语种影视译制与文化走出去

影视作品不仅具有商业价值，还包含重要的文化价值观念，在思想输出和文化影响方面具有无可替代的功能。美国文化和价值观在全球“落地开花”，好莱坞电影功不可没。近年来，中国影视作品出口成绩斐然，但在国际文化产品贸易和国际传播大格局中，“西强我弱”局面依然没有改变。一个重要原因在于，中国大量优秀影视作品因语言障碍不能及时走出国门，未得到应有的市场开发和价值实现，也不能产生有效的国际影响力。比如，美国人一般不太爱看带字幕的外国电影，而在中东国家放映的印度、日本、韩国电影电视剧基本都译制成阿拉伯语对白。相比中国的译制片还是采用字幕翻译的方式，让人看

① 目的语也称目标语，一般指学习者正在学习的语言。这种语言可以是他正在学习的母语或第一语言，也可以指他正在学习的第二语言、第三语言或第四语言，强调的是学习者“正在”学习的任何一种语言。

起来费劲。因此，影视译制是国家实施走出去战略的必要手段。必须针对不同国家和地区的文化和语言差异，高度重视多语种影视译制工作，有效促进中国影视作品输出，更好推动中华文化走出去。

（三）多语种影视译制与国家文化软实力建设

在世界多极化、经济全球化背景下，提高国家文化软实力是面对国际竞争制定的国家战略，揭示出当前文化发展的新特征。影视产品不仅是一般的消费产品形态，而且更是不同国家文化软实力的重要载体，直接有效地传播着不同的意识形态和价值理念。但作为中国软实力重要象征的影视文化，与发达国家相比，还缺乏足够竞争力与影响力。好莱坞以一部部塑造英雄、成就伟业的电影大片，向世界输出“美国梦”；日本政府把动漫等文化产业提升到战略高度；韩国电视剧不但输出其民族生活方式和价值观念，还取得旅游、服饰、饮食、电子数码产品等多重经济收益。相比之下，中国影视进入国际主流市场的能力还比较有限，既带有强烈民族特色又符合世界各国观众审美水平的影视产品还不多。全球化时代需要译制片，我们需要通过了解外国文化，更好地传承中国传统文化；同时，我们更需要译制更好更多的国产影视剧向国外输出，不断提升国家的文化软实力。

二 中国多语种影视译制的发展历程和现状

（一）中国多语种影视译制的发展历程

纵观中国影视译制业的发展，主要经历了三个时期①。

1949～1978 年，是第一个发展时期。新中国成立初期，为方便国内广大观众看懂外国电影，中国电影工作者对进口的外国电影音响录音进行重新加工，配上与画面同步的中文对白，这是译制电影在中国的开端。新中国成立初

① 以下关于影视译制业发展分期的分析，参考了业内相关观点。参见马建丽、徐轶瑛《中国影视译制市场化进程及困境》，《理论界》2011 年第 3 期；麻争旗、高长力：《广播影视译制与国家文化安全——译制文化产业发展新思维》，《现代传播》2010 年第 6 期；高晖：《影视译制的困境与出路》，《新西部》2011 年第 24 期。

期，影视译制业只有译制电影，生产管理模式是计划经济模式，译制片从引进、制作到发行，全由国家计划调控。

20 世纪 80 ~ 90 年代初，是第二个发展时期。中国影视译制业进入辉煌时期，引进的影视译制片大多是欧美经典名片和印度等电影制作大国作品。随着中国经济体制改革的不断推进，市场化进程加快，影视译制业计划经济管理模式弊端日益凸显，主要体现在国家投入成本过高、译制技术落后、用人机制僵化、人力资源浪费等方面。尤为突出的是，当时绝大多数影视译制片配音、导演都由几位配音演员完成，导致观众容易产生单调乏味感觉。

20 世纪 90 年代中期至今，是中国影视译制业发展的第三个阶段。其间，人民群众文化消费能力极大提高，社会媒介生态环境急剧变化。电视译制片作为新型影视译制形式，进入千家万户，对电影译制业形成很大冲击。中央和各地方电视台译制片栏目先后兴起，如中央电视台的《正大剧场》等。进入 21 世纪以来，随着以互联网为代表的新媒体快速崛起，国外电影引进与上映速度加快，渠道进一步拓展，中国影视译制业受到前所未有的挑战，许多地方电视台译制片栏目先后取消，电影译制业更是岌岌可危，其严重程度甚至影响到中国影视译制业的生死存亡。因此，中国影视译制进行了市场化改革。

（二）中国多语种影视译制的现状分析

随着中国市场经济体制的确立和逐步完善，影视译制业计划经济管理模式逐渐淡出历史舞台。虽然电影进口领域还无法完全市场化，但影视译配制作、发行已推向市场。在组织形式上，制片人制取代导演制，配音演员职工制改革为聘任制。聘任制的一大特点就是无须配备很多专业配音演员，导演可根据影片角色聘请合适的配音演员，以实现配音风格化、多人物化。聘任制使译制单位节省了人力成本，把译制资金尽可能多地投入到艺术创作和技术制作中。在制作形式上，影视译制也由原来单一的配音制作发展到目前配音和字幕两种制作形式。

近年来，在影视译制方面，中国国际广播电台（以下简称国际台）充分发挥母语优势，突破字幕翻译传统模式，采用更适合影视作品特性的母语配音方式，极大提升了海外发行优秀电视剧的品质。2013 年，国际台使用英语、法语、西班牙语、葡萄牙语、阿拉伯语、斯瓦希里语、豪萨语和缅甸语等 8 种语言，将《媳妇的美好时代》《金太狼的幸福生活》《北京爱情故事》和《建国大业》等76部电视剧、电影、动画片和纪录片等译制成本土母语配音或外语字幕片，组织翻译中文剧本830多万字，生产剧集1300多集，演员配音45000分钟。其规模之大、速度之快、质量之高，在中国影视剧译制领域也极其少见。习近平主席2013年3月访问坦桑尼亚时，对国际台在该国热播的斯瓦希里语版《媳妇的美好时代》给予高度评价。这些译制作品海外发行范围广泛，覆盖非洲、亚洲和拉丁美洲近20亿人口，对加强中外文化交流，实现中华文化广泛传播，产生了积极促进作用。

在影视译制的市场化运作模式方面，国际台也进行了积极有效的探索。比如，国际台作为“中非影视合作工程”总承办单位，独立完成了5部电视剧和26部电影的英语译配、4部纪录片的法语译配等工作。其他剧目分别委托中国国际电视总公司、上海广播电视台、浙江影视国际合作实验区和四达公司负责制作。同时，国际台成功开创了企业全资赞助影视剧译制的模式。《金太狼的幸福生活》缅甸语版翻译配音项目的所有费用，就是由中国石油集团出资的。国际台还联合地方搭建影视译制推广平台。2012年，与浙江华策影视股份有限公司合作，在海宁成立影视译制基地，通过开展影视译制、海外推广、通用和非通用语教材及中文教学、语言译制软件等业务，形成以出口为导向的影视作品创作、生产和出口产品译制的枢纽，合力推进中国影视剧译制和海外推广。

三　当前中国多语种影视译制面临的困境

（一）生产管理市场化体系尚未形成

目前，中国影视译制市场化只是针对译制片制作过程的成本控制而言，影视译制整个管理体制的市场化并未成型①。译制片片源分配仍然采取计划方

① 以下关于中国影视译制生产管理市场化体系的论述，参考了业内相关观点。可参见马建丽、徐轶瑛《中国影视译制市场化进程及困境》，《理论界》2011年第3期；《我们还需要译制片吗?》，北方网，2012年2月1日，http：//www. enorth. com. cn；《电影译制厂“濒危”》，《综艺报》2012年9月30日，http：//www. zongyiweekly. com/new/info. asp？id＝1181。

式，即电影译制单位没有选片自主权，只能按照译制影片的长度，从发行公司获取译制资金，造成无论译制影片质量的好坏，译制单位获得的报酬基本固定的局面。进入数字化时代，影片的译制费用比传统的胶片时代更为降低，一部译制片的资金通常保持在10万元左右，和动辄上亿元的票房产出相比，显得十分尴尬。实行市场化体制后，影视译制发行方为提高译制片制作质量，不再找指定的译制制作单位，而根据电影角色的需要寻找配音制作的最佳团体组合。引进片的译制流程虽然说来简单，却需要不少专业人员参与。根据目前的影视剧译制经费，在支付各种译制制作场地等费用后，分摊给译制制作人员，如翻译、导演、录音师、配音演员的费用所剩不多，即使是为主角配音的知名配音演员，收入也不多。这些都是造成市场化体制下译制片质量下降的原因。

（二）媒介生态环境对影视译制形成冲击

影视译制是包括翻译剧本、校对台词、制作字幕、合成音画等系列流程在内的精致工程。20世纪七八十年代是中国译制史上的辉煌巅峰，影视译制被视作一种高级高雅的艺术。如今，由于媒介环境的变化，互联网等新兴媒体快速发展，互联网作为开放平台，进入门槛很低，导致一批非专业影视译制者，制作出一些业余甚至错误百出的翻译作品在网上传播。很多观众足不出户就可以从网上“欣赏”到一些粗制滥造的所谓“汉语字幕”大片。同时，随着后期技术和3D制作的日渐发达，电影中画面开始占据主导地位，电影的语言和配音被逐渐冷落。尤其是采用分轨录音技术后，配音在某种意义上更像一种模拟表演，演员对着画面独立完成配音工作，增加了配音表演的游离性。翻译、配音及后期制作时间大大缩水，造成翻译不到位，配音质量下降。这也是受众流失的一个重要因素。种种原因造成影视译制市场缩水，市场萎缩又让译制团队无法正常运作，难以制作出高质量的译制作品。

（三）多语种影视译制整体质量不高

影视译制涉及语言学、翻译学、传播学和影视艺术等多种学科，是一项复杂系统的工程。在中国，研究影视翻译尤其是影视配音翻译的学者少，对于影视翻译这一领域的研究方法与理论仍很欠缺，大部分研究工作停留在经验主义阶段。由于影视翻译理论研究起步晚，从业人员缺乏系统理论指导，这也是导致一些低劣影视译制作品充斥市场的一个重要原因。而译制片制作周期短、缺乏行业标准等，也影响到影视译制片质量。20 世纪七八十年代，制作一部译制片的时间在一到两个月左右；现在，制作一部译制片可能只用一周的时间，这种追求效率的制作必然会影响到质量。电影译制主要由个人翻译公司、文化传播公司来完成，产量大、费用低、速度快，缺乏统一的标准对其质量进行衡量。对已经播出的译制片质量缺乏行业评价标准，导致译制水平良莠不齐。同时，中国仍然缺乏专业的译制团队，也导致多语种影视译制整体水平不高。在计划经济体制下，中国官方从事影视翻译的专业机构主要有上海电影译制厂、长春电影制片厂和八一电影制片厂等，每个厂内都会有专门的影视翻译队伍。在市场化体制下，很多译制单位不再设有专门影视翻译人员，影视翻译实践人员呈非专业化状态。除了这些正规机构，其他从事影视翻译实践的人群大多处于业余状态，缺乏丰富的影视翻译理论指导，严重影响到影视译制作品的水平提升。

四　加强中国多语种影视译制能力建设的战略选择

当前，中国影视文化产品真正进入国际市场的数量仍然十分有限，在国际上引起重大反响的作品更少。影视剧走出去的首要任务，是做好影视译制工作。《中共中央关于全面深化改革若干重大问题的决定》和《国家“十二五”时期文化改革发展规划纲要》等文件，都对支持优秀民族文化产品（包括影视产品）的译制和传播提出明确要求。必须适应全球化时代的新要求，以开展多语种影视译制为载体，助推中华文化更好地走出去。

（一）主体战略：努力打造国家级多语种影视译制基地

当前，中国的各种影视译制机构虽然数量众多，但资源相对分散，仍处于“散兵游勇”“拉郎配”状态，缺乏国家级的译制机构，质量很难保证，大大影响了对外传播效果。对此，亟待通过资源整合，实现优势互补，形成有效规模。2014 年 1 月 23 日，国际台挂牌成立国家多语种影视译制基地，正回应了这一需求。该基地围绕影视译制主业，集创意策划、版权合作、剧本翻译、影视拍摄、配音、字幕制作、音视频采集和编辑、音乐制作、文化交流、市场推广、媒体公关、媒介咨询、影视作品关联产品研发、产品交易等一系列元素为一体，致力于为国内影视剧版权方提供多语种影视译制服务和海外推广服务，为中外影视文化交流搭建平台，为中国企事业单位海外发展提供文化助力，为国内影视译制理论研究和教育培训提供资源，为影视关联产品开发和海外营销提供配套服务，打造结构完整、功能完善的影视文化产业链。国家多语种影视译制基地将以推动中华文化走出去为宗旨，以社会性、开放性为原则，集中影视译制资源，联合社会合作机构，努力将其打造成为中国影视译制的顶级品牌和中外影视交流顶级平台。

（二）渠道战略：政府支持与市场配置协同推进

从发达国家和地区情况看，美国早在 20 世纪就成立能够完成世界所有语种配音及字幕制作的全球最大影视翻译机构“SDI”；日本各大电影高校均配有翻译学院，专门负责影像作品引入和输出的翻译工作；欧洲多国都有本国的电影翻译家协会，在保护译制人才收益的同时，促进译制水平提高。这些举措值得借鉴。

在中国，开展多语种影视译制，应坚持政府支持与市场配置协同推进。在优秀影视产品的翻译、制作、传播所涉及的选片、获得版权许可、版权付费优惠等问题上，政府应给予特殊政策支持。在政府主导下，成立影视翻译专业审查委员会，建立健全影视翻译审查制度，规范影视译制市场。在总结影视译制工作实践、影视翻译方法和策略的基础上，可探索构建多语种影视翻译理论框架。在影视译制体系中融入更多市场因素，在做好监管的基础上，加快影视译制市场化改革。比如，在译制影片分配上，可采取更为灵活的按质分配甚至竞标方式，促进译制片质量的提升。在发行方面，发行公司可考虑根据影片质量和市场反响来适当浮动译制费用，以提高译制单位的制作积极性。充分发挥市场在配置影视译制资源中的决定性作用，采取跨地区、跨领域、跨部门整合优质资源的方式，集聚力量，拓展市场。国际台将在国家多语种影视译制基地框架下，整合行业力量，制定以《中国影视剧翻译配音和制作标准》为核心的系列规章制度，建立行业公认的中国影视译制质量标准体系。同时，加快构建面向全球用户的影视译制技术支撑服务平台，开发多语种影视译制数据管理、远程编译和推送系统，以更好地支撑影视采集、分发、制作、管理、存储和推送等各种服务。

（三）内容战略：加强对影视译制标准、技巧、文化转换等的研究和优化，提升影视译制作品内容品质

业界有观点认为，表达内容狭隘，不会讲故事，这是中国电影走出去效果不佳的重要瓶颈。对此，应遵循“中国主题，世界元素”原则，加强对影视译制标准、技巧、文化转换等的研究和优化，提升影视译制作品的内容品质。注重从文化传播角度，探讨输出作品题材的广泛性、价值观的普适性、表达方式的适应性、文化观念的可转换性等基本要素，并加强对译制技巧和营销策略的研究。这是提升中国影视译制作品质量的努力方向。《阿凡达》《变形金刚》等好莱坞大片，均以未来时空、虚拟时空为主要时间背景，表达内容多为“真善美”的人类价值，超越民族和国家界限，易被全球观众接受。中国电影则多以当下或过去现实生活为素材，采取怀旧式表达，即便国内票房再高，也很难融入世界电影大潮。国际台译制的斯瓦希里语版《媳妇的美好时代》在非洲热播，就为中国文化走出去提供了很好的注解。该剧既轻松时尚，又有自然生活，反映的家庭成员间的关系，与非洲人的家庭情况十分接近，并准确传达了世界各国面临的婆媳问题与婚姻价值观，因而吸引了大批非洲观众。因此，推动国产电影电视剧更多更快地走出去，必须把握国际市场脉搏，讲好中国故事，让海外观众知晓中国当下真实的民众生活状态，增进中外不同文化的相互理解和包容。

（四）人才战略：培养多语种影视翻译人才

影视译制已成为西方许多高等院校翻译专业的必修课。相比之下，国内高等院校很少设置相关专业。影视译制不同于其他领域的翻译，除了较深的外语功底外，从业者还需要对电影语言和中文有很深的理解。应加大多语种影视译

制人才的培养力度，探索实施媒体、专业翻译机构、专业院校合作模式，建设懂外语、懂影视、会翻译的专业化影视译制队伍。高校应重视影视翻译教师培养，鼓励相关影视翻译课题研究，加大优秀的影视翻译教材出版力度，加强跨学科联系，把影视译制与网络技术、影视传媒等学科专业相结合。开设影视翻译理论和实践课，聘请专业影视翻译工作者举办翻译讲座和开办培训班，为学生创造机会深入译制片厂或译制公司参与实践，培养出高素质的影视译制人才。媒体或专业影视机构应尽快培养造就一支相对成熟的译制制片人队伍、制片助理队伍、技术保障队伍，为影视译制生产管理提供人才保障。

第四节　广播媒体与新媒体融合的产业升级战略

互联网，特别是移动互联技术的飞跃发展，深刻改变着媒介格局，推动传媒行业转型升级。对于广播等传统主流媒体来说，要在新一轮的媒体变革中生存发展，必须拥抱新媒体。刘云山同志在 2014 年全国宣传部长会议上指出，要采取措施优化资源配置，加快传统媒体和新兴媒体融合发展，推动传统媒体新闻信息生产传播模式转型。值得关注的是，新媒体自产生伊始便吸引了众多资本的关注，在一轮轮的资本注入中，新媒体的市场化、产业化特征不断强化，产业属性不断增强，在媒体产业中的地位越来越突出。新媒体高度的产业化、市场化特征，注定了传统媒体融合新媒体必须采用产业化的思维，在产业运作上实现与新媒体的真正融通，从而实现战略转型。

一　广播媒体与新媒体融合的产业升级探索

（一）稳步推进体制机制创新

2009 年颁布的《文化产业振兴规划》（国发〔2009〕30 号）明确指出，要按照“创新体制、转换机制、面向市场、增强活力”的原则，推动经营性单位转企改制，运用市场和政策双重机制，突破传媒业不同形态媒体相互分割的产业壁垒，鼓励、促进以资本、业务、市场为纽带实行跨行业、跨媒体经营，从而实现集团化、集约化发展。在这一大背景下，广播媒体在新媒体产业运作过程中，积极稳步地推动体制机制创新，逐步将经营性资源从事业体制中剥离，理顺事业产业的关系。这些措施包括：将新媒体业务划归产业阵营，按照企业模式经营；创新改造内容的生产流程，推动“网台一体”的互融互通；改革人才激励措施，积极从外部引进新媒体产业人才等。例如，中央人民广播电台旗下的中国广播网2009年开始实施改制，成立了全资子公司——央广新媒体文化传媒有限公司，全面负责以中国广播网为龙头的新媒体经营性业务，包括产品开发、市场推广、品牌建设等。2010年1月，中国广播网改制工作初步完成，实行中国广播网和央广新媒体文化传媒有限公司一支队伍两块牌子的运行模式。

上述举措，在一定程度上理顺了事业与产业、广播与新媒体之间的关系，加快了广播媒体与新媒体融合发展的产业升级。

（二）全面布局新媒体业务

面对新媒体技术发展对媒体行业的重塑，广播媒体在立足传统业务的同时，紧紧追随新媒体发展热点，全面布局新媒体业务，创办网站，开展网络广播电视业务。借移动互联网兴起之机，针对不同的移动智能终端推出可以实时互动和在线直播/点播的客户端。广播媒体向“可听、可视、可读”的趋势发展，传播范围越来越广，受众结构更趋合理。当前，国内几乎所有省级广播电台及绝大部分副省级、地市级广播电台都创办了自己的网站，并在不断地推进台网互动。

中央人民广播电台和中国国际广播电台分别创办央广广播电视网络台及中国国际广播电视网络台。中央人民广播电台以央广新媒体为龙头，央广视讯、央广之声、银河互联网电视为三大支柱子公司，依托央广网、央广手机台、央广广播电视网络台、央广银河TV四大平台，围绕手机、电脑、电视三大终端，开展互联网广告、信息服务、技术服务、版权服务四大业务，新媒体的业务布局已初步形成，2012年年底其收入已经突破中央人民广播电台总收入的1/10。

地方广播媒体也在新媒体领域积极探索。2011年，广东人民广播电台以旗下珠江经济台、珠江网络电台、精准传媒、天天在线手机电台、声报等平台为基础，整合资源，与社会力量合作，成立了珠江网络传媒。珠江网络传媒业务已覆盖广播、互联网、移动互联网等渠道，并且推出了珠江网络传媒移动应用程序，珠江网络传媒的赢利主要来自广告收入、信息服务收入以及其他应用收入三方面。

（三）广泛合作，探索内容的产品化

内容资源是传统媒体最大的优势所在。新媒体时代，传统媒体在内容制作方面的战略地位得到进一步提升。如何借助新媒体的渠道资源，将原来适用于传统广播的音频节目改造成适宜新媒体的音频产品，运用产业运营思维将产品商品化，使其产生更大化的价值，这是广播等传统媒体都在积极探索的问题。中央人民广播电台为了实现音频内容价值最大化，2011 年成立了控股公司央广之声（北京）文化传媒有限公司，将音频节目产品化，以手机终端为切入点，整合其他接收终端，通过与电信运营商、终端厂商密切合作，拓展音频节目的产业运营空间。目前央广之声在中国移动、中国电信、中国联通三大运营商阅读基地的商用内容分别占到了各运营商内容总量的 34%、26.1% 和 70%，在数量、质量和版权完整性上都优于其他内容提供商。此外，央广之声还与京东商城、凤凰 FM、网易等电商和新媒体渠道合作，丰富了内容的分发渠道。

二　广播媒体与新媒体融合中产业升级面临的主要问题

（一）体制机制创新力不足

体制机制无法适应新媒体产业的发展。新媒体技术消解了媒体之间的界限和壁垒，媒介产业的发展也趋向融合。新媒体环境下的产业竞争体现为体制的竞争。然而，广播等大部分传统媒体受体制机制的束缚，仍采用传统媒体思维运营新媒体业务，在投融资、人才激励、人才引进等多方面缺乏市场主体应有的自主权与灵活性，很难适应新媒体产业发展的要求，无法具备与新媒体行业

对等或是相近的竞争力。

“四级办”的管理体制制约了规模化效应的实现。在媒介融合不断深化、媒体竞争日益激烈的状况下，广播电视“四级办”管理体制已明显不适应，条块分割的管理模式制约了广播规模化效应的实现和整体实力的提升，不利于有限资源的充分利用和广播媒体做大做强。尽管《文化产业振兴规划》（国发〔2009〕30号）鼓励突破不同形态媒体相互分割的格局，实行集团化、集约化、专业化发展，但事实上，由于缺少实施细则及配套改革措施，广播媒体参与跨区域、跨行业之间的竞争和整合难度还是很大。

广电与电信之间的行业壁垒阻碍融合的发展。在中国，电信业和传媒业分属于不同的管理部门，行业之间的利益纷争成为媒介融合的绊脚石。尽管三网融合不断推进，但“三网分管”的体制并没有发生实质的改变，这也是广播媒体在新媒体产业运作中的一大障碍。

（二）布局广泛，但个性不突出，缺乏竞争力

大多数广播媒体秉持“抢先布局，抢占终端”的原则，积极布局新媒体业务，出现了很多“有条件的要上，没条件创造条件也要上”的状况。甚至一些完全依靠财政拨款的区县级广电播出机构，也开办网站、手机报、手机客户端等新媒体。但是，大多数新媒体业务布局广泛，形式雷同，竞争力不足。广撒网式的发展模式，虽然拓展了广播媒体的传播覆盖渠道，但对于很多资金、资源并不雄厚的广播媒体，无法保证持续的投入，无法集中力量发展优势领域，无力和市场化的新媒体企业抗衡。

（三）赢利模式缺乏，融合成效低于预期

目前，很多广播媒体与新媒体的融合重视物理合并，并没有实现真正的化学融合，在抢滩市场后，没有积极推动更深层次的产业融合，赢利模式缺失，不但没有带来预期的实质性利益回报，反而更增加了媒体运作的压力。融合是手段，成效才是目的，与新媒体融合成功的关键是找到适合的赢利模式。在美国，近年来地方广播电台发力网络电台和微电台等新媒体渠道，在吸引更多网络用户的同时，也带来了可观的广告业务。

（四）资金投入不足，无法有力推进产业开发

新媒体的发展是在技术创新的基础上实现的，而技术的创新需要大量资金和人力的投入。中国的广播电台虽然数量众多，但总体体量较小，资本规模有限，发展新媒体的基础薄弱，资金不足。2013 年全国广播行业广告收入仅 139.92 亿元，与高度市场化的新媒体公司差距巨大。2013 年腾讯网一家公司的年收入就超过 604 亿元，是全国广播电台广告收入总和的 4 倍多。广播媒体除了自身规模有限外，在产业运作过程中，受到的管控更多，合作门槛较高，对外融资渠道不畅，资本运作空间有限等，也造成广播行业进军新媒体产业后劲不足。

三　广播媒体与新媒体融合的产业升级战略

新媒体产业发展的两个关键因素是资源和用户。广播媒体特有的声音资源，在技术传播、即时互动等方面与新媒体有天然的亲近性，与新媒体之间并不是对立关系，而是优势互补的合作关系。近一年来，音频 APP 的飞速发展足以印证。广播媒体要发挥优势，实现与新媒体融合的产业升级，找寻资源开发和用户需求之间的平衡，借助新媒体达到资源效用的最大化。

（一）加快体制机制创新

随着广播媒体与新媒体的融合逐渐步入“深水区”，加快广播媒体在新媒体领域的产业升级需要进一步创新体制机制，最终实现广播媒体与新媒体产业之间的“化学融合”，产生“核聚变效应”。对于广播媒体来说，在坚守新闻宣传和舆论引导责任的同时，将资源配置的方式从事业向产业转变，将管理思路由事业化管理向现代企业化管理转变，是破冰突围的关键之一。广播媒体发展新媒体产业需要尊重新媒体发展的规律，主动适配新媒体产业环境和受众需求的发展变化。新媒体的发展必将带来传统媒体的升级换代，广播媒体原有的管理机制、组织架构、生产流程、产业运营等都将会产生脱胎换骨的变化。

（二）找准定位，重点出击

新媒体产业是一个链条式发展的产业，每一个环节都对这一产业起到至关重要的作用。广播媒体要审视自身的优势所在，确立自己在整个产业链条的定位，搭载成熟的平台渠道，集中力量，重点出击。

广播媒体应该充分发挥音频内容生产的优势，针对新媒体市场，改变原有的内容生产方式，主动适配不同的终端和应用场景，将音频节目产品化，从单纯的内容生产者转变为面向整个媒体市场的内容提供商，充分挖掘内容资源的价值。英国广播公司（BBC）在与新媒体的融合过程中就通过与渠道商的融合，实现了其内容资源的价值最大化。2007 年，BBC 推出 iPlayer 在线播放软件，随即便登陆苹果公司的 APP 平台。2012 年，iPlayer 与微软 Xbox360 游戏机合作，在 Xbox Live 上推出视听服务，将触角伸向全球最流行的游戏平台①。BBC 的成功做法值得借鉴。

（三）转变观念，强化内容服务意识

新媒体时代的信息越来越丰富，用户选择的自主权越来越大，但同时海量的信息为受众的自主选择带来了难度。而且，当信息获取越来越容易时，用户对信息的需求会更加挑剔，更加个性化。于是，“代客购物”应运而生，能够为受众提供快速、准确且个性化信息的“把关人”角色诞生，进而实现针对目标受众的内容“推送”服务。在新媒体产业发展过程中，谁能够充分理解并更好地满足用户需求，为用户提供精准的定制产品，方便快捷地到达用户，谁就能赢得用户的选择，赢得市场和发展的主动权。广播媒体需要改变原有的共性的大众传播观念，强化为用户服务的理念，有效提供一对一的个性化传播服务。

（四）充分利用资源，搭建集成平台

从中国网络视频行业发展历程来看，经过几轮竞争后，发展较好的几家视

---

① 国家新闻出版广电总局发展研究中心：《英国 BBC 发展视听新媒体的经验及其借鉴》，《中国视听新媒体发展报告（2013）》，社会科学文献出版社，2013 年 6 月，第 373 页。

频网站都在内容集成和提供上具有较强的竞争力，都在内容聚集上投入了大量的资源。广播媒体在发展新媒体产业时，需要充分利用已有的内容以及牌照等资源，致力于搭建完善的内容集成平台，并要持续开放平台，实现行业内的资源聚合、资源共享，由内容生产商向内容集成商和提供商转变。中央人民广播电台央广网2012年推出了聚合全国广播电台和网络电台等音频资源的《听天下》栏目，依托中国广播联盟成员台和中央人民广播电台的广播资源优势，加强音频直播、点播和互动等功能，中央人民广播电台19套节目和78家地方台311套节目都可以在《听天下》中方便收听。截至2013年年底，中央人民广播电台开展的手机视频业务——央广视讯集成了各省电视台、影视制作公司等内容提供商超过250家，在中国移动、中国联通、中国电信的手机视频平台上开设了数十路直播和滚播电视信号，开办了300多个点播频道，储备节目时长10万多小时，已成为目前国内最大的正版手机电视节目版权集成运营平台。

（五）重视资源版权管理与开发

从国际范围来看，音视频行业历来都是版权密集型行业，音视频节目内容的版权交易是广播电视行业主要的收入来源之一。在国内，视频内容的版权开发已经起步并逐步深入，但音频行业的版权管理及开发刚刚起步，一些流行的音频APP平台上集成的内容大多属于没有自主版权的内容。随着国家打击盗版的力度不断加强，缺乏自主版权的资源开发面临极大的风险。

对拥有自主版权的广播媒体来说，提升对内容资源的版权意识，加强对资源版权的管理，是促进资源版权开发的关键。2011年，中央人民广播电台就牵头146家广播媒体组建了广播版权合作组织，推动广播媒体加强对节目资源版权的管理和开发，把产品转化为商品，赋予商品品牌价值，推动版权多元化经营，有效培育广播节目市场主体。未来，随着媒体的升级换代，广播节目版权开发的客体不应该再是传统广播播出过程的副产品，而是以版权开发为目的的专门定制内容，从用户的实际消费需求出发，制作开发音频产品。

（六）打造品牌效应

音频内容具有“非具象性”特征，在表现形式上不同于文字、图片、视频内容，用户在选取时无法进行有效的甄别，“声音内容无法预览，只有收听以后才能确认是否有价值，心理门槛非常高，所以品牌内容会更受欢迎”①。同时，终端的多样化，也让媒体的各种产品层出不穷，但是，由于各种接收终端之间存在着一定的差异性，各个产品应用之间也相应存在着差异，导致了广播媒体输出的内容缺乏统一的品牌认知度，无法形成有效的合力。要使这些应用于不同终端的内容形成有效联动的“共同体”，除了要注重内容的生产过程外，还要打造统一的风格，实现统一的品牌管理，形成品牌影响力。具有专业生产制作能力的广播媒体应该将打造品牌效应作为重要任务。台湾的亚洲电台经验值得借鉴。其在苹果 iOS 系统发布的移动 APP 亚洲广播家族，将旗下的广播频率、官方网站等资源都整合在该 APP 内，包括亚洲电台节目口播、飞扬调频讯息快递宣传、亚洲电台官方网站、亚洲电台情报站宣传等。虽然产品相对单一，但是品牌形象统一，能够进行有效的宣传，在受众中形成统一的辨识度，有利于品牌影响力的提升。

总之，产业升级是推进广播媒体与新媒体深层次融合的重要手段、重要战略，也是保证广播媒体在新媒体领域持续发展的关键前提。要应对未来的媒体发展，广播媒体要放下身段，从理念和行动上切实拥抱新媒体。

第五节　广播电视产业多元化跨界发展的战略布局

产业多元化是当今世界大型企业集团做大做强的战略性选择。近年来，中国广播电视产业在政策、技术、市场等多重因素推动下，积极探索跨媒体、跨地域、跨所有制、跨行业的多元化发展。其中，上海、江苏、湖北等省级广电集团已率先构建起了多元化产业布局，为整个产业探索多元化跨界发展提供了参考样本与经验。以此为基础，本文对中国广电产业多元化跨界发展的时代背景、驱动因素、路径选择、总体格局与实践探索进行系统分析与梳理，并对如何加快多元化跨界发展进行了思考。

① 《电台产品逆袭：杀向那片烧钱的红海》，http：//tech. 163. com/13/1211/01/9FPEKV53000915BF. html。

一　广播电视产业多元化跨界发展的时代背景

广电产业多元化跨界发展深植于中国市场经济体制建立健全、传媒格局深刻变化的时代背景中，总体呈现出行业政策利好推动广电企业产业化运作、技术创新促动产业融合、市场竞争加速产业转型、多样化文化需求带来市场机遇等特点。产业多元化的主要进程有：产业化起步、明确第三产业定位、集团化等（见图2－1）。

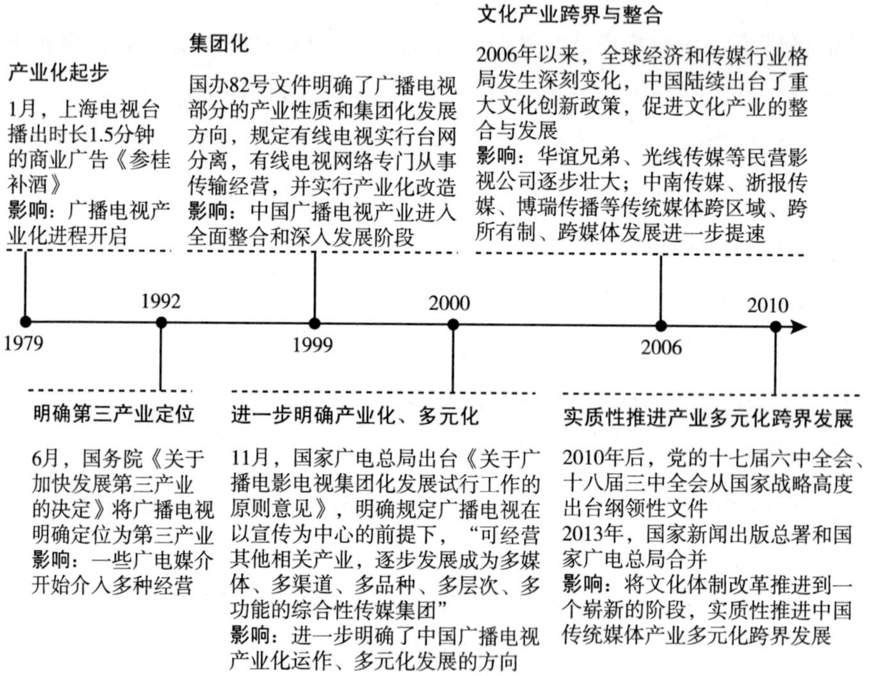

图2－1　中国广电企业产业多元化的主要进程

二　广播电视产业多元化跨界发展的动因分析

在外部环境的促动下，中国广电企业追求多元化跨界发展的动力强劲，其中，抵御市场风险、提高资源效率及构筑竞争优势等动因十分显著。

（一）解决赢利模式单一的痼疾，增强企业抵御风险的能力

近年来，广播电视生存主要依靠广告经营的格局一直没有得到根本改变。随着新媒体的挑战与民营资本的快速发展，广电企业传统的垄断地位正在被撼动。尤其在受众需求碎片化、渠道多元化、三网融合、一云多屏的发展趋势下，传媒市场被互联网和移动互联网加速蚕食，广告主营销渠道的选择更加多元化。中国广电企业长期倚重广告收入、赢利模式单一的弊端已充分暴露，需要从主业出发，积极拓展在现金流、抗波动等方面能贡献价值的新型业态，才能增强抵御风险的能力。

（二）发挥价值链整合协同效应，提升产业资源的运作效率

从价值链来看，广电企业的核心能力在于内容的价值创造，再通过传播与产业深化实现价值的变现与放大。因此，广电企业将核心资源与能力聚合重组，延伸至相关的新的产业或领域，可以利用价值链上关键环节的协同发展，进一步提升资源的配置效率，并获得收益的乘数化放大效应。

（三）加快产业规模化发展，构筑企业结构性竞争优势

多元化跨界发展不仅旨在降低风险，解决广电企业的生存问题，更是创造机会、解决长远发展问题的途径。通过多元化跨界发展，广电企业不断拓展经营空间，利用现有的资源和品牌知名度，结合市场需要，适时转向其他与核心业务相关或更有潜力的市场，有助于在实现规模化发展的同时，利用产品组合与业务组合，构建自身特有的结构性竞争优势。

三　广播电视产业多元化跨界发展的路径选择

（一）产业多元化发展的常见路径

多元化战略是企业同时经营两种以上基本经济用途不同的产品或服务的一种扩张型战略，其核心问题在于对多元化的“度”的把控。按照国内常见的划分方式，多元化战略的路径从难易程度可以分为垂直型、相关型和非相关型

三类，从与核心主业的关联程度可以分为高度相关、中度相关和非相关三种情况（见图2-2）。

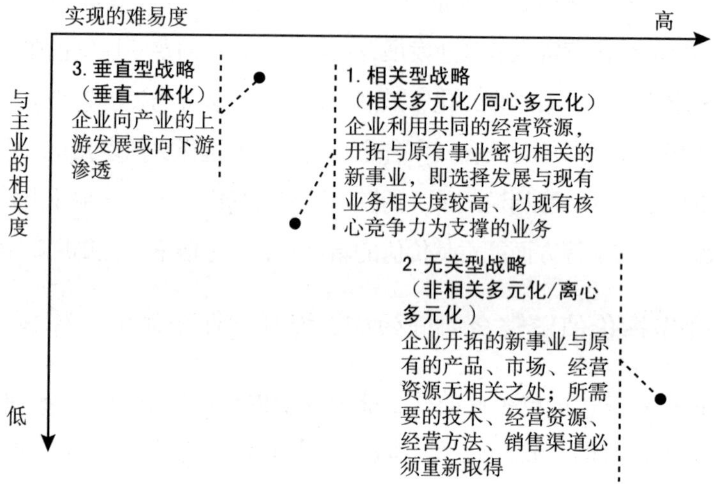

图2-2　多元化战略的主要路径

（二）相关多元化产业布局是广电产业发展的优选路径

多元化是企业发展到一定阶段的产物。从管理学的角度，企业能否实施多元化及选择什么样的路径来实施多元化，本质上都涉及企业的能力问题，即企业是否有足够的能力与资源来驾驭多元化。

现阶段，中国广电产业多元化跨界经营根本上仍要依托主业的核心竞争力，围绕传媒产业链进行相关多元化拓展。一方面，与非相关多元化相比，相关多元化具有很多明显优势，可以将主业构建起的能力、技术、品牌信誉等，与新业务形成战略匹配、运作匹配、管理匹配、销售与客户匹配等协同效应，从而更容易获得多元化的成功。

另一方面，国际一流的文化传媒产业集团也都是围绕传媒产业链进行相关多元化布局，并实现发展壮大。例如，全球第一大多元化传媒娱乐集团——迪士尼以动画创意制作为源头，成功打通产业链，通过相关多元化的业务扩张，有效带动媒体运营、主题公园、衍生消费品等产业链后端发挥放大效应，并借助资本市场实现外延式规模的快速扩张（见图2-3）。

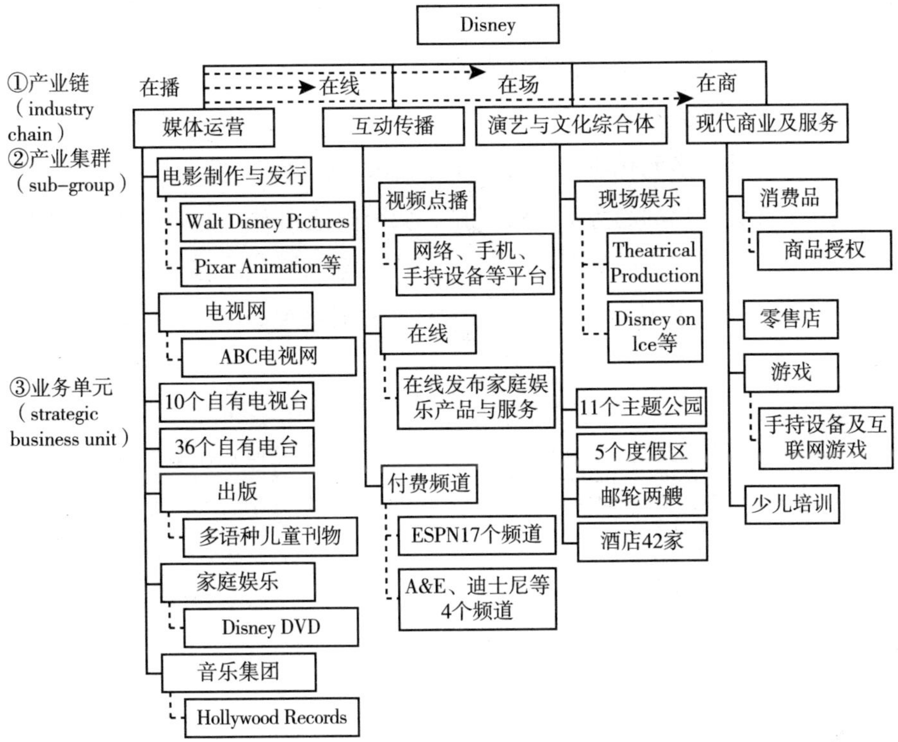

图 2-3 迪士尼多元化的业务布局

数据来源：迪士尼公司年报、公司 Factbook。

此外，新闻集团、时代华纳、贝塔斯曼、维亚康姆、康卡斯特等知名传媒集团也都是从主业出发，按照相关多元化的路径，通过一系列兼并、重组与联合，最终实现跨媒体、跨行业、跨区域和跨国界发展。

四 广播电视产业多元化跨界发展的总体格局与实践探索

（一）广播电视产业多元化跨界发展的总体格局

中国广电产业多元化的尝试自 20 世纪 90 年代中期开始逐步提速，但当时缺乏战略规划指导，呈现简单粗放发展的特征。一些广电企业罔顾自身核心能力与产业条件，盲目进入百货、五金、机械、保健品、水泥等领域，导致主业不强，经营风险增加，结果大多铩羽而归。

经过多年的经验积累，进入 21 世纪，一些领先的广电企业集团开始有规划、有步骤地构建多元化跨界发展的业务架构，强化核心资源与能力、进行适度相关产业多元布局的趋势也日益明显。从全国范围看，上海、江苏、湖南、湖北、北京、深圳等广电集团在跨媒体、跨区域、跨行业、跨所有制等方面的多元化布局都取得了不小突破。其总体发展格局呈现如下一些主要特征（见图 2－4）。

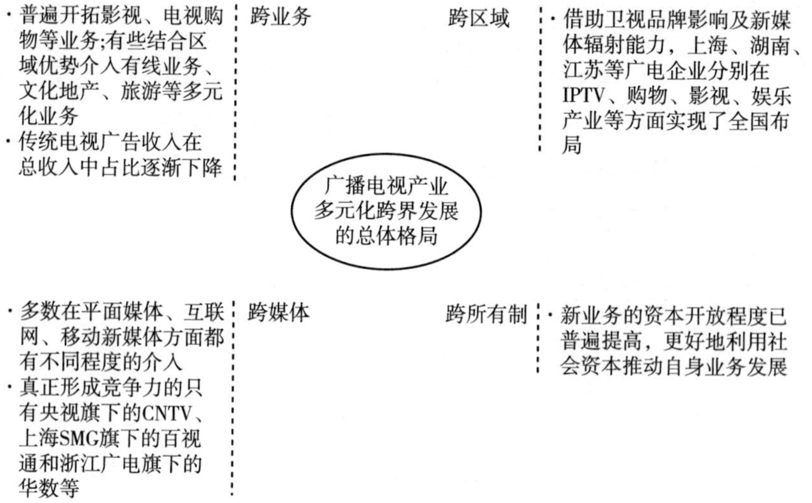

图 2－4　广电产业多元化跨界发展总体格局的主要特征

（二）代表性广电集团产业多元化跨界发展的实践探索

1. 上海东方传媒集团[①]：架构产业链完整的业务布局

上海东方传媒集团（与上海电视台合称“SMG”），是国内在产业多元化跨界布局方面产业链架构最为完整的省级广电集团。SMG 拥有 11 个广播频

① 2014 年 3 月，上海文化广播影视集团与上海广播电视台及上海东方传媒集团有限公司合并，组建成立上海文化广播影视集团有限公司，与上海广播电视台一体化运作。

率、15 个电视频道、15 个全国数字付费电视频道、9 种报纸杂志，以及 IPTV、手机电视、网络视频、OTT 电视等新媒体平台；业务涵盖内容制作、媒体运营、互动传播、现场演出、家庭购物及文化传媒产业投资等多个领域，并积极进行跨界拓展，构建起较为完整的产业链。2013 年，资产规模超百亿元，经营创收达 185 亿元，其中广告、家庭购物、新媒体三足鼎立，收入占比为 3∶5∶2，产业多元化跨界发展格局充分显现①。

从发展来看，SMG 产业多元化布局可以追溯到 2002 年集团化改革启动之初。早在 2002 年，SMG 就在国内率先尝试媒体产业运营，提出了“两个转变”的战略思路，即“要从为播出而生产转变成为市场而生产，从一个地方的广播电视播出机构转变为一个面向国内乃至海外的内容提供商、发行商和服务运营商”。在这一战略思想的指导下，SMG 首先解决历史遗留问题，关停并转了一批偏离主业的“三产公司”，集中力量投入作为核心主业的传媒与文化产业，进而大力推进资源整合、品牌塑造、产业链接、组织再造、业态创新以及新媒体发展。

从 2003 年起，SMG 在频道频率专业化基础上，着力围绕品牌打造传媒产业链，如围绕“第一财经”，打造了电视、广播、报纸、杂志、网站等多种传媒平台；同时高度关注并有序进入与传媒、娱乐产业相关的文化业态，如于 2004 年率先引进家庭电视购物模式，创办“东方购物”电视购物业务；此外，密切追踪新媒体技术应用，并先后与中国电信、中国移动等合作，开通 IPTV、手机电视、互联网电视的商业运营，构建起国有媒体中最完整的新媒体布局。

2010 年制播分离后，SMG 对集团旗下资源进一步整合，以百视通、第一财经、东方娱乐、东方购物、炫动传播等五大板块为主体的多元化业务经营格局初步建成。2011 年 12 月，百视通成功登陆 A 股资本市场，成为国内广电单位新媒体第一股。至此，SMG 已经进入有步骤、有规划地实现产业化联动的综合发力期。SMG 也从原先一个比较单一的广播电视播出机构，成长为一个融合多种媒体业务和文化业态的综合性文化传媒产业集团。

---

① 数据来源：SMG 历年年报。

面对新一轮发展，SMG 将以“适度相关多元化”为原则，围绕传媒产业链在存量业务方面深化整合的同时，加速拓展影视剧、文化地产、电子竞技、少儿培训等新兴业务，进一步优化产业结构与布局。

2. 江苏广电总台（集团）：传统业务与新业务双轮驱动

江苏广电总台（集团）（以下简称“江苏广电集团”）在多元化发展过程中，按照“做精做细传统业务，拓展拓宽拓张新业务”的思路，有选择、有重点地配置战略资源，努力架构传统业务与新业务“双轮驱动”的产业格局。目前，已初步形成了电视（14 个频道）、广播（10 套节目）、报刊（1 报 5 刊）和新兴媒体（江苏网络电视台，3G 手机电视，公交、地铁移动电视，CMMB 手机电视，IPTV 等）四大平台集群，并投资 15 亿元成为江苏省有线网络公司第一大股东。目前，江苏广电集团收入与资产规模已跃居全国省级广电媒体前列。

2001 年江苏广电集团成立之初，其在全国省级广电中的排名，无论是新闻宣传影响力还是产业经营竞争力，都比较落后。2004 年起，江苏广电集团开始在全集团范围内有计划、有步骤地推进了一系列改革创新举措，在战略规划明确的基础上，着力调整组织架构、优化管控模式、强化基础管理、激励人才创新，为之后的快速发展奠定了坚实基础。在确立“幸福”品牌定位与频道特色的基础上，持续提升广告经营，同时大力拓展影视制作、电影发行放映、影视基地、演艺娱乐、家庭购物、新媒体等多元业务。

在影视产业方面，2005 年江苏广电集团成立幸福蓝海影视文化集团，其后将原来的 6 家影视公司和台内其他影视资源整合注入，并通过签约知名导演和制作人，同国外著名影视公司进行战略合作，实现了内容产业链前端的做大做强；同时，在产业链后端，积极布局电影院线，截止到 2013 年年底，幸福蓝海集团院线公司自有影院累计 30 家，银幕数 200 块。

在家庭购物方面，2008 年 12 月 31 日，江苏广电集团成立了好享购物股份有限公司，定位于新媒体购物，整合电视、互联网、手机等无店铺虚拟通路，开启商品销售业务模式。2010 年，以“诚信”为口号的好享购物频道正式开通。2011 年 4 月，好享购物频道升级为手握全国牌照的专业电视购物公司。2013 年，好享购物已经实现全江苏省的覆盖，并在包括安徽、山东、福建、浙江、湖南等在内的全国十几个省份落地，覆盖人数接近2亿人，拥有会员330多万，总订购金额超过36亿元，业务模式日渐成熟，并成为集团全新的增长点。

目前，江苏广电集团还在继续加快产业整合的步伐，努力打造“五大产业集团”和“三大产业园区”。除此之外，一批具有创新性、长远性和赢利性的新项目正在实施，如包括江苏银行股权投资项目、卫视频道广告资源置换股权项目、收购无锡龙游科技公司项目、隐声通信新媒体项目等在内的集团产业布局将进一步完善。

3. 湖北长江广电传媒集团：挖掘频道品牌价值，拓展线下产业链

湖北长江广电传媒集团（以下简称“长江广电集团”）成立于2011年，由湖北省广播电视台制播分离改革而形成。制播分离后的湖北广播电视台保留内容的审查权、播出权，而总台旗下的经营性资产、业务和团队则植入市场主体——长江广电集团。成立后的长江广电集团以“靠开放整合天下资源，靠市场推动做大做强”为发展方针，按照“深挖频道品牌价值、拓展线下产业链”的发展逻辑进行产业多元化跨界运作。

在深挖品牌价值方面，2011年11月初，长江广电集团整合媒体广告资源，组建湖北广电火凤广告有限公司，作为集团公司核心业务之一，实行全市场化运作。此后，2012年5月长江广电集团借力省内对农传播的知名品牌——荆州电视台，与荆州市政府合作组建长江垄上传媒集团，进行全国范围内基于“垄上”品牌的全产业链运营。目前，这种线上内容制播和线下销售农资、提供农业服务的“频道+公司”一体化“垄上”模式，在产业化运营方面取得了成功。2013年建立了近100家直销店、500家加盟店，销售收入达到4亿元。

此外，长江广电集团还积极强化影视剧制作领域布局，于2012年同保利博纳合作组建长江华晟影视制作公司，并占60%的股权。在精品影视剧的战略定位下，聘请了一流的影视剧制作团队，花重金保证影视剧作品的质量。目前，公司已出品了电视剧《血誓》、电影《大脚印》等影视作品，后续的储备项目也在顺利推进。

五　加快广播电视产业多元化跨界发展的几点思考

广播电视产业多元化跨界发展，离不开内外部体制机制环境的保障与人才、资本等要素的支撑，以下就其中的一些关键方面提出几点思考。

（一）完善企业法人治理结构，推进现代企业集团建设

不健全的法人治理结构，无疑会加大广电企业可持续发展的风险，也与产业多元化过程中资本更加开放的趋势不相匹配。为充分释放企业活力、推进现代企业集团建设，广电企业需要将党的十八届三中全会所提出的公司治理的一般原则与文化国资国企的具体要求相结合，在坚持出版权、播出权特许经营的前提下，继续深化制播分离改革，积极探索实行特殊管理股制度，同时有意识地加强董事会建设，完善集团公司多层治理架构，建立长效激励约束机制，强化国有企业经营投资责任的追究。

（二）加快战略管控模式转型，保证集团总部驾驭能力

随着产业多元化布局的拓展，广电集团大一统的运营管控模式或松散的财务管控模式已无法很好地匹配产业发展要求，向战略管控模式转型的需求愈加迫切，需要以集团战略控制和培育协同效应为目标，在整体平衡各企业间的资源配置、完善绩效评价工具和战略执行平台等方面，提升集团总部的驾驭能力。

（三）加强经营管理人才储备，服务于产业多元化战略布局

受事业体制的长期束缚与影响，中国广电企业与现代成熟企业的人力资源管理相比，多停留在传统的人事管理阶段，对人才的管理与开发较为薄弱。为了更好地服务于产业多元化的战略布局，广电企业亟待构建并完善现代人力资源管理体系，形成以绩效管理为核心的多种激励机制，加强经营管理等各类人才的引进、储备与培养，以开放的姿态用好用活各类人才，更好地适应产业多元化战略布局需要，进一步促进产业发展。

（四）借力资本市场投融资功能，内外并举加速产业扩张

中国广电企业已经到了内生性增长与外延式扩张并举的发展阶段，仅靠利润的自我积累来实现产业多元化跨界布局的做法已不合时宜。从国际上看，围绕核心主业，以 3 ~5 年为一个周期，开展产业链纵向或横向的并购活动，是国际一流传媒集团迅速壮大的通行做法。因此，中国广电企业在政策允许的条件下，有必要充分借力资本市场的投融资功能，积极推动旗下业务跨地域、跨所有制的重组联合，通过战略投资、收购兼并等多种方式，推进产业布局调整与扩张。

第六节　广电主流媒体巩固壮大主流思想舆论的研究

进入新世纪以来，媒体格局的急剧变革超过了以往任何一个时期。广播电视等主流媒体正面临日益严峻的“边缘化”挑战。在新的传播格局下，广电主流媒体要巩固壮大主流思想舆论，必须强化责任担当，把牢舆论主阵地，大力改进创新，提高传播有效性。

一　新传播格局下广电主流媒体面临“边缘化”挑战

互联网、移动互联网等新媒体以及微博和微信等新业务的迅速发展和广泛应用，从根本上改变了原有的传播秩序和舆论格局，以手机为主的移动终端已经成为信息传播的第一平台，包括广播电视在内的传统主流媒体正在受到巨大挑战。

（一）广电主流媒体受众在减少

受众是媒体生存发展的基础，受众减少，意味着媒体的支撑力出现问题。目前，广电媒体的受众在逐步减少，受众的注意力正在从传统媒体向新媒体转移。根据央视—索福瑞数据，南京市晚间五小时市场平均总收视率从 2012 年的 44. 66% 降到 2013 年的 40. 57% 。与之对应的是互联网和移动互联网用户快

速增长。根据中国互联网络信息中心（CNNIC）的报告，2013 年中国网民规模达6.18 亿，全年新增网民5358 万人，其中手机网民规模达5 亿，在整体网民中占比81.0%。网络和手机已成为相当一部分人获取信息、消费娱乐的第一渠道。

（二）广电主流媒体“黄金受众”在流失

具有话语权的意见领袖能够发起话题、引领舆论，这一类受众比例越高，媒体越容易获得影响力。与新媒体相比，广电主流媒体在争夺意见领袖上处于相对较弱的地位。不论年龄大小，意见领袖往往是新媒体的主流人群，发挥着引领作用，从而使新媒体成为舆论集散地和扩大器。18～34 岁的群体被称为“黄金受众”，这一部分人群最愿意参与讨论、发表看法，是意见领袖发挥作用的重要受众基础。目前，电视的“黄金受众”正在不断流失。根据央视—索福瑞数据，2004～2013 年，15～24 岁的观众每天人均收视时间从146 分钟降到95 分钟，25～34 岁的观众每天人均收视时间从150 分钟降到119 分钟。与之对应的是年轻人群越来越多地集中在互联网和移动终端。根据中国互联网络信息中心（CNNIC）的报告，2013 年中国网民中10～39 岁的网民占79.2%。

（三）广电主流媒体广告增速降低

广告的增速受宏观经济形势、企业转型升级等多方面因素的影响，同时也与媒体影响力的强弱紧密相关。根据央视市场研究股份有限公司（CTR）数据，传统媒体（包括广播、电视、报纸、杂志、户外媒体）2008～2012 年广告增速分别为15%、13.3%、13.2%、13%、4.5%，逐年下降。2013 年全国广播电视行业广告收入增速为9.19%，相比2012 年的13.12%有较大幅度下降。广告增速降低导致传统媒体发展的支撑力减弱，直接影响到对于新闻报道等方面的投入，进一步减弱了传播效果和舆论引导效果。与之对应，以互联网为主的新媒体广告增速虽然有所放缓，增幅则远超传统广告，2008～2012 年增幅分别为60.4%、24%、54.4%、57.6%、46.8%，这说明新媒体的影响力在大幅提升。当前传统媒体与新媒体广告增速的此消彼长态势，实际上是二者影响力强弱变化的外在反映。

二　广电主流媒体坚守思想舆论主阵地的三个关键

广电主流媒体是传播主流意识形态和主流价值观的主阵地。受众规模的减少、“黄金受众”的流失、广告增速降低等“边缘化”挑战，将导致广电主流媒体的影响力弱化，发展的支撑力弱化，舆论引领引导力弱化。面对“边缘化”挑战，广电主流媒体要坚持自身的角色和担当，培育和弘扬社会主义核心价值观、唱响主旋律、传播正能量，“主心骨”不能动摇，动作不能变形，要有作为。为此，应把握好三个关键。

（一）坚守政治底线

首先，广电主流媒体必须坚持党性原则。这就要求广电媒体必须深入贯彻落实习近平总书记“8·19”重要讲话精神和全国宣传思想工作会议精神，坚持党性原则，严格遵循党管媒体的要求，强化责任担当，把牢舆论主阵地，始终与党中央保持高度一致；切实维护中央权威，与党同心同德，不能三心二意，更不能离心离德，不能当舆论斗争的局外人，要成为主力军；切实提高队伍的政治意识、大局意识、责任意识；切实做好内容把关工作，传播党的声音，旗帜鲜明地弘扬主旋律，切实履行主流媒体的职责。

其次，广电主流媒体必须坚持党性和人民性相统一，解决好体现党的主张与反映群众心声的统一问题。这就要求广电媒体以群众立场策划新闻，以群众视角报道新闻，以群众语言采写新闻，把实现好、维护好、发展好最广大人民群众的根本利益作为出发点和落脚点，保障群众的知情权、表达权、参与权和监督权。广电媒体应当深刻认识到，党代表的是最广大人民群众的根本利益。广电媒体要与党中央保持一致，为国家富强、民族振兴、人民幸福形成更多共识，凝聚更强力量。这既体现了主流媒体的党性原则，也是在实现、维护和发展人民群众的根本利益。同时，要着力为人民群众提供积极、健康、向上的文化产品，要充分反映群众诉求，积极发挥舆论监督职能，对损害群众利益、伤害群众感情的行为，应该加以监督、曝光、批评。在舆论监督的过程中，应当坚持客观公正、事实准确、解决问题、缓和矛盾的原则，发挥好舆论监督的建设性作用。

（二）坚守价值底线

广电主流媒体要发挥好引领引导作用，自身要有明确的价值取向。广电主流媒体，应当把弘扬社会主义核心价值观、增进社会光明与美好作为基本价值取向，塑造主流媒体"美好的人格化特征"。其实，媒体的形象就跟人一样，也会有基本的特征，需要加以梳理整合，形成完整、美好的人格化形象呈现给受众，不遗余力地传播正能量。媒体从业人员应当具备或追求作为人的所有优秀美好的品质。比如，要有责任心、正义感和社会良知，要有爱心、同情弱者，要尊重科学、崇尚法治，要追求真善美、鞭挞假恶丑，要坚持公平正义，等等。媒体从业人员的品质，会不自觉地流露在新闻报道中，流露在节目生产中，流露在影视剧创作中，产生放大效应，对社会产生广泛影响。优秀的品质能使主流媒体体现出美好的人格化特征。广电主流媒体应该恪守基本的职业规范，坚持行业的道德操守。广电媒体从业人员要明确自身的社会责任，强化职业道德感，避免为了吸引受众，谋求高收听收视率而导致的过度娱乐化、低俗化行为，要进一步杜绝新闻寻租、虚假报道等不良现象的发生。广电行业从业人员道德建设与其他行业相比，既有共性，又有特性，要在日常采编播和管理工作中结合实际深入思考，着力解决好突出问题，进一步加强职业道德建设，不断积累经验，提升广播影视公职人员的道德诚信水平，努力打造广电系统良好的社会形象。

同时，广电主流媒体还应当恪守普适性规范。例如，报道美好，正面引领，避免语言冷漠，拒斥不恰当煽情，画面符合伦理，尊重个人隐私等。这些都应该成为广电主流媒体的自觉行为。

（三）坚持大力创新

作为广电主流媒体，不创新必然被"边缘化"。坚守政治底线、坚守价值底线，是创新的前提。广电主流媒体要以创新的方式，传播主流意识形态和主流价值观，传播光明美好的内容，让受众更愿意接受。创新要坚持受众导向，因为不管传播的东西多么正确，如果内容、语态、版面、包装、形式等不被受众接受，受众不喜欢，不爱看，不爱听，那都没有传播效果，也履行不好广电主流媒体的政治责任和社会责任。

创新需要开放的心态、开阔的视野、全球的眼光。在新的传播格局中，创新应当做到“三个关注”。一是紧跟国际潮流，密切关注世界广播电视传媒机构发展动态，跟踪借鉴它们在新闻报道和节目制作形式创新、新技术应用等方面的经验做法。要像抓节目模式创新一样重视新闻呈现形式的创新，借鉴国际媒体的新闻报道、重大主题策划模式，提高新闻报道的质量和水平。二是密切关注新媒体的发展，借鉴吸收新媒体的呈现方式和互动特色，加快传统媒体与新媒体融合发展。三是密切关注中央人民广播电台、中央电视台和中国国际广播电台，以及其他同行的创新做法，努力领行业之先，确保自身传播影响力始终居于行业前列。

三　广电主流媒体巩固壮大主流思想舆论的策略

面对“边缘化”挑战，广电主流媒体在把握好自身角色和担当的前提下，需要采取切实的举措，大力改进创新新闻报道，巩固壮大主流思想舆论，更好地传播主流意识形态和主流价值观，发挥引领引导作用。

（一）建设主流舆论阵地

壮大主流思想舆论，阵地建设至关重要。没有一个强有力的主阵地支撑，主流舆论就缺乏承载平台，难以接触到广大受众，传播有效性也就无从谈起。专业新闻频道是承载主流舆论的重要平台，应努力创新建设。例如，江苏广电总台着力将公共频道打造成24小时专业新闻频道，推出整点新闻、深度报道、专题类、谈话类等多种类型新闻节目；加大自制节目量，全天首播自制节目达到8小时；加大投入，强化直播能力。例如，在对2013年4月发生的四川省雅安市芦山县地震报道中，江苏广电总台公共频道第一时间启动应急机制，派出18名记者和技术人员赴灾区进行现场报道，并与江苏卫视并机直播，推出长达32小时的电视直播报道，及时准确地给观众带来抗震救灾第一线的消息。改进新闻采编机制，打通多档新闻栏目的管理机制、团队架构、资源调度，采取大采大编运行模式，提升新闻报道能力和效率。这些都为传播党和人民的声音提供了更有力的支撑，使主流舆论阵地得到加强。

（二）加强热点问题引导

在各种思潮激荡碰撞、思想多元化的环境下，广电主流媒体承担着引领引导舆论的重大责任，必须加强对社会热点的引导，不回避，不缺位，敢于发出主流声音，帮助干部群众划清是非界限，澄清模糊认识。例如，江苏广电总台推出的大型专家访谈栏目《时代问答》，定位为“时代热点、权威解读”，在全国率先用电视化的方式，邀请43 位“马克思主义理论研究和建设工程”首席专家深入解读当前社会热点问题，积极回应百姓关切，释疑解惑，凝聚共识。广大观众反响热烈，江苏省内 18:00 档（复播）该节目收视率在 3% 左右，收视份额接近 15% 。

（三）加强新闻评论

评论是媒体的灵魂，适时通过评论发出主流声音，既是主流媒体的责任，也是主流媒体权威性、影响力的体现。特别是在重大主题报道中，新闻评论在突出主题、形成共识、引导舆论中发挥着独特作用。主流媒体应当着力加强三种类型的新闻评论。一是常态化评论，在新闻播出时及时点评。例如，在江苏广电总台的《新闻眼》栏目中，主持人会对各热点事件及时加以点评，突出对新闻事件的独特解读。二是系列评论，围绕一个主题多角度深入展开评论。比如，在群众路线教育实践活动报道中，江苏广电总台推出了《从群众立场思考问题》《力戒形式主义　不搞“花架子”》等十篇系列评论，为活动推进营造了浓厚氛围。三是专家点评，请相关方面专家就某一主题发表看法。例如，2013 年全国两会期间，江苏广电总台推出《两会特评》专栏，邀请国务院研究室、新华社、《人民日报》资深专家和记者作为特约评论员，请他们走进演播室对两会热点进行点评，在重大决策部署方面形成更多共识。

（四）策划播出与主题报道相应的公益广告

主题报道与公益广告一同策划、一同推出，能够迅速形成推进工作的舆论氛围。这是广电主流媒体的责任和优势。比如，为配合中国梦主题报道，江苏广电总台在省级台中率先播出中国梦系列公益广告，取得良好社会反响。在党的十八届三中全会精神宣传报道中，江苏广电总台制作播出宣传和解读全会精神的系列公益广告，生动解读改革部署，营造浓厚的舆论氛围。这不仅强化了报道内容，而且能够收到相得益彰的良好效果，从而促进主题报道与公益广告形成合力，极大地增强了主题报道的传播效果。

（五）打造立体化传播格局

在“边缘化”挑战下，传统媒体必须加快媒体融合，充分运用新技术，创新媒体传播方式，拓展互联网、移动互联网、户外媒体等各类传播渠道，形成立体化传播格局，更好地满足受众信息需求，壮大主流声音。例如，江苏广电总台组建了500人的全媒体记者队伍，推出了“荔枝新闻”客户端。在新的传播格局下不断巩固主流媒体传播信息、引导舆论的主渠道地位，更加有效地引领引导新媒体舆论；推出“乐享电视”社交互动平台，受众可实时收看江苏广电各频道的最新节目，并通过发表评论、参与活动等进行互动；江苏网络电视台依托其总台优质内容资源，重点打造新闻资讯服务平台、节目互动参与平台和立足全省13市的本地生活服务平台；大力发展IPTV，2012年以来新发展用户230万户，总用户达500万户；手机电视“无线江苏”总用户超过200万户，“长江手机台”总用户超过百万户；拓展了南京、苏州的地铁移动电视和南京、连云港的公交移动电视，形成了跨区域的移动电视宣传平台，其中南京地区共有1.1万块移动电视屏，苏州地区有近3500块移动电视屏；获得无锡2500辆公交车的车身传播载体。这些都成为传播主流思想舆论的重要阵地。

总之，在新的传播格局下，面对“边缘化”挑战，广电主流媒体要履行好自身的责任，要把习近平总书记“8·19”重要讲话精神贯彻落实到主流媒体新闻报道、节目生产、影视剧制作等各项工作中，弘扬主旋律，传播正能量，大力改进创新新闻报道，提高传播有效性，进一步提升广电主流媒体的传播力、公信力和影响力。

第七节　广电节目从数量增长型向质量效益型转变的政策引导

当前，中国广播电视处在从数量增长向质量效益转型的关键期。2013 年，播出周期更稳定、质量更精良的常态新节目占所有电视新节目的 25.4%，较 2012 年增长近 1 个百分点；动画片产量从 22 万分钟继续回落到 20 万分钟，电视剧由 17703 集回落到 15770 集；纪录片生产量和播出量都以超过 30% 的速度增长。以上数据变化可以解读为：一是广播电视创新能力急速提高，新节目数量不断增加；二是动画片、电视剧产量在理性回归，数量减少的同时带来质量效益的提高；三是纪录片等类别的节目在兴起，使得广播电视节目发生结构性变化，公益类、文化类节目比重有所提升。广播电视节目从数量增长型向质量效益型转变开始发力。这一新形势的出现，反映了业界对广播电视传播规律、对文化产业发展规律认识的觉醒，更重要的是政府部门采取了相应的政策引导，使产业发展方向发生了改变。

回首 2013 年广播电视节目转型升级历程，有以下几个方面值得思考和总结。

一　要产量还是要质量？一个关键的思想认识问题

产量和质量并不是非此即彼、鱼和熊掌的关系，它们既是对立的矛盾，又是相辅相成的统一体。没有一定产量作基础就不可能有质量，没有质量的产量也就失去了意义。当前广播电视节目整体在产量达到一定程度的基础上，工作和发展的着力点应当放在提高质量效益上。

仅以动画片为例，近年来，中国影视动画产业飞速发展。2008 年中国即已超过日本成为世界第一动画大国。但在很多人都以此为荣的时候，业内一些人士提醒，大国不等于强国，“大而不强”恰恰是中国动画业现阶段的一个困境。要产量还是要质量是目前中国动画业面临的首要问题，不处理好产量与质量的关系，动画强国梦就无从谈起。

早在2011年5月，国家广电总局召开的全国影视动画工作会议就明确提出，“影视动画发展战略要由数量增长向质量提升转化，使中国由动画大国向动画强国迈进”。影视动画发展战略转型自那时起就已经开始。在2013年4月底杭州动漫节上，国家新闻出版广电总局更是发出了从数量增长向质量提高转型的强烈信号：展览序厅的展板上，不再公布对省区市、园区基地、企业的动画片产量排名，取而代之的是销售收入、出口收入、获奖情况、重播率、收视效果等综合排名。不再公布产量，不是说不作产量的统计分析，而是说不要再单纯以产量高低作为衡量工作成果或事业发展的唯一标准，不要再以高产量而沾沾自喜。

思想认识转变了，政策措施随即跟进。2013年已经看到转型升级的明显成果，《熊出没》《喜羊羊》已经成为国际品牌，《熊小米系列》《兔侠传奇》《疯狂小糖》《神奇阿呦》《蛋计划》等一批高质量的国产动画片取得了良好的市场反响。中央电视台少儿频道全年累计收视份额达到5.07%，列全国上星频道第一位，其他各上星少儿、动画频道也在覆盖地区取得优异收视成绩。动画电影创造票房6.46亿元，较2012年劲增48%，占全年国产片票房总额的5.2%。《熊出没》首部动画电影更是在2014年年初绽放，创造了国产动画电影票房纪录。

二 用哪只手？一个重要的工作方法问题

思想认识问题解决后，紧接着面临的就是工作方法问题。市场经济条件下，广播电视具有意识形态和文化产业双重属性，既要坚持正确的舆论导向，确保意识形态的领导权和控制力，又要适应市场经济规律，不断增强活力、繁荣发展。如何处理好市场和政府的关系，如何用好市场看不见的手和政府看得见的手，是个复杂的问题。党的十八届三中全会通过的《中共中央关于全面深化改革若干重大问题的决定》提出，要“使市场在资源配置中起决定性作用”，同时又强调“既要发挥市场作用，也要发挥政府作用”。市场和政府这两只手必须相互协调，才能奏出美妙的音乐，否则就是乱弹琴。

对广播电视节目来说，市场之手主要是收听收视率和与之相伴的广告投放。收听收视率一定程度上反映了节目的被关注程度，反映受众的需求。坚持以人民群众为中心的工作导向，就要十分关注人民群众的收听收视需求，不能完全忽视收听收视率。但是，如果仅仅以市场为导向，则会使广播电视节目完全商业化，放弃高品位、公益性、导向性，最终会把节目引向万劫不复的深渊，因此不能唯收听收视率。当市场之手出现误导和偏差的时候，政府之手要果断出来纠偏。

2013 年出现歌唱类选拔节目过多过滥的情况，政府是否应当出手调控曾有争议，有人认为可以通过市场调节解决这一问题。原理是：今年这类节目过多，观众被分流，有的节目收视自然不好，明年就不会再办。就像农民种地，今年大家都种土豆导致滞销，明年就自然转产种玉米。然而事实上，节目并不像种地那么简单。歌唱类选拔节目在全球都是高收视的节目类型，即使由于供过于求，有的节目收视不高，但也比其他公益性节目收视率高。因此通过市场之手是不可能抑制这类节目过热现象的，需要用政府之手进行调控。

虽然有时政府之手是必需的，但直接干预并不是最好的办法，应当通过巧妙的制度设计，以一定的政策措施撬动市场之手引导节目走向。宣传管理不应仅停留在行政许可的狭隘思路上，不能认为只有通过行政审批才能管住。有时通过提供服务，同样能够起到管理作用，寓管理于服务之中。例如，《关于做好 2014 年电视上星综合频道节目编排和备案工作的通知》（广发〔2013〕68 号）对歌唱类选拔节目在播出时间上作出限制，就会大大抑制歌唱类选拔节目的热度，并不需要政府一档一档地去审查批准。2013 年国家新闻出版广电总局对纪录片实行了题材公告制度，建立了一个信息服务平台，定期将拟投入拍摄的纪录片题材在网上汇总公告，引导资金、人才等资源流向较好的项目，同时避免题材撞车、造成浪费。这一做法是政府通过信息服务引导社会创作生产，其本质也是管理。

三　广播电视节目宏观调控会导致繁荣还是衰退?

宏观调控的一系列政策，从根本上调整节目布局、发展模式，扭转只看眼前利益忽视发展动力、只重规模数量忽视质量效益的短视行为，对广播电视转型升级产生了重要引导作用。广电行业主管部门 2011 年、2013 年分别出台《关于进一步加强电视上星综合频道节目管理的意见》（广发〔2011〕83 号）、

《关于做好 2014 年电视上星综合频道节目编排和备案工作的通知》（广发〔2013〕68 号），对上星综合频道节目进行调控时，社会上有人预言电视将衰退滑坡，但随后几个月的收视调查显示，电视上星综合频道的收视率和收视份额同比不仅没有下滑，还有较大幅度的提升。

收视数据的提升正是宏观调控下广播电视节目繁荣的体现。2011 年量化限娱的措施通过限制受调控的七类节目总量，将平庸的节目挤压出黄金时间，使得各台在有限的宝贵时间段争相推出最优质的节目，受众看到更多的好节目。2013 年对上星综合频道节目编排进行结构化管理，提出需要播出的八类公益性节目的比例，从“限制”到“必播”，显示出管理手段更加成熟和科学。2013 年全国电视上星综合频道播出新闻、经济、科教、文化、服务、儿童节目或动画片、纪录片、对农等八类公益性节目比例为 21.9%。2014 年根据国家新闻出版广电总局规定将达到 30%，平均每个频道要增加近 2 小时的这类节目，其中规定每个上星频道平均每天要播出 30 分钟纪录片和少儿节目或动画片。这些结构性量化要求将大大改变上星频道面貌，主要是为了确保新闻综合频道的定位，保证公益性节目播出量，从根本上遏制过度娱乐化，防止电视台变成娱乐场、大舞台。

对歌唱类选拔节目调控，对奢华过滥晚会治理，解决了同质化造成的广播电视节目“丰富中的贫乏”问题。某种节目类型过于集中泛滥，会导致其他类型节目失去播出空间，这是对观众选择权的剥夺。对跟风的遏制，对差异化的鼓励，也间接推动播出机构丰富内容，提高质量，获得竞争优势，取得良好效益。

对引进节目模式的适当抑制激发了广播电视行业的创新能力。近几年大批国外优秀节目模式的引进，一定程度上提高了中国广播电视制作水平，锻炼了队伍，学习了先进的制作理念和生产流程，同时也直接快速地实现了收视率的提升和突破。但是，依靠引进节目模式发展属于饮鸩止渴，容易形成路径依赖。长此以往，原创力日渐式微，将削弱节目创作动力、活力、生命力。广电行业主管部门从 2012 年开始实行引进节目模式备案制度，2013 年公布的上星频道调控政策中更是明确规定每年新引进节目模式数量与播出时间，这就大大抑制了引进节目模式的动力，2014 年备案的引进模式只有 5 档。在此政策激励下，一批优秀的具有中华文化特色的原创节目出现并获得观众好评，如

《汉字听写大会》《汉字英雄》《成语英雄》等。以引进模式著称的几家传媒公司改变经营方向，四川电视节上世熙传媒举办了首届原创模式大赛，《中国好声音》的引进方灿星公司连续自创了《中国好歌曲》《出彩中国人》《中华好男儿》等一系列节目模式，并陆续开始热播。

四 需求拉动对产业发展仍然有效，但关键要开拓高品质需求平台

在推动广播电视产业发展的政策选择上，多年来广电行业主管部门一直把扩大需求作为撬动产业发展的首选杠杆。例如，2004 年《关于发展我国影视动画产业的若干意见》（广发编字〔2004〕356 号）出台后，全国开办了 6 家上星动画频道和 30 多家少儿频道；2010 年《关于加快纪录片产业发展的若干意见》（广发〔2011〕88 号）出台后，中央电视台纪录频道开办，纪录片制作和播出联盟陆续建立。这些措施都通过拉动需求极大地拉动了动画片和纪录片的产量。当前要继续推动这两个产业发展，仍然离不开扩大需求的策略。但是扩大需求不能盲目，要鼓励质量的提升，就要在扩大优质播出平台上打主意。

2013 年 10 月公布的上星频道调控政策对各上星综合频道平均每天播出国产纪录片与国产动画片或少儿节目作出要求。全国 34 家上星频道是最优质的频道资源，这一政策是在最好的播出平台上给纪录片和动画片各开发出每年 6000 小时左右的播出量，这种扩大的播出需求不是一般的需求，而是优质平台的需求。政策实施后，国产优秀动画片和纪录片的价格大幅上涨，从而带动企业更加注重作品质量，追求创作精品力作。

五 正面引导激励机制从评优开始

2013 年，国家新闻出版广电总局先后出台了一系列政策措施，对行业加快转型升级进行正面引导激励。例如，在政府国产动画发展专项资金评审中，增设优秀学院动画短片和优秀动画创作人才扶持项目，向优秀人才和创意倾斜。

动画片和纪录片季度推优机制由原来的国家新闻出版广电总局评审改为由

播出机构、高校专家以及幼儿园、小学老师、观众代表等担任评委。播出机构和观众都是需求方，由他们评出的作品，代表了市场和受众的意见，发挥了市场机制的作用，同时体现出公正性、权威性。事实证明，2013 年季度推优产生的 49 部动画片和 108 部纪录片，在其他评奖中有极大的重合度，都是热销热播的作品。国家新闻出版广电总局对各播出机构全年播出推优作品的比例进行考核，激励播出机构购买播出评选出来的优秀作品，由此建立起一个播出机构按质论价、择优购买、择优播优的良性机制。从 2013 年第四季度开始，动画片、纪录片季度推优中增加了中国梦类别，激励中国梦题材创作，提供引导资金和政策支持，催生了一大批中国梦题材作品，如《新大头儿子小头爸爸》《星星梦》《中国共产党的故事》等动画片，以及《百年潮中国梦》《我的祖国》《中国人》等纪录片。同时还评审出 20 多部优秀纪录短片，于 2014 年 3 月开始在全国上星综合频道展播。

党的十八届三中全会《中共中央关于全面深化改革若干重大问题的决定》强调，“科学的宏观调控，有效的政府治理，是发挥社会主义市场经济体制优势的内在要求”。广电行业主管部门在广播电视节目发展模式转变的政策引导方面多措并举，促进了广播电视节目从数量增长型向质量效益型转型升级，未来应进一步加大政策创新力度，推动中国由广播影视大国向广播影视强国升级发展，提升中国文化软实力。

第八节　农村电影发展的现状和对策

2006 年年初，农村电影“2131”工程正式明确为农村电影放映工程，纳入了国家公共文化服务体系建设重点项目。落实中央的部署，按照“企业经营、市场运作、政府购买、群众受惠”的新思路，农村电影发展改革取得重大进展。

一　当前农村电影放映工程发展现状

经过多年的探索和努力，农村电影放映工程在以下几个方面取得了突出成绩，受到农村群众的广泛欢迎。

（一）建立了农村电影公益放映财政保障体系

按照《国家“十一五”时期文化发展规划纲要》和《国务院办公厅转发广电总局等部门关于做好农村电影工作意见的通知》（国办发〔2007〕38号）等文件精神，各地党委政府积极落实和履行公共文化服务职责，把实施农村电影放映工程、保障农村群众基本文化权益，作为为民办实事的具体措施。在中宣部指导下，在国家发改委、财政部支持下，从中央到地方设立专项经费，坚持“养事不养人”的原则，以购买公益版权、场次补贴和部分设备支持等方式，向农村群众提供公益放映服务，为农村电影放映工程全面实施提供了保障。“十一五”时期，国家发改委安排专项资金6亿元，为中西部地区农村（含东部少部分贫困地区）配备电影流动放映车919辆，数字电影放映设备17952套。2007～2010年，中央财政安排16.2亿元资金对中西部农村电影公益放映场次进行补贴。2011年，为进一步加大支持力度，财政部根据各地农村电影放映实际成本测算，将原每场100元的公益放映场次补贴标准提高到200元，并对东部6省3市农村电影公益放映实施奖励。2013年，财政部对东部地区农村放映在奖励的基础上，新增中央财政补助20%的标准。各级财政对农村电影公益放映补贴扶持资金比例的提高，极大地鼓舞了各地农村电影工作者，保障了农村电影公益放映活动的普及开展。

（二）培育了一大批农村电影新型市场主体

按照农村电影发展新思路，广电行业主管部门出台了一系列文件，明确了“政府购买”的前提必须是以公司制、股份制为特征的农村电影院线公司。在实践中，各地将农村电影放映工程实施与推动原有的市、县国有电影公司改革结合起来，纷纷组建农村数字电影院线公司，有效地减少了发行环节。院线公司以招标方式通过签订劳务合同招聘农村放映员，他们平时务农务工，晚上承担放映任务，履行合同完成任务后，由政府按场次给予其相应补贴。按照规划，各院线在行政村设立放映点，形成了上下贯通、覆盖到村的发行放映网络。新体制还明确了政府、院线、放映队各自的职责，政府宏观指导，制定政策，强化监管；院线公司负责经营、服务和管理；放映队承担公益放映任务。

截至2013年12月底，全国共有农村电影数字院线249条，经营这些院线的公司大都是具有法人资格的市场主体。

（三）形成了农村数字电影流动放映技术服务和供片体系

农村电影工程取得阶段性成果，得益于电影界大力推行农村电影数字化放映。数字技术的日新月异，为中国电影加速发展插上了腾飞的翅膀。《电影数字化发展纲要》（广发影字〔2004〕257号）、《数字电影流动放映系统技术要求（0.8K）》（GD/J013－2007广发〔2007〕53号）等一系列文件先后出台，规范了数字放映设备市场准入标准，推动数字放映设备升级改造。为加快农村数字电影全面转换升级，电影数字节目管理中心专门研发建设了农村电影服务技术平台，承担流动数字电影的节目制作、加密、传输、授权放映、网上交易等服务和管理。中国电影科研所、中国电影质检所为农村数字放映提供技术支持，完成了十余种数字电影放映设备数百次的技术检测。中国电影器材公司负责院线公司和放映队的人员培训，承担放映设备集成、维修等各项中介服务，为全国数字电影放映设备提供集成服务。截至2013年12月底，全国农村电影数字院线有注册放映设备53676台，放映队50148支，卫星数字接收站205个，形成了遍布全国农村的电影数字放映新格局。

为确保公益版权数字影片的供应，成立了中影新农村数字电影发行公司，由政府委托承担全国农村数字影片公益版权的集中采购和发行工作，建立起片源保障机制。同时，通过市场调节，鼓励制片方、发行方将更多影片通过数字中心平台给农村提供片源。为进一步增加影片数量、提高影片质量，解决群众反映最多的片源问题，自2011年起，探索实行新的农村放映市场运作机制，通过提高片方在农村市场的收益，鼓励制片方把最新最好的影片送到农村发行放映。一是改变过去对公益影片收购价一刀切的方式，而是根据影片在城市市场上的票房，给予不同的收购价，城市票房越高收购价也越高；二是由过去的固定价格收购，改为固定保底价格收购加分账收入，每订购一场，片方还能获得7元的分账收入，影片订购越多、越受农民欢迎，片方的分账收入也越高；三是改变过去政府推荐影片目录下放之后才开始联系片方的被动局面，随时关注国内电影市场的动态，推荐市场关注又适合农村的影片，提前洽谈农村版权。从2011年到2013年6月，片方从农村市场共计收益1.53亿元，是“十一五”时期5年间收益总和的6.6倍。电影数字节目中心订购平台的影片数量，由“十一五”时期的1199部，增加到目前的3027部，在数量和质量上，都基本满足了公共文化服务和市场需求。

（四）拓展了农村电影放映工程的覆盖范围

实践中，有三个标准来衡量“十六字方针”是否落实、农村电影放映工程实施是否成功：一是农民是否能真正看上电影、看好电影，二是放映补贴是否能够真正发放到放映员手中，三是企业经营、市场运作是否能够持续发展。2013年全国农村放映电影达800万场，观众约15亿人次。电影公共服务已大大超越“十一五”时期的“一村一月放映一场电影”的基本目标，成为广大农村群众集体文化生活的重要部分。

为不断完善电影公共服务体系，不断扩大放映活动的覆盖范围，公益放映已经从覆盖农村扩大到工厂、社区、学校，使农民工等流动人口也能享受到电影公共服务。电影行政部门每年定期为全国青少年推荐国产优秀故事影片，大力弘扬民族精神和时代精神，唱响中国特色社会主义和中国梦的时代主旋律。各地积极做好学校的爱国主义教育影片放映工作，每学期为中小学生至少放映两场爱国主义教育影片。浙江省根据农村地区人口集聚度和群众实际需要，合理确定放映点布局和放映场次，将城镇社区、外来务工人员集聚地等纳入农村电影服务范围。广东省鼓励农村电影院线公司与用工量大的企业合作，由企业提供设备和场地，将固定放映点设在企业，院线公司定期进行服务。这些活动通过群众实实在在的得益和媒体报道，极大提高了农村电影放映工程的社会关注度和影响力。

实践证明，按照“企业经营、市场运作、政府购买、农民受惠”的农村电影改革发展新思路，电影事业、产业如鸟之两翼，协调发展。在电影产业取得令人瞩目成绩的短短几年时间，农村电影事业从胶片放映时代跌入低谷到今天全面恢复，发生了根本性的转变。新思路是文化体制改革和文化建设理论的一大创新，明确了现阶段农村电影发展既不能单纯靠政府大包大揽，也不能单纯靠市场自由发育；明确了政府在培育市场和公共服务中的主体地位和购买方式；明确了企业在市场运作和发行放映中的主体作用和经营方式，对于推动农村电影的观念创新、科技创新、体制机制创新、经营管理创新等具有重要指导意义。

二 农村电影放映工程发展面临的主要问题

伴随着经济社会发展等多重外部环境的变化影响，农村电影也暴露出一些矛盾和问题，面临的主要困境包括以下几个方面。

（一）部分地区政府部门认识有待提高，财政补贴资金发放方式有待完善

尽管农村电影工作得到了地方各级党委政府的重视与支持，但仍有部分地区政府相关部门对这项工作的重要性认识不到位，对农村电影放映工程的管理职责不到位，工作开展停留在表面，缺乏深入调查研究和有针对性的管理措施，导致存在放映计划落实不到位、补贴资金配套不足，存在放映空白点等问题。此外，存在放映场次监管困难，瞒报、虚报场次时有发生的现象。中央财政和地方财政的配套补贴资金大多集中到县级财政，一些地方出现了补贴资金发放周期长，场次补贴发放不及时，补贴资金使用不合理，甚至个别地方有截留、挪用的现象，直接影响了放映员的积极性，影响了放映场次的完成。

（二）城镇化加速的同时，农村观影人次快速下降

2013 年，中国城镇化率已达 53.7%，并持续高速增长。随之而来的不仅是行政村的减少、撤并，加上大范围的人口向城市流动，农村的“空巢化”现象日益普遍，客观上减少了农村电影观众的保有量。同时，伴随广播、有线电视村村通、直播卫星户户通以及互联网的不断普及，农村群众在家至少能收到 40 多套广播电视节目，还可以上网下载和在线观看电影节目，这些丰富多彩的文化娱乐形式对农村电影需求形成了难以避免的冲击。

（三）农村群众的观影需求日益提升，放映服务水平有待提高

经过发行体制的革新，中影新农村、电影数字节目管理中心不断提高服务水平，片方的积极性已大大提高，订购平台上可供选择的影片有3000部左右，绝大部分城市院线影片当年都能进入农村市场，但许多地方群众依然反映片源陈旧。由于整个市场机制发育尚不成熟，缺乏放映质量方面的市场驱动和绩效考核，院线和放映员没有动力和积极性去搜集、整理和满足观众需求，订购场次往往以简单、方便、节省成本为主要考虑因素，有的地方一线放映员甚至没有选片的机会。

（四）市场化运作仍处于探索阶段，缺乏可持续发展模式

不进行市场化运作，农村电影放映就只能停留在基本的公共文化保障基础上，难以满足人民群众不断增长的高标准、个性化需求。虽然已经有许多地方开始了市场化运作的尝试，但始终处于探索、试验阶段，运营很不稳定、极不成熟。缺乏成熟的商业模式，即使是在相同的地域条件下，都难以规模化复制和推广，更何况中国各地经济社会条件差异巨大，也在客观上增加了模式推广的困难。

（五）城乡一体化进程加快，农民观影条件亟待改善

随着中国经济的高速发展，城乡一体化进程加快，东部很多地方，乡镇经济的快速发展已经改变了农村的观念，走上了小康之路的农民群众已不满足于一月一次的露天放映和站着观看，他们希望能够坐在乡镇影院和城里观众一样看电影的呼声越来越强烈；而西部地区、北方地区的广大农民群众也对看好电影有了新的需求。特别是每年元旦春节期间，各地农村群众集中，却因正值冬季，大部分地区天气寒冷，室外难以放映，本来是观影需求最旺盛的季节，却成为农村电影放映的淡季，农民群众迫切希望改变漫长的冬季没有电影看的现状。

三　深化农村电影发行放映的主要思路

针对上述问题，各地电影主管部门在做好公益放映的同时，积极为拓展电影市场夯实基础。2013年11月中旬，国家新闻出版广电总局正式批复浙江成

为深化农村电影发行放映体制改革试点省。围绕浙江试点和其他一些地区的探索，下一阶段做好农村电影发行放映工作主要有以下思路。

（一）加强管理，完善公益场次补贴资金发放机制

农村电影公益放映场次补贴资金是国家财政为保障农民群众观看公益电影，对放映活动进行补贴的专项资金，体现了党和政府对农村电影工作的重视和扶持。为了适应农村电影发展的需要，充分发挥资金的使用效益，要进一步完善《农村电影公益放映场次补贴专项资金管理办法》（财教〔2008〕135号），使补贴资金的发放更合理，拨付方式更有可操作性。同时，各省（区、市）广电行政部门要制订一套行之有效的管理办法和操作流程，做到“先放后补、公开透明、及时到位、足额发放”，真正管理和使用好这笔钱，使这笔资金的使用经得起群众监督，经得起审计。

（二）加强监管，确保放映场次真实有效

农村电影放映工程是惠民工程，必须保证农民群众看到看好电影。当前需要调整思路，合理布局，重点解决一些大的自然村、偏远地区农牧民“看到电影”的问题。同时，加大监管力度，制订切实可行的监管办法，通过制度管理、舆论监督和技术监管等多种方式，加强对电影放映情况的监督，确保放映活动真实有效，确保政府补贴不出差错。各地应利用数据回传系统和建立GPS/GPRS技术放映监管平台，在实现监控放映服务质量的同时，使农村放映能够成为可靠的具有公信力的广告平台和媒体平台。

（三）培育主体，继续完善农村数字电影院线公司机制

农村电影改革发展的新思路，政府购买是重要保障，农民群众受惠是根本目的，而企业经营、市场运作是有效的运行手段。为此，在“十二五”期间，要更加重视“企业经营、市场运作”，积极培育、完善多种所有制形式的农村电影院线公司和农村电影放映队，发挥各类农村电影院线公司的市场主体作用。充分调动农村电影从业者和院线公司的积极性，在抓好农村电影公益放映的同时，积极引导农村电影数字院线公司开展商业

放映，通过更加符合市场规律的运作方式推动农村电影放映工程持续健康发展。

（四）积极探索，完善农村电影公益放映的供片机制

为提高广大农村观众对电影公共服务的满意度，调动电影制片方的积极性，要充分利用和调动市场资源，提高农村电影发行的市场化程度，进一步增强影片供给能力，丰富影片节目，满足农民需求。一方面，进一步推动制片方在广阔的农村市场获得效益，带动其更加重视影片在农村的发行；另一方面，农村电影院线公司也将从满足农民群众个性需求、满足影企联姻活动中企业的需求出发，订购更多好看的节目，从而形成良性互动。

（五）改善条件，着力推进农村电影放映基础设施建设

充分考虑中国农村快速发展的实际情况，根据东、中、西部发展的差异，制定不同的政策，提高农村电影放映工程的品质。要调整思路，转变农村电影就是露天电影的传统观念，支持有条件的地方利用乡镇礼堂、文化活动站（室）建立室内固定放映点，逐步改善农村群众的观影条件。与此同时，抓住中国电影产业发展的战略机遇，重点实施县城及有条件的乡镇影院建设，构建以县城为中心、乡镇村固定放映为基础、流动为补充的城乡一体化、市场公益兼顾的电影公共服务体系，实现农村电影向市场的过渡，从而从根本上解决广大农村观众看电影的问题，实现农村电影服务的繁荣发展。

（六）因地制宜，努力满足农民工群体的观影需求

电影强国十年规划明确要求，要重视农民工的观影需求，切实采取有效措施解决他们看电影难的问题。近年来，浙江、广东等省为满足农民工观影需求采取了很多切实可行的做法。下一步，应总结经验，根据农民工流动状况，将农民工集聚地纳入农村电影服务范围，科学规划室内固定放映点建设，针对农民工的工作生活特点，合理确定放映场次，出台补助政策，稳妥有效地满足农民工群体的观影需求。

第九节　多屏时代有线电视视频产业空间拓展分析

近年来，在以数字技术、网络技术为核心的信息化推动下，视频产业的融合发展步伐不断提速，正在迈向多屏互动的时代。有线电视要在新的竞争环境和传播格局中生存和发展，必须顺应传播技术的新发展、视频传播的新变化、媒介融合的新趋势、视听市场的新需求，运用最先进的传播手段，改造传统有线电视业务模式，创新传播载体和方式，提升产品和服务质量，拓展视频业务空间，实现有线电视的跨越发展。

一　多屏时代有线电视视频产业空间拓展的方向

（一）由时间媒体向时空媒体转型

传统电视是时间媒体，它以不间断的电子流，传送着视音频信息，观众在稍纵即逝的收视中完成自己的视听体验。在移动频繁化和时间碎片化的时代，传统电视难以满足人们随时随地收视的需求。数字技术和移动技术给信息传播的方式和效率带来了革命性的变化，特别是以手机为代表的移动终端的出现和3G、4G技术的迅猛发展，改变了人们对时空的认识，重构了受众接受信息的方式，不仅使人类得以随时随地进行信息交流，而且能高质量地完成视频信息的接收，从而打破了传统电视只能固定收看的模式，使视频收视实现了由时间媒体向时空媒体的跨域。根据时空互换原理，电视传播空间的扩展，也是时间的延长，电视通过多屏连看的方式，巧妙地由传统的家庭空间和固定收视，进入公共空间和伴随式收视，实现了电视对碎片化时间的利用，从而为视频收看由有限时空向多时段、多空域延伸提供了可能。有线电视通过多屏互动、多网连接，将实现多时空覆盖，由时间媒体向时空媒体转型。

（二）由单向媒体向互动媒体转轨

截至2013年年底，全国数字电视用户达1.72亿户，双向网络覆盖近9500

万户，开通双向业务用户超过2850万户，已初步具备了商用的规模。有线电视通过数字化和双向化改造，使其完成了作为传输载体的介质和作为传输路径通道的完美结合，实现了由广播到互动的转型，具备了与其他媒介融合互动的可能。在多屏互动时代，通过大屏看电视，运用移动终端来进行智能化遥控和互动，成为一种新的收看模式，吸引年轻观众回归电视，使传统电视焕发青春。近年来，中央电视台以及湖南、江苏、浙江、上海、安徽等地电视台，推出了基于电视互动的移动社交应用，实现了手机用户与电视观众的有效匹配，在传播模式上从单向走向互动，改变了观众收看电视的行为模式和体验，收到了较好的效果。

（三）由单一媒介向多用媒介转变

随着有线电视由单向媒介向双向互动媒介的转轨，有线电视“看”的功能不断向人们生活的各个领域延伸，使人们通过电视，不仅能看新闻、看娱乐，而且还可以“看”家、“看”病、“看”购等，有线电视由单一的以“看”为主的资讯性、知识性、娱乐性媒介，向以“看”为基础的通讯性、实用性融合媒介转变。在多屏时代，有线电视从单一媒介向多功能媒介转变已是大势所趋。

（四）由网络运营向平台运营转移

有线电视在数字化、双向化改造上投入巨大，但是“路修好了，却没有多少车跑”，效益不能充分实现。从收入结构看，基本业务收入占总收入的近70%，行业整体上依旧处于“用户增长驱动”的粗放发展阶段。而对新业务、新技术、新的运营模式缺乏整体规划，造成了有线电视在与IPTV、互联网电视等的竞争中处于被动局面。当前，有线电视用户增长已进入瓶颈期，而外来竞争压力却日趋加剧，迫切需要解决的不是建网、改网的问题，而是业务发展问题。业务的增长牵涉到终端选型、技术平台搭建、内容集成分发和支付结算等多层面问题，大量数据的存储和运营需要有线电视由重点经营网络到重点经营平台、经营用户的转移。传统有线电视终端只是一个视频显示器，而未来电视更多的是一个以视频为主的应用平台，通过多功能应用平台的建设和运营，推动有线电视由单一的视频服务向以视频为主的综合信息服务过渡。

（五）由行业媒介向社会媒介转身

长期以来，有线电视网络的功能定位于广播电视传输专用网，为高效、优质、安全、低廉地向广大群众传播广播电视节目，立下了汗马功劳。但是，专用网的定位，也使有线电视网形成了一个极为封闭的产业链。有线电视的上游服务对象，只能是多级政府主办的广播电视台和少量经广电行政部门批准的影视制作机构，下游服务对象只是广播电视的视听受众。随着三网融合的推进，广播电视内容传输正在向其他社会网络开放，有线电视网作为城镇视频传送的专属地位已经由“唯一”变为“之一”。同时，电视网、电信网、互联网之间“井水不犯河水”的封闭状况已被打破，一网多用已成定局，有线电视网由专网向公网，由行业媒介转型为以本行业服务为基础，兼具多行业服务的社会媒介，成为有线电视生存和发展的不二选择。

二　多屏时代有线电视视频产业空间拓展策略

在多屏时代，有线电视视频业务稳步由单向广播向“广播＋互动”的融合多媒体过渡，有线电视业务内容的空间拓展有了更大的可能。

（一）夯实基础业务

有线电视基础视频业务包括各级各类电视台的频道以集成方式播出的直播电视节目，如少量保留的模拟广播频道、数字电视频道、电视购物频道，以免费方式播出的高清、3D 频道。这类节目属于公益性公共服务，只能由国家定价，以有线电视基本收视维护费的名目，收取服务成本费用，以确保观众的公共文化权益。随着有线电视数字化整体转换和双向化改造的推进，为适应多屏时代有线电视视频产业空间拓展的要求，基础视频业务可以通过多屏互动，实现业务价值的二次销售。

（二）强化增值业务

有线电视视频增值业务包括专业化数字付费频道、视频点播业务、频道回放、时移业务等。目前，有线电视视频增值业务还处于起步阶段，未来有较大的成长空间。在多屏时代，有线电视视频业务的拓展要坚持品质高贵，又要力争时尚便捷。因此，高清化、立体化和智能化是增值业务的主攻方向，应尽快推出具有商业价值的高清付费频道、广播式高清电视和成熟的3D电视，以高清内容为主导实现与移动屏和PC屏的互动，体现“与众不同”的特色，这样才能真正赢得市场。

（三）突破跨域业务

跨域业务主要指电信增值业务和互联网接入服务等。长期以来，由于政策和体制的限制，有线电视虽然在跨域业务上有所涉足，但总体规模不大且营运成效有限。大力发展跨域业务，既有可能在短期内大幅度提高有线电视的ARPU值（每用户平均收入），又有利于实现有线电视业务与通信业务、互联网业务的捆绑销售。随着三网融合特别是全国有线电视网络整合的推进，有线电视在体制上、政策上和市场上的许多限制将逐步消除，加上有线电视网络带宽资源相对富余，入户率高，运营成本较低，在跨域业务上将会有更多作为，长期只守不攻的被动局面有可能改变。应积极利用多屏互动的机会，通过视频业务的拓展，带动互联网接入和通信增值业务的发展，二者相互促进，共同发展，使有线电视的整体业务空间得到快速拓展。

（四）创新融合业务

一直以来，有线电视受到产业环境不理想、行业布局不完善、技术标准不统一、思想观念不解放等影响，行业的创新能力不足。尽管早已提出要由“看电视”向“用电视”转型，但时至今日全行业的产业链并没有取得任何重大的突破，相反，电信企业、互联网企业，甚至电视终端的硬件生产商已在跨界的渗透上取得了不小的突破。比如，小米、乐视网、同洲等通过各种方式将自身的业务“嫁接”到了电视机这个重要的终端上。而有线电视本身的技术和业态创新极少，以号称机顶盒的“钥匙”——CA智能卡为例，仍受制于CA厂商；与有线电视行业息息相关的中间件，如BOSS系统、机顶盒、遥控器等技术多年没有根本性变化。在多屏时代，这一被动状况有可能打破，特别是随着移动互联网技术的进步，手持终端正在突破带宽和固网的限制成为功能丰富、智能化程度高的收视模式，这为有线电视突破遥控器功能单一、智能化程度低的限制，大幅度提升电视机智能化和多功能化创造了良好的机遇。

三　多屏时代有线电视视频产业价值拓展的途径

（一）从一屏到多屏

随着以手机为代表的移动终端的快速增长，传统的有线电视屏在数量上已被移动屏超越，有线电视由单屏向多屏的发展已是必然。这既是一次严峻的挑战，也是拓展视频产业难得的机遇。因为在多屏时代，屏的功能仍然是以“视”为主，因适合高质量、长时间的收看，大屏的主流地位仍然不可取代。有线电视的收视主体地位不仅不会削弱，而且通过互动，还可以将年轻的观众吸引回电视，“大屏带小屏，小屏促大屏”。有线电视应积极主动地回应多屏时代的需求，将多屏互动纳入自己的发展战略，在节目形态和智能操控上进行必要的调整，以适应多屏互动的要求，为有线电视视频业务增长迎来更加广阔的发展空间。

（二）从一专到多能

有线电视网在内容、网络和终端上实现了与电信网和互联网的融合，在坚守一专的基础上，具备了向多能（用电视）发展的可能性和必要性。有线电视可以充分利用自身大屏幕、大带宽、大覆盖的优势，在纵向上，拉长产业链，基础业务方面通过高清化、立体化提升有线电视的画音品质，增强有线电视的可视优势；增值业务方面通过双向化和社交化，实现交互功能，丰富用户的收视体验。在横向上，利用多屏、多网互动，紧抓大数据、云计算的机遇，大力发展融合业务和跨域业务。

（三）从标清到高清

电视的本质是“图像”，在技术引领电视发展的多屏时代，“画质”仍然是视频产业的永恒话题。电视不管怎么变，能在家中享受影院级的视听体验，是观众向往的收视追求。对有线电视来说，高清、超高清以及3D是占优势的业务，也是广电产业应对OTT、IPTV和多种移动视频终端竞争的重要筹码。目前的问题是高清的内容较少，不能满足用户的需求；高清的商业模式未形成，不利于可持续发展。从多屏互动的现实要求看，目前小屏的画质已普遍达到了较高的水平，身为大屏的电视，尽快实现由标清到高清的转换，是多屏时代电视发展的重要技术前提。

（四）从遥控到智控

2013年，随着“电视映像触控技术”的快速进步，从技术上已经能比较顺畅地实现视频内容在电视屏、手机屏、平板电脑屏和PC屏上的切换，带来了全新的多屏互动体验。影像控制技术的重大进步，将会像遥控器对于电视、鼠标对于电脑、多点触控对于手机一样，带来视听接收的革命性变化。长期以来，电视控制受制于遥控器技术简单、功能单一、操控体验差的约束，很难满足观众个性化、智能化的操控需要。“电视映像触控技术”的出现，解决了制约传统电视发展的瓶颈问题。通过直接用手机、平板电脑等移动终端操控电视，实现了有线电视“大屏映小屏，小屏助大屏”的低延时和智能化操作。需要强调的是，手机等移动终端参与操控电视，不是取代遥控器，而是丰富了电视的智能化和互动化的功能。传统的遥控器操作便利，已为广大中老年观众所熟悉，今后完全可以继续存在，满足这部分观众的习惯需求，同时引入移动智控又可以通过软件下载的方式，在移动终端上实现并不断叠加服务产品，以适应年轻人智能收看的要求，将一大批青年观众吸引回电视大屏。

（五）从广播到网播

在多屏时代，实现媒介的融合发展，必然要求有线电视由广播性媒介向“广播+互动”媒介的转型，从而实现由传统的广播走向信息化时代的网播。网络传播集多种传播媒介于一体，实现从一网到多网、一屏到多屏、一用到多用的复合传播。各种传播形态与形式的相互交融，既可以是“点对点”的，也可以是“点对面”的；可以是单屏的，也可以是多屏的；可以是一级传播，也可以是多级传播。一条信息通过跨越多种媒介，在多个渠道中进行了多次传播，价值得以放大，有利于实现传播效益的最大化。

（六）从小网到大网

有线电视的数字化和网络化，使数据的大规模交换和传播有了技术支撑，比特流的复制几乎不存在边际成本问题，通过不断扩大覆盖规模降低成本，实现优质、低价、多元销售，是有线电视在多屏时代拓展视频业务必需的选择。如果说传统有线电视网络的生产方式，是在标准化基础上的广播式服务，而多屏时代，有线电视将逐渐向“个性化运用”基础上的规模化服务转型。个性化服务是“私人订制”，如果没有巨大的规模化用户为基础，小批量的个性化产品的成本很难控制在用户可以接受的范围之内。这就要求现有的以省为单位、以百万级用户为主体的省域网，向亿万级用户的全国网规模化聚集。因此，多屏时代，有线电视视频业务的空间拓展，最终取决于全国性规模化有线电视网的形成。

第十节　广播电视科技前沿与应用展望[①]

近年来，广播电视和新媒体相关技术不断革新、发展迅速，催生出纷繁多样的业务类型，如传统广播电视、VOD 视频点播、IPTV、网络视音频（WebTV）、互联网电视（OTT）以及各种智能终端上的视音频应用（APP）等，随之也推动了整个广播电视和新媒体行业呈现出创新、快速、多元发展的良好局面。总的来看，广播电视和新媒体相关技术应用的最新进展主要有以下几个方面。

一　编码技术

编码技术是广播电视数字化与新媒体发展的基础。随着编码技术的不断进

① 本文内容参考并引用了 ATSC、IEEE、IETF、ITU 以及 Wikipedia 的有关文献资料。

步，编码效率大大提升，HEVC/H.265、VP9 等新一代编码技术可在其他条件不变的情况下，使有线、无线、卫星等传统广播电视和新媒体技术系统的传输频道数量成倍增加。其中，高效率视频编码（High Efficiency Video Coding，HEVC/H.265）作为 H.264/MPEG-4 AVC 的继任者，支持 4K 分辨率和 8K 分辨率，能在有效提升视频节目图像质量的同时，使视频压缩率达到 H.264/MPEG-4 AVC 的两倍，等于同样画面质量下比特率减少了 50%。而 VP9 由 Google 开发，作为 VP8 编码的后继者，无须支付使用费用。Google 的 Chrome 浏览器于 2013 年 2 月开始支持 VP9 编码。中国于 2012 年颁布了技术标准《广播电视先进音视频编解码第 1 部分：视频》（简称 AVS +），AVS + 的下一代 AVS2 目标性能将比 HEVC/H.265 提高 5%。

二　终端和显示技术

如今，可承载广播电视和新媒体业务的终端设备已由传统的收音机、电视机，扩展至智能电视机、机顶盒、外接电视棒（Dongle）、家庭影院电脑（Home Theater Personal Computer，HTPC）、游戏主机、平板电脑、智能手机，甚至可穿戴电子设备等。智能手机是口袋里的屏幕，计算机是桌面上的屏幕，平板电脑是坐在沙发里的屏幕。未来终端设备正朝着更加智能化、小型化、高性能、易操作的方向发展。如 Google 眼镜项目（Google Project Glass）开发了用于增强现实功能的头戴式显示器（Head-Mounted Display，HMD），希望用眼镜来取代平板电脑、智能手机的屏幕，并推动用户使用自然语言与互联网交互。Google 在 2013 年推出的 Chromecast 等互联网电视棒产品将用户家中的普通电视机变成互联网电视机，可播放互联网上海量的音视频内容，而价格较互联网电视一体机、机顶盒等更为低廉，受到不少用户的欢迎。平板电脑方面，包括苹果 iPad Air 和 iPad mini with Retina 等的新一代平板电脑与此前的平板电脑相比，更轻、更薄、显示分辨率更高，性能也更加强大。

随着多核心处理器（Multi-Core Processor）、通用图形处理器（General-Purpose Computing on Graphics Processing Units，GPGPU/GPU）等技术的出现，各种智能终端设备的数据处理能力、图像处理能力也快速提升，以前终端设备接收、播放视频时因本身性能限制而产生的缓慢、卡顿现象已近乎绝迹。以微处理器为代表的半导体器件，功能遵循摩尔定律的预言日益强大，价格却相对快速下降。现在市场上主流的智能手机，其中央处理器的计算能力已经超过了几年前的个人电脑。

在终端显示技术方面，超高画质电视（Ultra High Definition Television，UHDTV），又称为 Ultra HD TV、UHD 等，是高清晰度电视（HDTV）的下一代技术。国际电信联盟（ITU）拟定了 UHDTV 规格的推荐草案，规定了 4K（2160P）和 8K（4320P）两种技术标准。4K（2160P）格式的最小分辨率为 3840×2160，8.3 百万像素，是 1080P（1920×1080，2.1 百万像素）像素数量的四倍。8K（4320P）格式的最小分辨率为 7680×4320，33.2 百万像素。目前，已有许多电视机厂商生产出了 4K 电视机产品。此外，Retina 显示屏（Retina Display）等显示技术具备足够高的像素密度，使人在正常观看距离下肉眼无法分辨屏幕单独像素点，有视野大、漏光少、色域广、色彩还原准确等特点，具有极佳的观赏效果。自 2013 年以来，一些厂商已开始展示并量产了装配有柔性液晶显示屏、曲面液晶显示屏的平板电视产品和智能手机产品。相较于传统屏幕，柔性屏幕在体积上更加轻薄、功耗更低，有助于提升设备的续航能力，同时基于其可弯曲、柔韧性佳等特性，其耐用程度也大大高于普通屏幕，有助于降低设备意外损伤的概率。

随着显示技术的进步、屏幕分辨率的提高，终端多媒体接口可传输的最大带宽也不断增加。比如，高清晰度多媒体接口（High Definition Multimedia Interface，HDMI）2.0 标准于 2013 年 9 月发布，其最大传输带宽增加到 18Gbit/s，能够支持每秒 60 帧的 4K 分辨率（2160p@60fps）显示和 4 组 32 声道的音频流，同时还支持每秒 25 帧的 3D 格式显示，以及双画面、动态声画同步等。移动高画质连接技术（Mobile High-Definition Link，MHL）3.0 标准于 2013 年 8 月发布，支持 4K 显示，可将手机等移动终端与高清晰度电视（HDTV）直接连接，传输每秒 30 帧的 4K 分辨率（2160@30fps）视频，支持 7.1 声道环绕立体声系统和多屏同步显示，以及在传输数据、视频的同时给移动终端设备充电。

近年来，语音识别、动作识别、人脸和表情识别等人机交互技术的不断发展，智能终端操作方式不断简化、升级，进一步提高了终端设备的易用性和可操作性。举例来说，苹果 iOS 系统中的 Siri 人工智能助理软件，使用自然语言处理技术，可使用户利用自然语言与手机进行互动，完成搜寻资料、查询天气、设定手机日历、设定闹铃等许多服务。音频超链接（Audio Hyperlinking）技术，是苹果正在开发的一种技术，可在音频内容中内嵌超链接信息，能使用户在收听播客时跳转到其他内容和资源。Kinect 是由微软开发，应用于 Xbox 游戏主机的周边设备，可使用户利用语音指令或手势、身体动作来完成控制操作。人脸识别（Face Recognition）技术利用分析比较人脸视觉特征信息进行身份鉴别，目前在智能手机中应用于解锁手机、识别使用者等功能。

三　数字声音广播和数字电视技术

数字化给广播电视的体验、功能、效率等带来一系列提升。随着广播电视技术的不断发展，在世界范围内，传统广播电视不断加快由模拟向数字的转换步伐，数字声音广播和数字电视技术近年来也有了一些新的进展，可以为人们提供质量更高、数量更多的广播频率和电视频道，同时功能也进一步丰富，支持更多新型业务应用，其中比较有代表性的有 CDR、ATSC3.0 等。

CDR 是中国自主知识产权的数字音频广播技术。自 20 世纪 90 年代以来，中国广播电视部门和科研院所在对 HDRadio、DRM、DAB 等一些国外数字广播先进技术进行研究的基础上，努力探索建立中国自己的数字广播技术体系，推进中国声音广播数字化进程。2001 年，国家广电总局成立了数字声音广播技术工作组，并将开展数字声音广播，建立实验系统，列入“十二五”的广播影视发展规划。CDR 作为中国广播电视数字化过程的一个重要组成部分，是广播数字化的发展方向。

ATSC 是美国的数字电视国家标准，2013 年 3 月美国高级电视系统委员会（Advanced Television Systems Committee）在全球范围内征集 ATSC3.0 标准的“物理层”提案。未来的 ATSC3.0 标准将更多利用最新的压缩、传输等新技术，为用户带来更加高效的广播电视服务，在广播电视表现、功能和效率方面都带来一系列的提升，预计将支持每秒 60 帧、分辨率为 3840×2160 的超高清视频（UHDTV）。

四　存储和云技术

随着广播电视和新媒体的发展，海量视音频节目内容的存储需求更加凸显。近年来，在机械硬盘、固态硬盘、网络存储，以及云技术领域，都有新的技术进展。目前，主流机械硬盘最新的单碟最大容量已达到1TB，下一步硬盘厂家将利用叠瓦式磁记录（Shingled Magnetic Recording，SMR）等技术进一步增加整张碟片的存储密度、提高机械硬盘单碟的最大容量。而固态硬盘（Solid State Disk，SSD）与传统硬盘相比，具有低功耗、无噪音、抗震动、低热量的特点，不仅使数据能更加安全地得到保存，同时也延长了靠电池供电设备的连续运转时间。

随着互联网的发展，用户平均接入带宽大幅度增加，使得网络化存储成为可能。网络存储具有不会因用户计算机故障而导致数据丢失，且可以随时随地通过互联网访问、下载存储内容等优点，受到用户普遍欢迎。Google 云端硬盘（Google Drive）是 Google 的网络存储服务，具备在线文件编辑功能，免费提供用户 15GB 的存储空间，使用户可在浏览器中直接打开视频文件等数十种文件。iCloud 是苹果公司提供的网络云存储服务，可以通过网络存储用户的音乐、照片、APP、联系人和日历等内容，并支持推送到用户个人终端设备。

用户需要存储的数据量越来越大，存储的物理地址越来越分散，这些都给存储管理带来一定难度。为了更好地适应网络化、分散式、大数据量存储的需要，以虚拟化、分布式为特征的云技术也不断发展。虚拟化（Virtualization）技术将计算机资源如服务器、网络、内存及存储等予以抽象、转换后呈现，使用户可以更好地来应用这些资源，且不受现有资源的物理形态和地域等条件限制。分布式网络存储技术将数据分散地存储于多台独立的机器设备上，利用多台存储服务器分担存储负荷，不但解决了传统集中式存储系统中单存储服务器的瓶颈问题，还提高了系统的可靠性、可用性和扩展性。同时，为更加有效地管理海量的、分布式的网络存储内容与数据，数据库技术也发展出分布式数据库（如 Hadoop）和非关系型数据库（NoSQL）等新技术。Google 文件系统

（Google File System，GFS/GoogleFS）是比较有代表性的云技术系统，是Google公司为了满足其需求而开发的基于Linux的专有分布式文件系统，它运行于廉价的普通硬件上，但可以提供容错功能，具有防止因单个节点故障而导致数据丢失、较高的数据吞吐率等特点，可以给大量的用户提供总体性能较高的服务。

五　网络传输和接入技术

以光纤传输、宽带接入为代表的网络传输和接入技术发展，极大地改变了信息的流动方式，是扩展视音频内容的服务范围、丰富服务内容、提升服务质量的强劲推力。随着网络技术的不断发展，网络带宽不断增加，网络传输质量不断提高，视音频内容在网络上传输、播放变得更加快捷、流畅。特别是移动网络技术的发展，使得用户可以随时随地通过移动网络访问和播放各种视音频节目内容，近年来移动网络的数据量每年翻一番。举例来说，以太网音视频桥接技术（Ethernet Audio/Video Bridging，Ethernet AVB）是一项IEEE标准，架构在以太网上传输非压缩音频、视频信号，能够支持目前大多数的专业视频信号格式，支持在以太网上传输压缩的1080P高清视频信号。长期演进技术升级版（LTE Advanced，LTE-A）是基于长期演进技术（LTE）的演进版本，是ITU定义的第四代国际移动通信（4G）技术标准之一，支持群播/广播单频网络（Multicast/Broadcast Single-Frequency Network，MBSFN）和增强型多媒体广播多播业务（ehanced Multimedia Broadcast/Multicast Service，eMBMS），可以提供诸如移动电视等服务。WirelessMAN-Advanced即IEEE802.16m标准，是WiMax的升级版，也是ITU定义的4G技术标准之一。

短距离无线传输技术满足用户在短距离条件下，在不同终端、不同房间之间共享和传输音视频内容的需要。苹果公司的AirPlay技术，可将iPhone、iPad等设备上的视频内容，通过无线局域网络传送到支持AirPlay的其他设备（如音箱、Apple TV）上显示、播放。其他类似的技术还有DLNA、Miracast、WiDi等。利用这些短距离的无线传输技术，用户可以将手机上的音视频内容直接在电视机或平板电脑等其他装置显示、播放，而无须任何连接线。

同时，目前有许多家庭都使用了 BPL/PLC 技术的家庭网关。电力线通信（Power Line Communication，PLC）利用电力线作为信息传输的媒介，通过载波方式传输模拟或数字信号，无须重新布线，组网简单快捷、成本较低廉，应用范围广。电力线宽带（Broadband over Power Lines，BPL）指允许互联网数据在电力线上进行传输的技术。BPL/PLC 技术不需要在已有的家居环境中重新铺设网络线路，覆盖范围包括整个家庭的所有房间，范围远大于其他载体的线路，可使家庭不同房间都能通过网络来访问网络上的音视频内容。

六　互联网协议和技术

过去，互联网由于带宽、技术等方面的限制，对于音视频业务应用的支持不甚理想，互联网上音视频内容数量较少、分辨率较低，播放速度较慢，且经常卡顿，无法实现长时间流畅播放，因此用户对互联网音视频业务应用的使用率也不是很高。到今天，互联网协议和技术不断进步，随着互联网协议的广泛应用和信息的超文本标记语言表达的发展，互联网音视频业务应用的用户体验已经大幅度提升，音视频内容已占据了互联网流量中的绝大部分。特别是 IPv6、HTML5、HTTP2.0 等互联网协议和技术的飞速发展，既为互联网音视频等新媒体的发展提供了有力支撑，同时也推动了广播电视的创新式发展。

互联网通信协议第 6 版（Internet Protocol version 6，IPv6）是用于数据包交换互联网络的网络层协议，是 IPv4 的下一代互联网协议版本。随着互联网的蓬勃发展，上网人数越来越多。据国际电信联盟（ITU）估计，全球上网人数到 2013 年年底时约为 27 亿人，占全球总人口的 40%。而现在使用的 IPv4 网络，仅能提供约 2.5 亿个 IP 地址，虽然目前的网络地址转换等技术可延缓 IP 地址的匮乏现象，但不能解决根本问题。为此，IPv6 于 1998 年 12 月被互联网工程任务组（IETF）通过互联网标准规范草案（RFC 2460）的方式公布出台。IPv6 除了增加可用 IP 地址以外，还能够使互联网音视频内容的传输效率进一步提高，使更高清晰度的视频内容的流畅传输成为可能。

HTML5 是 HTML 下一个主要的修订版本，目标是取代 1999 年所制定的 HTML 4.01 和 XHTML 1.0 标准。HTML5 添加了许多新的语法特征，其中包括视频 <video>和音频 <audio>等标签元素，使得在网页中添加和处理多媒体内容变得更加容易，可以大幅提高传统广播电视和新媒体在终端、EPG 等方面的兼容性、交互性和效率。目前，Firefox、Google Chrome、Opera、Safari（版本 4 以上）、Internet Explorer（版本 9 以上）已支持 HTML5 技术。2012 年 9 月，W3C 提出计划要在 2014 年年底前发布 HTML5 推荐标准，并在 2016 年年底前发布 HTML5.1 推荐标准。

超文本传输协议（HTTP）2.0 是计划中的下一代 HTTP 协议，将大幅度提升现有互联网站点访问速度，最高可以使 Web 页面访问速度提高一倍，这为更高清晰度的视频内容流畅传输提供了前提条件。目前，正由互联网工程任务组（IETF）进行开发，并于 2012 年 11 月发布了 HTTP 2.0 的首个草稿，其内容基本与 Google 的 SPDY 协议相同。2013 年 8 月，HTTP 2.0 进行了首次合作共事性测试。

虽然目前互联网的平均接入带宽较以前已有大幅度提升，但在很多地区，受到网络接入条件的限制，用户的接入带宽仍然有限，网络访问速度也不是很稳定。自适应流媒体技术能够根据用户的网络带宽等条件，动态调节视频的编码格式、传输速率，以保证用户得到高质量、流畅、平滑的视频观看体验。HLS（HTTP Live Streaming）是由苹果公司提出的基于 HTTP 的流媒体网络传输协议，是苹果公司 QuickTime 和 iPhone 软件系统的一部分。它的工作原理是把整个流分成一个个小的基于 HTTP 的文件来下载，每次只下载一些。当媒体流正在播放时，客户端可以选择从许多不同的备用源中以不同的速率下载同样的资源，允许流媒体会话适应不同的数据速率。苹果公司已把 HLS 协议作为一个非正式的标准提交到 IETF。类似的还有，2011 年 11 月动态图像专家组（MPEG）组织批准的 HTTP 动态自适应流媒体（Dynamic Adaptive Streaming over HTTP，MPEG-DASH）技术标准。MPEG-DASH 将视频文件编成多个码率的片段，并分成多个文件分块，通过 HTTP 传输给客户端，以适应不同的网络带宽需求，从而避免视频的卡顿和缓冲。MPEG-DASH 于 2012 年 4 月作为 ISO

/ IEC 标准发布，目前已经广泛部署于 HTTP Web 服务器用于视频内容分发。2013 年，DASH 产业论坛（DASH Industry Forum，DASH IF）发布了 MPEG DASH-264 视频分发标准实施指南，涉及直播和点播服务。

对等互联网络技术（Peer to Peer，P2P）能够调动网络中所有参与者的计算能力和带宽，而不再依赖较少的几台中心服务器，从而有效提高传输速度和系统健壮性，目前已在下载、传输等领域广泛应用。对等流媒体协议（Peer to Peer Streaming Protocol，PPSP），是基于 P2P 技术的网络流媒体协议，充分发挥 P2P 的技术优势，来实现网络流媒体的大规模、高质量、快速传输，可使 P2P 环境下的音视频流媒体传输效率进一步提升，更加快捷，更加具有质量保证。中国移动联合聚力传媒、华为等企业在 IETF 会议上发起成立了 PPSP 工作组。此外，人们除了在线观看互联网视音频内容之外，还有下载后观看的习惯。磁力链接（Magnet URI scheme）技术的出现，通过散列函数值来识别、搜索、下载文档，使下载不再依赖中心服务器提供文件索引、定位服务，使用户在互联网上下载音视频节目内容时更加方便、自由，特别适用没有中心服务器的 P2P 对等网络。

以前用户通过互联网播放、传输音视频内容时，为了保证质量和效率，常常需要安装一些特定插件、程序。随着基于浏览器的实时通信技术的出现，用户可以直接使用浏览器，在网页中观看互联网视音频内容，或进行实时的视频直播。基于 Web 浏览器的实时通信技术（Web Real Time Communication，WebRTC）是支持网页浏览器进行实时语音对话或视频对话的标准框架，它定义了如何在 Web 用户之间实现实时的交互和通信。和传统的基于本地客户端或浏览器插件的多媒体通信方式不同，WebRTC 通过将多媒体通信所必需的音视频处理（采集、编码、增强）、网络传输、会话控制等核心模块集成到浏览器内部，仅需通过简单的 JavaScript API 调用即可获得实时的音视频通信和文件共享能力。

各种网络技术正朝着越来越灵活、越来越易于扩展的方向发展，从最初的电路交换技术到软交换技术，再到近年发展出现的 SDN/NFV 技术，均是以更灵活、更易于扩展的方式来管理和部署网络，优化网络结构，提升网络效率，从而推动更低成本、更大规模、更高性能的网络建设。软件定义网络

（Software-Defined Networking，SDN），是一种网络虚拟化技术，利用 OpenFlow 协议，把路由器的控制平面（control plane）从数据平面（data plane）中分离出来，以软件方式实现，从而在不变动硬件设备的前提下，通过软件程序重新规划网络，为控制网络流量提供新的方法。2011 年，致力于推动 SDN 标准化的开放网络基金会（Open Networking Foundation，ONF）成立。目前，ONF、IETF 和 ITU-T 等国际组织主导了相关的技术标准研究。Facebook、Google 的数据中心都使用了 OpenFlow 协议。网络功能虚拟化（Network Function Virtualization，NFV）旨在通过 IT 虚拟化技术，利用标准的 x86 服务器、存储和交换设备来取代通信网中私有、专用的网络设备，从而实现更简单、更灵活和更具成本效益的网络运营。一方面基于 x86 标准的 IT 设备成本低廉，能够节省巨大成本，另一方面开放的 API 接口能够使网络更加灵活。借助 SDN/NFV 可以实现以低廉的成本构建更加灵活的网络，并能够有效优化网络流量。通过 SDN/NFV 技术，用户可以在传输、观看互联网音视频内容时得到更好、更稳定的体验，同时更加节省流量。

第十一节　网络视听产业并购趋势分析

近年来，网络视听行业并购活跃，进入全面整合的发展阶段。这既是网络视听产业高速增长的内生需要，同时也是行业竞争日益激烈的结果。网络视听企业通过资本并购，既增强现有业务实力，又迅速进军新业务，完善了产业链，进一步巩固了市场领先地位，实现竞争优势。

一　网络视听产业并购现状、特征及典型案例

近几年来，网络视听企业的并购日渐活跃。艾瑞咨询预测数据显示，中国网络视听产业近几年进入“井喷式”发展期，市场规模在两三年间由 2010 年的 31.4 亿元升至 2013 年的 128.1 亿元，年均增长 59.79%。2013 年，网络视听行业更是发生了多起并购事件，并且并购金额大幅上升（见表 2－1）。

表 2-1　2012～2013 年网络视听产业并购情况

时间	并购事件	并购金额	股权比例
2012.3	优酷土豆进行 100% 股权合并	—	优酷占股 71.5%，土豆占股 28.5%
2012.3	百视通投资风行网	3000 万美元	百视通占股 35%
2012.11	百度回购爱奇艺	—	百度绝对控股
2013.5	百度收购 PPS	3.7 亿美元	—
2013.8	百视通增投风行网	3.07 亿元	百视通持股由 35% 增加至 54%
2013.9	乐视网收购花儿影视及乐视新媒体	15.98 亿元	乐视网占股花儿影视 100%，占股乐视新媒体 99.5%
2013.10	苏宁联手弘毅战略投资聚力传媒	4.2 亿美元	苏宁占股 44%，弘毅占股 30%

数据来源：根据互联网公开资料整理。

在这些并购案例中，网络视听企业打破技术界线、条块分割和所有制界线，推动产业跨地区、跨行业、跨所有制兼并重组，呈现出鲜明的行业发展特征。

（一）台网融合，传统媒体寻求突破

为了应对互联网对传媒生态的改变，传统电视媒体纷纷与视频网站合纵连横，在内容、发行、营销、技术等诸多方面进行全方位合作的案例屡见不鲜。随着媒体融合趋势的进一步加深，传统电视媒体与网络视听行业也在进一步探索台网深度融合的新模式。

2012 年 3 月，SMG 提出“台网融合”战略，旗下百视通投资 3000 万美元参股风行网，成为其第一大股东；2013 年 8 月，百视通投入 3.07 亿元增资风行网。双方将在市场、资本、技术、内容、团队等方面进行深度融合，将 SMG 电视节目的策划、制播、推广、营销、版权、广告等环节与互联网“绑定”，利用互联网实现二次传播，并将互联网的互动模式“引入”电视屏。

这是传统电视媒体借并购实施“台网融合”战略，寻求在网络视频领域突破的一个典型案例。百视通与风行网的协作主要体现在两方面：一是内容协同采购，特别是在上海广播电视台影视剧资源方面；二是风行网的用户资源、P2P 技术和大规模运营经验有利于增强百视通在电视领域的服务能力。未来，二者还将在节目制作、多终端呈现、营销运营层面进行更多的深度整合与合作。两种不同平台的媒介形成协同效应，互相支持优化功能并扩大彼此的影响力，实现双赢。百视通与风行的合作，把电视台与互联网之间一直在推行的基于版权买卖关系的“台网联动”模式，上升到台网协同、台网一家模式。

（二）强强联手，巩固行业优势地位

当前，网络视听行业存在的通病是：同质化竞争严重，运营成本高企，内容采购没有议价能力，广告提价能力有限，赢利困难。于是视频企业的“抱团取暖”成为一种“潮流”。优酷网和土豆网作为国内网络视频领域的两大代表性网站，虽然占据了市场领先地位，但由于普遍面临高企的带宽成本和版权成本压力，在 2012 年 3 月选择了合并。

合并之后，双方不仅在带宽采购方面更具备优势，内容分发网络规模的扩大，也降低了单个用户的内容分发成本。而且两家的广告系统实现对接：对于贴片等常规广告进行整合售卖，提升议价能力；针对自制节目、活动及专题，则进行分开售卖，在广告方面仍旧保持两个网站的差异化。

优酷和土豆代表的“强强联手”整合形式，通过压低版权费用、增强内容能力、开拓渠道，提高广告议价能力，有利于扩大并巩固原有的领先地位，从而更好地实现规模优势。优酷土豆已经成为一个以 UGC、自媒体、长视频见长，面向所有群体的网络视听企业。

（三）优势互补，抢占移动视频制高点

如果说优酷土豆的合并是一次强强联手，那么 2013 年百度收购 PPS 则是一个优势互补的并购案例。由于爱奇艺与 PPS 双方各自拥有不同类型和特征的视频用户，合并后的双方可以实现用户和资源互补。

2013 年 5 月，百度宣布以 3.7 亿美金收购 PPS 视频业务，并将 PPS 视频业务与爱奇艺进行合并。双方业务合并后，PPS 将作为爱奇艺的子品牌继续提供视频服务。爱奇艺与 PPS 的合并，与优酷土豆合并案例的差异在于，前者的合并业务差异化较大，爱奇艺以网页端正版影视剧内容见长，PPS 作为网络电视客户端产品，在桌面客户端和移动端拥有入口优势，收购 PPS，将弥补爱

奇艺在移动客户端方面的短板。此外，PPS 在三、四线城市和中老年用户中的装机率较高，也与主要用户群体集中在一线城市和沿海发达地区的爱奇艺形成互补。双方在用户和业务上的重合度低，互补性强，整合更容易，内部损耗会更小。此外，爱奇艺与 PPS 的合并将提升自身的广告议价能力，会对以广告收入为主的其他综合视频网站形成较大冲击，同时将提高这些网站拓展用户资源的难度。

爱奇艺与 PPS 的整合，是网络视频行业继优酷土豆合并后的第二次洗牌，至此形成了网络视频行业的两极格局，行业第一的争夺更加激烈。根据艾瑞咨询首次将爱奇艺和 PPS 合并统计发布的 2013 年 4 月份网络视频数据，爱奇艺以 4991 万人的 PC 端日均用户覆盖数居于首位。同时，在月度浏览时长方面，长于正版高清影视的爱奇艺以 12.5 亿小时继续稳居首位。

（四）纵向整合，打造视频全产业链平台

除了网络视听企业之间的合并，试图打通产业链上下游的纵向整合，对上下游企业进行并购是网络视听企业进行并购的另一模式。2013 年，乐视网并购花儿影视、乐视新媒体是这种模式的典型案例。

2013 年 9 月，乐视网收购专业影视制作公司——花儿影视与电视剧网络版权运营商——乐视新媒体。此次并购，从内容自制与内容采购两方面加强了乐视网内容精品化战略，将乐视网的网络视频产业链向内容提供的上游环节延伸。乐视网收购花儿影视是精品内容战略实施的重要开端，将优化并升级其内容生产模式，大幅增强乐视网优质内容的生产能力及筛选能力。

并购乐视新媒体，则是乐视网进行内容精品化建设和规划的重要举措。乐视新媒体主要业务包括对精品电视剧网络版权的采购、管理及销售，预计每年将采购 2～4 部精品电视剧的独家网络版权。并购之后，乐视网将获得新的精品剧购买平台和购买资金。

乐视网从版权分销到广告创新，再到视频平台，通过 PC 端、移动端、电视端向终端市场延伸，通过此次并购，乐视网涉足内容生产的上游产业，进一步完善了产业链，构建起一个“平台 + 内容 + 终端 + 应用”的“生态系统”。

（五）跨界收购，电商实体经济涉足虚拟行业

在网络视听行业内部并购火热进行的同时，外部资本也蠢蠢欲动，来自实体经济的资本也开始跨界涉足这一发展迅速的虚拟经济体——网络视听行业。实体经济的介入将推动以视听服务为基础的独立网络视听企业向融合多元业务的综合服务提供商转型。

2013 年 10 月，苏宁和弘毅资本联合以 4.2 亿美元战略投资聚力传媒。三方计划打通聚力传媒 3.4 亿互联网用户和苏宁的会员服务。一方面，通过苏宁提供的各类生活服务建立对聚力传媒用户人群的深度认知；另一方面，通过苏宁线上和线下人流和广泛的城市覆盖提升聚力传媒的品牌影响力。

苏宁跨界收购聚力传媒是苏宁实践“店商 + 电商 + 零售服务商”的“云商”模式的一次重要布局。一方面有助于苏宁丰富渠道，抢占互联网的多屏入口，丰富数字内容产品经营；另一方面有利于苏宁进行多屏联动的数据营销和视频营销，将前后台的用户数据连通，建立大数据下用户电商行为分析，结合视频广告、视频电商链技术、视频购物、情景购物等多样形式，打造全新的互动购物体验，发展新型营收模式。合并后，苏宁从传统线下家电零售业向线上线下全品类的平台转型，聚力传媒从单一的视频广告售卖向多元的营收转型，从单一视频媒体向多元化的播出平台转型。聚力传媒通过建立立体化的视频生活服务体验，提高了聚力传媒的品牌影响力和用户对平台的黏性。互联网已经显示出实体经济与虚拟经济结合、线上线下结合、软硬结合的趋势，“苏宁 + 聚力 + 弘毅”正是顺应互联网经济发展趋势，实现用户流、信息流和资金流结合的典型案例。

二　网络视听产业并购的行业影响

网络视听行业在运营成本的重压与赢利困局的拷问之下，走到了集体求变的关键阶段，纷纷通过资本并购途径实现产业的升级调整。

（一）市场集中度提高，行业步入寡头竞争时代

随着数字技术与互联网技术的引入，视听行业发展模式深刻转型，逐步由封闭单一向开放多元转变，传播模式、运营模式、服务模式正在发生巨大的转变。截至 2013 年年底，中国网络视频用户达 4.28 亿户，网络音乐用户 4.53 亿户，移动音视频业务将成为视听内容产业竞争的新领域。

国内网络视听行业市场集中度进一步提高。在经历 2012、2013 两年频繁出现的资本并购后，市场集中度进一步提高。占据行业老大老二位置的优酷网和土豆网合并之后暂居行业第一，百度收购 PPS 视频业务，并与旗下视频网站爱奇艺进行合并之后，综合实力跃居行业第二位，与优酷土豆形成两极竞争格局。国内网络视听行业格局发生了根本性变化，行业步入寡头竞争时代。一线网络视听企业与二、三线网络视听企业之间的差距进一步拉大，行业形成相对垄断的市场格局。当前，以一线主流网络视听企业为主的格局已经形成，整合后的市场将压缩中小网络视频企业的发展空间，二、三线网络视听企业在这种趋势下逐渐向一线企业靠拢，以寻求更多的发展机会，同时，一线网络视听企业都在寻找突破点，因此不排除未来还有并购案例的发生。

视听媒体目前正形成多元参与、开放融合、多重叠加、价值重构的发展局面，将有利于推动广电行业产业价值链的完善，提升发展空间。随着行业创新的不断深入，产业规模将极大扩展，行业价值也将全面提升。

（二）商业潜力进一步释放，经营模式进一步创新

1. 网络视频业广告价值提升

一方面，随着在线视频播放器功能的日益强大，网络视听行业的实力提升，广告主对视频广告的认可度大幅度提高。另一方面，通过视频行业的并购和整合，资金门槛提高，加速行业洗牌，“寡头化”形成后，视频网站的品牌实力增强，品牌广告投放将向寡头集中，网站的议价能力也将随之增强。2013 年，在线视频网站同步热播影视剧、歌唱选秀等综艺节目、自制剧等内容，掀起观看高潮，用户时长及频次均有较大提升，带动了广告规模的增长。移动视频方面，其商业价值受到越来越多广告主关注的同时，优酷、

爱奇艺等网站通过增加贴片广告的时长来提升广告总量，带动了整体移动视频市场广告收入的增长。移动视频商业化进程加快，在移动视频营销服务不断优化的驱动下，将会吸引更多广告主投入预算。根据易观智库发布的《2013 年第 4 季度中国网络视频市场季度监测》数据，2013 年，中国网络视频广告市场规模为 122. 2 亿元，较 2012 年增长 38. 4%（见图 2 –5）。

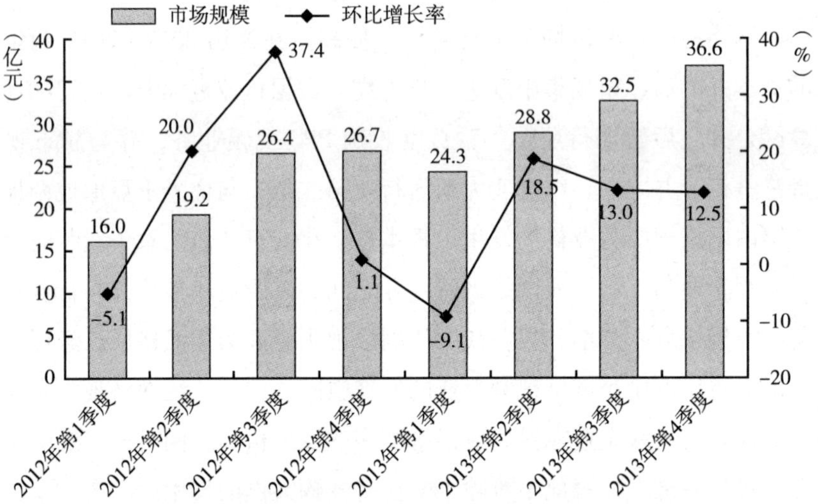

图 2 –5　2012 ~2013 年中国网络视频市场广告收入规模

数据来源：易观国际·易观智库·中国互联网商情。

2. 版权、电子商务等赢利模式创新日见成效

除广告外，视频网站还创新其他赢利模式，成效显著。一是通过版权收费赢利，主要包括两个方面，版权分销和自制节目的版权出售。视频网站通过对版权的大量购买，再分销给其他视频网站赚取利润。通过并购，国内视频网站围绕平台的竞争格局已经落定，差异化的战略催化了自制的发展。视频网站自制除了从渠道上把控外，还可借机参与到内容制作的上游，掌握更大的话语权，最终培育出新的制播产业生态。视频网站自制能力增强，自制剧和自制节目开始被电视台所青睐，不少视频网站也开始出售版权给电视台，赚取版权费。比如，优酷网的《晓说》以低制作成本卖出了二轮剧的价格。

通过并购，视频网站进入电商领域相对更加容易。在国际上，2013 年日本互联网电子商务巨头乐天以 2 亿美元收购视频网站 Viki。以国内的苏宁收购聚力传媒为例，苏宁的大量供应商和第三方商家资源，将可以成为聚力传媒的潜在广告主；而且聚力传媒的海量用户数据，无论从广告产品的丰富度，还是从投放的精准度和效率方面，都可以使广告的投放效率和速度得到大幅度提升。数字内容是现在很多电商平台正在积极布局的业务方向，电商通过并购网络视听平台嫁接自身的数字电商业务，并推动网络视听网站向与视频内容相关的电子商务服务平台加速转型。

三　网络视听产业未来并购趋势

（一）资本并购成为网络视频产业跨越式发展的重要路径

面对激烈的市场竞争，企业只有不断发展才能生存下去。通常情况下，企业既可以通过资本的自身积累获得发展，也可以通过并购获得发展。两者相比，并购这种方式的效率更高，随着网络视听行业门槛不断提高、竞争日益激烈，自我积累式的发展时间空间被挤压，因此现阶段资本并购逐渐取代自我积累成为网络视听产业发展的常规手段。资本并购优势在于可以短时间内实现迅速扩张，实现跨界整合，完成产业链布局。网络视听企业通过投资并购手段逐渐补齐自身短板，选择通过投资并购的方式来拓展具有市场潜力的新业务，不仅有助于快速占据行业的优势地位，还能将自身优势与并购企业进行深度融合，挖掘双方的价值。但是，在资本并购日益成为网络视听企业发展的常规途径的同时，也须防范并购过程中的风险。

（二）传统传媒产业将逐步消除资本壁垒，成为资本并购新生力量

迫于新媒体带来的压力，国内外传统媒体纷纷通过资本并购快速切入新媒体领域，完成传统媒体向新媒体的转型。美联社战略投资网络直播应用 Bambuser，美国全国广播公司（NBC）收购社交化手机视频直播应用 Stringwire，抢占网络终端。国内传统媒体同样面临着新媒体的挑战。中国国际

广播电台旗下国广控股整体收购中华网，打造国际传播的“中华云平台”。百视通对风行网实现控股以后，将进一步深化台网融合，并在媒体运行机制上将电视台和网站打通。浙报传媒集团投资35亿元收购游戏平台杭州边锋和上海浩方的100%股权，将打造新闻、影视、互动娱乐和文化产业投资三加一平台。传统媒体逐步通过资本并购的方式，完成向新媒体转型将成为未来的发展趋势。

（三）移动、社交等新兴业务领域成为资本并购主战场

伴随着移动互联网和4G技术的成熟，网络传播进一步宽带化，视频多元化传播平台逐渐形成。网络视频已经超越搜索成为互联网第一大应用。视频与社交正加剧融合，社交网站已经成为视频网站除搜索引擎之外最重要的用户访问入口。随着观众观看视频日趋碎片化，抢占移动端和社交网站访问入口将成为影响视频网站格局的关键，移动、社交等新兴业务领域将成为资本并购的主战场。

（四）依托核心优势，打造全产业链和生态系统，成为资本并购主题

从雅虎主导的传统PC互联网时代，到脸谱网主导的2.0互动时代，再到苹果主导的移动互联网时代，再进化到大屏互联网时代，接下来的互联网变局中，跨界整合，打造完整产业生态链，构建“多元化内容+多元化渠道布局+多元化用户+多元化收入”的商业模式，将会成为主流理念。未来视频行业的竞争是产业链之间的竞争，具有平台化布局的视频公司将获得更大的竞争优势。

从做平台出发，到内容生产和做应用，现在升级到做终端，网络视听行业正在通过并购把行业中的各个参与主体整合起来，形成全新的全产业链布局，甚至形成如苹果、微软、谷歌等科技巨头建立的生态系统。

第十二节　媒介融合背景下广播电视的传播策略探讨

在“后Web2.0时代”，网络媒体的互动、分享、个人化应用给传统广播电视带来了前所未有的挑战：新闻不再是传统电视台的整点报道，而是多角

度、多来源的信息融合；娱乐节目也不再是每周一期的准时守候，而变成不受时空限制，可点播、可分享的信息片段。在美国，近年来，政治机构、企业以及其他机构正在以其直接分发给公众的网络信息侵蚀专业新闻报道，公众人物和机构越来越善于利用互联网社交媒体直接发布信息，对于这些信息的消费，不再有专业把关人、过滤器为公众提供帮助。

在这一趋势下，传统媒体将融合媒体当作愿景，各类业务形态的融合越来越紧密，文字、音视频、交互式图形等呈现连贯的“叙事流”，实现了印刷、广播电视、互联网的无缝相融。单一形态的传统媒体正在消融，未来媒体竞争将向跨介质的方向延伸。这些还只是表层的现象，更深层次的传播策略则是：通过传播新技术重塑传播关系，通过数据化革新传播内容，通过社交化建立传播网络，通过移动化的终端打造创新平台。

一　媒介融合的内涵

媒介融合（Media Convergence）是近年来全球范围内炙手可热的传播实践和研究课题。这一概念最早于20世纪70年代末期提出。1978年，麻省理工学院的尼古拉·尼葛洛庞蒂（Nicholas Negroponte）用一个图例演示了三个相互交叉的圆环趋于重叠的聚合过程，这三个圆环分别代表计算机工作、出版印刷业和广播电影工业。在新闻传播领域，媒介融合的概念最早由美国学者伊契尔·索勒·普尔（Ithiel De Sola Pool）于1983年提出，他认为，“传播形态融合”（convergence of modes）指各种媒介呈现出多功能一体化的趋势，这一概念主要聚焦媒介技术的融合。后来，媒介融合概念逐渐延伸应用到产业领域。1997年，《欧洲媒介整合绿皮书》提到，媒介融合还“应该包括各种与社会交流互动的商业活动之间的融合”，指出媒介融合是发生在受众或企业层面的一种产业融合。目前，比较权威的是美国知名媒介与文化研究学者亨利·詹金斯（Henry Jenkins）的定义，他详述了媒介融合的五种类型，即技术融合、产业融合、组织及社会融合、文化融合和全球融合，强调媒介融合是“跨越多个平台的信息流动，多种产业间的沟通与协作，以及多层媒介资本结构间相互流通与利用的探索”。综上所述，媒介融合包括了媒介技术、形态、内容、平台、终端的融合，以及媒介生产者、信息消费者角色身份的自由转移等各方面的汇合与交融。

2006年，国内学者蔡雯发表文章《媒介融合前景下的新闻传播变革——试论“融合新闻”及其挑战》，较早地将媒介融合的概念引入中国。作者在文章中对美国新闻媒体的最新变化进行了观察和研究，并重点介绍了西方学者提出的两个新概念“融合媒介”（convergence media）和“融合新闻”（convergence journalism）。自此，国内关于媒介融合的研究逐渐增多。例如，彭兰提出了媒介融合方向下的四个关键变革，包括记者个体的变革、新闻生产流程和机制的变革、媒介产品的个性化变革和媒体角色在新产业链条上的变革。也有学者对媒介融合的概念内涵及其演进路径进行探索，指出了从传播渠道融合到传播内容融合，再到媒介组织机构融合的融合路径。此外，不少学者就媒介融合背景下广播电视业的发展进行探讨，如欧阳宏生从宏观发展格局出发，将中国广播电视的媒介产业融合创新之路分为三个阶段：一是广播电视与其他传媒之间的联盟；二是广播电视创办其他媒体，如创办广播电视报、杂志或网站，发展新媒体业务；三是由广播电视集团迈向媒介集团。近些年随着传媒产业的发展，媒介融合的研究进入实践性和操作性的深入探索当中。

二　媒介融合时代的广播电视：从媒介生产到消费的挑战

媒介融合伴随着新兴的信息与传播技术而产生，其对于传统媒体的影响是多维而全面的。对广播电视而言，媒介融合对其生产方式、媒介内容与形态、受众角色和节目的评估体系等各方面都产生了深刻的影响。

（一）媒介融合时代广播电视生产方式的变化

互联网时代，媒介生产的权力不仅仅掌握在媒介机构手中，也存在于用户的技术赋权中。用户生产内容（UGC）模式正悄然兴起，广播电视中掺入的以“公民新闻”形式出现的音视频，不少是用户上传和分享的内容，用户成为新闻和其他信息的共同生产者，传统广播电视组织化的内容生产逐渐被互联网社会化的生产模式所取代，专业媒体从中获得了更为丰富且带有大众视角的信息。

此外，用户还通过自己的参与行为，建立了媒介生产者与消费者之间的文化融合关系。正如被誉为“21 世纪的麦克卢汉”的美国麻省理工学院教授亨利·詹金斯所说，媒介融合“既是一个从上至下媒介生产者（公司媒介）向受众‘正方向传递’的模式，同时也是一个从下至上媒介消费者向机构‘反作用影响’的循环”；它代表“新旧媒介碰撞、草根媒介与公司媒介交汇、媒介消费者与媒介生产者的权力互动”；它开启了“受众与媒介内容发生关系的新方式，日益增长的跨媒介解读技巧，对于一个更复杂、更富参与性的媒介文化的渴求”。

（二）媒介融合时代广播电视传播内容与形态的变化

“媒介即信息”，媒介融合以互联网为平台，自然会带来广播电视传播内容的变化。另外，传统的由传者到受者的单向、线性、自上而下的传播模式也受到了严重挑战。

第一是内容的原生态化。互联网上，信息短小、海量，各类信息制造者绕开专业媒体进行传播，这对广播电视构成巨大的生存压力，也加剧了广播电视所传播内容的原生态化——将不经或经过很少专业加工的互联网信息直接呈现给观众。这一方面带来了更加丰富多元的信息，同时也已经影响到信息内容的质量。

第二是媒体循环（media loop）的出现。在传统的传播格局中，不同形态的媒体大多各自为政，以独特的传播形态和传播功能吸引受众注意，其影响方式大多是从媒体到受众的一级传播。媒介融合时代，互联网将相互竞争的各类传媒集合至同一平台，广播电视播出的消息很可能是通过网络媒体等的转载才到达受众，不同媒体之间相互渗透和影响。

第三是从“广播”的“塔形”传播到“去中心化”的“网状”传播。在以传者为本位的传统传播格局中，传播遵从自上而下的等级秩序，广播电视是金字塔顶的信息发布者，受众则是位于塔底的信息接收者，信息流和意见流总是从媒体流向受众，媒体具有独一无二的权威；而互联网带来整个社会秩序的扁平化和去中心化，传播也转变为水平的网状结构，广播电视机构成为传播网络中的一个节点，发出消息的同时也会受到其他信息节点的影响，信息流和意见流出现了反向流动。

（三）媒介融合时代广播电视受众的转变：从接收者到用户和自媒体

媒介融合也带来了受众角色的转变，传统的受众角色正被信息探求者（seeker）、浏览者（browser）、咨询者（consultant）、反馈者（respondent）、对话者（interlocutor）、交谈者（conversationalist）等所取代，被动的、消极的受众正在向具有主动性和交互性的信息使用者转变。

第一，从接受选择转向选择性接受。传统媒体时代，作为把关人的媒体能够控制信息的内容、发布时间、重复次数等，从而进行有效的议程设置；信息技术则使得这一情况发生改变。正如尼葛洛庞蒂所说："'推送'（pushing）比特给人们的过程将一变而为允许大家（或他们的电脑）'拉'（pulling）出想要的比特的过程。"

从"推"到"拉"的转变使得电视机不再是唯一的渠道，视频网站顺应了人们快速精准定位信息的需求，并且降低了用户获取信息的时间和成本，成为获得视听信息的重要途径。受众还可通过 SNS 网站收看自己关注的个人或机构传播的视听信息，将电视和互联网连接的"超级电视"更是突破了看电视的固有方式。

第二，从单向接受转变为多向互动。在数字化的网络社会中，单向的大众传播模式受到挑战，美国传播学者卡斯特将这种互联网的传播模式称作"大众自传播"（mass self-communication）。首先，这是一种大众传播方式，因为从理论上看，通过互联网全球网民都可能成为某一信息的受众，传播效率和到达率很高；其次，它又具备自传播的特征，表现在内容的自我生产、接收的自我选择和发布的自我导向。

在诸如论坛、博客、社交网站、微博等 UGC 网站，用户不仅能够对网站上的内容进行评价，还能够发布消息、照片或视频等。随着便携式拍照设备特别是可拍照并且能够连接无线网络的智能手机的普及，普通民众记录及发布信息的能力进一步提高，能够为广播电视新闻提供宝贵且丰富的素材。

第三，从单次传播变为多次累积。传统媒体时代，由传播者到受众的信息流动大多是单向单次传送，受众对于信息的接收通常是短暂的，特别对于广播电视来说，信息的传递更是一次性的不可逆的过程；数字技术则使得这一局面发生改变，网络信息往往会被多次搜索或使用，同时也会通过主题、人物等关键词与其他信息产生联系，信息不再是快速消费品，“过时”的信息也能够成为受众理解“新”闻、形成意见的重要方式。

（四）媒介融合时代广播电视节目评价体系的变革：从收视率到全媒体表现

电视不再是视听信息传播的终点，而成为起点。不少电视节目最初通过电视传播的效果并不突出，却因为网络而获得巨大反响，有时这种影响会再次回归电视，使该节目获得较高的收视率。纪录片《舌尖上的中国》的热播便是此类传播模式的典型。由此来看，传统的收视率统计方式已经无法对节目的传播效果进行准确评估，其网络表现也应当被纳入考虑范围。2012 年年底，著名市场调研公司尼尔森宣布将联手推特网推出“尼尔森推特电视收视率”（Nielsen Twitter TV Rating），并将推特网用户在观看节目时发表的评论以及通过智能手机、平板电脑等第二屏分享的观点进行统计。2013 年 10 月，首期“尼尔森推特电视收视率”发布，其结果确与传统的收视率数据有较大区别。目前，国内也有一些传媒调查公司开发了“全媒体收视率”指标。2014 年春节期间，关于各卫视春晚和中央电视台春晚的全媒体收视评估引人注目。

三　以技术为驱动的广播电视融合传播策略

从传播渠道的融合情况来看，目前广播电视节目的传播平台包括：传统广播电视台、广播电视台官方网站、专业视频网站和社交网站。传统的广播电视台仍然是传播范围最广、人口覆盖率最高的媒介，但其收视状况正在受到个人电脑、平板电脑和智能手机等的冲击。年轻用户的流失使得传统广电媒体正在面临广告减少的危机。新兴互联网公司利用数据优势开发优质内容，传统广播电视生产机构则注重其在内容、渠道等方面与新兴媒体的交融和整合，采纳新的传播策略应对挑战。

（一）传播关系的转型：从共享型转向分享型

融合媒体时代，传统广播电视传播中的点对面、一对多的大众共享型传播关系通过新媒体平台转型为点对点、多对多的个体分享传播。要建立新型传播关系，广播电视节目必须实现实时的与延迟的推送并举，打破传统传播关系中时间和空间的限制，还需将节目和服务相结合，充分融入 Web2.0 技术。

英国广播公司（BBC）的融合媒体战略值得深思。其核心战略产品 iPlayer 以微软公司的“软件 + 服务”（Software + Services，简称 S + S）模式，通过将本地客户端与线上服务器的实时对接，将传统软件客户端与新兴的网络和服务整合起来，也使用户的使用具有更多选择性和灵活性；同时保存了用户终端的简单处理功能，满足用户的个性化、美观化等需求。由此，软件的服务能力得到最大程度发挥，BBC 也可以借助软件反馈，始终跟上用户的最新需求。这种模式有利于分享关系的建立。

（二）大数据的运用：革新传播内容

大数据为广播电视的发展提供了新的契机。广播电视正改变以往的决策方式，将数据分析运用于节目设计、制作和传播推广的各个环节。热播美剧《纸牌屋》从主题、风格到导演、主演的选择，都是在大数据分析的基础上决定的。奈飞的工程师们分析了近 3000 万用户大数据，包括每天近 3000 万次的播放行为、400 万次的评价、300 万次的搜索、用户登录网站时所使用的设备、登录地点信息，第三方调查机构如尼尔森提供的收视信息，以及脸谱网或推特网提供的社交网站信息。他们还对视听信息内容本身进行分析，如当用户开始快进或倒放时，网站就开始抓取画面和其他相关数据信息，包括音量、色调以及场景等。分析后他们发现，喜欢 BBC 电视剧、导演大卫 · 芬奇和演员凯文 · 史派西的用户存在交集，于是，同时满足这些要素的电视剧《纸牌屋》就此诞生并大获成功。信息传播技术的发展使得传播的重心从传者转向了接收者，在可选择的资源过剩的时代，尊重受众的意见和喜好是成功的关键。

在传统电视产业中，数据分析大多在评估阶段发挥作用，突出地表现在对收视率及市场份额等指标的运用。大数据时代，数据的使用扩展到产业链的各环节。其中，确定目标市场和受众是节目生产的第一步。大数据的核心正在于预测，电视机构应当利用数据定位不同的用户群，分析、预测不同用户群体的内容偏好及其收视习惯，从而制作和传播相应节目。数字机顶盒能够收集诸如电视节目收看时长、时段、换台频率等数据，对这些数据进行分析可以有效地指导内容生产、渠道选择、平台建设等多个方面。

大数据同时也对原有的生产方式、数据结构、信息存储方式提出了更高的要求。广播电视的信息采集者、制作者今后若能转向呈现结构化的、机器可读的信息，则可方便信息的再利用。信息结构的认知，是广播电视工作者的一个新课题。

（三）社交化的意义：建立传播网络

社交媒体已深深影响到传统媒体与新媒体的融合和转型。受众的参与度和影响力是融合的根基，媒介消费者从接受者转型为参与者，甚至是引导者、颠覆者和创造者，用户可以把图片、视频、文本进行拼贴，建立联系，生成意义。通过社交化，媒体能够打造新营销模式，创造更精准的个性化广告、免费增值模式、从线下到线上的社交活动等，将产品、服务和人相结合。

互联网的核心在于“关系网络”（network），社交媒体的价值正在于关系网络的建设。电视应当有效利用其原有的“线下”权威并结合社交媒体的特征建立其“线上”影响力，建构稳定而便捷的关系网络，从而有效吸引网民注意、提高自身影响力。湖南卫视综艺节目和同名电影《爸爸去哪儿》爆红的一个核心原因，在于其在微博上形成了一个稳固的受众关系网络，微博用户的“分享”引发网络搜索，“好评”在微博等社交网络上快速发酵，从而带动了更多互联网用户的观看。

（四）移动化的终端：打造创新平台

互联网已经进入移动化时代，多终端、跨平台的服务是大势所趋。终端的多元和丰富，可以使广播电视聚集不同偏好的用户，产品和服务也因此能够被更多人接受并建立联系。用户将成为广播电视新形态的催化剂，成为新产品与服务开发的创新源头。

与其他媒介一样，广播电视是建立产品与消费者之间关系的桥梁，因此其形式、介质、构造均有不确定性。未来广播电视还可以拓展到网络购物、车载、时尚家电、可穿戴电子设备、商务谈判演示等领域应用终端，任何能够为用户创造新体验和新价值的设备，都可能是未来电子媒介的形态。广播电视与新媒体技术融合的目标，就是要实现对人类生活方式高契合度的跟进甚至创造性的引领。因此，广播电视媒体通过终端战略转型的终极目标，是基于用户的需求开发潜在的媒介形式。未来是否有一种媒介叫广播电视，这并不重要，重要的是将广播电视的特质融进更符合人类发展需求的媒介形态之中。

第十三节　2013 年省级卫视竞争状况分析

历经全国覆盖传播 20 年，省级卫视已由当初最具市场意识的新生力量成长为中国电视媒体创新发展的推动力量。2013 年，省级卫视所面临并经历的重大变革，即为互联网尤其是移动互联网颠覆并改造了传统营销传播模式与商业形态。强势省级卫视主动出击，无论在覆盖率、收视率等衡量传统传媒传播价值的主要指标上，还是在互联网络传播范围及粉丝口碑、结构特征等大数据时代市场竞争力指标上均先声夺人，获得优异成绩。相比之下，其他省级卫视并不甘心退出对主流市场的争夺，或开辟渠道多元“跨界”经营，或精耕本地市场谋求创新，亦有不俗表现。

一　2013 年省级卫视覆盖状况分析

（一）省级卫视全国覆盖进入“十亿”时代，有线电视数字化进程加速

调查数据显示，2013 年，全国卫星电视频道累计覆盖人口达到 496.16 亿人次，较上年增加 33.86 亿人次，再创历史新高。其中，45 家省/副省/市级卫视频道的全国累计覆盖人口共计 310.78 亿人次，15 年年均增长率为 11.61%（见图 2-6）。45 家省/副省/市级卫视频道中，浙江卫视、湖南卫视、

山东卫视的全国覆盖人口均突破 10 亿，省级卫视全国覆盖进入“十亿”时代。江苏卫视、东方卫视、四川卫视、贵州卫视、天津卫视、江西卫视、安徽卫视、北京卫视的全国覆盖人口均突破 9 亿；广东卫视、辽宁卫视、广西卫视、重庆卫视、河南卫视、深圳卫视、黑龙江卫视、云南卫视、东南卫视的全国覆盖人口均超过 8 亿。此外，就全国覆盖人口增长量来看，兵团卫视超过 2.5 亿，农林卫视、厦门卫视和湖南卫视均超过 1 亿①。步入“十二五”时期以来，中国广播电视传输网络的数字化进程不断提速，并取得了实质性进展。截至 2013 年年底，全国数字电视用户为 1.72 亿户，比 2012 年的 1.43 亿户增加 2857 万户，增幅达 19.97%，数字电视用户约占有线电视用户比重为 74.95%。

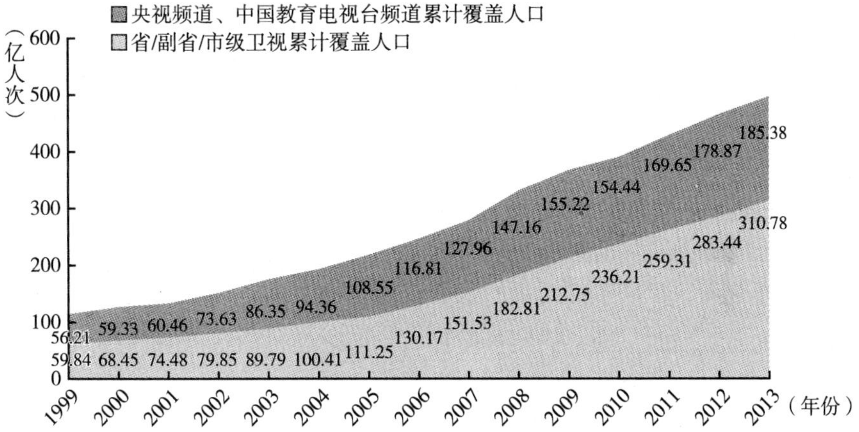

图 2-6 1999~2013 年各类卫视频道累计覆盖人口状况

数据来源：北京美兰德媒体传播策略咨询有限公司（CMMR）。

（二）综合考量传播广度与传播深度，理性选择效益最大化传播渠道

根据综合了代表传播广度的频道覆盖率与传播深度的频道忠诚度两大指标的分析图可知：2013 年，湖南卫视凭借诸多栏目的优异表现及灵活创新，持续表现出超强的综合竞争实力及频道传播价值；浙江卫视、江苏卫视与安徽卫视紧随其

① 数据来源：北京美兰德媒体传播策略咨询有限公司。

后，实力不容小觑；山东卫视与东方卫视亦表现优异。相比之下，其他省级卫视扎堆现象仍然严重，与强势卫视之间差距更为显著（见图2－7）。如何提高用户黏性和忠诚度进而形成自身发展特色，是摆在各家卫视面前亟须解决的重要问题。

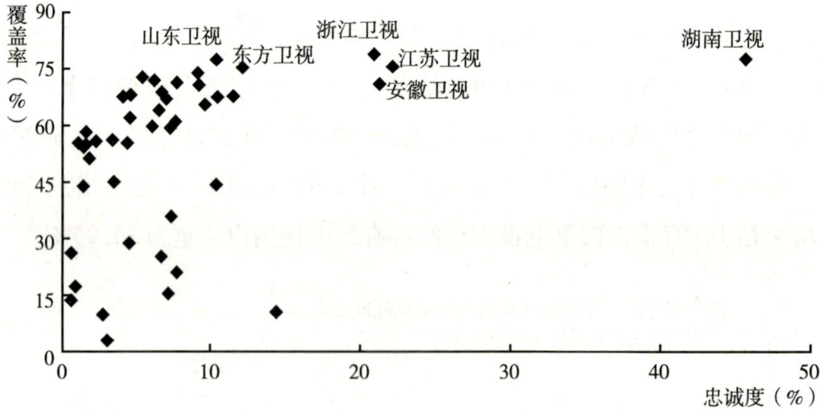

图2－7　2013年省级卫视传播竞争态势图

数据来源：北京美兰德媒体传播策略咨询有限公司（CMMR）。

从理论上说，新技术催生新的收看终端，进而获得更多触达受众并扩大媒体影响的机会。因此，细心研判各类型信号传输渠道的优劣势，理性选择最适合电视节目传播的途径，综合考量传播广度与传播深度，从简单的渠道扩张快速转变为效益实现，是使整个电视频道走上可持续发展道路的重要命题。浙江卫视秉承精耕细作稳扎稳打的原则，多年来稳居省级卫视全国覆盖排名榜首，覆盖边际效益稳固递增，从而转化为高效的广告价值与频道价值；与此同时，贵州卫视通过对71个大中城市非主流网络及211高等院校有线局域网络的多年持续性精耕细作，覆盖渠道下沉优势凸显，其覆盖传播价值亦获得整体提升。

二　2013年省级卫视收视格局分析

（一）省级卫视整体收视份额持续增长，晚间时段竞争最为激烈

在新技术的助推下，电视传播市场竞争的日益加剧促使各级电视台不断创

新求变，以期尽可能多地占有收视份额。省级卫视频道群虽然保持着不容小觑的媒体传播力与市场竞争力，但其整体增长潜力和资源利用效率依然面临其他类型电视频道的有力挑战。数据显示，自 2010 年省级卫视频道群收视份额首次超越了中央级频道群至今，省级卫视频道群整体收视规模优势开始显现并保持强劲上升趋势。2013 年，省级卫视频道群收视份额达 31.9%，与 2012 年基本持平。而中央级频道群收视份额近几年虽略有上涨，2013 年达 29.1%，但仍不敌省级卫视频道群（见图 2－8）。

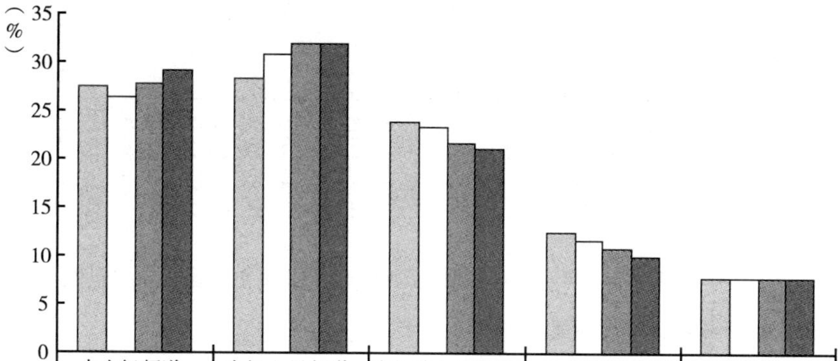

	中央级频道	省级上星频道	省级非上星频道	市级频道	其他频道
2010年	27.6	28.2	23.8	12.6	7.8
2011年	26.5	30.9	23.2	11.6	7.8
2012年	27.9	31.9	21.7	10.7	7.8
2013年	29.1	31.9	21.0	10.1	7.8

图 2－8　2010～2013 年不同类型电视频道群全国 150 城市收视市场份额对比

数据来源：央视—索福瑞媒介研究（CSM）。

分时段来看，电视屏幕的收视竞争早已蔓延至早间、白天、午间和晚间等各时段。除晚间传统黄金时段竞争激烈此消彼长外，晚间非黄金时段亦受到各家电视台全力拼抢。2013 年省级卫视频道群在 9：15～10：45 与 13：45～17：45 白天时段、晚间 19：45～早晨 5：45 共 60 个时段的收视份额均超过中央级频道群，在各类型电视频道中占据榜首。中央级频道群在 7：00～9：15、10：45～13：45 和 19：00～19：45 等白天时段保持强劲优势。而在傍晚 18：00～19：00 时段，省级地面频道群则以当地新闻和民生新闻节目力压中央级频道群和省级卫视频道群占据收视优势。但省级地面频道群收视优势时段存在逐渐萎缩的态势，值得密切关注（见图2－9）。

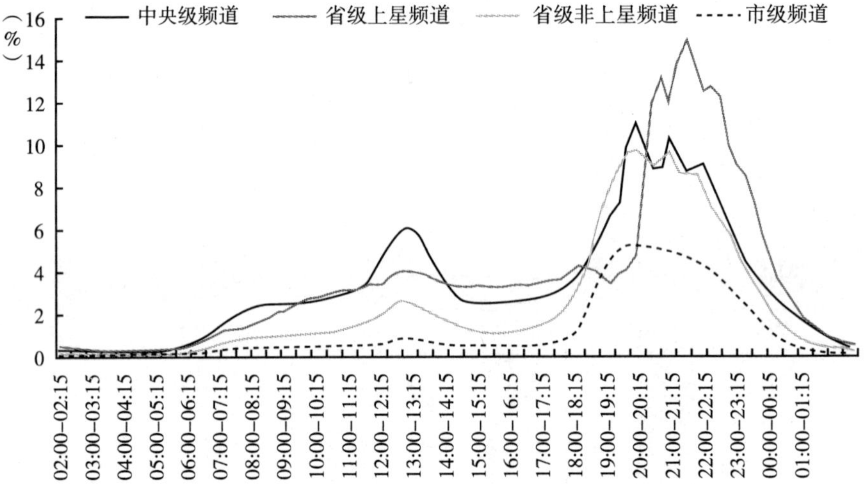

图2－9　2013年不同类型电视频道群全国150城市全天收视走势

数据来源：央视—索福瑞媒介研究（CSM）。

（二）省级卫视收视格局渐趋明朗，新闻时事类节目喜爱率首超电视剧

2013年，对新闻栏目的专业创新、对综艺栏目特别是季播综艺栏目的“大投资”“大制作”，以及对电视剧优质资源的充分利用，已成为推动省级卫视区隔其他类型电视媒体提升整体竞争力的重要因素。综观近年来省级卫视频道阵营，处于龙头老大地位的省级卫视频道力争树立行业标杆，与紧随其后的卫视频道差距渐次拉大。数据显示，2013年排名位居前五位的省级卫视71城市收视份额达11.82%，占省级卫视频道71城市总体份额的39.5%；排名前十位的省级卫视71城市收视份额达19.06%，占省级卫视频道总体份额的63.6%，其他省级卫视收视份额仅占到总份额的36.4%。具体来看，2013年，省级卫视71城市全天收视份额达到1%及以上的频道数量为11家，全天收视份额超过1.5%的省级卫视频道数量为7家。其中，湖南卫视71城市全天收视份额高达3.52%、江苏卫视全天收视份额达到2.59%、浙江卫视

全天收视份额达 2.23%，以上三家卫视均在省级卫视频道群体中位居前列（见图 2－10）。

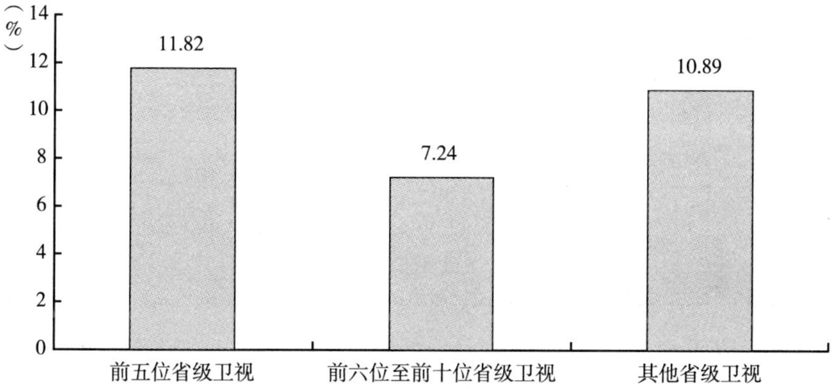

图 2－10　2013 年省级卫视频道群 71 城市收视份额对比

数据来源：央视—索福瑞媒介研究（CSM）。

新闻、综艺、电视剧通常是观众最喜爱的三种节目类型，一贯被看作是拉动电视收视率的三驾马车，其中尤以电视剧为最。然而在 2013 年，这一格局被打破。美兰德一项调查结果显示，全国电视观众对新闻、时事类节目的喜爱率高达 74.77%，一跃超过电视剧类 1.96 个百分点，攀升至全国电视观众最喜爱的节目类型榜首。而在各类电视节目中，新闻、时事类的喜爱率增幅亦最大，比 2012 年增长 8.59 个百分点。2013 年新闻领域继续积极践行“走转改”活动，电视新闻节目也大刀阔斧地改版创新，关注重心下移至基层，视野更加国际化，亲民化和人文化的选题、生动化的表达、贴近人心的主题报道，使得新闻、时事节目越来越“接地气”，攀升的喜爱率显示出改版的卓著成效（见图 2－11）。

为顺应时代潮流，争夺全国市场，省级卫视新闻栏目积极探求发展新思路，借助互联网平台呈现出“台网互动、多屏化协同传播”的特点。美兰德监测数据显示，2013 年深圳卫视将《直播港澳台》与新浪视频、搜狐视频、凤凰视频等达成战略合作，其全年超过 6.53 亿人次的网络视频点击量彰显出协同传播的强大力量；东方卫视依托上海东方传媒集团（SMG）强大的内容

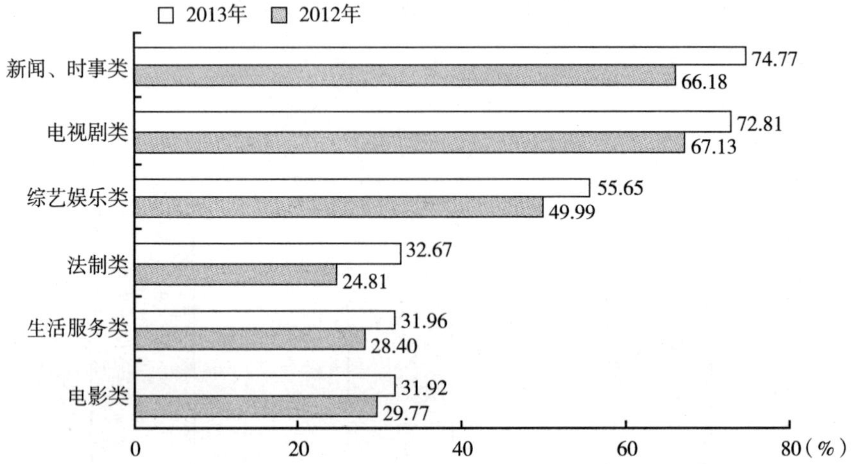

图 2-11　2012～2013 年全国电视观众最喜爱的节目类型对比

数据来源：北京美兰德媒体传播策略咨询有限公司（CMMR）。

资源和整合能力，将晨间新闻直播节目《看东方》在其网络台“东方宽频”以及优酷、土豆、56 网等视频网站平台播出，较好地拓展了传播范围，其全年网络视频点击量达 3.30 亿次。

三　2013 年省级卫视网络传播影响力分析

（一）网媒关注、网民评议、视频点击关联协同，多管齐下提升影响力

随着电视媒体传播进入多屏时代，各家省级卫视顺应潮流积极开展电视节目整合营销推广，借助新媒体的力量让栏目获得更为广泛的影响力。从 2013 年省级卫视网媒关注度与网民评议度两项指标散点图可看出，两个指标之间存在较高的关联性，被网媒频频报道的电视频道往往也会获得网民较高的评议，如湖南卫视、江苏卫视、东方卫视等。然而部分省级卫视则有所不同，其网媒关注度虽然较高，但网民对频道整体的讨论热度却并不太高。由此可见，网络媒体对频道及旗下栏目动态等相关信息的关注报道虽然能引发网民对其的热议，但也并非绝对。有鉴于此，省级卫视频道在加强通过网媒进行宣传报道力

度的同时，也要注重对网民话题的引导，二者协同并进，这将对频道整体网络影响力的提升大有助益（见图2－12）。

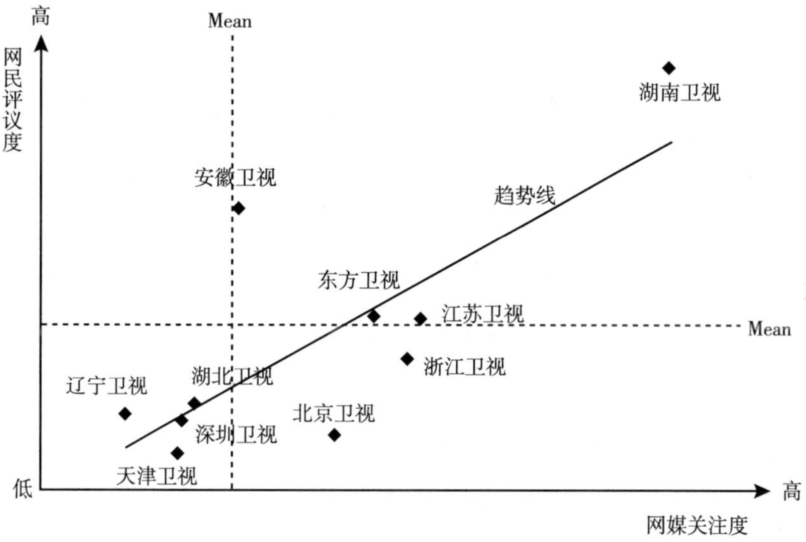

图2－12 2013年省级卫视网媒关注度与网民评议度散点图（前十名）

数据来源：北京美兰德媒体传播策略咨询有限公司（CMMR）。

从湖南卫视微博提及量与视频点击量指标月变化趋势对比分析可发现，两个指标变化趋势存在一致性。比如：第一季度《我是歌手》播出后，湖南卫视整体视频点击量一路走高，同期微博提及量也维持在较高水准；而第四季度，随着《爸爸去哪儿》的越发火热，湖南卫视相关微博提及量与视频点击量均保持稳定的增长（见图2－13）。

（二）网络视频传播通路价值凸显，省级卫视传播移动化、社交化态势明晰

2013年，网台联动、台网融合日益勃兴，并在较长一段时间内将更加常态化。美兰德监测数据显示，2013年全国网络视频用户规模达4.82亿，其中超六成（63.2%）的人每周有3天以上收看网络视频，37.5%的人几乎每天都看。网络视频用户不仅规模庞大而且黏合度较高，足见其播出的视频内容的

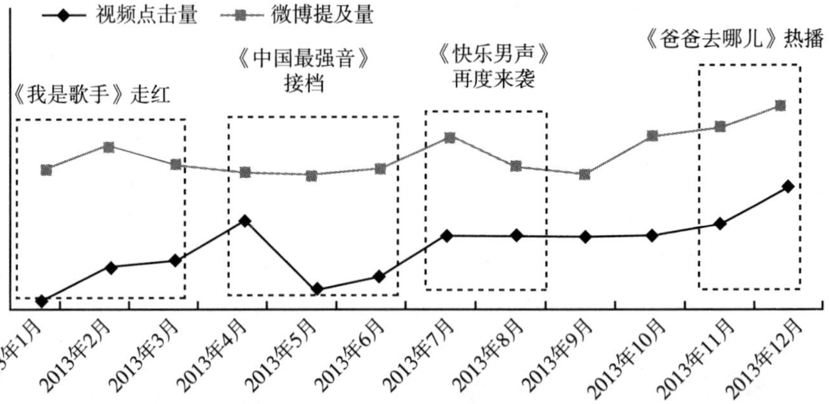

图 2－13　2013 年湖南卫视微博提及量与视频点击量指标月变化趋势对比

数据来源：北京美兰德媒体传播策略咨询有限公司（CMMR）。

渠道通路价值及营销传播价值。

有鉴于此，近些年部分传统电视台开始推出基于互动原则的移动与社交运用，将家庭成员共享的电视屏幕与个人私享的电脑、手机等移动屏幕结合起来，其巨大的营销价值迅速释放。2013 年 1 月 1 日湖南卫视全新上线的移动社交应用程序“呼啦”在 12 个月内即拥有近 1010 万注册用户，聚拢了大量人气，成为省级卫视之翘楚；浙江卫视《中国好声音》还未开播便发动 4 位明星评委参与新浪微博的微博访谈，打造导师与粉丝之间零距离交流的平台，并通过导师微博发布节目预告提升人气。此外，《中国好声音》还通过与搜狐网、新浪网等微博大号合作，使栏目相关话题在微博平台迅速发酵；安徽卫视为打通线上线下对于其播出电视剧《精忠岳飞》的关注，与安徽网络电视台联合策划了转发节目信息乘坐热气球等活动，吸引了不少线上线下观众的关注和参与。

四　2013 年省级卫视品牌运营与节目创新分析

（一）省级卫视媒体品牌打造各具特色，有效整合资源成重点

综观 2013 年省级卫视竞争格局，排名靠前的无一不是近年来定位明确、

品牌形象鲜明的频道，如湖南卫视、东方卫视和江苏卫视，其各自的“快乐”“梦想”“幸福”等品牌定位早已家喻户晓。浙江卫视“中国蓝”的整体塑造与推广深入人心，安徽卫视“以剧为根本，加大栏目突破”，天津卫视“传递生活正能量”，江西卫视主打喜剧类综艺节目，北方特色浓郁的辽宁卫视则以其幽默搞笑的“黑土文化”为民众所乐道。在同质化现象严重的省级卫视市场竞争中，卫视频道唯有具备鲜明的个性和文化气质方能脱颖而出。与此同时，如何强势集结台内外各种有效资源进行栏目内容编排与频道宣传推广，亦成为强势省级卫视的关注重点。2013 年年初为配合“快乐家族”贺岁电影《快乐到家》的上映，湖南卫视将频道主题从“快乐中国·青春向上”延伸至“青春向上·快乐到家”，并积极整合《快乐大本营》等优势节目资源进行宣传推广，从而使芒果台“快乐”的品牌形象进一步深入人心。

（二）政策持续调控，推动节目创新潮继续规模化涌现，样态创新力度加大

2013 年，国家新闻出版广电总局对卫视频道的调控政策频频出台：1 月发出《关于节俭安全办节目的通知》，7 月对歌唱类选拔节目的播出进行调控，8 月发出要求制止豪华铺张、提倡节俭办晚会的通知，10 月出台《关于做好 2014 年电视上星综合频道节目编排和备案工作的通知》（广发〔2013〕68 号）等。一系列政策措施均向省级卫视提出了调整节目形态的重大课题。整体来看，“另辟蹊径”的新闻栏目、“大片水准”的综艺栏目和高附加值电视剧，俨然成为各省级卫视自主创新脱颖而出的法宝。新闻栏目方面，省级卫视频道以独具特色为着力点展开竞争，如东方卫视的《看东方》、深圳卫视的《直播港澳台》。综艺栏目方面，诸多省级卫视积极花重金购买海外知名节目模式版权，力图迅速复制出一条成功之道，如湖南卫视的《我是歌手》、浙江卫视的《中国好声音》；与此同时，具备前瞻性眼光的省级卫视大力编排颇具中华文化特色的原创类栏目，或倾力打造语言竞技真人秀节目，如河南卫视的《汉字英雄》和《成语英雄》、安徽卫视的《超级演说家》，综艺栏目之争硝烟弥漫。电视剧方面，各家省级卫视精心选购《笑傲江湖》《小

爸爸》等热门大剧，在播出模式上或采用独播方式，或实行灵活的联播策略，或与视频网站携手共进。

（三）用户接触习惯及终端介质变革推动省级卫视节目创作理念、生产方式和运营模式的深层次创新

鉴于受众注意力已相当稀缺，电视媒体与互联网等新型媒体激烈争夺消费者闲暇时间，既是外部环境倒逼的必然结果，也是传统媒体在激烈的红海竞争中挖掘自身蓝海战略的必由之路。湖南卫视等多家省级卫视对网络时代的受众重铸及媒介消费组合多元化，做出了基于自身资源的积极探索。

湖南卫视通过研判《爸爸去哪儿》中电视观众与网络受众对多位选手的喜好，从而调整该选手在后面几期的出镜频率等，以保持栏目在电视上的高收视率及网络中的强关注度；浙江卫视《中国好声音》第二季则从组织上完善了节目舆情预警体系建设，即通过人工将每期节目观后评价、建议、质疑、存在问题整理反馈到导演组，为研判、调整节目提供参考；河南卫视《成语英雄》亦与第三方公司合作，通过对每日、周和整体舆情监测海量数据进行全方位监播，重点在于发现节目存在的问题，提出改进建议。

由此可见，以获得全新价值增长点为目标，建构电视 + 互联网络的双受众市场媒介战略，以媒体融合的运行规律去规划经营视频节目和广告信息，及时掌握用户的信息消费心理和行为方式已经发生和即将出现的转变，从而得以更快、更准确地抢占未来传播制高点，是省级卫视的战略机遇和当务之急。

五　2013 年省级卫视广告经营竞争分析

（一）标杆品牌栏目以优质稀缺资源吸金，双虞效应显著

电视媒体因覆盖地域广泛、受众数量众多且忠诚度高、传播影响力快速高效，决定了其传播价值和广告价值的不可替代性。鉴于电视广告价值之根本在节目内容，电视台作为目前最强势的视频内容提供者，只要持续掌控优质视频内容资源，其广告价值就能得到基本保证。近年来，省级卫视广告收入依然由

湖南卫视领跑，2013 年，湖南卫视广告创收高达 63.5 亿元，蝉联省级卫视广告营销冠军，同比涨幅达 26.6%；江苏卫视以 48 亿元的广告收入额位列省级卫视榜眼；值得一提的是，浙江卫视广告收入同比增长 42.8%，为省级卫视之最，其 2013 年广告总体收入额超过 35 亿元，位列第三。倾一台之力打造的优质节目特别是辨识度极高的稀缺栏目成招标亮点，如浙江卫视的《中国好声音》第三季独家冠名权卖出 2.5 亿元，湖南卫视的《爸爸去哪儿》第二季独家冠名权招标高达 3.1 亿元，是一线省级卫视广告收入大幅度蹿升并与弱势省级卫视拉开差距的重要原因，“双虞效应”越发显著。

（二）多屏整合传播放大节目影响力，创新广告形式，增加议价能力

在多屏互动为传统电视注入新“商机”的当下，如要成为创新营销的运营推手进而实现电视广告赢利的不断提升，电视媒体亟须贯彻实践整合营销和协同传播理念，创造物超所值的利益共赢体和广告投放平台，从而全面提升媒介传播增值力和市场竞争力。湖南卫视通过数字在线营销、电视互动广告、版权内容营销等新媒体营销备受广告客户青睐。在《爸爸去哪儿》热播期间，由爱奇艺和贝因美联合制作、湖南卫视和爱奇艺推广的《妈妈在这儿》亦获得网络好评。鉴于贝因美主要目标消费者是 25～34 岁的年轻父母，厂家对这档栏目进行冠名并策划与播出内容高度契合的深度植入式营销，从而有效触达目标受众。与此同时，浙江卫视《中国好声音》的互动支持、手机独家支持，亦创新了广告形式，在此基础上大力开发的软性广告资源，如冠名、特约等软性植入式广告形式，同样获得了巨额的广告收益。

第十四节　国外广播影视发展状况分析

在金融危机后续效应持续存在的国际经济大背景下，在全球传媒数字化、网络化和融合化的新形势下，2013 年全球广播影视业继续呈现稳步发展态势。面对互联网等新兴媒体的加快演进，全球广播影视机构积极应对，从诸多方面努力谋求转型升级，寻求变革，传统广播影视与新兴媒体进入融合共进的新阶段。

一　国外广播电视和视听新媒体发展情况

（一）广播电视媒体机构在全球传媒格局中仍处于优势地位

传统媒体与新兴媒体由竞争走向竞合，国外主要传统媒体机构在巩固传统业务市场的同时，积极应用新兴媒体，推动视听传媒产业持续增长，优势地位依旧。

1. 全球广播电视产业收入保持增长态势

近年来，尽管受到金融风暴、欧债危机冲击以及新兴媒体迅速崛起的影响，全球广播电视产业总体收入依然保持平稳增长势头。一是电视产业收入强劲增长，付费电视收入贡献最大。根据欧洲视听与电信研究所（IDATE）最新的《全球电视和新兴视频服务市场报告》，2013 年全球电视产业收入达 3748 亿欧元，同比增长 13.92%，到 2018 年有望达到 4592 亿欧元，增幅 22.5%。其中，2013 年付费电视收入 1815 亿欧元，占总收入的 48.4%；电视广告收入 1580 亿欧元，占 42.2%；DVD、蓝光光碟和互联网视频服务（OTT）等其他收入 353 亿欧元，占 9.4%①。二是全球主要国家广播产业收入持续增长，增长动力来自广告和付费收入。英国通信办公室（Ofcom）2013 年 12 月份发布的国际传播报告显示，2012 年全球 17 个主要国家②广播产业收入连续三年保持增长，达到 235 亿英镑，同比增长 2.5%③。三是电视广告收入在整个媒介广告收入中仍占据统领地位。尼尔森（Nielsen）公司发布的《全球广告动向》（Global Adview Pulse）季度报告显示，在 2013 年前三季度，电视广告费用占了广告总费用的 56.7%，相比 2012 年电视广告的投资同比增长了 4.3%，电视仍然是全球广告主青睐的媒介途径。即使是在广告花费持续缩水的欧洲地区，2013 年前三季度电视广告费用并没有下降。作为全球第四大广告市场的

---

① Global TV Market Revenue to Increase 23% by 2018，http：//www.rapidtvnews.com/index.php/2014013132067/global－tv－market－revenue－to－increase－23－by－2018.html.

② 包括英国、美国、法国、德国、意大利、加拿大、日本、澳大利亚、西班牙、荷兰、瑞典、冰岛、波兰、巴西、俄罗斯、印度和中国。

③ 英国通信办公室：《Ofcom 国际传播报告 2013》，2013 年 12 月 13 日。

英国，2013 年全国电视广告总收入同比增长 3.5%，达到 46.3 亿英镑，创历史新高，连续四年保持增长态势①。这些数据表明，全球广播电视产业总体上尚未出现“拐点”，特别是在付费电视、电视广告等收入带动下，广播电视产业依然保持着强劲的上升势头。

2. 全球广播电视受众规模仍然很大

以互联网、智能手机等为代表的新媒体发展对广播电视用户的分流是大势所趋，但传统广播电视的生命力超乎人们想象。一是全球受众对广播电视媒体的“刚性”需求依然很强。一直以来，欧洲国家特别是英国、法国、德国等国的民众不论是在家还是开车出门，均对收听广播有较强的偏好。英国广播电台听众联合调查机构（RAJAR）调查数据显示，2008 ~2013 年，英国广播听众数量稳定，6 年来均超过总人口数的 88%，听众占比最高年份为 2011 年，达到 90.7%②。在新媒体最为发达的美国市场，尼尔森公司 2013 年 3 月报告显示，尽管美国“零电视家庭”③ 数量增长较快，但占比很小，全美仍有 95% 的观众在客厅里观看传统电视。报告指出，奈飞公司（Netflix）和葫芦网（Hulu）等网络视频服务目前还无法与传统广播电视机构相抗衡④。虽受“客厅革命”和“掌上革命”的冲击和影响，但电视屏幕继续保持在客厅里的重要地位。据爱立信消费者实验室全球市场 2013 年抽样调查数据显示：有 83% 的受访者表示“每周一次以上”定时收看电视节目，相较 2012 年的 79% 有所上升，而与 2011 年的 83% 持平⑤。可以预计，未来人们还会保留收看电视节目的习惯，起码保留一天中某些特殊时间段以客厅为中心的收视习惯。

---

① Global Adview Pulse Lite - Q3 2013，http：//www.nielsen.com/us/en/reports/2014/global - adview - pulse - lite - q3 - 2013.html.

② RAJAR 官方网站：http：//www.rajar.co.uk/content.php？page = listen_ market_ trends。

③ 尼尔森将不再观看有线电视或卫星电视，转而通过电脑、智能手机或平板电脑观看网络视频和电视节目的家庭称作“零电视家庭”。

④ 《尼尔森：美国 500 万家庭彻底抛弃传统电视》，http：//tech.sina.com.cn/i/2013 - 03 - 12/14598137465.shtml。

⑤ 该调查涉及美国、英国、德国、瑞典、西班牙、中国内地、韩国、巴西和中国台湾等九个市场。围绕年龄段 16 ~59 岁约 1.5 万名调查对象展开。要求所有调查对象具有宽带网络连接，并每周看电视、视频，几乎所有人每天都使用互联网。http：//www.199it.com/archives/149529.html。

3. 广播电视的公信力和品牌影响力依然较大

广播电视在节目制作与发布以及频道、节目和主持人品牌打造等方面，拥有独特优势和核心竞争力。英国广播公司（BBC）作为全球公共广播服务的典范，近年来因主持人性丑闻遭遇严重信任危机。为扭转这种不利局面，BBC通过加强内部管理等多种措施重建信任，经过半年多的努力，逐步走出“谷底”，公众对BBC的信任度逐渐恢复（见图2－14）。美国四大广播电视网①经过几十年培育出来的观众收视惯性和品牌忠实度，仍然占据美国媒体市场黄金时段收视率的40%，同时也带来了较稳定的广告收入。凭借独特的信息源和强大的专业化采编网络，美国有线电视新闻网（CNN）、英国BBC、日本放送协会（NHK）以及卡塔尔半岛电视台（Al Jazeera）等大型广播电视媒体，垄断了全球新闻市场份额的80%以上，节目信号覆盖全球200多个国家，它们基本掌控着全球电视新闻市场的话语权和舆论主导权，因而成为名副其实的国际一流媒体。这是迄今为止全球任何一家新媒体机构都无法超越的。

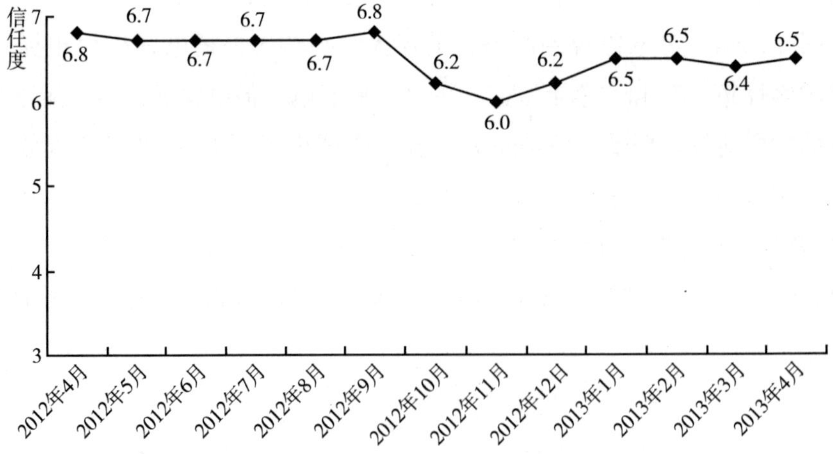

图2－14　2012年4月～2013年4月BBC公众信任度情况

数据来源：Kantar传媒为BBC做的责任感和名誉跟踪调查。该调查每月开展一次，每次选取1000位16岁以上的英国人，调查形式是面对面访问。量表范围是1～10，1表示严重不同意，10表示强烈同意。

① 包括美国广播公司（ABC）、哥伦比亚广播公司（CBS）、福克斯（Fox）和全国广播公司（NBC）。

（二）国外广播电视和新兴媒体发展情况及特点

1. 公共广播电视：努力应对财源压力

公共广播电视健康运行的前提是稳定可靠的收视费收入。近几年，由于金融危机、债务危机等影响，全球公共广播电视普遍面临财源压力。2013 年，一些发达国家公共广播电视机构纷纷采取措施，应对财政压力。一是有的国家直接宣布关闭公共广播电视台。2013 年，为应对债务危机和节省开支，希腊政府宣布解散了国家广播电视公司（ERT），并成立了商业性的“新希腊广播、网络和电视公司”。由于经济紧张问题，西班牙一个地方政府被迫关闭了当地公共广播——瓦伦西亚广播电视台（RTV），这在西班牙是史无前例的。此前，瓦伦西亚广播电视台曾尝试过在其 1700 名员工中解聘 1000 名以维持业务运营，但当地法院裁定瓦伦西亚广播电视台此种劳动力调整方案不合法。西班牙马德里公共电视台下一步也会面临歇业问题。二是通过放松广告播出限制、收视费提价等方式开掘新的融资渠道。2013 年，西班牙政府继续要求电信公司将其年收入的 0.9% 用于支持国家公共广播公司西班牙广播电视台（RTVE），同时还撤销了对西班牙广播电视台的电视广告播出禁令，允许其赚取广告费来解决资金不足问题①。同样，俄罗斯公共电视台（ORT）② 宣布到 2013 年 7 月底其资金几乎用尽，为此，俄罗斯国家开发银行为其提供紧急贷款支持，以解燃眉之急。三是公共广播电视机构主动削减开支、降低成本。2013 年 10 月，英国 BBC 宣布将在 2017 年前削减 20% 的开支，每年还将从未分配利润中留存 1 亿英镑作为未来的投资基金。为实现这一目标，英国 BBC 提出将简化内部管理架构，削减董事会成员数量和实施强制裁员计划，预计将有 2000 人面临失业③。日本 NHK 在 2013 年将

---

① 目前 RTVE 的资金来源不是电视机执照费，而是依靠政府补助和向电信公司、商业电视和付费电视频道征收的税收收入。根据西班牙法律规定，电信公司、商业电视频道和付费电视频道每年必须分别拿出其收入的 0.9%、3% 和 1.5%，专门用于支持 RTVE。

② 俄罗斯公共电视台（ORT）是原苏联的中央电视台。苏联解体后，它一度改名为“奥斯坦基诺电视台”，成为奥斯坦基诺电视和广播公司的下属机构。1995 年 4 月，公司改组为俄罗斯公共电视台，是目前全俄罗斯最大的电视机构之一，被观众称作“第一频道”，节目覆盖俄罗斯全境以及独联体国家。该电视台为股份制企业，俄罗斯国有机构持股 51%，主要商业机构持股 49%。

③ 为削减开支，英国政府从 2010 年起将 BBC 的预算砍掉了 16%，同时还要求其未来六年内不得对电视牌照费进行提价。

其员工工资调低2%左右，压缩开支以加强节目制作①。

另外，相关研究表明，建立公共广播电视机构能在一定程度上阻挡节目标准和品质的不断下滑，对整个广播电视市场健康发展有着积极影响和作用。2013年，一些国家仍然重视公共广播电视建设，并不断升级服务，以适应和满足新的媒介竞争趋势下人们对公共广播电视服务的新需求。2013年5月，俄罗斯成立了新的俄罗斯公共电视台（OTV），观众可在俄罗斯所有有线、卫星、IPTV和新的俄罗斯公共电视台官网上免费收看。新的俄罗斯公共电视台由政府与私人联合出资，俄罗斯全体国民共同所有，不播放任何商业广告，传播内容以俄罗斯历史、科学和文化为主，全面反映俄罗斯国家建设成就。新的俄罗斯公共电视台的建立，让俄罗斯电视媒体市场结构更加多元，也更具竞争力和吸引力。

2. 内容生产与传播：更加重视创意与品牌

实践证明，在任何时期，只有拥有好的创意和原创内容才能打动受众，才能为媒体自身创造巨大的注意力经济和影响力经济。2013年，全球广播电视机构和新媒体机构在加大内容生产、加快培育内容品牌方面进行积极探索。

一是广电机构实施多种形式的内容生产与传播战略。近年来，全球主要广播电视机构在从技术、渠道、新媒体等多领域拓展产业链的同时，也加大力度实施内容生产与传播战略。其一，主要公共广播机构内容生产投入稳步增长。根据英国通信办公室在2013年8月发布的英国公共广播年报，从2010年至2012年，BBC首轮原创节目制作的支出占比保持在56%左右。英国其他商业性公共广播机构独立电视台（ITV）、第四频道（Channel4）、第五频道（Channel5）首轮原创节目制作支出也快速增长，2012年这三家机构此类总支出超过了BBC（见图2－15）。BBC 2012～2013财年②广播（含16个频率）、电视（含11个频道）节目制作经费分别为4.88亿英镑和18.52亿英镑，同比增长2.73%和4.86%，占其收视费总收入的13.17%和49.97%。在日本NHK

---

① 资料来源：NHK 2013～2014财年年报，NHK网站。

② BBC 2012～2013财年为2012年4月1日至2013年3月30日。数据来源：BBC年报和2012～2013财年财报。

2013～2014 年财年①预算报告中，视听执照费收入为 6479 亿日元，占其总收入的 96%。其中，有 4899 亿日元用于国内广播、电视节目制作和播出，占视听执照费收入的 75.6%；有 200 亿日元用于国际节目制作与播出，占 3.1%。其二，主要广播电视媒体注重内容资源多次利用。为扩大媒体的新闻影响力和增加收入，美国 CNN、福克斯（FOX）、全国广播公司（NBC）三大电视网充分挖掘自身新闻资源优势，除了在自己的频道播出和整合后在其官网推送，还对一些新闻或素材进行对外销售，并将部分新闻资源在美国主流新媒体平台葫芦网等分发。实现新闻信息的一次采集、多次利用，也进一步扩大了新闻的传播效果。其三，积极抢占独家节目资源，着力提高媒体的竞争力、影响力。美国广播公司（ABC）拥有橄榄球赛事“超级碗”和奥斯卡颁奖典礼的直播权，因而转播“超级碗”和直播奥斯卡颁奖成为其高收视法宝。2013 年 8 月，美国 NBC 收购“新闻视频直击”网站 Stringwire. com，通过社交化手机视频直播应用（stringwire）技术，把现场目击者拍摄的视频材料直接从移动设备无缝嵌入新闻控制台，进行分发播出，有效增强了其对于突发新闻事件的报道能力。

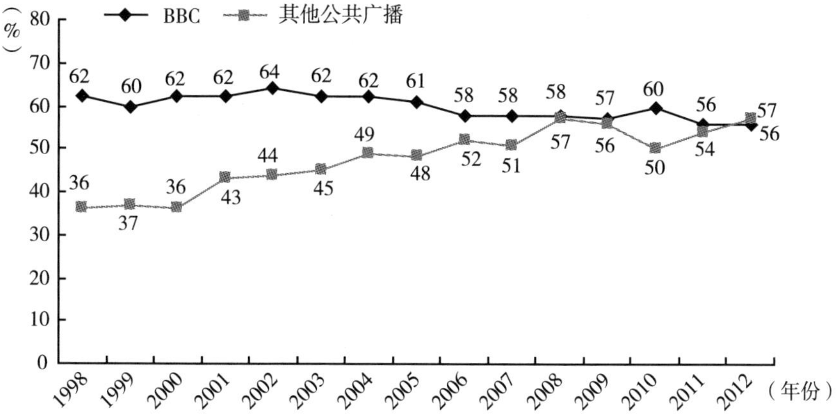

图 2-15　1998～2012 年英国公共广播首轮原创节目支出占比情况

数据来源：英国公共广播服务 2013 年年报。

---

① NHK 2013～2014 财年为 2013 年 4 月 1 日至 2014 年 3 月 30 日。数据来源：NHK 2013～2014 财年年度预算报告。

二是电视节目模式[①]市场充满生机与活力。根据最近公布的《欧洲电视节目模式年度报告》[②]，2013 年，排名前一百位的电视节目模式来自 16 个国家的 84 个欧洲电视频道和 21 家发行商，创造了 29. 31 亿美元的收入，相比 2012 年下降了 3. 3%，但仍高于 2011 年的收入。其中，英国是欧洲乃至全球电视节目模式市场的领导者，2013 年其电视节目模式销售收入达 6 亿美元，同比减少 7700 万美元；法国创纪录地达到 5. 99 亿美元，同比增加 5200 万美元。2013 年，英国、法国、德国和意大利四国电视节目模式销售收入占欧洲这一销售总收入的 72%。俄罗斯节目模式销售收入达 1. 44 亿美元，同比增长 57%。目前，荷兰的爱德默公司（Endemol）和英国的弗里曼特传媒公司[③]（Fremantle Media）是从事节目模式创作和销售的领军企业，2013 年它们除了开发传统电视节目模式外，又开始转战互联网阵地。2013 年，爱德默宣布投入 4030 万美元成立子公司，专门开发网络视频内容；弗里曼特宣布将发布一档最新的网络脱口秀节目，开发新兴视听传媒市场、拓展发展空间。

三是原创网络剧投资力度加大。2013 年，原创网络剧成为全球视频内容消费市场的最大亮点之一，与网络剧相关的投资明显增多。其一，美国在线视频公司奈飞公司推出的网络剧《纸牌屋》“吹皱一池春水”，新兴媒体相继跟风。奈飞公司 2013 年 2 月推出了首部完全绕开传统电视媒体播出的自制网络剧《纸牌屋》，此剧成为美国及其他 40 多个国家和地区点播频率最高的剧集。此前，奈飞公司利用大数据技术发现英国 BBC 1990 年拍摄的老版电视剧《纸牌屋》网络点播量颇高，而该剧的粉丝同时喜爱演员凯文·史派西和导演大卫·芬奇的作品。在大数据分析的支持下，奈飞公司投资 1 亿美元重拍《纸牌屋》，并最终取得成功。凭借《纸牌屋》的超高人气，奈飞公司 2013 年第

① 电视节目模式是指一个享有版权的固定电视节目形态或样态，包括电视节目的舞台、灯光、造型等元素。可根据各个不同国家和受众的特点，制作不同版本的节目模式。在国际电视市场中，电视节目模式的交易逐渐成为主流。

② TV Formats in Europe 2014，http：//www. researchandmarkets. com/reports/2775713/tv_ formats_ in_ europe_ 2014.

③ 该公司每年为 57 个国家制作 9200 小时的原创电视节目，以制作和发行《流行偶像》《达人秀》《墙来了》等大型娱乐节目品牌而闻名世界。

一季度的国内用户数量一举超过了美国最大的付费电影频道 HBO。9 月，该剧还获得了美国电视业艾美奖大奖，这对全球互联网视频运营商来说具有里程碑意义。随后，奈飞公司决定实施原创节目内容的扩张战略，开始进军纪录片和喜剧脱口秀节目领域。美国葫芦网、亚马逊（Amazon）等也在积极布局原创网络剧。雅虎公司还与 NBC Sports 等顶级内容提供商合作，打造 6 部原创网络视频节目，以此增强用户黏性。其二，传统广播电视机构在网络内容上加快推出新举措，促进新兴媒体发展。英国 BBC 为其网络视频平台 iPlayer 首次“量身定做”原创剧集，六部短片将在未来两年内推出。英国 BBC 还将尝试将新节目在 BBC iPlayer 上进行首播，此举旨在吸引年轻观众。卡塔尔半岛电视台在 2013 年推出了全新的全媒体新闻平台“AJ +”，并创作生产不同于电视节目的在线视频内容，为关注卡塔尔半岛电视台的用户提供多种选择。

3. 地面广播电视：数字化转换稳步推进

地面广播电视是各国提供广播电视服务的一种基本手段和重要方式。在各国政府或相关组织的推动下，2013 年全球地面广播电视数字化工作稳步推进。

一是地面电视数字化进程过半。2013 年，新西兰、澳大利亚、波兰、匈牙利、保加利亚、马其顿和希腊等国家基本完成全境数字化转换工作。到 2013 年年底，在全球实施地面电视数字化转换的 100 多个国家中，已有欧洲、北美、亚洲、大洋洲地区 33 个国家完成或基本完成数字化转换工作。全球有超过 55% 的家庭能接收数字电视信号，英国、美国、日本、法国、澳大利亚、荷兰等主要发达国家有 80% 以上的家庭能接收数字电视节目①。2013 年，一些新兴市场国家大力推动电视数字化工作。比如，墨西哥政府宣布投入 1.67 亿美元在其五个边境城市实施电视数字化，预计将有 200 万个家庭受益。墨西哥全国有 2652 万户家庭，目前数字电视渗透率仅为 21.3%，2016 年将全面完成数字化转换任务。又如，泰国宣布启动电视数字化转换工作，到 2018 年将有 80% 的家庭能接收数字电视信号。

---

① 资料来源：国际电信联盟（ITU）最新全球互联网年度报告《2013 年信息社会评估》，2013 年 10 月。

二是主要发达国家和地区基本普及数字广播。到2013年年底，英国、美国的数字广播已经实现了全境90%以上的覆盖。法国、德国等广播业发达国家以及澳大利亚、印度、俄罗斯等国数字广播处于运营或试用阶段。为大力推动数字广播发展、拉动文化消费和促进经济增长，英国、法国政府将发展数字广播写进国家的经济法案中，并明确要求从2013年起，本国所有新销售的汽车里都必须安装数字广播接收装置，数字广播接收设施成为新出厂车辆的标准配置。根据英国有关协会的数据，到2013年年底英国约有38.3%的新轿车标配有数字广播接收机①。国际数字多媒体广播协会（World DMB）也在积极与欧洲汽车商们进行合作，重点推广DMB数字声音广播技术。

4. 各类付费电视：新兴市场是产业增长的重要力量

2013年，全球各类付费电视运营商加大业务和服务创新，付费电视保持稳步增长态势，并成为电视产业的最大贡献者。从各主要市场发展来看，以中国、印度、巴西等为代表的新兴市场成为付费电视产业收入增长的重要力量。

一是有线付费电视仍占支配地位。到2013年年底，全球有线付费电视订户数为5.702亿户，占全球9.033亿总付费用户的63.12%，亚太和拉美有线电视市场保持较快增长②。相比来说，据美国市场调查公司ABI Research报告，在各类付费电视平台中，有线付费电视市场增长最慢，年增长率仅为3%，但总体来看有线电视用户规模仍占主导地位。另外，从营收和利润来看，主要发达国家的有线电视网络业务收入仍占主导。以北美为例，从2012年第三季度到2013年第三季度，有线电视用户数减少比例在1%左右，但在付费电视收入方面增长了近3%。主要原因是，在高清电视用户增长的推动下，每月每用户平均收入（APRU值）得以提高，这带来北美付费电视收入的持续增长。与此同时，大多数有线电视公司加快自身转型，推出回看、时移等服务功能，以及与互联网相关的各种应用。比如，时代华纳有线从2013年开始提供

① 《全球数字广播进展》，http：//www.imaschina.com/EXHI/birtv/2013/4087.html。

② 《全球付费电视订户将达11亿》，http：//bp.imaschina.com/news/industry/2014/18366.html。

电视节目户外收视服务，推动公司由提供传统家庭电视服务向提供“电视无处不在”业务服务转型，让用户随时随地都可收看电视，以增强对用户的吸引力。

二是新兴经济体成为全球卫星电视发展的主要推动力。美国卫星工业协会（SIA）发布的《2013年全球卫星产业状况报告》显示，在高清电视业务增长的推动下，全球卫星电视持续增长，市场规模达到884亿美元。目前全球卫星电视平台上有60%的高清电视频道服务于美国，紧随其后的是欧洲和亚洲。随着新兴经济体的经济复苏与振兴，全球直播卫星电视市场增长重心开始从北美、西欧向印度、巴西等新兴市场国家转移。从2013年卫星电视发展来看，美国直播卫星电视公司（DirecTV）、碟形网络公司（Dish Network）、拉美直播卫星电视公司（DirecTV Latin America）、印度塔塔天空卫视（Tata Sky）和英国天空广播（BSkyB）等公司付费用户规模居世界前五位。其中，美国直播卫星电视公司占有最大的市场份额，在美国约有2020万订户，2013年年底其ARPU值超过102美元①。

三是IPTV将成为付费电视市场的“生力军”。2013年，推动全球IPTV市场发展的主要因素是光纤到户（FTTH）以及电信运营商捆绑业务用户数的增加。ABI Research最新数据显示，2013年全球IPTV用户数约9200万户，同比增长18.5%，IPTV订户占全球付费电视总订户数的10.2%，收入达到372亿美元②。根据美国市场调研公司Pyramid Research报告，中国内地、法国和美国是全球最大的三个IPTV市场，到2013年年底订户均超过1200万，占到全球IPTV总用户数的50%以上。拉丁美洲、非洲和中东在全球属最小的IPTV市场，但拉丁美洲以56.1%的复合年增长率领先于全球其他地区。从家庭普及率来看，西欧和北美地区IPTV渗透率最高，分别达16%和10.6%；渗透率较低的地区是拉丁美洲、非洲和中东，渗透率均不到1%③。

---

① 《全球付费电视订户将达11亿》，http：//bp.imaschina.com/news/industry/2014/18366.html。

② 《全球付费电视订户将达11亿》，http：//bp.imaschina.com/news/industry/2014/18366.html。

③ 《2018年IPTV订户数达1.02亿》，http：//www.dvbcn.com/2013/12/24－106856.html。

5. 终端和用户：日益追求高速、高清和多屏互动体验

一是第四代移动通信（4G）时代全面开启。2013 年，4G 技术在全球市场成为关注的热点。全球移动通信系统协会（GSMA）的研究显示，目前 4G 覆盖大约 20% 的人口，到 2017 年将覆盖一半的人口，在全球 128 个国家将有接近 500 个 4G 网络提供服务。目前美国 4G 网络覆盖 90% 的人口，欧洲为 50%，而亚洲只有 1/10①。2013 年，欧美等主要国家和地区着手建设移动基础设施，加快推出新的移动互联业务。美国时代华纳有线（TWC）2013 年 7 月在纽约部署 1 万个有线 WiFi 热点，提供新的服务，吸引更多的潜在订户②。匈牙利地面数字电视平台 MinDig TV 推出新的地面数字电视应用服务，手机用户通过该应用程序就可收看该平台的多路免费频道和部分付费数字电视节目③。

二是高清、超高清体验成消费时尚。高品质画面、高清化视觉体验越来越成为受众的消费追求。以 4K、8K 技术为代表的“高清”“超高清”成为近两年广播电视视听市场新的发展动向。其一，部分国家电视机构尝试推出 4K 电视节目。2013 年，美、德、日、韩等国家的电视台相继推出 4K 超高清电视节目。日本东京电视台（TBS）推出 4K 电视节目，并率先将 4K 节目作为常规节目播出。美国亚马逊公司宣布，计划将运用 4K 超高清技术拍摄 2014 年所有原创影视剧集④。奈飞公司开始进行 4K 超高清视频播放测试，并计划在 2015 年正式提供 4K 视频内容服务⑤。拉丁美洲最大的电视台环球电视台（TV Globo）已对超高清直播测试了两年，为独家转播巴西世界杯和 2016 年夏季奥运会作准备。其二，4K 超高清电视机需求开始放大。有着 51 年历史的日本富士 CHIMERA 研究机构发布最新报告称，

---

① 《GSMA 报告：LTE 带动用户 ARPU 增长》，http：//www. ccia. org. cn/news_ show. php? id = 6958。

② 《时代华纳有线在纽约扩大 WiFi 服务》，http：//www. sarft. net/a/112713. aspx。

③ 《匈牙利地面数字电视推出手机应用》，http：//bp. imaschina. com/news/industry/2013/16801. html。

④ 《美国互联网视频公司掀起“4K 大战”》，http：//www. chinairn. com/print/3355639. html。

⑤ 《Netflix 开始测试 4K 视频　有望在 2014 年上线》，http：//firefox. huanqiu. com/tech/internet/2013 – 11/4531935. html。

世界各国对4K电视机需求将继续增大，全球4K电视机销售将从2013年的186万台扩大到2017年的6620万台。莱彻曼研究集团有关消费者调查显示，美国有77%的家庭至少拥有一台高清电视机，约46%的家庭拥有多台高清电视机。在体验过超高清电视的人中，有28%的家庭表示出强烈的购买愿望。

三是多屏互动引领广播电视消费新潮流。在移动、智能等新技术的推动下，如今更多的受众对单一终端设备的忠诚度逐渐降低，转而通过多种终端更为便捷地去获取节目，多屏互动日渐成主流。美国新闻网站Business Insider旗下研究部门BI Intelligence调查显示，有60%以上的美国用户在看电视时通过平板电脑或智能手机访问社交媒体，其中大多数用户表示，他们通过社交媒体发表对电视节目的看法和评论①。加拿大广播电视和通信委员会（CRTC）发布的《2013年通信业监管报告》显示，加拿大居民越来越多地通过各种平台和终端消费视听内容，其中有33%的居民观看互联网电视，有6%的居民通过智能手机等移动设备收看节目，4%的居民通过互联网观看节目②。

6. 传媒并购：持续活跃

2013年，全球传媒行业的并购交易活动更加活跃，整合和延伸产业链，建立综合业务平台，是全球传媒市场并购交易的主要推动力。美国成为全球传媒并购交易最为活跃的国家。

一是横向并购，实现规模化运营。发展和应用移动通信技术是移动互联时代的重要抓手之一，2013年美国威瑞森通信公司（Verizon）以1300亿美元巨资购买了英国移动通信巨头达沃丰公司在威瑞森无线（Verizon Wireless）③45%的股权，成为美国该年度最大的并购交易案。此举意味着威瑞森将着力巩

---

① 《BI Intelligence：调查显示6成用户看电视时访问社交媒体》，http：//www.199it.com/archives/143038.html。

② Communications Monitoring Report 2013，http：//www.crtc.gc.ca/eng/publications/reports/policymonitoring/2013/cmr.htm.

③ Verizon无线1999年由沃达丰与Verizon电信共同成立，是美国最大的移动运营商。在威瑞森斥资1300亿美元收购沃达丰所持Verizon无线的45%股份完成后，Verizon无线市值将达近2900亿美元，超越谷歌。

固其在美国领先网络运营商的地位，进一步拓展其移动互联业务①。为将自己打造成为全球领先的有线电视、宽带网络及电话服务企业，美国自由媒体集团（Liberty Global）以160亿美元购买英国付费有线电视企业维珍传媒（Virgin Media），并购后的新公司将在英国、德国、比利时、瑞士、荷兰等14个国家拥有2500万用户②。2013年，美国地方电视台并购重组如火如荼，有近300家地方电视台被收购，同比增长205%；收购总价格超过80亿美元，同比增长了367%。其中，辛克莱广播集团（Sinclair Broadcasting Group）通过并购旗下将拥有167个地方电视台，使得该集团业务可以覆盖美国77个市场和将近40%的美国人口。电视台并购增长的主要动力源自地方电视台可以向有线电视运营商收取更多转播费（几年前是网络传输运营商向电视台收取这一费用）。像Meredith公司（拥有13家电视台）和Scripps公司（拥有19家电视台）的转播费收入过去3年增长了2倍③。

二是纵向并购，构建全产业链条。2013年，为进一步打通传媒娱乐业的全产业链，由单一业务运营商转变成为综合性的大型媒体娱乐集团成为许多实力媒体公司的选择。美国最大的有线电视运营商康卡斯特（Comcast）以167亿美元收购NBC环球49%的股份，完成了对NBC环球的完全控股④。为拓展媒体产业链，加强内部专业化分工，美国新闻集团2013年斥资2500万美元收购爱尔兰社交新闻创业公司Storyful，成为新闻集团拆分后的首单并购交易。Storyful的商业模式就是监控推特网、Instagram和脸谱网等社交网站，同时利用自身技术和算法，对新闻的真实性进行核实和确认。此前，Storyful与英国BBC、美国《纽约时报》、美国广播公司、《华尔街日报》以及卡塔尔半岛电视台等全球诸多新闻媒体有合作关系⑤。此交易完成后，该公司有望被整合到

---

① 《威瑞森1300亿美元购沃达丰所持股份》，http：//epaper. bjnews. com. cn/html/2013 - 09/04/content_ 462894. htm? div = -1。

② 《美国自由媒体以945亿元收购英维珍传媒》，http：//business. sohu. com/20130206/n365699204. shtml。

③ 《2014年新闻媒体状况》，http：//www. bmggw. com/hangyedongtai/10529. html。

④ 《康卡斯特收购NBC环球全股》，新浪网，http：//finance. sina. com/gb/economy/chinapress/20130213/0205697200. html。

⑤ 《新闻集团收购Storyful》，人民网，http：//it. people. com. cn/n/2013/1223/c1009 - 23913064. html。

新闻集团的媒体产业链中，帮助集团旗下各媒体从社交网络获取有价值的新闻线索，进一步提高其媒体服务品质。

三是分拆传媒集团，推动优势资源的高速增长。为优化资源组合，一些大型媒体公司把公司分拆成“赚钱部分”和“不赚钱部分”，并在合适时间卖出“不赚钱部分”。2013 年，由默多克执掌的新闻集团被拆分为两家公司，分别是负责娱乐业务的“21 世纪福克斯公司”和负责新闻出版业务的新“新闻集团”。其中，21 世纪福克斯公司内部主要有广播电视、有线电视网络和电影公司等。此次分拆主要是为了避免集团赢利颇丰的影视娱乐业务遭受报刊业务亏损的拖累，同时又可以促使其出版业务独立运作，实现资源的优化配置，提高运营效率。为推动集团内部优质资源的集中发力，时代华纳决定剥离旗下杂志集团时代公司（Time Inc），完全退出不太景气的杂志业务，将主要精力集中在增长较快的电视产业上。此前，公司已出售或剥离了华纳音乐、美国在线（AOL）和时代华纳有线等资产。

7. 对外传播：多种手段拓展海外市场

在媒介融合的大背景下，各国主要广播电视机构借助互联网等新兴媒体加快了对外扩张的步伐，通过各种手段在国际市场上抢夺话语权和舆论主导权。

一是加快频率频道的海外落地与覆盖。2013 年，世界各主要国家和地区广播电视机构都十分重视本国对外传播能力建设，通过各种形式加快节目落地覆盖，着力扩大节目的影响范围。

在亚洲，日本 NHK 除加快完善自身国际报道网络建设外，还在坦桑尼亚开通了斯瓦希里语调频转播服务，积极抢占非洲广播市场。日本 NHK 国际电视频道新增收视用户 2300 万户，到 2013 年年底该频道覆盖全球 2.7 亿多用户。日本最大的卫星电视平台 Sky PerfectTV 与日本国内 40 多家电视台合作，在亚洲地区建立用当地语言播放的“日本节目专门频道”，并从 2014 年 1 月起相继在印度尼西亚、缅甸、泰国等亚洲国家播出，全天候播放日本本土播放过的动画、音乐节目等。

在欧洲，英国 BBC 在柬埔寨、罗马尼亚等国实现了频道落地，逐步扩大 BBC 在全球的传播范围。其中，英国 BBC 旗下环球公司（BBC Worldwide）新开播 15 个国际频道（针对不同地区开播不同的版本），并在巴西、缅甸和印度尼西亚等国家播出，同时在全球布局 22 个工作站点，以更强有力的气势树立着全球传播领导者的形象。到 2013 年，BBC 国际频道覆盖全球 223 个国家和地区，覆盖用户数超过 10 亿人，覆盖国家和地区数量居全球首位。

在北美，美国广播电视委员会（BBG）① 2013 年在俄罗斯、缅甸等地建立了新的附属机构，继续扩大所辖国际广播电视机构节目传播覆盖范围。BBG 还在阿拉伯世界、欧亚、中东、拉美、非洲等地区分别实现了 3010 万人、4950 万人、4000 万人、2830 万人、4000 万人的受众覆盖，并在阿富汗、缅甸、印度尼西亚、韩国等国家获得了较高的信任度。截至 2013 年年底，BBG 通过其管理下的美国之音（VOA）、自由亚洲电台等，每天用 65 种语言向全球 1.75 亿听众播送美国广播节目。此外，到 2013 年年底，美国有 14 家电视机构的 257 套节目在欧洲地区播出，占在该地区落地的外来频道总数的 95%，其中 Discovery、FOX 国家地理频道、维亚康姆 MTV 等均进入了 160 多家欧洲电视运营平台。

二是多渠道扩大节目出口。2013 年，各主要国家加大了本国影视文化产品走出去的力度，通过国际合拍影片、节目版权售卖等多种方式挺进国际市场。其一，通过国际合拍促进对外传播。2013 年，英国 BBC 加大了合拍片的数量，与中国中央电视台纪录频道、美国探索频道和法国国家电视集团合拍的电视纪录片《非洲》销售到了全球 195 个国家和地区；与澳大利亚和新西兰合拍的《谜湖之巅》系列剧成为澳大利亚迄今为止收视率最高的剧集，吸引了 83.5 万受众观看。其二，加大了电视节目的海外交易。英国是目前电视节目生产与出口领先的国家之一。英国影视制作人联盟（PACT）2013 年发布的《英国电视节目出口调查报告》显示，电视剧和纪实娱乐节目是英国电视节目出口的主要形态。从市场看，美国和澳大利亚是英国电视

---

① 美国广播电视委员会（Broadcasting Board of Governors）负责掌管美国联邦政府或政府赞助的所有非军事国际广播服务。广播委员会由 9 个委员组成，其中 8 个由美国总统指定并受美国国会认可，另外 1 个成员是现任美国国务卿。旗下包括美国之音（VOA）、自由之声电视台、萨瓦电台（Sawa）、法达电台（Farda）、自由欧洲电台（RFE）、自由亚洲电台（RFA）、马蒂电视台及电台等，它们通过 65 种语言向全球 125 个国家和地区进行广播。

节目出口的两大市场。2013 年，英国政府又推出新的税收减免措施，对高端电视节目制作者实行税收减免优惠，这将使得英国节目制作和出口具有更强的竞争力。其三，成立专门机构推动节目走出去。为帮助日本文化和日本产品的海外输出，由日本政府组织成立的 Cool Japan 海外推广机构正式运营。该机构除了向发展中国家推销日本的高品质影视产品，还计划设立专门播放日本动漫、音乐等内容的电视频道，推动日本电视节目更多走向海外市场。负责牵头的是日本最大的两家广告公司电通和博报堂 DY 控股公司，日本大型百货商店、出版公司、航空旅游业、游戏娱乐业以及多家金融机构等也积极参与。

二　主要国家和地区电影产业发展情况

2013 年，全球电影市场展现勃勃生机。在中国、韩国、印度、俄罗斯等国家电影市场强劲增长的带动下，全球观影人次、电影票房收入继续稳步增长。在相关政策的引导和支持下，一些国家本土电影开始复苏，进影院看电影越来越成为广大民众文化生活的重要选择。

（一）全球电影市场发展概况及特点

1. 全球电影票房保持稳步增长，亚太地区票房跃居首位

全球电影票房继续保持稳步增长态势。2013 年，全球电影票房收入达 359 亿美元，比 2012 年的 347 亿美元增长 3.46%，明显高于全球经济 2.4% 的增幅①。其中，亚太地区以 111 亿美元首次超越北美地区（美国和加拿大）、EMEA（欧洲、中东、非洲）地区，成为全球电影票房收入最高的地区。“金砖四国”（中国、俄罗斯、印度、巴西）和日本、韩国的电影市场日益壮大，2013 年这六个国家的年度总票房收入达 112 亿美元，占全球总票房收入的 31.2%，高过北美地区市场（见表 2－2）。

① 此为世界银行 2014 年 1 月作出的估计，它是按汇率法进行 GDP 汇总。

表 2－2　2013 年全球部分国家和地区电影票房收入排名

单位：亿美元，%

名次	国别	票房收入	增幅	名次	国别	票房收入	增幅
1	美国和加拿大	109	9.25	7	韩　国	14	7.69
2	中　国	36	33.33	8	俄罗斯	14	16.67
3	日　本	24	0	9	德　国	13	0
4	英　国	17	0	10	澳大利亚	11	－8.33
5	法　国	16	－5.88	11	墨西哥	9	6.5
6	印　度	15	7.14	12	巴　西	9	12.5

数据来源：美国电影协会（MPAA），Theatrical Market Statistics 2013，2014 年 3 月 25 日。

2. 各地区数字银幕数均超过传统银幕，全球 3D 电影银幕增长相对放缓

全球电影银幕数稳步增长。2013 年，全球电影银幕数达 13.46 万块，同比增长 4%，这很大程度上归因于亚太地区电影银幕 11% 的增长率。其中，数字电影银幕 11.18 万块，同比增长 25%，占全球电影总银幕数的 83.08%。全球各个地区至少有 50% 的电影银幕是数字银幕。

全球 3D 电影银幕继续保持增长，同比增长 17%，但增幅明显放缓。全球 3D 数字银幕在数字银幕总数中占比为 47%，而 2012 年这一比例为 51%。亚太地区和 EMEA 地区 3D 数字银幕总数均超过北美地区（见表 2－3）。

表 2－3　2008～2013 年全球主要地区数字银幕情况及 3D 银幕占比

单位：块，%

地　区	2008	2009	2010	2011	2012	2013	2013 年 3D 银幕占比
北　美	1514	3548	8505	13860	14734	15782	40
欧洲、中东和非洲	594	3487	8115	11769	13964	15813	47
亚　太	344	1584	4661	8596	14219	17726	57
拉丁美洲	84	362	1104	2119	2629	3748	51
合　计	2536	8981	22385	36344	45546	53069	47

数据来源：美国市场调研公司 HIS；《银幕文摘》。

（二）全球各主要地区和国家传统电影市场发展情况

1. 北美地区

2013 年，北美地区电影票房收入 109 亿美元，同比增长 9.25%，占全球

电影票房市场的30.36%。票房增长主要得益于电影平均票价2%的涨幅，而2012年的增长主要是源自通货膨胀。3D影片数量尽管有所增长，但电影票房收入相比2012年下降了1%，为18亿美元。北美地区观影人次达到13.4亿人次，相比2012年小幅下降1%，减少了约2000万人次。这一降幅总体上与近年趋势相一致。全年约有2.278亿、占总人口68%的美国人和加拿大人至少进电影院看一次电影。

2013年，北美电影市场依然是好莱坞主要电影公司唱主角。其中，华纳兄弟以《超人：钢铁之躯》《地心引力》和《霍比特人2》等多部优质影片赢得了50.4亿美元全球总票房，一举拿下全球电影票房的年度王冠，并成为好莱坞历史上第二次全球总票房超过50亿美元的电影公司。迪士尼尽管影片《独行侠》遭遇了"滑铁卢"，损失1.9亿美元，但公司全球总票房达到47.3亿美元，较2012年上涨了31.4%，与华纳兄弟一道成为国际总票房超40亿美元的好莱坞公司。

2. 欧洲地区①

2008年爆发的金融危机在欧洲持续发酵，欧洲各国电影业倍受冲击和影响，2013年欧盟地区的电影观影人次下降到近10年来的新低（见图2－16）。2013年，欧盟各国观影总人次为9.08亿，相比2012年的9.47亿人次下降了4.1%。在欧盟28个成员国中，约有60%的国家观影人次和票房收入同比出现了下滑。其中，法国观影人次1.93亿，同比下降5.3%。主要原因是其本土电影表现不佳，丢失了7%的市场份额。这也是法国自2009年以来观影人次首次低于2亿人次。英国2013年电影票房为10.83亿英镑，下滑1%左右。受盗版泛滥、经济危机以及门票销售税从8%增加至21%等因素影响，西班牙电影产量同比下降18.1%，全年为149部，电影观影人次从2004年的历史最高值1.44亿人次下滑到2013年的7400万人次，呈现连续下滑的趋势。德国观影人次下降了4%，票房收入下降1%，为10.23亿欧元。塞浦路斯观影人次和票房收入降幅最大，同比分别降低了24.4%和22.5%。意大利自2009年

① Cinema Admissions in the European Union Down by 4.1% in 2013，European Audiovisual Observatory，http：//www.obs.coe.int/.

以来观影人次稳步回升，2013 年同比增长了 6.6%，电影票房收入增长了 1.4%，达6.46 亿欧元。

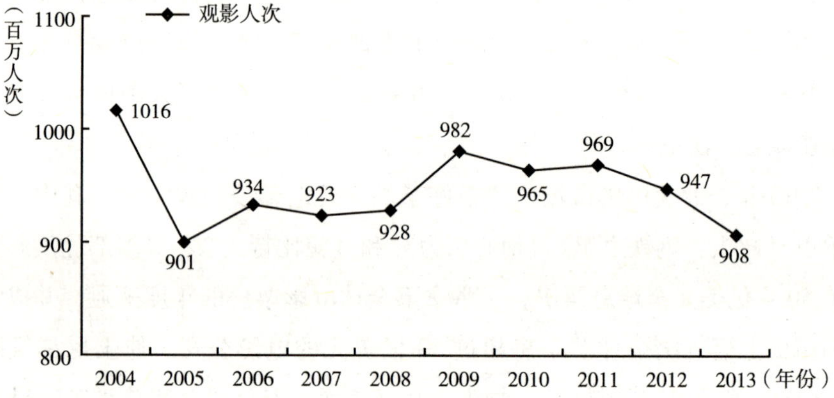

图 2-16　2004~2013 年欧盟地区观影人次（估算）示意图

数据来源：European Audiovisual Observatory。

非欧盟欧洲国家电影市场明显好于欧盟地区，最为抢眼的是俄罗斯联邦和土耳其电影市场。2013 年俄罗斯全国电影票房收入 418.74 亿卢布，增长 11.9%；电影观影人次达 1.74 亿人次，相比 2012 年增长 10.5%。就观影人次来说，俄罗斯已经超过英国，成为欧洲第二大电影市场。土耳其电影票房收入同比增长 19.8%，达 5.05 亿土耳其里拉；电影观影人次创历史新高，达 5040 万人次，同比增长 14.8%，增长源于其国产影片较高的市场份额。2013 年土耳其国产影片观影人次占比创纪录地达到 58%，这是几十年来任何其他欧洲国家都难以企及的水平。

3. 亚洲地区

亚洲电影市场近年来成为全球电影市场的亮点，韩国、日本、印度以及中国内地本土电影的“雄起”是主要推动力。韩国电影市场捷报频传，2013 年电影观影人次突破 2 亿，其本土电影观影人次占比有望超越 2006 年 60% 的纪录，成为七年来韩国本土电影的新高峰。日本本土电影竞争力强劲，在票房排名前十的影片中，有八部影片是日本本土影片，其中以本土动画电影最受市场欢迎。动画影片《海贼王剧场版 Z》以 72 亿日元的票房摘得头筹。2013 年，印度电影市场总收入达到20亿美元，其中电影票房收入15.4亿美元，占比77%，相比2012年的14亿美元增长了10%。印度本土电影占主导地位，好莱坞和其他国外影片市场份额占比很小，低于10%[①]。泰国、菲律宾、新加坡等东南亚电影市场本土电影在人气和票房上都有较大提升。

4. 大洋洲地区

大洋洲电影业在全球有着较大的影响力，2013年其本土电影表现突出。2013年，澳大利亚电影票房收入为9.65亿美元，相比2012年下降了2.3%。全年有超过400部电影在澳大利亚影院播映，年度排名前十名的影片票房占到了年度总票房收入的27%。排名前三名的影片分别为迪士尼公司的《钢铁侠3》、狮门影业公司的《饥饿游戏2》和环球公司的《神偷奶爸2》。本土影片《了不起的盖茨比》跻身电影票房收入前十，《铁路人》《女神》《转变》和《重返尼姆岛》也深受澳大利亚观众喜欢。

5. 拉丁美洲地区

拉丁美洲电影市场尽管起步晚，但在世界电影市场上独树一帜，尤其是巴西本土电影已成为拉美电影市场的领头羊。2013年，巴西电影票房总收入达7.2亿美元，同比增长7.9%，电影票房连续8年增长；电影观影人次1.51亿，同比增长1.5%。巴西电影市场的主要推动力来自本土影片的强劲表现。全年本土影片票房为1.27亿美元，同比增长92.3%，市场份额为17%；总观影人次为2810万，同比增长82.9%，占全国总观影人次的18.6%。

（三）全球主要地区和国家新兴电影业务发展情况

随着多屏化时代的到来，各国电影除了在传统影剧院放映外，还通过移动、在线的方式进行发行、推广和播映。从世界范围来看，利用互联网和智能手机观看电影的人正在增加。2013年，一个名为“我们要我们的影院”（We Want Cinema）的网上平台在德国上线。该平台荷兰版建立于2012年10月，用户可从其影片库中选择一部想看的影片来创建活动、购买电影票并邀请朋友

① India Box Office Grows 10 Percent in 2013，http：//www.hollywoodreporter.com/news/india－box－office－grows－10－687933.

参加，一旦有足够多的人买票，活动就会生效。到目前为止，该平台共收录了超过1500部电影，通过该平台举办的活动超过70次，平均每次参加人数为20～40人。

与在线视频或移动视频业务类似，尽管目前各主要国家和地区在线电影的收入规模偏低，但其增长速度较快。2013年，美国在线点播电影服务的收入达32亿美元，增幅高达32%，这主要得益于奈飞等在线视频平台的发展。

三　各主要国家和地区广播影视和视听新媒体监管情况

2013年，以英美为代表的发达国家和新加坡等新兴市场国家加大对视听内容、版权、市场等方面的监管力度，完善相关法律法规，维护市场公平竞争环境，保护内容创作者的创新积极性，有力推动世界各国视听传媒产业的健康持续发展。

（一）加大视听内容监管，维护良好的视听发展环境

维护国家利益和文化安全，遵守各种伦理规范，抵制暴力、色情等低俗内容，是全球主要国家和地区广播电视内容监管的重点。一是查处含有可能对国家利益、公共管理带来不利影响的节目。2013年，英国Ofcom对DM数字电视公司旗下的卫星频道处以约合百万元人民币的罚款，原因是Ofcom认定其播出的两档节目中包含“煽动犯罪”“引起骚乱”以及涉及时下公共政策中有关政治与经济争议问题的内容，违反了广播电视内容管理法规。按照英国有关法规，对于这类违法行为，除了罚款，还要求执照持有人在指定的日期、时间以指定的形式公示查处情况，并作出不再播放此类内容的承诺声明，接受社会监督。二是对外国媒体的播出内容进行规范。2013年5月，越南新的媒体法20号决定（Decision 20）规定，在越南播出的外国商业性频道除直播体育赛事节目外，必须将所有播出内容同步翻译成越南话。同时还规定，电视台选择播放的内容必须“适合民众健康需要并不违反越南法律”，电视内容编译机构必须经政府授权。此外，在越南播出的所有外国新闻台，必须执行半小时的延迟播出制度，并在必要情况下允许政府对敏感内容进行阻止。

（二）通过征税等多种手段调节市场，推动形成合理的市场竞争格局

维护公平竞争、反对市场垄断是各主要国家和地区政府的中心工作之一。各国按照法律法规确定的职权范围加强监管，及时阻止各种市场垄断行为的发生。对于市场中随时出现的新情况新问题，及时调研和进行公众咨询，然后在广泛征求意见和充分讨论的基础上出台政策进行干预。一是严格市场监管，及时阻止各种不良市场行为。2013 年，德国反垄断规制机构联邦卡特尔局阻止了德国有线电视公司收购德国第四大有线电视运营商哥伦布电视公司（Tele Columbus）的行动，认为此收购违反了德国反垄断法。二是出台新规规范市场竞争秩序。2013 年，美国联邦通信委员会（FCC）作出决定，要求全美最大的有线电视运营商康卡斯特公司必须将彭博电视台（Bloomberg）纳入其有线电视基本包内，同时要求该内容与其他新闻频道相邻。这一决议涵盖了全美 35 个主要市场的标清有线电视包，将为观众提供多样化的新闻收视选择。2013 年，法国政府讨论将对可联网的智能手机、平板电脑、游戏机等终端的销售额征收1%的文化税，以用来资助法国电影、音乐和漫画。估计这项税收每年能筹集 8500 万欧元的资金。

（三）通过出台或落实相关规定，提升广播电视公共服务

公共广播电视在维护和保障公众利益、传承和传播本土文化方面发挥着不可替代的作用。2013 年，一些主要国家和地区加大市场监管力度，维护公共广播电视发展环境，着力扩大公共广播电视服务范围、提升公共服务质量。根据英国有线电视“必须传输”公共频道的规定，英国政府要求天空卫视（BSkyB）停止向 BBC 和其他公共广播公司收取每年约 1000 万英镑的频道传输费。印度政府要求全印度的有线电视运营商在完成有线电视系统的数字化改造后，就“必须传送”全印电视台的 3 个地面电视频道和 21 个卫星电视频道。目前全印电视台在全印度大约有 3200 万用户。

（四）制定新兴媒体管理法规，严厉打击新兴媒体市场的侵权盗版行为

出台新媒体管理法规、规范新媒体机构传播行为等是新时期各国政府媒体

管理的重点之一。一是出台或完善相关法律法规，加大对网络视音频内容侵权行为的打击力度。2013 年，俄罗斯实施保护网络知识产权的反盗版法，自此，俄罗斯有关部门可以合法地屏蔽掉含有盗版内容的网站。该法规定，版权持有人一旦在互联网络上发现自己的视频、电影和电视节目被非法盗用，可通过专门网站向法院提出申诉，法院有权在诉讼前采取措施封锁上述网络资源①。西班牙通过刑法修正案，将对那些链接盗版内容的网站经营者处以最高达六年的刑罚，并将适用对象扩大到提供盗版内容链接的网站，对侵权盗版者起到有效的震慑作用。二是出台相关规定，规范新媒体机构的行为。2013 年 5 月，新加坡媒体发展管理局（MDA）宣布，在新加坡开展常规报道且具有一定影响力的新闻网站，必须申领执照。根据新规，新闻网站申领执照须缴纳 5 万新元的履约保证金，且如果 MDA 认为报道内容不当，网站须在接到通知的 24 小时内删除相关内容。此举被认为是新加坡政府维护国家稳定、确保舆论安全的必要措施。

---

① 目前，俄罗斯《反盗版法》仅对在网络上传播的视频、电影和电视等视频内容有效，音乐和其他音频内容不在限制之列。俄罗斯下一步将考虑将音乐和其他音频内容纳入该法。

B.4

第三章 个案分析报告

第一节　文化节目如何创造收视奇迹：中国汉字听写类节目分析

2013年暑期，中国电视荧屏推出的两档原创汉字听写类节目《中国汉字听写大会》和《汉字英雄》，用文化坚守和创新表达与观众共振，宛如炎夏中吹来一缕沉静而清丽的新风。

《中国汉字听写大会》由中央电视台与国家语言文字工作委员会主办，2013年8月2日在中央电视台科教频道播出的首期收视率就达到0.31%，高出频道同时段平均收视4倍，10月18日晚的总决赛全国累计约有1.2亿观众收看。《汉字英雄》由河南卫视和百度爱奇艺共同打造，自2013年7月11日开播以来，收视率频频跻身全国收视前十，吸引了全国甚至海外热衷于中国汉字的数亿观众注意。在复赛第二轮，以0.65%的高收视率稳坐全国第四的宝座。两档聚焦“汉字书写危机”的原创汉字听写类节目引起了社会各界的巨大反响，掀起了全民关于汉字书写、文化承传的热议，成为中国2013年度的文化现象。它们揭示了一个常识：文化节目一样可以创造收视奇迹，文化节目应该多方位创新，文化节目需要好的传播平台。

一　定位精准，全面锁定目标人群

把握收视心理，精准锁定目标人群，是节目成功的基础。这两档汉字听写类节目无论在目标受众定位上，还是在内容平台匹配上，都与收视市场需求高度契合。

（一）参赛主体选择巧妙，与收视主体构成“强关联”

两档节目都将核心观众群瞄准暑期电视节目的收视主体——青少年学生群体。《中国汉字听写大会》参赛队员都是经海选选拔出来的优秀初中生代表，《汉字英雄》的参赛选手年龄范围也设定在了 7 ~ 17 岁，参赛主体与主力收视群体之间大致重合，形成“强关联”。与此同时，汉字听说读写技能的训练和测验原本就是参赛主体和收视主体在日常学习中非常熟悉和擅长的内容，无形中增加了节目的可看性和吸引力，兼顾了老师、学生家长和广大热爱汉字文化的成年观众的收视需求。节目内容全面贴合目标收视人群，成为“值得全家人一起看”的节目，这为节目快速建立收视基础提供了重要保证。

（二）节目与播出平台高度匹配，充分放大文化创新传播效果

中央电视台科教频道是以教育、科学、文化题材为内容的专业频道，2001 年 7 月开播以来始终坚持“教育品格、科学品质、文化品位”，《百家讲坛》《读书》等精品栏目显示了其文化频道的深层次定位。河南卫视自 1994 年开办《梨园春》以来，一直贯彻“文化兴台”的办台理念，陆续推出《武林风》《华豫之门》等节目，体现了“文化中国，文化卫视”的频道定位。《中国汉字听写大会》以“书写的文明传递，民族的未雨绸缪”为目标，《汉字英雄》主张“寻找键盘里失落的汉字”，两档节目选择国人最敏感的文化细胞“汉字”作为切入点，通过听写比赛的形式创新传播传统文化，节目与播出平台的定位实现高度匹配，直接面对目标收视人群，充分放大了节目的传播效果。

二　表达创新，百味元素引人入胜

这两档汉字听写类节目，在坚守文化内核的同时，在表达上大胆创新，借鉴了很多流行节目元素增强节目的观赏性和吸引力，成功突破了以往文化节目曲高和寡的怪圈。节目通过看似简单质朴的汉字听写比赛，重新点燃观众对汉字的热爱和重视，让人们审视汉字之美，欣赏汉字蕴藏的历史文化内涵，凸显了文化传播和价值引领作用。

（一）文化元素：人文内涵提升整体品位

文化元素决定了节目的品质和品格。两档节目在这一元素上，都做足了功课。作为世界文字体系中唯一传承至今的表意文字，汉字有着丰富的历史文化内涵。《中国汉字听写大会》和《汉字英雄》聘请了文化名人、专家学者来担任嘉宾，承担权威裁判和专业解读的职责。《中国汉字听写大会》主考官由中央电视台新闻主播担任，在考核中进行了读音示范。正是在生动的解读和标准的读音中，汉语字词在语言应用中的美感得以充分展示，极大激发了观众对中国汉字、对传统文化的热爱和重视，有力地提升了节目的整体品位。

汉字能浓缩历史、人文、自然、地理、科技等方面的丰富信息，基本涵盖中国文化生活的方方面面。《汉字英雄》初赛“汉字十三宫”的形式，甚至总决赛前三名被冠以“状元”“榜眼”“探花”之称的设计，都体现了浓浓的传统文化韵味。更重要的是，两档节目都特别设置了解释、点评和讲解环节，强调汉字不但要会写更要会用，而且是在准确理解基础上的规范使用，这在潜移默化中向观众传播了历史文化知识，拓展了汉字的“宽度”，延伸了节目的文化深度。

（二）竞技元素：赛程设置紧扣观众心弦

清晰严谨的赛制设置是大型电视活动遵循的重要原则，一目了然的节目流程能够给人明晰的观看感受，而浓烈的竞争气氛能够形成紧凑的观看节奏，牢牢抓住观众的注意力。《中国汉字听写大会》分为初赛、复赛、半决赛、附加赛、决赛5个环节，全国31个省（区、市）和港澳台及外籍学生组成32支代表队参赛，以年龄固定、省市不同的标准确定选手；《汉字英雄》采用多轮淘汰制，选手们从单枪匹马智闯“十三宫”，到两两对决、四人车轮淘汰赛，两档节目竞赛题目兼备知识性和趣味性，难度层层升级，比赛步步惊心，规则的设计都非常成功。场外辅导老师和家长在候场区或紧张或欢呼的镜头，与现场选手和观众的镜头穿插编辑，更有选手直接指出主持人甚至嘉宾的读音错误，都大大增强了节目的紧张感、可看性。竞技元素极大地烘托了节目气氛，用律动紧扣观众心弦。

（三）真人秀元素：故事情节赢得持续关注

融入真人秀元素来增强节目的故事性和戏剧性，是两档节目共同的又一大亮点。节目采用了选手故事和比赛现场相结合的真人秀节目常用模式，录制短片，介绍选手背景、才艺爱好、成长和备战经历、与汉字的独特故事等，在选手上场时穿插播放。《中国汉字听写大会》节目组对一些少数民族学生、汉字书写天才少年等重点参赛选手还做了“家访”；此外，还加入对选手赛后感受的采访、选手与辅导老师和家长的场下真情流露等内容。真人秀元素淋漓尽致地凸显了选手的个性，帮助观众了解并记住选手，让整个赛事更加鲜活、生动，富有人情味，更易打动人、感染人，进一步吸引观众持续关注比赛进程。

（四）互动元素：代入体验增加节目黏性

互动元素已成为时下所有获得高收视节目不可或缺的制胜法宝。

一方面，《中国汉字听写大会》和《汉字英雄》分别推出“成人体验团”的成人正确书写率和“千人知晓率”，实时公布当前汉字的书写成功率。这样的安排非常容易激发和感召观众共同参与，在电视机前一同测试自己书写汉字的水平高低，边看边学，比赛结束后到微博、微信上晒出自己的答卷、自己的正确率，与现场选手和体验团“同场较量”。

另一方面，《汉字英雄》利用新媒体加强了节目的互动性，上线同名手机APP，观众既可以在观看节目直播时在APP上与选手同步答题，充分体验同台竞技的刺激感，又可在平时以闯关赢积分的形式进行汉字书写比拼，积分最高的适龄玩家，有机会来到决赛现场参与最终的“汉字英雄”争夺。

不同于选秀节目只强调观赏性，这两档节目将观赏和参与完美结合，通过吸引观众同步互动，寓教于乐，用极强的代入体验唤醒了国民对汉字的内心认同，并自觉转化为一种更欣赏汉字、更崇尚传统文化的持续力量。

三　制播携手，市场化下的精耕细作

除了表达上的创新，制播环节的积极探索和不懈努力，也让两档汉字听写类文化节目获得了与娱乐节目一拼高下的资本。

（一）制作流程标准化，规范管理稳定节目质量

2013年，大量高品质大片式的引进模式节目令观众耳目一新，尽享视觉和听觉上的饕餮盛宴。这无疑对本土原创节目提出了更高的要求，要想加入竞争，就必须学习借鉴海外节目模式的成功经验，用科学、高效、标准化的管理，稳定和提升节目质量，由内及外地完成品质上的跃升。

《中国汉字听写大会》团队用了两年时间反复摸索才完成节目的前期原创工作。这种前期阶段的深耕细作最终使节目呈现的内容顺理成章、一气呵成，降低了节目正式录制时的操作难度。中央电视台与国家语言文字工作委员会、中国社会科学院语言所的专家强强联合，协同创新，使得节目的质量、权威性和视野视角都得到很好的把握。节目正式立项后，团队又用了两个月时间，细化制作了一本超过400页的“节目执行手册”。这本手册如同国外优秀模式节目的“制作宝典”，将涉及的所有制作和管理细节落实到纸面，形成规范，让节目组400人团队中的每位成员都以此为基本行为指南，有效节约和降低了团队的沟通成本和执行误差，稳定节目预期效果的同时也大大提升了节目品质。

《汉字英雄》节目，河南卫视与爱奇艺也联手采用了前所未有的高标准制作。节目的制作由执行过《顶级厨师》《中国好声音》《中国达人秀》等知名节目的制作团队打造；后期则是与全国当前数一数二的电视节目后期制作公司合作，为节目引入了不同以往的制作、剪辑模式。节目组从制作到后期的大力度投入，有效保证了节目的整体质量。

（二）台网联动覆盖制播全环节，协同效应扩大节目影响

《汉字英雄》将台网联动由初期的节目资源传播互动进化到制播环节的全线全程深度联动融合阶段，电视台和视频网站双方通过优势互补，找准各自的切入点与平衡关系，在制作、推广、招商等层面实现真正意义上的全方位合作，完全打通台网全线资源，使节目在实现收视目标的基础上还能持续扩大影响力，为业内提供了有益经验。

河南卫视和爱奇艺按照1∶1的比例共同投资，共享知识产权、共同制作播出，联合招商、共同受益。这样的合作模式在国内电视界还不多见，符合全

媒体时代的发展潮流。更重要的是，这种联动形式，可以复制移植到更多节目的合作上，台网之间的互补和共振优势将全面凸显，形成协同效应，从而创造出新的利润增长点。

（三）更大范围调动系统资源，最大化利用平台优势

为了将传播效果最大化，两档节目突破以往播出平台的束缚，在更大范围内调动和利用资源，集全平台的优势为我所用。通过一系列行之有效的举措使之迅速成为全民参与、全民热议的焦点，获得了良好的社会效益。

《中国汉字听写大会》在中央电视台科教频道仅播出两期节目后，就根据社会反响及时将其调整到了黄金时段播出。中央电视台综合频道更是打破频道的条条框框和播出惯例，每周二晚跟进播出。同时，中央电视台还利用《新闻联播》等具有极高影响力的节目，为《中国汉字听写大会》10 月 18 日晚的总决赛做宣传报道，并拿出综合频道与科教频道并机播出了总决赛。此外，中国网络电视台（CNTV）为节目开辟了专栏，节目组还将阵地拓展到其他新媒体领域，在微博中及时充实并引导讨论。多屏、多渠道的传播宣传策略成功拓展了节目影响力，使节目呈现出立体化的传播力和穿透力。

《汉字英雄》制播环节的台网深度合作，为节目全面覆盖并充分借力电视和网络平台的影响力创造了天然的便利条件。爱奇艺的原创节目《爱奇艺娱乐》等为其进行了预热宣传，重磅推介，爱奇艺及 PPS 在与河南卫视同步直播节目的同时，也利用网络视频独有的传播规律对节目进行了二次加工和包装，使得节目取得了较高的网络点击率，节目的客厅收视和网络点播相互促进，实现台网双赢。

《中国汉字听写大会》和《汉字英雄》作为既叫好又叫座、社会效益和收视效果俱佳的原创文化节目典范，均入选了国家新闻出版广电总局表彰的“2013 年电视创新创优栏目”。这为原创节目的发展提供了成功范式。正如中共中央政治局常委、中央书记处书记刘云山对《中国汉字听写大会》的批示中所说，“其意义和启示是多方面的，可从文化和传播等多个角度很好地总结，以进一步寻找规律，不断改进创新，提升电视节目的品位和质量”。

电视节目的创新创优，需要标杆性节目的引领。《中国汉字听写大会》和《汉字英雄》近乎完美地联袂完成了这个担当：不仅成功坚守承传了传统文化，而且通过表达和传播方式的创新，将节目的影响力持续扩大，兴起打造原创文化节目之风，涌现出《成语英雄》《中华好诗词》《中国灯谜大会》等一批优秀节目，全国上下共筑品牌矩阵，汇成本土节目集群的竞争合力。原创文化节目的星星之火正呈现燎原之势，这不仅是主流媒体的社会责任和担当，更是文化自信、文化自觉和文化自强的体现。

第二节　《我是歌手》创新创优探析

《我是歌手》是湖南卫视 2013 年年初推出的国内首档专业歌手对决真人秀节目，其创新力度、音乐品质、推广模式以及节目所传递出的“正能量”，引发电视界、音乐界和学界的研究探讨，获得广泛赞誉。这档节目影响力持续发酵，以大众文化传播为理念，在包括港台在内的世界华语圈刮起一场文化交融的旋风。

一　内容专业化：专业歌手演绎经典作品传播主流价值

（一）专业歌手展现专业魅力

《我是歌手》节目集结乐坛资深唱将、流行红人和新生代佼佼者，开辟出专业歌手之间高水准真实对决的新节目模式。

“专业歌手”的身份代表着一定的文化内涵和专业素质，每一个专业歌手其实就是一定领域、一定范围内的一个文化符号，具有较为强大的群众基础和社会影响力。在真实对决赛制下，专业歌手充分展示其专业素质、个性特点和艺术造诣，通过比赛相互碰撞，擦出精彩的火花。节目组所邀请的“明星经纪人”、帮帮唱嘉宾、相关音乐制作人，都不乏业内外所熟知的“公众人物”。节目以专业歌手、明星人物作为节目内容的主人公，极大地提升了节目的专业品质，丰富了节目的文化内涵，成为本节目最突出的特色。

（二）经典作品引发大众“共鸣”

对经典作品的演绎就是一种文化传承，因为每一个经典作品往往带有一个时代的文化烙印。当不同年龄段或者不同时代的歌手同台竞演，尤其是当他们与各自时代的经典音乐作品融为一体的时候，在舞台上唤起的便是观众情感上的共鸣，或是对往昔的记忆，或是对一个时代的感悟。

在《我是歌手》的舞台上，黄贯中一曲《海阔天空》，让70后、80后的现场观众不禁起身和唱，让广大电视观众心潮澎湃。羽泉演唱的《大地》，一下子将大众拉回到台湾刚刚开放退伍老兵回大陆故土探亲的时代。辛晓琪演唱的本人代表作《领悟》、黄绮珊演唱的《跟着感觉走》、周晓鸥演唱的《九个太阳》等，都能够让人感受到特定歌者、特定时代的气息，直入记忆深处。羽泉演唱的《烛光里的妈妈》，是一首20世纪80年代的校园歌曲，以母爱的感召力及其真挚、细腻的情感表达，引起观众的共鸣。另外，歌手对如《牵手》《再回首》《我想有个家》《I will always love you》等中外经典歌曲的真情演唱，无不让人感动落泪。

许多观众原本耳熟能详的经典老歌被这些专业歌手翻唱后又令人耳目一新，有的甚至超越了原唱的效果，如《跟着感觉走》《热情的沙漠》《情人的眼泪》《烟花易冷》等。观众在感受经典的同时，还能领会到经过歌手全新演绎后所带来的新的文化内涵。尤其是《浏阳河》《大中国》等红色经典曲目，在改编时融入流行歌曲元素，风格上更具现代感，赢得大众喜爱。

（三）音乐纯粹打动观众

在《我是歌手》的演播大厅，单调的观众席正对着的是不那么“炫”的舞台——没有了以往综艺娱乐节目中常见的华丽服装、炫目造型、众多伴舞，而单纯以聚光灯作为舞美。但简单陈设的背后，是顶级的音响设备和音乐团队。简单舞美与顶级制作班底的配置，让《我是歌手》成为“一个非常单纯、纯粹的音乐节目”，歌手关注的重心系于音乐，观众关注的重心同样系于音乐。同时，《我是歌手》没有太多煽情的桥段，观众席上大众评审评判的唯一标准就是歌手的声音与实力，通过这种“返璞归真”的评判，节目传递出的是真实、客观和公正；观众感受到的是纯音乐的力量和歌手的诚意。“纯粹的音乐”是《我是歌手》赢得观众的一个重要法宝。

二　导向主流化：明星励志传递“正能量”

《我是歌手》以绝对的“正能量”传播，宣传引导主流价值观，如清风拂面，健康阳光。

（一）明星励志

节目中，观众经常可以看到这些成名歌手“紧张备战”“掌心出汗”，面对排位起伏不骄不馁，始终精益求精、全身心投入歌曲选歌、编改和彩排之中，最后用纯粹的声音和态度唱出自己的音乐梦想。从黄绮珊的《等待》、林志炫的《烟花易冷》，到羽泉的《奔跑》、周晓鸥的*Everything I Do*，几乎每位歌手都会寻求与优秀的编曲者进行合作，在原有基础上进行大胆改编、创新。这些成名歌手身上所具有的敢拼敢战的精神和永不言败的劲头，生动诠释了专业歌手不断追逐梦想的人生观，使节目产生较强的励志作用。

（二）人文关怀

《我是歌手》以倡导“真、善、美”作为节目制作理念，无论是歌手还是节目整体呈现都传递出向上的力量，为观众注入反映社会生活、承担社会责任的“正能量”。舞台上，歌手们屡次以向前辈导师、向经典作品、向流行音乐致敬的态度演绎作品。在第一季第十期还特设向齐秦致敬音乐专场，进而倡导音乐界以严肃、诚恳的心态，追求“真音乐、纯粹音乐”的人文理念。同时，歌手个人体现出的人文情怀也受到观众的广泛赞誉。在第九期节目录制时，辛晓琪不顾临场换歌对自己排名带来的风险，放弃原已彩排好的曲目，改唱《亲爱的小孩》，以此悼念在长春劫车事件中不幸殒命的婴儿，歌手对社会的人文关怀之情溢于言表，打动了万千观众。

三　形式融合化："歌唱秀＋真人秀＋淘汰赛"综合创新

（一）喜闻乐见的音乐歌唱选秀类型

歌唱是现实生活中最为常见的一种大众文化艺术形态，没有门槛，古今通用，雅俗共赏，老少皆宜，人人可为，天然具有寄情、咏志和愉悦身心等深厚的文化承载功能和广泛的传播基础。《我是歌手》通过一系列大胆创新将歌唱选秀类节目做到极致，一经推出便从国内遍地歌声的选秀类节目中脱颖而出。自2013年1月18日开播，到4月12日"歌王之夜"华丽谢幕，《我是歌手》第一季共历时85天，播出节目13期，央视—索福瑞全国网平均收视率1.3%，平均收视份额6.99%，在29城网中更是取得了平均收视份额超过10%的佳绩；其中11期节目列同时段全国收视第一；13期节目首播累计到达率28.2%，推及全国观众规模3.6亿，首重播累计观众规模达到6.9亿人次。

（二）"真人秀＋纪录片"式的全景呈现

在表现形态上，《我是歌手》大量吸纳了真人秀、纪录片等影视表现艺术，极大增强了节目的真实性、吸引力和悬念感。

以往的音乐节目，焦点集中在PK台，少有将镜头移至舞台以外。《我是歌手》在摄制过程中，同时动用38台摄像机，将歌手休息室、经纪团、彩排、统计选票、宣布名次等统统摄入镜头。明星歌手们从精心选曲、改编，到专注彩排；从候场前的高度紧张、严阵以待，到舞台上的全力拼搏，以及竞演结果宣布时的忐忑煎熬，甚至节目制作过程中出现的失误、音响事故等，全都展现无余。有些看似幕后花絮，实则与PK台浑然一体，不可分割，为节目增加了不少桥段和看点。更重要的是，在节目组追求高品质的音乐视听和节目呈现的同时，完全摒弃国内电视一贯追求的某种"完美无缺""万无一失"的节目制作思维，转而追求最真实的状态，由此使得明星人物形象更加立体，情感表达更加真实具有力量。

（三）创新的淘汰赛制

淘汰赛制是当前选秀类节目最普通的必备手段，能大大增强节目的悬念感。《我是歌手》在常规的淘汰赛制基础上进行了大胆突破和创新。

一是弃用专业主持人，让歌手兼当主持，使主持人点评更具专业性和亲和力。二是海选充当评委的“知音听审团”成员。参与节目录制的500位大众“知音听审团”成员来自全国各地，遍布各个行业，并覆盖老中青多个年龄层，事先经过严格筛选，保证具有一定的音乐素养和音乐鉴赏水平，在实现相对专业背景下的公平和公正的同时，增强了节目的多元性、包容性、大众性。三是颠覆评审模式。将大多数竞争节目中“专家说了算”的评分模式，转变为由普通观众组成的“知音听审团”成员，在场内掌握裁判权，决定选手去留；而“专家顾问团”只在场外适当点评，引导大众视听。“知音听审团”评审模式，使歌手与评审的关系更加平等，互动性更强，使节目更加凸显民意。四是设定循环淘汰赛制，不断淘汰歌手，又不断引入新的歌手，既为节目不断注入新的风格，增强节目的不确定性和悬念感，又能不断吸引新的粉丝和观众的关注，一举数得。

四　传播大众化：跨屏直播 + 全媒体互动 + 粉丝营销

（一）跨屏直播全媒体互动

《我是歌手》总决赛——“歌王之夜”实现电影院与电视屏同步直播，是电视和电影跨平台合作的一次有益尝试。直播当晚，全国共超过3000名观众在电影院观看了直播，其中电影院上座率最高的城市是北京，达到99%，这是只有好莱坞顶级大片才有的超高上座率。事实证明，《我是歌手》的跨屏直播是一次电视播出的大胆创新，打破了传播内容与传播渠道的单一体系，是对大众文化传播的成功拓展。

在总决赛跨屏直播中，电视屏与电影屏并不仅仅是简单的传播关系，而且通过与新媒体高度互动，颠覆了平台之间的沟通模式，全面打通线上线下，形成电视屏幕、电影屏幕、手机屏幕和电脑屏幕的“四屏合一”。观众在看湖南卫视节目时，用“呼啦”扫描线上的二维码，完成相应任务即可兑换到所在城市影院的电子观影券，从而引导用户到线下的电影院去，再利用手机二维码完成纸质电影票的兑换，进入电影院观看直播，完成从线上引流到线下。当观众领了票进入线下影院观看节目时，只要用“呼啦”扫描纸质票上的二维码，就能立马进入《我是歌手》总决赛“歌王”投票的线上活动，还可以参与节目热门话题的交流讨论，实现把用户从线下再度引导返回线上。此外，观众还可以边看直播，边用电脑在网上参与湖南卫视贴吧、微博互动；直播结束后，登录湖南卫视金鹰网旗下的网络电视台“芒果 TV”，即点即看总决赛的完整视频、精彩花絮以及往期的各种海量视频，实现全媒体间互通互动。

（二）粉丝营销规模推广

近年来，粉丝资源越来越被视为一个电视台或者节目的重要资源，粉丝数量的多寡成为群众基础与民意倾向的重要参考值。《我是歌手》充分利用粉丝营销，收到良好效果。

湖南卫视创造并推动了粉丝文化。2005 年举办《超级女声》的时候，湖南卫视大打粉丝牌，创造出“玉米”“凉粉”“盒饭”等一系列流行称谓，为当年《超级女声》的辉煌贡献出极大的力量，并日渐形成具有时尚、潮流、青春、向上等独特气质的“粉丝文化”。《我是歌手》充分运用“粉丝”的传播效应，一方面通过“呼啦”互动、“知音听审团”成员招录等，扩大粉丝规模；另一方面充分调动歌手、明星经纪人、著名音乐制作人、帮帮唱明星嘉宾等“公众人物”背后规模庞大的粉丝群，进行营销推广。通过粉丝口碑，特别是现场粉丝的情绪带动，将广大观众情感“代入”，不自觉地跟随着粉丝一起融入节目精心营造的情绪和氛围之中。

五　影响深广化：以专业品质打造行业品牌促进文化交融

《我是歌手》热播后，不仅在传统媒体和网络等新媒体中引发热议，激发包括社会精英阶层在内的社会大众的广泛关注和好评，而且对参赛歌手、整个电视行业和整个华语乐坛都产生了重大影响，甚至成为席卷港台的一场文化交融旋风。

（一）专业品质：树立电视创新新标杆

《我是歌手》成功对国外引进的节目模式进行本土化创新，将主流价值观与艺术审美融合其间，达到高标准的制作水平和高质量的视听效果，节目所形成的新理念、新模式、新内容树立了行业“新标杆”，并对丰富国内电视节目品牌、推动文化产业发展、提升民族文化形象具有重要意义。《人民日报》发表评论认为，“观众从这类节目中获得的不仅是真声音、真音乐的魅力，更是真实的情感诉求，向善向上的精神取向”①。

（二）行业品牌：开发华语乐坛新价值

节目为华语乐坛创造了一大批“最新流行歌曲”。黄绮珊的《等待》、黄贯中的《海阔天空》、陈明的《等你爱我》、林志炫的《烟花易冷》等，极富唱功和感染力，在很长一段时间内均名列多个“音乐新歌排行榜”前列，成为网络下载、传播度较高的经典。这些歌坛老将对音乐的热情、真挚的态度与职业精神，深深影响到华语乐坛的新生代歌手。他们也重新得到观众的认可和喜爱，媒体关注度、社会影响力和市场价值均得到重新发现和提升。

（三）文化交融：促进内地与港台的文化交流融合

节目汇集内地与港台的优秀歌手（第二季还引入了外籍歌手），尤其是第一季中来自台湾的林志炫、杨宗纬、辛晓琪、彭佳慧，来自香港的黄贯中等，他们所演唱的不少经典歌曲取材台湾、香港社会，如杨宗纬的《流浪记》、齐秦的《张三的歌》，反映台湾社会变迁，唱出台湾“民声”。节目在港台报道播出后，引发当地收视热潮，收视率比平常增长最高达到220%。节目的火爆使《我是歌手》在台湾产生了“入岛、入脑、入心”的文化传播效果，有力地激发了当地文化活力，为促进内地与港台的文化沟通交流与合作发挥了重要作用。

---

① 任珊珊：《真人秀节目的生命力在于真实》，《人民日报》2013年3月15日。

第三节　浙江安吉县广播电视台创新发展之路

近年来，随着县级广电局台分开、网络整合、乡镇广电站合并，以及三网融合和新媒体的飞速发展，县级台的发展遇到了定位模糊、功能弱化、创新乏力等诸多问题，浙江省安吉县广播电视台（以下简称安吉台），立足县域经济社会需求，理清思路，找准定位，创新发展，探索出新形势下县级广播电视台的发展路径。

一　明确县级台目标定位四轮驱动

安吉县地处浙江省北部，全县面积1886平方公里，常住人口46万，下辖8镇3乡4街道，有187个行政村（社区），是一个极具特色的生态县。早在2008年，安吉县就以“村村优美、家家创业、处处和谐、人人幸福”为总目标，在全省率先提出实施“中国美丽乡村”计划。近年来，安吉台抓住这一机遇，积极参与其中，通过不断创新实践，逐步确定“宣传舆论阵地、公共服务主体、文化产业支柱和信息服务平台”的目标定位，实现了新形势下县级台的转型发展，在基层广播电视台改革发展上进行了有益探索。

（一）党和政府宣传舆论阵地

县级台是党和人民在基层的宣传舆论主阵地，任何时候都只能巩固、扩大和加强。正是基于这样的认识，安吉台在做好频道频率的同时每日实时转播中央电视台、浙江卫视的《新闻联播》，中国之声《新闻和报纸摘要》《全国新闻联播》等节目，保证党和政府的方针政策以及重要信息能够及时有效地传递给全县受众。

为全县中心工作营造良好的舆论氛围是县级台工作的重中之重。安吉台紧密围绕本县各时期各阶段的中心工作，积极营造良好的舆论氛围。例如，在“中国美丽乡村”建设中，安吉台开设专栏，对国内外先进新农村建设情况进行充分报道，解读分析其做法与经验，并先后策划《美丽出发》《北上问道》

等系列专题，为全县建设提供可借鉴的鲜活样本，充分发挥了广播电视台的宣传和导向作用。

努力当好党委和政府的工作助手。针对县域各种社会不良现象、不文明行为和公共管理方面的疏漏和缺失，安吉台策划推出《美丽安吉找不足》《新闻追击令》《亮短揭丑曝光台》等系列专题报道，对有关问题曝光，形成浓厚的“弘扬正气、打压邪气”的氛围。同时，通过电话、微信和微博等方式接收群众爆料，并派记者进行暗访，通过群众和媒体的互动，强化舆论监督，促使责任部门及时整改，在全县上下引起了强烈反响。这样，在有效传播正能量的同时，当地工作也得到进一步推进，安吉台逐渐成为县委县政府狠抓工作的有力助手。

（二）基层广电公共服务主体

夯实基础设施建设，这是增强服务能力的先决条件。近年来，安吉台增大财政投入，不断加强网络、数字化建设。从2010年起，安吉台先后投入资金2亿元建设广电网络，除了极少数偏远农户外，其余用户全部实现有线联网，使广电网成为全县容量最大、覆盖最广的信息服务网络。早在2011年年底，全县近14万用户就已完成数字化双向改造，安装光电转换传输设备2万多台，每10户家庭配置1套光终端设备，全县数字电视服务满意度从2009年的75.8%跃升到2013年的99%以上，为社区和农村做好公共服务打下坚实基础。

抓好重点工程建设，这是做好公共服务的重点。安吉台积极推广“村村通”“户户通”等重点工程。截至2013年年底，全县共发展有线电视用户约14万户；在有线电视未通达的偏远地区，安吉台为100余用户安装了直播卫星。同时，积极推进“村村响”工程，已安装户外有线广播3600多个。良好的基础设施和重点工程建设，不仅夯实了广电公共服务基础，同时也增强了安吉台做好广电公共服务的能力。

（三）县域文化产业支柱

县乡村三级联动，巩固和扩大广电业务。面对基层广电发展出现的诸多困难，安吉台加强县、乡（镇）、村（社区）三级广电服务机构建设，为基层广电增强发展能力奠定了坚实基础。一是建立县广电中心，以台为中心，县有线网络公司作为子公司，不断完善与省网公司的技术对接和业务融合，同时整合各方资源，建立起县级战略平台。二是在乡（镇）建设14个数字电视客服中心，同原来的广电记者站、通讯站合并，完善服务功能，负责辖区内的有关广电业务，成为连接县级平台和村中心的一个关键环节。三是行政村广播室改建成为“美丽乡村信息服务中心”，整合集纳了播、看、管、用等多种功能。聘请大学生村官或村干部为管理员，负责有关业务开展，并指导村民会用、能用、爱用广电终端，将县级台各项业务延伸到基层千家万户。

建立4家公司，做大做强县域文化产业。安吉台根据其业务相关性，积极延伸产业链，成立4家公司专门负责产业经营。其中，普尔广电有限公司以广告经营为主，2013年收入2500万元；广电网络公司除网络运营维护外，主攻增值业务开发，积极拓展数据监控、宽带、数字电视（高清、点播、机顶盒）等服务，2013年增值业务收入3700万元，占网络总收入的46%；梅地亚文化传播公司负责文化产业的拓展工作，主要负责举办车展、房展、会展和各类演艺等文化活动，2013年产值600万元。此外，安吉台积极探索IT产业，在2014年年初成立文澜信息发展有限公司，预计2014年的目标产值为500万元。通过“一台四公司”，安吉台进一步增强了综合发展能力。截至2013年年底，该台总收入突破1亿元，已成为该县文化事业产业发展的主阵地和重要支柱。

（四）综合信息服务平台

积极搭建中心平台，把安吉台打造成为县域信息传播枢纽。安吉县在开展“中国美丽乡村”建设之初，将“便民服务”建设纳入全县发展大局，安吉台紧密结合“信息便民服务”工作，以台为龙头，以有线网络公司为基础，创新采用县、乡镇、村、企业等多元化投入方式，整合县有关委、办、局，以及乡（镇）村（社区）网络资源，搭建起“美丽乡村信息服务中心”平台。

中心平台包括“村村通”数据光网、“村村响”音频广播、“村村看”视频监控和“村村用”信息平台四大系统，将各种信息服务一网打尽。“村村通”由8000多公里双向传输光纤网及光电加护系统构成，承载数字电视信号、广播信号、互联网信息等数据的传输任务，并提供点播、回看等服务，极大地提升了收视（听）节目的质量；“村村响”由户外调频广播及室内广播系统组成，为全县提供广播节目、会议直播、应急动员等信息的播送，保证了信息的及时有效传达；基于总平台，安吉台还将公安、气象、旅游等部门资源整合，建设“村村看”“村村用”两大系统，集治安联防、便民服务、信息公开、社会管理和教育咨询等功能于一体，极大地方便了村民的生产生活。

二 创新发展策略：优化三个服务，创新管理手段

面对县内外、业内外的竞争环境，为实现发展目标，安吉台以优化视听服务、丰富信息服务、拓展社会服务和创新管理手段为主要着力点，整合内容、网络和终端，形成系统整体优势，确保该台在本地主流媒体的地位及其不可替代的影响力。

（一）优化视听服务

一是打造全媒体报道，构建现代视听传播体系。面对业内外竞争和新媒体飞速发展的挑战，安吉台除了做强传统广播电视服务、搭建信息中心平台以外，加快建设多网联合和多屏联合，打造电视、广播、网络等全媒体报道，促进传统广电传媒向现代视听传媒转型。例如：建立“安吉视窗”门户网站和“恋乡网”视频直播网站，拓展安吉台节目的传播渠道；开设《安吉拍客》专栏，无论是记者还是群众，都可随时上传内容，既增加了新闻来源，也提高了新闻的时效性和互动性。在终端方面，开通了“无线安吉”手机电视，通过美丽安吉 APP 系统实现智能终端实时浏览，让远在天涯海角的安吉人也能随时看到家乡的变化。从 2011 年 6 月起，又先后开通“安吉人民广播电台”“安吉视窗”“安吉数字电视”等官方微博，增强了受众的参与性。此外，安吉台在户外设立城市大屏 6 块、楼宇电视 50 多个、村级广场大屏 8 块，将传播触角向下延伸。安吉台利用多网联合和多屏联合的方式，促进了传统媒体与新媒体互相融合发展。

二是增加对农节目，搭建农技传播平台。安吉台针对当地农村群众，每周推出《生态家园》《三农新视点》《安吉记录》三档对农电视节目，重点传播农业生产、管理实用技术和经验。广播每日播出《农村新天地》专栏；根据各村（社区）实际需要，调整户外广播数量，每日设定自动播出时间；在部分村开设自办对农节目，为农村生产生活提供及时的信息支撑。

三是开展用户调查，提升节目质量。2010 年年底，安吉台与尼尔森网联签订了为期 5 年的收视率调查协议，成为浙江省首家建立评估考核体系的县级台。安吉台每月对所有自办节目和晚间电视剧按节目导向、节目创新、收视率、收视份额等指标进行考核，根据考核结果决定奖惩，从而提高节目质量。通过这些举措，极大地满足了本地受众的视听需求。

（二）丰富信息服务

一是推进全县数据整合，重点打造“村村用”平台。基于信息中心平台，安吉台通过“公用平台广电投、专业平台合作投、个性服务自主投”方式，着重开展“村村用”平台建设。该平台将乡镇各部门网站通过新建、并入等方式进行整合，提供包括直播电视、互动电视、村务公开、便民服务、民意征询、天气预报、交通时刻表等 20 余个栏目，内容丰富，切合群众的生产生活实际。各部门对提供的信息内容和服务项目及时更新和调整，由安吉台负责信息录入把关。通过信息服务中心平台实现资源共享，极大满足了群众的知情权，方便了群众的生产生活。目前，全县 14 万户数字电视用户可通过机顶盒，享受便捷的信息服务。例如，在《村务公开》栏目中，群众可以通过电视机实时查询本村“三资”管理公开等信息，财务收支一览无遗，同时，也有效发挥了预防腐败的作用。此外，群众在家通过交互电视机，可以办理电子转账、电子付款等业务，实现“零米刷卡”。该项业务已覆盖 1.5 万用户，老百姓已从原来的“爱看电视”发展到现在的“爱用电视”。

二是拓展“村村享”物联网应用，为美丽乡村建设提供支撑。安吉台先后与县教育局、民政局、农业局等部门合作，依托广电网络资源优势，配置中央数据处理中心和终端运用设备，并在此基础上开发了“智慧交通”“智慧教育”“智慧农业”“智慧医疗”和“智慧家居”等多个子系统，将物联网技术应用到安吉县乡村建设中，极大地提高了农村信息化水平，使广大农民享受到与城镇居民一样的信息服务。以“智慧教育”为例，全县学生可以实现自主学、随时学，农村学生不出家门便可接受一流教师的授课。此外，通过此信息共享平台还能加强城乡教师交流，推广学习优秀的教学方法，提高整体教学水平。

（三）拓展社会服务

一是建设“村村看”高清视频体系，加强治安防范。基于中心平台，安吉台与县政法委合作，推出“村村看”视频监控服务，以直播频道方式实时轮播全县各监控探头的高清视频。截至 2014 年 3 月底，全县已完成 151 个行政村平台建设，共计安装了 2200 多个视频摄像头。在资金上，县级总平台由县广电网络公司出资搭建，村级平台建设经费由安吉台和乡镇共同承担，运营维护费用由县财政承担。在技术上，“村村看”由每个村 10 多个高清探头、一套监测平台和全县统存、统播平台构成，每路视频按 120 万～200 万像素高清标准实时传输数据。通过广电光纤网和监控设施，“村村看”有效加强了村内治安防范、物资监管和村民的家庭安防。

二是联动应急及时高效，为全县经济社会发展保驾护航。安吉台以广电中心作为总枢纽，在乡镇建立独立广播室，与“美丽乡村信息服务中心”联动，全力保障预警信息能够及时传达到位，最大程度地发挥广播电视应急作用。“村村看”视频监控和“村村响”应急广播能够在发生突发事件时，发挥联合指挥平台作用。县、乡镇和村可以在办公室通过观看视频掌握动态信息，结合运用应急广播系统和一键呼叫话音系统，迅速进行信息发布和应急指挥。例如，2012 年在抗击台风“海葵”的过程中，“村村看”监控平台和应急广播，在指挥群众安全转移、抗险救灾中就发挥了重要作用。社会服务的拓展有效地提升了全县社会管理水平和质量，极大地提高了应急处理能力。

（四）创新管理手段，提高服务效率和质量

一是研发“视听评议”软件，搭建监督交流平台。为了提高节目质量，提高节目一线人员的业务水平，2010 年 3 月，安吉台出资合作研发了在线视

听评议软件，并获得国家专利。通过该软件，用户可以随时随地浏览和发送视听评议信息。该软件投入使用后，安吉台定期对来自业界专家、社会各界人士、广大受众以及台内人员的意见和建议进行汇总分析和交流，提高了节目质量，提升了从业人员的业务水平。

二是研发“比特乾龙”广电经营性业务综合管理软件，提升经营管理效率。为使广电经营管理由事后控制转变为事先预测、事中控制，安吉台在2010年自主研发了具有自主知识产权的“比特乾龙”广电经营性业务综合管理软件。该系统设置了财务管理、广告管理、工程管理等六大系统，对广告、工程、物资、用户进行一体化管理，对各个环节进行全程监控，用科技杜绝腐败。该系统投入使用以来，对于高层决策、减少管理漏洞、降低工作量、提高效率的作用十分明显。

三是采用手机工单派发系统，提高安装、维护服务效率和满意度。安吉台创新研发启用手机工单派发系统，通过3G网络和智能手机接收维护信息，并将客户信息、故障原因、联系方式等信息录入该系统，安装、维修结束后，维护员在手机上完结工单，并由用户在手机上直接填写满意程度。该系统的应用，大大减少了传统的从报修到最终测评的复杂过程，降低了沟通成本，极大地提高了工作效率和用户满意度。目前，安吉县数字电视用户服务满意率基本保持在99%以上。

第四节　大地院线实施三大战略成功拓展新兴市场

广东大地电影院线有限公司（以下简称“大地院线”）自2006年进入电影放映市场以来，通过“小城包围大城”“低票价多人次”和重点排映国产电影等三大战略，赢得了以中小城镇为核心的新兴市场。经过8年发展，大地院线2013年票房收入15.9亿元，在全国院线市场的票房排名迅速上升至第四位，全年放映场次、票房增速、新增银幕数等多项指标在全国均处于领先地位。大地院线的快速成长是紧扣近年来国家中小城镇发展战略和中国电影院线制改革进程的重要成果，从一个侧面反映出中小城镇作为新兴市场具有巨大的潜力，差异化布局是院线发展的必然选择。

一 实施“小城包围大城”战略，布局新兴市场

2002年中国电影产业化改革以来，一些院线公司立足大城市经济发展环境较好、观影氛围浓厚等优势，迅速取得较高市场份额。与这种发展路线不同，大地院线以母公司大地文化集团公司（以下简称“大地集团”）为依托，树立了“一、二线城市做周边，三、四线城市做中心”的经营理念，“在没有影院的地方建设影院”，避开了一线城市的激烈竞争，开拓了新兴市场，逐步形成了“小城包围大城”的发展道路。

（一）以中小城镇市场为起点

大地集团于2006年开展影院放映业务。大地集团紧扣中国城镇化发展脉搏，以经济状况较好、人均GDP较高的部分中小城镇为起点，通过建设小体量、高品质的影院，改善当地观影条件，取得了快速进步。

2006年9月，第一家大地影院在广东省佛山市南海区大沥镇正式开业。作为当地首家多厅现代化影院，虽然仅有3个厅的体量，但实现了与一线城市影院同步放映首轮新片，缩小了当地人民群众日益增长的电影文化需求与电影放映终端建设状况之间的差距。以此为经验，大地集团在广东佛山、东莞、中山、江门等市所辖县镇积极拓展市场，并于2008年7月获准正式成立大地院线。随后，大地院线陆续在浙江、山东、辽宁等全国经济较为发达省区的中小城镇安营扎寨。

（二）填补大城市周边空缺

随着经济发展加快和城市功能逐渐完善，大城市郊区近几年对电影文化的需求日益扩大，而电影放映市场的空白导致居民必须“进城”才能享受观影服务。大地院线一方面继续深入拓展中小城镇市场，一方面以发展大城市周边空白地带的市场为战略辅助手段。自2008年9月开始，大地院线在北京、上海、广州、深圳、杭州、武汉、重庆等7个大城市的郊区布局影院49座。以北京市场为例，大地影院分别位于昌平、密云、西三旗、望京等人口密集、周边缺少影院的郊区或社区，有效解决了当地群众看电影难的问题。

（三）拓展欠发达地区市场

在“小城包围大城”理念下，大地院线将发展的触角延伸到中西部地区三线城市和经济欠发达的部分县市及乡镇。尤其是自 2011 年 7 月中宣部和国家广电总局联合召开全国县级城市数字影院建设工作现场会以来，大地院线的影院建设明显加速（见表 3－1），在江西、贵州、山西等中西部省份均有分布，甚至远至甘肃酒泉、云南芒市等地。截至 2013 年年底，约有 17% 的银幕分布在县市和乡镇。从 2013 年新增的 92 座影院所在地来看，地级市有 47 座，县级市有 23 座，乡镇有 7 座，填补了 76 个地级以下城市影院建设的空白。截至 2013 年年底，大地院线旗下 381 座影院覆盖了全国 28 个省（区、市），银幕数达 1796 块，占全国银幕总数的近 1/10。

表 3－1　2008～2013 年大地院线影院增长情况

年　份	2008	2009	2010	2011	2012	2013
影院总数(座)	22	49	108	199	289	381
银幕数量(块)	60	166	399	811	1319	1796
银幕增长率(%)	—	176.7	140.4	103.3	62.6	36.2

数据来源：广东大地电影院线有限公司、中国电影发行放映协会。

二　实施低票价多人次战略，培育新兴市场

电影放映市场可持续健康发展，关键在于观影人次的不断增长。当前和未来中国电影放映市场发展的动力，主要来自于二、三线城市。大地院线在经营过程中，结合自身市场定位，积极培育和引导二、三线城市观众消费习惯，顺应了中国电影放映市场发展的趋势。

（一）以小体量高标准提供优质放映服务

为适应主流客源的消费能力与需求，大地院线旗下影院以“小体量、高标准、全数字化”为特征，自成立之初就坚持全数字化放映，是国内首条全

部使用符合数字电影标准（DCI）的2K设备全数字电影院线，有效实现二、三线城市“同步首轮”。这一战略在早期投入时成本压力较大，但通过较高的放映标准迅速吸引二、三线城市新兴市场关注，赢得了市场先机。

（二）以特色经营吸引观众走进影院

为突破同质化发展瓶颈，大地院线根据目标市场的特征组织放映活动，培育目标市场的观影习惯。在影院开业期间或者新片上映时，邀请明星助阵，对大多数中小城市市场而言仍然具有相当的吸引力。早在2006年第一家大地影院开业时，就邀请电影《夜宴》主演周迅助阵，吸引佛山当地观众积极观影。此后，大地影院开业期间邀请明星进行助阵宣传成为惯例，在诸多三线城市产生了轰动效应。此外，大地院线还通过派发“电影免费体验券”、帮助观众以“大银幕表白”进行求婚等活动，获得了较高的市场认可。

（三）以低票价营销让观众看得起电影

在经济发展相对缓慢的二、三线及以下城市，票价偏高是制约观众观影热情的首要因素。大地院线提出“看得起电影”的经营方针，通过低票价策略、重复消费的方式提高整体票房产出。在京沪等一线城市，大地影院的票价低于25元；在一些观影习惯亟须培养的三线城市，票价则低至10元，以引导观众更频繁地走入电影院。自2008年以来，大地院线的平均票价均低于全国均值（见图3－1），在票房收入前十的电影院线公司中，始终保持平均票价最低。

在这一经营策略引导下，2013年大地院线总观影人次达到5242万，位列全国第二，人次增幅连续6年高于甚至数倍于全国均值（见表3－2）。

表3－2　2008～2013年大地院线观影情况

年　份	2008	2009	2010	2011	2012	2013
观影人次(万人)	191	533	1353	2352	3850	5242
比上年增幅(%)	—	179.06	153.85	73.84	63.69	36.16

数据来源：广东大地电影院线有限公司、中国电影发行放映协会。

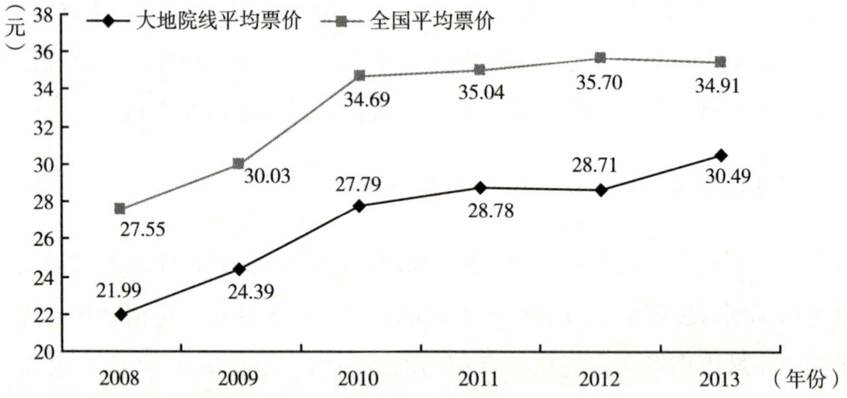

图 3－1　2008～2013 年大地院线平均票价走势

数据来源：广东大地电影院线有限公司、中国电影发行放映协会。

2013 年，大地院线直接贡献了 15. 9 亿元票房，票房增幅已连续 6 年高于甚至数倍于全国数值（见表 3－3）。

表 3－3　2008～2013 年大地院线票房情况

年　份	2008	2009	2010	2011	2012	2013
大地院线票房(亿元)	0. 42	1. 30	3. 76	6. 77	11. 05	15. 90
比上年增幅(%)	75. 00	209. 52	189. 23	80. 05	63. 22	43. 89
全国票房(亿元)	43. 41	62. 06	101. 72	131. 15	170. 73	217. 69
比上年增幅(%)	30. 48	42. 96	63. 91	28. 93	30. 18	27. 51

数据来源：广东大地电影院线有限公司、中国电影发行放映协会。

三　实施国产影片重点排映战略，赢得新兴市场

大地院线在经营过程中，对国产影片进行重点排映，并分地域排映影片，取得了差异化经营的成效，赢取了新兴市场，促进了全国放映市场的结构优化。

（一）大力推进放映国产影片

大地院线结合自身市场布局特色，借势国家相关政策，不断提升国产电影

放映市场份额。

一是找准市场需求。就当前的电影消费水平而言，相对于一线城市观众对进口片的偏好，二、三线城市观众更倾向于观看国产影片。针对这一情况，大地院线对部分国产影片进行重点排映，使国产片票房产出连年超过进口影片，产出占比也高于全国均值。即使在《中美双方就解决 WTO 电影相关问题的谅解备忘录》签订后国产电影放映受到冲击的 2012 年，仍保持过半的份额（见表 3－4）。

表 3－4　2010～2013 年大地院线国产片票房情况

年份	大地院线国产片票房产出		全国国产片票房产出	
	总额（亿元）	份额（%）	总额（亿元）	份额（%）
2010	2.25	59.84	57.34	56.37
2011	3.75	55.39	70.31	53.61
2012	5.56	50.32	82.73	48.46
2013	10.1	63.52	127.67	58.65

数据来源：广东大地电影院线有限公司、中国电影发行放映协会。

二是借势相关政策。2012 年年底以来，在鼓励国产影片生产放映的《关于“对新建影院实行先征后返政策”的补充通知》（电专字〔2012〕2 号）等相关政策引导下，大地院线的国产影片放映形势发展良好，2013 年多项指标高于全国均值：共放映国产电影 301 部；国产电影票房收益 10.1 亿元，占该院线总票房收入的 63.52%；国产电影票房占全国国产电影总票房的 7.91%。多部国产影片的票房收益在全国市场占据明显优势，如《警察故事 2013》大地院线票房为 2726 万元，占该片当年全国票房份额的 7.89%；《西游·降魔篇》大地院线票房为 11732 万元，占该片全国票房的 9.4%。

（二）差异化经营成效明显

大地院线自成立以来注重对分众市场的经营。一是主攻重点“战场”。大地院线起步于广东这个全国重点票仓地区，自从开展放映业务以来一直注重广东市场的发展。至2013年年底，大地院线在广东地区拥有84座影院，占该院线影院比例为22.05%；这些影院共计产生票房4.7亿元，占该院线总票房收入的29.56%。二是在地域差异化放映上做文章。大地院线通过分析不同地域观众对国产影片的偏好，有针对性地排映影片。比如，针对南方市场增加排映《最强喜事》；针对北方市场增加排映《大笑江湖》等；针对主要票仓广东地区的观众偏好，专注发展粤语片放映市场。在2010年全国港产片票房产出中，大地院线占比超过30%。

（三）经营管理模式不断创新

大地院线通过管理创新，凝聚团队力量，自力更生，突破瓶颈，实现了部分设备、人才的自给自足，降低经营成本，提高经营效益。一是针对新兴市场发展需要，研发出多种影院相关设备和技术体系，减少流通环节支出，保证服务质量，提升了观影体验。例如，自主研发的“CI4”影院管理系统（Cinema Information 4——影院信息化四位一体管理平台）、中鑫汇科售票系统、2K电影放映服务器、M28数字音频处理器、辰星同轴线阵音响解决方案、座椅、数字化银幕等产品。二是自主培养影院管理人才。影院发展速度快，导致不但作为人才塔尖的“精英”缺乏，作为人才塔基的普通经营人才更是出现严重缺口。尤其是作为目标市场的“小城”市场，更是缺乏影院经营人才。大地院线一方面采用“信息化大总部+标准化运营”的经营管理模式，加强对二、三线城市影院的有效管理；另一方面，依托母公司大地集团开办了专门培养影院经营人才的“大地学院”。自2013年10月以来，通过一个培训总部和3个分校，利用标准化课程，已为大地院线直营影院培训各类人才1000余人次，促进了影院的标准化运营。

第五节　电影艺术影院的探索与发展

近年来，艺术影院作为电影放映市场的新生力量快速崛起，填补了艺术影片放映市场的空缺，是对主流市场的有益补充，标志着中国多元化电影市场正在形成。

一　当前电影艺术影院发展的环境和问题

（一）当前观众对艺术影院的需求

截至2013年年底，中国有城市电影院线45条，银幕数18195块，但艺术影院或支持艺术影片放映的商业影院还比较缺乏。从国际上看，德国柏林人口仅400万，却拥有超过100家各具特色的艺术影院。北京人口2000余万，但目前提供艺术电影放映的主要固定机构仅有中国电影资料馆艺术影院、当代MOMA百老汇电影中心、尤伦斯当代艺术中心艺术影院和中国电影博物馆等4家，而且艺术电影放映场次有限，大多为每周2～3场。

艺术影院目前票房成绩不太理想，但这种放映业态是非常必要的。艺术电影对满足观众的多样化需求和推动电影语言创新，推动商业电影发展有着重要作用。艺术影院能够保证电影放映的多样化，能够帮助高质量但受众面比较狭窄的电影作品找到展示的途径，能够培养年轻观众对电影的兴趣。鼓励艺术影院的发展，形成差异化电影放映，能够促进电影创作和发展电影文化，避免电影完全被商业化的浪潮淹没。

观众对艺术影片和艺术影院有着巨大的需求。2013年上海国际电影节期间，参加展映的26家影院35个影厅平均上座率高达8成，各类影片的观影达30多万人次。电影节国际影展的火热反映了上海观众对于高质量、多元化影片有很大的观赏需求。来自于中国电影博物馆的《艺术影院观众调查报告》（2014年）调查数据显示，有60.3%的观众希望建立专门的艺术院线来满足广大受众的观影需求；很多观众表示，二、三线城市也应建设相应的艺术影院（见图3－2）。随着电影整体市场的迅速增容、成熟和观众需求的变化，市场出现细分，使发展艺术影院或艺术院线具备了现实条件。

（二）当前艺术影院发展的问题

艺术影片片源不足是影响艺术影院持续发展的首要问题。一年二三十部本土生产的艺术电影不足以支撑影院发展，有相当多优秀电影作品不能进入流通

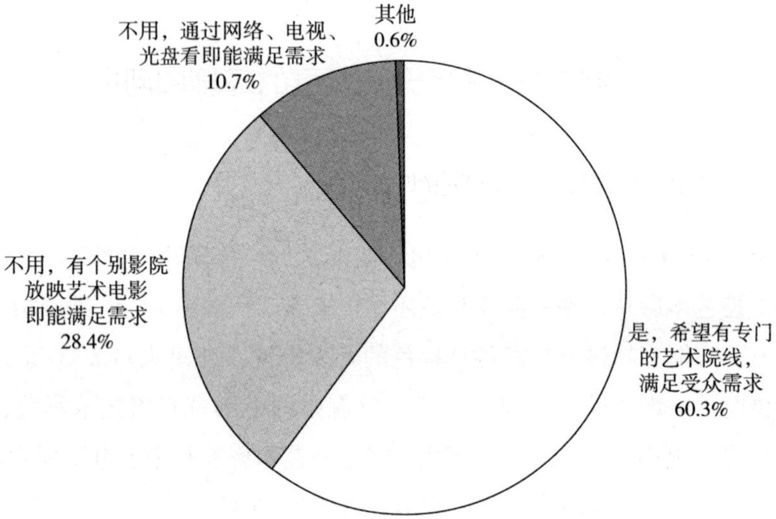

图 3－2　观众对是否需要建立艺术院线的意见分布

数据来源：中国电影博物馆。

领域，因为这些作品大部分是由 DV 和 HDV 拍摄，不符合电影的技术标准。同时，目前进口艺术影片较少。国产艺术影片片源主要依靠拷贝片库，大量拷贝因保存不善，变色断片的情况时有发生，并且老片还常遇到放映介质的复杂多样与影院放映设备不匹配的困难。

影院类型多样化不足和排片受限，影响到艺术影片的制片和观众培养。商业影院数量众多，而艺术影院在北京仅数家，且多数位置较偏，此外还存在艺术影厅结构不完善，服务能力与观众要求有差距等问题。目前国内电影市场普遍看重票房表现，艺术影片在商业影院的排片不受重视，常常遭遇“一日游”命运，上映 1～2 天或 1～2 场就被商业电影挤走。

市场运作程度低，商业模式不成熟，阻碍艺术影院良性发展。尽管中国艺术影院的经营模式各不相同，但普遍面临着不赢利的困境。中国电影资料馆是非营利事业机构，百老汇电影中心依靠商业影院补贴，尤伦斯艺术影院属私人赞助，无一能靠艺术影院本身获利。由于艺术片趋于小众化，市场化程度和商业运作方式不成熟，艺术影院面临投资回报率低、运营困难等问题，目前仍处于缓慢而艰难的“初级阶段”。

二　艺术影院的探索

（一）中国电影资料馆艺术影院：多元化、主题化放映，奠定国家专业艺术影院地位

对比国内各艺术电影放映机构，中国电影资料馆以其多元化、主题化放映见长，3 万多部影片的丰富馆藏为艺术放映奠定了国内独一无二的片源基础。中国电影资料馆是中国唯一的一家国家级电影档案馆，也是亚洲最大的电影资料馆。该馆于 1996 年建成并对外服务至今，现有 3 个影厅，设每周 5 场的常规放映，艺术电影和有较高艺术水平的商业类电影排片各占 50%。目前常规放映共分为三个单元，各单元每月都会有不同的放映主题，每部影片在较长周期内仅放映一次，多为主流商业院线难得一见的作品，且保持较低票价 10 ~ 40 元。考虑到观众多元的观影需求和放映的系统性，通常采取“主题 + 热点”相结合的方式，如针对歌舞片等特定类型的专题放映，结合主流院线的放映档期进行的热点关联放映。丰富多元的片源，具有创意和文化价值的节目策划，具有艺术品格的电影组合方法，使影片呈现出新的特质。中国电影资料馆吸引众多外国驻华文化机构开展合作活动，也吸引了很多资深的影迷，现已成为北京市艺术电影放映的文化地标，在影迷心中有很高的知名度。

（二）百老汇电影中心：实行会员制和重点艺术影片的长线放映，培养成熟稳定的观众群

北京百老汇电影中心运营模式主要是会员制和长线放映重点艺术影片。2009 年 11 月，由香港安乐影片有限公司在北京开设，凭借各国艺术电影展映、电影主题咖啡馆及电影书店，打造了北京最具文艺范儿的电影院。它拥有 3 个放映厅，共计 400 个座位，票价中档，一般为 40 ~ 60 元，目前还未能成为完全的艺术影院，仍保留一定的影厅进行常规的商业放映，形成以商业片放映补贴艺术片放映、咖啡馆补贴书店的模式。该中心注重对市场的长期培育，经过长时间的艺术电影放映，培养起一批钟爱艺术电影的固定

观众。

该中心每月举行固定的3个独家放映栏目——青年导演新影像、重探中国新电影、BC下午茶，通过各种影展和特别放映、沙龙活动，吸引固定人群参与。会员制使得观众的黏合度比较高，现有会员已过万。百老汇电影中心通过联合影迷群体，搭建好平台，将观众与有价值的影片嫁接，为影院带来长期利益。对于《碧罗雪山》《记忆望着我》《警察日记》等重点艺术影片，该中心采用延长放映周期的方式，优秀影片会持续放映几个月。

（三）卢米埃影院：高端化的硬件设施、国际化的专业管理，打造艺术影院领先品牌

卢米埃影业是一家影院投资管理公司，注重打造艺术影院的领先品牌。卢米埃影城倡导“优势放映艺术影片，兼顾多种类型放映”的理念，它强调专业的技术和设计、差异化的放映内容、国际化的管理标准、尖端化的硬件设施等，坚定地走高端路线吸引专业固定观影人群。卢米埃影院无论是影院选址、艺术风格设计、影音设备还是售票软件，都追求高标准。其高品质定位的商业化运作，使其影片票价定位也走高价路线，大都在100元左右。卢米埃影业提出“放映产业互动族群”的理念，意在把影城及周边餐厅、小吃广场、书店、KTV等区域培育成顾客的“终端消费场所”，使观众享受一体化的服务。它迎合的是当代消费社会里人们多种多样、日益分化的品位、需求和鉴赏力。

（四）上海艺术院线联盟：整合影院资源，推动商业影院尝试艺术影片“天天映”

上海艺术院线联盟于2013年6月成立，倡导艺术片放映进入跨院线、常态化的良性可持续发展轨道，目前辐射4条院线，共10家影院加盟。联盟采用“一城一映·周周映”的模式，每周固定时间、固定场次放映艺术影片，每天至少排映两场，以期形成独特的品牌效应。不但有常设的定点影院，还有地理位置极佳的商业影院加盟。加盟影院除了可按常规比例获得票房收益，每年还可获得联盟下拨的展映补贴。联盟致力于为优秀的中外艺术影片提供展映平台，挖掘新锐艺术电影导演，扩大艺术电影的社会影响。联盟放映的艺术电

影票价基本控制在50元以下。

作为经营性机构，放映文艺片的赢利空间通常会比放映热门商业片要小。但从长远看，放映有特色的高品质艺术片，形成放映模式后，能吸引稳定的艺术影片观众群认准联盟旗下的影院，形成差异化竞争。联盟侧重于放映获得了国家《电影片公映许可证》但没能力进入院线大规模公映的小成本影片。为了保证放映影片的质量和放映效果，上海艺术电影联盟下设选片管理委员会、影院管理委员会和宣传推广委员会三大业务部门。其中，选片委员会负责组成审片组，多渠道方式收集片源，让有较高质量但易被商业市场埋没的中外艺术佳品获得新生。联盟重在将艺术片放映纳入常态化，还筹划建立艺术片交易平台，定期开展版权交易，举行艺术电影交易论坛，开展新锐导演扶持计划等社会公益项目，推广新人新片。

三　艺术影院发展取得的成效

（一）从单个艺术影院到艺术院线的雏形

中国电影人早在20世纪80年代就已开始对艺术影院的探索。1988年1月全国省（区、市）电影经理会确定在全国十大城市建立11家艺术影院。到90年代，中国艺术影院建设始有起色，但整体仍处于探索阶段。进入21世纪，出现了如2006年的“上海艺术电影周周映”、2007年的“国产电影专映厅联盟”等放映形式。此后，更多的艺术影院开始出现，并从单一独立的艺术影院向艺术院线过渡。当下艺术放映市场中，以后窗放映为代表的“虚拟艺术院线”和以卢米埃为代表的完全由市场主导的专业艺术院线机构发挥着重要作用。

后窗放映选择将主流商业影院中的一个厅经营成艺术影厅，将这些各大影院中的影厅组合起来，实际上就变成了一条跨越院线的“虚拟艺术院线”。卢米埃艺术院线按完整的技术、产品、服务标准做专业院线，把影视艺术作品做成精神文化产品和视觉消费商品。卢米埃艺术院线的重点目标是锁定长三角到珠三角一带，兼顾辐射全国。“上海艺术电影联盟”在华东地区形成了第二个

“艺术片集结高地”。后窗放映已经覆盖南京、杭州、大连、广州、深圳、重庆、成都等10个城市的30家影院，即将进驻全国40个城市、100家影院。

（二）从沙龙式放映到艺术放映生态环境的形成

2000年前后正是艺术电影开始从一小部分学院内的精英文化向大众普及的时期，这部分消费人群是国内最早的一批“文艺电影青年”。很长时间以来，他们观看艺术影片的主要方式是沙龙式民间艺术电影观影活动和盗版DVD。目前，艺术电影大多是先参加国际电影节，然后在国内以小规模发行和长线放映的方式，在影院与观众见面，另外也会通过电视台、互联网到达观众。艺术电影放映已经完成从沙龙怀旧到建立艺术放映生态的转折。全国放映艺术电影的机构，多具有固定的放映时间、放映场所。艺术电影放映通过跨院线、常态化的操作逐步建立一个良性可持续的艺术放映生态环境。

四　艺术影院发展的前景思考

（一）整合影片片源，探索建立专业化艺术影片的加工交易放映平台

国产片方面，应给予适当补贴，也应考虑允许部分DV和HDV拍摄的微电影放映。老片拷贝多数由于放映多次和收藏不当而受到损坏，电影资料收藏管理机构可以借助数字技术完成既有片源的数字化和同步更新，以合理的成本价格租借给影院放映使用，为艺术放映提供片源保证。

引进片方面，通过与版权方协商，逐步促进电影放映的正规化。今后可考虑适当放宽对引进片的配额限制和文化对等原则，在类似小型影展特别放映的报审程序上可以再简化，这有利于电影节目的多样化发展。在引进国外大片之余进一步打开引进国外艺术片的渠道，在部分影院进行特别放映。

再进一步，建立国家级的艺术电影版权交易中心，搭建资料影片的加工交易平台。

（二）推动艺术影片放映补助及商业影院的艺术影厅放映，提高艺术影片的排映空间

可借鉴欧美国家经验，根据放映艺术电影的数量、场次和时间，从税收和电影专项资金等方面对主流院线的艺术放映进行倾斜和补贴，支持影院排片工作给艺术电影让路，支持中小成本文艺片和经典老片的放映。

院线可对艺术影片保留放映领地，支持大型多功能商业影院开辟出影厅放映艺术电影或微电影，如大型院线可带头在其旗下影城拿出一至两个厅放映艺术电影或微电影，使艺术电影和商业电影的放映形成互补关系。

（三）打造艺术影院品牌，推动商业化市场运作

树立艺术影院品牌，培养一批忠诚度高的观众群。知晓度和到达率是艺术影院在其树立品牌的过程中需要重点关注的问题。

艺术影院除塑造品牌外，更需要加强商业化市场运作和多元化经营，如用附属收入弥补票房，着力扶植推广中小成本影片，依靠商业开发争取生存空间，瞄准细分观众形成自己的运营体系。依靠商业手段和渠道宣传发行艺术影片，重视借助豆瓣网、时光网、影院官网等电影专业网站和微博、微信等社交媒体平台，降低影片的宣传发行成本，并进行话题设置，促进观影行动，尊重观众的多样性选择，为特殊人群的特殊需求提供特殊服务。

第六节　民营企业：中国纪录片市场的新生力量

随着文化发展政策的日趋优化和影视节目需求的快速增长，中国内地纪录片产业的发展迎来了春天。以大陆桥、三多堂、雷禾等为代表的中国民营影视纪录片企业迅速崛起，它们大力发挥自身专业、资源、人才等优势，积极参与纪录片市场竞争，在短短几年时间里迅速成为推动中国纪录片产业化发展的新生力量。

一 民营企业在中国纪录片市场中的重要地位

近年来，中国纪录片产业进入高速发展期，国产纪录片创作生产活力得到空前释放。尤其是一批民营纪录片企业，不仅推出了一部部高品质的纪录片作品，还带动了中国纪录片市场体系的形成与发展，进一步增强了对相关资源的吸附能力。

（一）民营企业在纪录片产业中扮演重要角色

《2014 年中国纪录片发展研究报告》显示，2013 年中国纪录片年生产规模超过 15 亿元，市场规模接近 23 亿元。其中，民营纪录片企业年度总投入 3.77 亿元，占行业总投入的 24.3%，较 2012 年增长了 88%。民营企业已经成为中国纪录片发展的主要力量之一，其中大陆桥、三多堂、雷禾等一批民营纪录片企业扮演了重要角色。成立于 1993 年的大陆桥以海外纪录片代理起家，从 2007 年开始，节目制作量一直保持 25% 以上的增幅，相继推出了《飞虎传奇》《中国小镇》《中国金丝猴》《红色传奇》等优秀作品，2013 年纪录片总投入超过 1 亿元。三多堂自 1997 年组建起就一直专注于制作系列精品纪录大片，并以人文类纪录片见长，相继推出了《方寸国土万千情》《晋商》《大国崛起》《公司的力量》等脍炙人口的优秀作品。三多堂纪录片几乎获得了中国纪录片界的所有最高奖项，年签约额达 5000 万～6000 万元。雷禾成立于 2001 年，以购买、制作、发行栏目类纪录片为主营业务。先后为中央电视台、吉林卫视、凤凰卫视等策划制作了《回家》《凤凰大视野》《档案》等系列日播和周播纪录片栏目，并以“全纪录”为产品创新开展栏目带建设。雷禾通过广泛的承制业务、联合制作和独立投资，已成为中国本土纪录片产量最大的民营纪录片公司。

（二）有力促进了中国纪录片市场体系的形成与发展

一是丰富和拓展了中国纪录片市场主体。民营企业的参与首先扩大了整个纪录片市场的制作主体，大陆桥、三多堂、雷禾等民营纪录片企业每年生产制作大量纪录片，成为国内纪录片市场的支撑力量。2012 年大陆桥制作节目达 2034 小时，相当于同年中央和主要省级制作机构纪录片总产量的 2/3。民营纪录片企业通过与海外纪录片制播机构合作制片，促使国际纪录片主体进入国内市场。民营纪录片企业还建立了发行营销中心，成为纪录片市场中重要的发行营销主体。2012 年大陆桥有 300 多家合作发行台，并且向 100 多个海外主流媒体输送节目。

二是建立和完善了国内纪录片供片网络。中国国内电视播出机构除拥有自身的纪录片制作和供片系统外，对外部纪录片供片网络的依赖性越来越强。一些民营纪录片企业抓住市场机会，积极整合各级广播电视机构的播出资源以及纪录片资源，初步建立了自己的供片网络。比如，大陆桥在国内整合了 300 余家中央及地方电视台媒体平台，通过集纳播出平台资源，最大化发挥每部纪录片的市场价值。雷禾建设“城市电视台协作体平台”，搭建纪实影像联动平台，整合了 100 多家地市级电视台和百强县电视台的播出平台和播出资源，以“全纪录”栏目为产品，为播出机构提供纪录片带状收视体验，充分利用基层电视台闲置频道拓展纪录片的播映窗口。

三是积极拓展新媒体、影院等多元播映平台。为抢占纪录片播出市场、培育观众收视兴趣，一些民营影视机构开始利用新媒体平台进行播映。比如，2009 年大陆桥和搜狐网合作成立了“搜狐传奇纪录院线”，播出大陆桥纪录片。大陆桥已与 10 个网络播出平台、100 个网络频道合作，年度供应节目 2000 小时，日均点击率达 1000 多万次。除拓展新媒体平台外，民营纪录片企业还借助资本与资源优势，大胆尝试电影纪录片的制作，挖掘纪录片的院线潜力。2014 年雷禾已着手制作一部专门针对院线播映的纪录片作品。大陆桥则进行了更具开拓意义的尝试，在 2010 年建设“传奇剧场”艺术影院，通过会员制向纪录片爱好者提供放映服务，获得良好效果。

四是通过多种手段大力拓展海外传播市场。利用纪录片开拓国际市场是一些民营影视企业的重要选择。大陆桥建立了较为系统的海外发行业务，拥有 30 多个国家的电视资源，向世界推介了《末代皇帝》《中国藏羚羊》《中华秋沙鸭》《中国原子弹》《洞悉中国》《1949 大阅兵》等著名国产纪录片；三多堂利用国际合作和海外拍摄的机会，将“中国题材国际表达”

的纪录大片向海外输出，许多纪录片受到海外观众的喜爱；雷禾则通过与欧美纪录片相关机构联合制作、联合发行及纪录片产品规模化交易打通国际市场，并通过“全景中国”① 计划将城市电视台制作的现实题材纪录片向国际推广发行。

（三）极大地增强了中国纪录片市场对相关资源的吸附力

中国纪录片产业的振兴，一方面得益于政策的有力支持和国有影视机构的重视，另一方面是有更多的民营纪录片制作人和制作经营机构的积极参与。产业的振兴势必带来市场的繁荣，也增强了对外部人才、资金、技术的吸引力。

一是对优秀人才的吸引。民营纪录片企业具有用人制度的优势。雷禾公司吸引了一批外部学者和纪录片专业人士相对固定地参与雷禾纪录片制作业务。大陆桥在纪录片制作经营业务领域集中了500多名优秀的专业人才，为其专业化生产和规模化运营提供了人才支撑。

二是对社会各类资金的吸引。三多堂、雷禾积极与资本市场联姻。2011年三多堂引入创投资金3000万元，大资本的介入扩大了三多堂的现金流，促使其在“新三板”股转公司挂牌。2013年雷禾通过引入私募机构完成融资，形成了纪录片的投资能力，从而实现纪实影像的量产，夯实了发展实力。

随着民营纪录片的发展与壮大，各类会展业、信息服务业越来越看好纪录片市场，与民营纪录片企业共同推动着中国纪录片市场的发展与繁荣。

二　民营企业在中国纪录片市场中的优势

大陆桥、三多堂、雷禾等民营纪录片企业的发展历史，虽然比老牌的国有制片机构短，但其发展的动力、实力、前景普遍看好，这主要源于民营纪录片企业在纪录片市场中具有较强的灵活性、适应性及专业性。

---

① “全景中国”是由雷禾提出的既对内协作，又对外传输的概念。该计划针对国内电视台频道内的创作力量，征集当下中国现实题材的纪录片故事，前期由雷禾投入资金，国内电视台提供人力和设备联合制作，雷禾负责国际推广和国内发行。

（一）企业运营有较强的灵活性

相比国有影视机构，民营纪录片企业有相对灵活的内部机制，对各类优秀人才和资金有较强的吸附能力。三多堂从股改到挂牌“新三板”仅用了两年多的时间，这是其他管理背景复杂、历史包袱沉重、集体决策繁复的国有制片机构难以企及的速度。大陆桥则建立了“创新人员分享市场收益”的绩效考核机制，其员工工资由基本工资、岗位津贴和绩效奖金组成。项目结项后收益分给员工作为绩效奖金，而对工作不达标的员工则会淘汰，使人才可上可下、可进可出。

（二）能够准确地把握市场发展的脉搏

民营纪录片企业对市场和观众需求把握精准，能够洞悉纪录片行业发展态势，及时对引进片目、拍摄选题作出调整和决策，具有对市场和受众良好的研判力和适应力。例如，瑞典、英国合拍的《寻找小糖人》刚获第 85 届美国奥斯卡最佳纪录片奖第二天，雷禾就对国内市场进行仔细评估，果断购买了中国内地版权，北京电视台纪实频道、中央电视台纪录频道先后从雷禾手中购买播映权，取得不俗收视。在纪录片制播上，民营纪录片企业构建了有效的适应性制度安排。大陆桥建立了从纪录片提案到研发、立项、实施、验收，再到市场发行、信息反馈的运营机制，结合市场变化和受众需求，跟进和修正纪录片的运作情况。基于竞争的需要，民营纪录片企业先天具有对市场和观众需求的依赖和洞察力，因此能够客观地站在市场角度审视纪录片的创作生产。

（三）专业化、市场化特点更加突出

经过十几年发展，民营纪录片企业已具备较为专业的团队和制片水平，以及更具市场化的发展思路和运作模式。三多堂构建了一个 60 人成规模成建制的专业纪录片团队，成员大多经历了几十部大片的历练，具有丰富的拍摄制作经验和较高的海外制片水平。大陆桥建立了纪录片专业演播室，购置了大批专业设备，在制片上严格追求镜头语言、光影调色、解说配乐等方面的专业性。民营纪录片企业的市场化程度相对较高，产品直接面对市场，企业内部大多建立了与市场相对接的部门。例如，雷禾建立了发行中心、事业发展中心、国际业务部等，紧盯市场走向开展市场化运作。

三 推动民营企业在纪录片产业中发挥更大作用

大陆桥、三多堂、雷禾等企业已用发展实绩，验证了民营纪录片企业在纪录片产业繁荣发展中的正向、积极作用。但全国200多家从事纪录片制作发行的民营机构当中，像大陆桥、三多堂、雷禾等具有较强专业性和实力的公司还屈指可数。在推动中国纪录片大发展大繁荣的进程中，我们要充分借助民营企业的力量，扶持其发展，推动其在纪录片产业中发挥更大作用。

（一）营造良好的市场环境，激发民营企业创新活力

民营企业在支撑增长、促进创新、扩大就业、增加税收等方面具有重要作用。因此，有必要遵从市场经济规律，将民营纪录片企业置于国有纪录片制片机构同等市场主体的位置，消除各种政策壁垒和发展障碍。在财政投入上，尝试对创作精品纪录片的民营企业进行补贴；在税收上，对“营改增”后负担加重的民营纪录片企业进行减负等。用公平的市场机会和扶持政策，激发民营纪录片企业创新创造活力。

（二）完善文化投融资政策，帮助民营企业解决融资难问题

应加大金融、担保、证券等机构对民营纪录片企业的支持力度，创新开展文化产业信贷融资、版权担保融资的新模式，帮助民营纪录片企业解决融资难题。应完善中国文化产业投资基金扶持制度，加大对民营纪录片企业扶持力度。同时，国家纪录片年度扶持项目资金应更多地向民营纪录片企业倾斜，并规定一定扶持配额。

（三）实施纪录片重大项目，带动中小民营企业发展

推动纪录片重大重点项目建设，通过重大重点项目带动中小民营影视企业发展。定期向社会发布重大纪录片项目公告，以承制、联合投资等多种方式向

社会公开招标；降低中小民营企业参与重大项目的准入门槛，为其提供参与重大项目的机会；探索多元化、多途径的参与手段，将中小民营企业纳入项目实施规划，规定中小企业参与重大项目的比例配额等。通过重大项目带动中小企业发展，不断积累制作大项目的经验，提升民营企业制作大型精品纪录片的能力和水平。

（四）健全政府购买服务，推动中小民营企业开拓国际市场

中小民营纪录片企业具有开拓国际市场的天然动力，国际市场是中国纪录片产业发展的重要平台。应大力扶持民营纪录片企业开拓国际市场，探索将国产纪录片海外传播纳入政府购买服务范围。改变以往文化产品出口直接奖励、直接补贴的形式，通过政府购买“国际传播效果”的方式，根据实际传播效果，对出口纪录片的中小民营企业在节目创意创作、技术创新、平台建设、市场运营等方面进行补贴或奖励。这样既创新了财政资金的使用方式，让有限的财政资金发挥更大作用，又能提高中小民营纪录片企业开拓国际市场的积极性，确保国际传播效果。

（五）加大版权保护力度，保护中小民营企业创新积极性

版权是纪录片健康有序发展的生命线，纪录片产业50%的收益来源于版权交易和光盘、图书等衍生品的发行售卖。目前中国纪录片盗版侵权现象严重，在一定程度上挫伤了纪录片创作者的积极性和中小民营纪录片企业的创新活力。鉴于此，政府部门应加快制定影视纪录片版权保护的相关措施，加强对纪录片影视播映、新媒体播出等各传播环节的版权控制、保护和监管，加大对侵权盗版的打击力度，及时查处纠正各种侵权盗版盗播行为，为民营纪录片企业健康发展营造良好的环境。

第七节 蓝海电视：中国电视走出去的新探索

蓝海电视（BON）是中国第一个面向西方主流观众传播中华文化、以市场机制运营的中资民营英文电视媒体企业。自2010年开播以来，蓝海电视通

过卫星、有线电视网络及互联网传输覆盖网络，迅速进入西方主流社会，为西方主流社会人群及商业机构提供中国电视节目服务，逐渐探索出了一条中国民营电视走出去的新路子，其做法和经验为中国内地广播影视增强国际传播能力和构建对外话语体系提供了有益的借鉴与参考。

一 蓝海电视拓展国际市场的基本情况

蓝海电视是“蓝海电视全球传播平台”的简称，于2010年由蓝海传媒集团创立。蓝海传媒集团的前身是天扬传媒集团，长期从事电视节目制作和广告经营，是中国最早从事国际电视节目制作的民营传媒机构之一。在创办蓝海电视频道的基础上，逐渐发展成为集英文原创内容制作、播出发行为一体的全球传播平台。截至2014年4月底，蓝海电视每天首播新节目量约5小时，年产8万分钟左右、4000多集的英文节目，日播20多个栏目。节目形态涵盖经济商务信息资讯、专题、纪录片、访谈、真人秀等。围绕渠道建设，蓝海电视在三年左右的时间里迅速扩张海外市场，其卫星频道覆盖亚太、北美、欧洲、北非120多个国家和地区；有线频道进入欧美主要有线电视网络系统，覆盖6000多万用户，并且还在不断扩大中。

（一）与欧美主要卫星及有线电视网络运营商建立合作关系

2010年，蓝海电视开始在美国有线电视网落地，先从纽约开始，逐步向全美扩张。截至2013年年底，蓝海电视进入美国纽约、华盛顿、洛杉矶、旧金山、芝加哥、费城、波士顿、西雅图等35个主要城市的有线电视网络系统，并与美国主流的有线电视网络运营商及卫星运营商都形成了实际的落地合作，包括时代华纳（Time Warner）、康卡斯特（Comcast）、威瑞森（Verizon）、碟形网络（Dish Network）等，形成覆盖全美的广播电视传输网络。截至2013年10月，蓝海电视覆盖了美国地区5000多万个有线电视家庭用户。从2013年5月开始，蓝海电视正式进入欧洲最大的卫星电视运营商天空广播（BSkyB）的有线电视传输系统。截至2013年年底，蓝海电视覆盖了英国及周边国家1100万个有线电视家庭用户。

（二）不断开拓亚太地区市场

2010 年 5 月，蓝海电视亚太卫星频道通过亚洲 3S 卫星覆盖亚洲 50 多个国家和地区，亚太地区的部分宾馆通过接收亚洲 3S 卫星上的蓝海电视频道，在宾馆的闭路电视系统播出。此外，蓝海电视还开辟了东南亚、澳洲等地区的国家以及中国香港地区的电视传输渠道，2014 年将逐步在这些地区落地，其在亚太地区的用户规模将实现快速增长。

（三）开始进入新媒体平台

除了加大卫星及有线电视传输和落地的力度外，蓝海电视还积极借力互联网视频网站和手机等新媒体传播平台拓展海外用户，包括互联网电视服务（OTT TV）、在线视频点播（VOD）、客户应用终端（APP）等。蓝海电视的应用程序 BON APP 也研制成型，即将进入欧美各主要手机终端体系。目前，海外蓝海电视用户可以通过智能手机、平板电脑、个人电脑、互联网电视机顶盒、智能电视机等终端接收到蓝海电视节目。截至 2013 年年底，蓝海电视在海外发展各类视听新媒体付费用户超过 1000 万户。

为实现一云多屏、多业务的全媒体发布与传播，蓝海电视还开发了蓝海全媒体内容传播云平台“蓝海云”。蓝海云通过云计算云存储技术对海量图文及音视频内容进行加工和管理，从而实现内容在线发布、展示和交易。其核心业务是集成、整合国内电视机构生产的海量电视节目，快速向世界各地众多的媒体机构发布，再通过媒体机构在各自区域内大范围地传播，实现中国信息与中国内容在全球的规模化与可持续传播。

在构建广泛覆盖欧美主流社会传输覆盖网络的基础上，蓝海电视致力于打造全媒体产业链，开始运作蓝海视频通讯社 BON CP（China Content Provider），旨在面向全球用户和媒体机构发布中国视频资讯及专题节目。

二　蓝海电视走出去的创新优势

蓝海电视是目前除中央电视台和新华社以外，唯一能够向西方观众和机构规模化提供原创英文中国电视节目内容的媒体，在构建对外话语体系过程中，蓝海电视逐步形成了自己独特的优势，不同于面向海外华人的中央电视台中文国际频道、凤凰卫视、长城平台等中文电视媒体，蓝海电视是面对西方主流社会的英文电视媒体；不同于政府背景的中央电视台英语新闻频道、中国新华新闻电视网（China Xinhua News Network Corperation）等英文媒体，蓝海电视是一家市场化运作的民营英文媒体。

（一）中国内容西方表达，突破沟通障碍

“中国内容，西方表达”是蓝海电视英文节目制作的理念、模式和流程。其核心是适应西方观众收看心理与习惯，用西方视角选择、制作电视节目，突破中西方在文化沟通与消费上的障碍，以满足西方观众的收视需求。

1. 用西方视角选择内容，抓住观众真实需求

蓝海电视的全部内容来自中国，均由蓝海电视自制。蓝海电视在节目制作之前，十分注重挖掘海外观众对中国电视节目的真实需求。通过研究美国观众市场并结合市场调研公司的分析，蓝海电视将内容生产的焦点集中在为美国观众提供“真实而实用的信息”方面，为此制作了有关中国经济、商务、科技、文化、旅游、生活方式等方面的内容，每天 24 小时不间断地向西方主流社会传播“中国故事”，展现中国发展步伐，让西方主流观众看到真实、鲜活、生动的中国，满足了西方主流观众渴望了解中国的收视需求。比如，《中国价格观测（Price Watch）》栏目翔实报道中国日常消费价格，向西方观众展现中国经济生活的真实状态，深受西方观众欢迎。为更好地抓住西方观众的收视需求，蓝海电视在美国、英国等国家设立了常设机构，研究其市场行情，并进行观众调查，以便制作观众感兴趣的节目。蓝海电视开播以来，受到北美和欧洲电视运营商的一致好评，它们认为蓝海电视为观众提供了大量新鲜有趣的中国电视内容服务，帮助它们吸引了更多用户。

2. 用西方思维制作节目，消除观众文化障碍

蓝海电视节目，无论是原创还是改编的节目，都是地道的英文表达，而且都遵循西方媒体的制作方式，其节目主持人和主编均来自母语为英语的国家，以保障节目选择和制作的角度及其表达方式都符合西方观众心理，满足其兴趣

和需要，进而消除西方观众收看中国电视节目普遍存在的文化障碍。例如，《西藏归来话西藏》栏目，蓝海电视通过在西藏旅游和工作的外国人，讲述其亲身经历以及在西藏的旅游体验，以现身说法的方式介绍西藏。既不涉及敏感话题，也不是浅层次的介绍风光美景，因而具有很强的可信度和感染力。

3. 用西方方式沟通，让收看蓝海电视成为习惯

蓝海电视特别注意与西方观众建立长期的沟通与互动，包括收视调查、回访等，都按照西方主流传媒机构普遍采用的方式运作，以确保这些沟通能够适应西方观众的心理和文化背景，并以他们喜欢和乐于接受的方式开展。

蓝海电视与专业调查机构合作，建立外国观众节目评价体系，以付费的形式邀请外国观众对节目进行评价。这种方式虽然会有较大的费用投入，但付费模式符合那些认真收看节目并有意参与调查的西方观众的心理，从而能够了解他们对于节目的真实想法。在深入调查用户收视习惯及意见的基础上，蓝海电视发掘和制作出更符合西方观众需求的节目。例如，在多次回访中，蓝海电视发现海外观众中那些高端的商务人士，对中国经济的发展变化，特别是财经动态非常感兴趣，便策划开播了《中国商务咨询（Biz Wire）》栏目。《中国百姓声音（China Take）》栏目关注中国网民在各新闻网站、博客、微博和论坛中热议的话题，客观、及时地反映中国网民对热点事件的理解和看法。该栏目充分尊重西方观众的收看习惯，按照西方方式制作节目，全貌展现中国普通民众的真实想法，极大地提高了蓝海电视的公信力。

以“西方方式”与观众沟通，体现了蓝海电视对观众的尊重，以及“观众导向”的节目制作理念。在长期的互动中，西方观众逐渐形成了对蓝海电视的收视习惯，蓝海电视也因此成为他们了解中国的重要渠道。

（二）民营电视企业更适应国际传媒市场竞争

1. 有“民间声音”与“民间面孔”

蓝海电视作为一家民营电视机构，通过民间立场、民间视角向西方主流社会介绍中国经济、文化、社会发展情况，更容易获得西方观众的认可，有利于建立中国电视媒体在国际上的公信力。蓝海电视在走出去的过程中，其“民间面孔”和“民间声音”更能获得西方观众的认可，认为其“内容可信”

“面容可亲”“更具公信力”。欧美电视运营商认为蓝海电视作为民营电视机构，为中国电视内容走出去开启了一个新窗口，满足了西方观众对中国民营电视的收看需求。美国市场调研公司2012年关于“蓝海电视观众”的一份调查报告显示，很多受访者对蓝海电视的民间身份都给出了积极评价。

2. 有清晰的商业运作模式

作为高度市场化的对外传播媒体，蓝海电视采用灵活的企业机制，具有清晰的商业运作模式。蓝海电视自我定位为“中国内容，全球传播”。围绕这一定位，蓝海电视积极吸收西方电视运营经验，与卫星、有线电视网络运营商以及互联网视频网站签署收视费分成协议，在向国外用户提供中国内容的服务过程中，产生商业收益。这种商业收益既包括收视费分成以及商业广告收入，也包括面向国外机构用户进行内容发行而产生的发布费和版权使用费等。通过构建起面向大众和机构两种不同的商业模式，蓝海电视探索了中国电视对外传播的商业模式。2013年，蓝海电视创收4200多万元，并开始实现赢利。蓝海电视这套成功的商业模式已进入规模化运作阶段。

未来，蓝海电视还将借鉴成熟的电商交易模式，通过蓝海云搭建基于视频内容的电商交易平台，广播电视台、中小型节目制作机构及个人制作者都可以通过蓝海云，参与全球广播电视节目在线交易。

3. 有风险投资等各类资本的支持

蓝海电视的运营机制和商业模式得到了资本市场的高度认可。自创立以来，蓝海电视已经进行了两轮融资，共获得1.6亿元风险投资的支持，是第一家获得风险投资的对外传播企业。蓝海电视正进行新一轮的融资，预计融资额度1亿元。充足的资金支持使得蓝海电视能快速建立全球传播覆盖体系，快速进入欧美市场，实现可持续发展。

4. 有高素质的专业化、国际化运营团队

蓝海电视非常注意团队建设，从一开始就打造了一支专业化、国际化的团队，从而能在激烈的国际市场竞争中立足并崛起。在早期，蓝海电视团队曾创办过多档具有广泛社会影响力的电视栏目如《环球》《让世界了解你》《国际双行线》等，先后在中央电视台、北京电视台等多家电视台播出，并在国外发行，为蓝海电视平稳运行建设提供了坚实的基础。另外，它还拥有一支由200多人组成的国际化的专业节目制作团队。其中，主持人和主编均来自母语为英语的国家，以美国、加拿大、英国、澳大利亚等国家为主，确保电视节目内容选择与制作的“西方化”。制片人和编导大都为有海外留学背景、中英文兼通的电视专业人员，确保内容具有中国特色，传播中国文化与中国声音。由于整个团队都具有高度的专业化、国际化水平，不仅英语纯正地道，而且表达与呈现的角度和逻辑符合西方主流社会观众的接受心理、习惯与兴趣，因而能够迅速地拓展海外市场。

三　蓝海电视走出去的启示

蓝海电视作为一家对外传播的民营电视机构，在短短的几年时间内，迅速开拓国际电视市场并逐步进入西方主流社会，成功实现了中国视听传媒走出去，带给业界很多启示与借鉴。

（一）以对象国观众为导向，提高节目传播的针对性与有效性

蓝海电视为西方社会主流人群提供中国电视内容服务，其角度、制作方式及表达方式力求符合西方观众接受习性，并以观众为导向，努力满足他们了解中国的实际需求。蓝海电视每个栏目的创立，都要通过专业调查公司进行市场调研和观众分析，节目播出过程中也定期收集观众反馈，力求让观众在接受中国新闻报道时能感受中国、了解中国并认同和支持中国，让他们在收看中国电视节目时能获得有用的信息。广播影视走出去，都应借鉴以对象国观众为导向的做法与经验，从对象国观众的需求出发，着力增强节目的本土化制作能力，提高节目传播的针对性与有效性。

（二）民营电视机构是广电走出去的新生力量

民营电视机构是中国广电走出去的新生力量，具有灵活的企业机制，贴近市场需求，能根据市场竞争格局以及用户需求，使用懂得对象国传媒市场运作及本地市场需求的专业人员，提高节目制作的针对性与有效性。同时，民营广

电机构具有灵敏的市场判断力、反应能力以及强大的执行力，适应国际广电市场的激烈竞争环境。蓝海电视的经验表明，民营广电机构具有强大的市场竞争能力，完全可以实现中国电视内容走出去，而且具有“造血”功能，不仅不需要国家经费的支持，还能实现赢利与可持续发展。

（三）视听新媒体是广电走出去的新平台

视听新媒体在全球快速发展，已经成为用户收看视听节目的新平台，拥有庞大的用户规模，而且具有巨大的发展空间。中国广电机构走出去，应高度重视视听新媒体平台，拓展视听新媒体用户群。蓝海电视已经在欧美主要新媒体平台上播出，并拥有超过1000万的新媒体用户，具有巨大的市场发展空间。广电媒体可以借鉴蓝海电视走出去的方式，与国外主要新媒体运营商合作，利用新媒体这一重要平台，开辟广阔的海外新媒体市场。

（四）政府加大对民营传媒机构走出去的扶持力度

蓝海电视成功走出去，传播了中国文化，推动了中西文化交流与合作，发挥了公共外交的作用。无论从传播主旨还是传播效果看，蓝海在面向世界的中国大外宣实践中都发挥了积极作用。政府应加大对民营外宣传媒机构的扶持力度，为其参与国际传媒市场竞争提供更多帮助。一是通过“政府采购”的形式，向民营电视企业采购有关对外影视节目和内容输出服务等，委托民营电视机构生产制作有关国家形象的视频，并实施国际传播，此举不仅可以支持民营电视企业扩大影响力，也有利于提高国家形象。二是通过“以奖代补”等形式，对民营电视企业建立的传输覆盖网络、新媒体传输技术平台进行资助。三是设立对外传播国家重大贡献奖，国家对在国际传播中为树立国家形象、提高国家软实力作出重大贡献的电视企业予以奖励，国有、民营企业享受同等待遇。四是加强中国内地大型国有企业与出口影视企业的密切合作，通过大企业带动中国广播影视企业走出去。此举不仅可以提高中国产品的国际形象，帮助其打造国际品牌，拓展海外市场，又可使民营电视企业获得更多资金，进一步拓展国际传媒市场、增强中国的国际传播能力，从而让世界更多地了解中国、进而理解支持中国。

第八节　腾讯新闻平台透视

以互联网为代表的新媒体迅猛崛起，从诸多方面颠覆了传统新闻的生产和传播方式，新闻也被赋予了更加丰富的形态和更加旺盛的活力。腾讯凭借着多元化业务架构和自成一体的产品生态构建出了一个独具特色的新闻传播平台。在这个平台上，融会贯通了自身的众多优势和资源，依靠腾讯网、腾讯微博、腾讯微信、腾讯视频等品牌产品，构筑了立体传播渠道，塑造了多元的内容主体，强化了新闻的体验功能，开创了与众不同的新闻传播格局。

一　构筑立体传播渠道

（一）垂直化：1 网 +12 省分网

当全国性新闻门户已经进入诸侯割据的稳定期，对用户、资源的进一步争夺就从“中央”蔓延向“地方”。地方的传统媒体在推进本地新闻网络化方面因体制、技术局限显得力不从心、处境艰难。腾讯抓住这个契机，利用自身产品优势，积极与地方传统媒体合作，建立垂直化地方分网。

腾讯地方分网充分嫁接本地的媒体资源，采取联合办网的方式。比如，大渝网是腾讯与《重庆商报》合资兴办，大楚网则是与《湖北日报》联手打造。这种联手运作不仅能利用地方媒体的内容资源、采编资源，也吸纳了地方媒体的客户资源。而腾讯单独建设运营的地方分网，如成都的大成网、西安的大秦网，则积极吸收当地媒体从业者，建立本地化团队。这种组织方式的地方化不仅使市场推广顺风顺水，而且也让网站内容更懂民情、更接地气。

截至 2013 年年底，腾讯已经拥有 12 个区域分网，腾讯网综合门户 + 城市生活门户的垂直化网媒集群渐成规模。

（二）移动化：布局三大移动端

随着 4G 时代的开启，“移动化”趋势已经明朗。中国互联网络信息中心

（CNNIC）数据显示，新闻是移动互联网的主要需求之一，仅次于即时通讯和搜索引擎。为了顺应移动互联网对新闻的需求，腾讯打造腾讯新闻客户端、腾讯新闻微信版、腾讯新闻手机 QQ 版三大产品，实现对新闻阅读场景的全覆盖，推动新闻移动化。并且，腾讯积极打造匹配三大移动端的新闻内容，抛弃惯常从 PC 端简单平移各种内容的做法，量身定制适配移动特性的节目内容，“新闻哥”就是其中之一。此外，腾讯新闻强化移动中的交互功能，鼓励用户针对新闻内容随时随地表达和分享。

腾讯官方消息显示，2013 年上半年，腾讯新闻在智能手机端整体去重后的用户覆盖量已超过 4 亿，日活跃用户超过 1 亿。其中，仅腾讯新闻客户端用户量就达到 1.4 亿，日均页面浏览量超过 6 亿。

（三）多元化：构建新闻多入口

随着网络技术的不断进步，新闻的入口也更加开放多元。抢占新闻入口也就成了网罗用户眼球的战略要地。凭借多元的产品架构，腾讯集结了包括腾讯网订阅频道、腾讯新闻客户端、腾讯网迷你页、手机 QQ 插件、微信新闻插件等在内的新闻类应用和渠道，实现遍布用户周围的新闻入口。未来更加多元的新闻入口将扩展到腾讯更多的产品和服务，满足用户跨产品、跨平台、跨时空的新闻需求。

二　塑造多元内容主体

（一）紧密联合传统媒体，打造专业化新闻

为了弥补网络媒体在采访权限、舆论主导能力等方面的欠缺，腾讯紧密联合传统媒体，强化自身新闻的专业特性。除了与地方强势媒体联手推出地方分网外，腾讯还积极搭建内容平台，实现传统媒体与网络媒体的融合。腾讯微博开创了“媒体发布厅”，使传统媒体在自身品牌账号下统合旗下的记者、编辑、主持人等个人微博及分支机构微博，形成新闻点从内容到形式的联动，放大专业新闻的影响力。目前已经有新华社、《羊城晚报》、山东广电、《河南日

报》、《贵阳日报》、《齐鲁晚报》、《经济日报》、凤凰卫视、北京电视台、《潇湘晨报》、《广州日报》等知名媒体相继入驻腾讯“媒体发布厅”。该平台也已成为传统媒体寻求网络话语权的首选之一。

（二）大力扶持自媒体，营造风格化新闻资讯

现阶段，新闻报道不再是传统媒体记者的“专利”，无数新鲜热辣的消息可以借由微信、微博迅速为人所知，自媒体应运而生。2013 年 7 月，腾讯启动“自媒体精品百人计划”，入选的自媒体可获得包括新闻客户端、腾讯网、手机 QQ、微信、QQ 空间、微博以及 QQ 浏览器在内的优质资源支持和个性化帮助。这些自媒体人用“魅力人格体”替代了干瘪的内容，让“被动阅读”变为“主动订阅”，让被动接受信息的“受众”转化为密切互动的“粉丝”，极大地提高了新闻资讯的活性，也革新了新闻的生产、传播、反馈机制。

（三）鼓励用户表达与分享，形成全民传播

随着社交媒体的兴起，新闻的社会化传播已经成为传播流程不可或缺的组成部分。腾讯鼓励用户表达与分享，形成“全民传播”的场域。同时，为了避免信息过载、重点失焦、真假难辨等问题，腾讯形成了一套与传统媒体截然不同的筛查、把关机制。例如，海量筛查微博上重大事件的相关内容，并通过数据挖掘与人工筛选双重手段进行去粗取精、去伪存真的处理，拣选出重要的“事件点”；然后通过“微热点”“微频道”等方式连“点”成“线”，展现事件的全景式信息。这样的新闻呈现方式不仅实现了内容深度与用户广度的结合，而且也强化了全民参与的体验。

三　强化新闻的体验功能

（一）着力增强视听特性

随着人类进入视听时代，抽象的文字和静态的图片已经远远不能满足用户对新闻“眼见耳听”的要求。腾讯通过打造专业“腾讯视频”强化新闻视听特性。在腾讯新闻频道，几乎每一条新闻都尽可能匹配视听内容；即使一些缺

乏视频素材的新闻，也会编辑图片、声音合成视频以实现视听效果。2013 年 9 月，主打 8 秒短小视频的腾讯微视上线，更是祭出了其短视频新闻的又一个利器。视听化不但丰富了新闻的表现形态、赢得了用户的青睐，而且视频播放所带来的巨大流量也创造了新的获益渠道。

（二）个性化的传播与再造

深谙用户需求的腾讯一直将个性化产品体验放在至关重要的位置。腾讯网总编辑陈菊红曾说，腾讯对“新闻”的理解是分辨用户的行为模式及兴趣偏好，为不同用户生成不同内容。在 2011 年腾讯就推出个性资讯阅读产品“我的腾讯网”，主打完全由用户自主的订阅式新闻阅读。在凸显个性化使用的移动互联网中，腾讯更是着力加强人性化的设计。比如，腾讯新闻 APP 就强化了个性化定制的功能，满足了个人化的信息选择需求，还增加网友评论与微博联动的功能，实现了个性化的信息再造和分享。

四　腾讯新闻的发展逻辑

新闻是腾讯庞大业务版图中一个局部，它的产生、壮大是在腾讯自成一体的产品生态下众多因素合力的结果。腾讯新闻的成功与腾讯其他产品一样，蕴涵着腾讯与众不同的企业基因和发展逻辑。归结起来，腾讯新闻的发展与用户、产品、科技的三种理念息息相关。

（一）发挥用户优势——经营“关系链”

关系链是腾讯经营多年并难以被复制的独有优势。早在 2001 年，与中国互联网同时起步的腾讯，就先入为主地通过聊天工具 QQ 集纳了各种人际网络关系，并通过关系链的延伸覆盖了绝大多数的中国网民；十年之后的微信，则通过手机通讯录添加好友，将对用户关系链的垄断从网络延伸到现实。依赖这种网络与现实双重交织的关系链，腾讯获得了巨大的新闻传播能量。第一，新闻的关系链传播速度快、范围广、渗透力强。在关系链中，每个人都既是信源也是信道，向四面八方辐射着各种新闻和信息。第二，新闻的关系链传播稳定性强，忠诚度高。腾讯的关系链是人们日常交往的映射，用户彼此的熟悉和信赖也在信息的接收和传播中延续。在这纵横交错、稳如磐石的关系链条中，各种信息资讯不断孕育、传播、反射和发酵，形成了庞大的新闻传播体系。

（二）创新产品形态——从“模仿”到“原创”

关于腾讯，有句评价广为流传：“一直在模仿，从未被超越”。这充分说明了腾讯很多貌似“照搬照抄”产品都在毫厘之间进行了颠覆性的革新：开发即时通讯软件 ICQ 的汉化版 QQ，却原创了离线消息、QQ 群等让中国用户爱不释手的功能；进军已成饱和状态的“邮箱”领域，却原创了大附件等功能，迅速攫取市场；在门户网站已成三足鼎立的 2003 年筹建起腾讯网，却以迷你首页、即时弹出 Tips 等产品功能迅速提升了腾讯新闻的用户依赖和传播价值。截至 2013 年 4 月，QQ 迷你页的覆盖人数已占腾讯网用户的 90%，为腾讯网贡献的访问次数高达 37%。腾讯始于“模仿”终于“原创”的创新之路，其实是从“产品创新”到“体验创新”的追求之路。

（三）把握科技趋势——“下一代腾讯网”

腾讯始终对技术趋势保持着高度敏感，腾讯新闻的各种产品形态也随着技术进步不断更新。随着“大数据”时代到来，下一代腾讯网也逐渐浮出水面。腾讯继续强化门户、微博、视频、无线等新闻平台的融合以及对用户需求的挖掘，进一步增强对大数据的洞察和价值转化能力。未来还将打破门户网媒长时间的同质化竞争现状，通过产品设计和数据融合寻求差异化布局，构建能读懂用户的大数据门户。

十年前，人们未曾预料可爱的小企鹅会变成今天众人仰视的网络巨人，也不曾预料腾讯构建的新闻平台会如此深入我们的生活和内心。十年后，腾讯会怎样，新闻会怎样，我们无法断言。然而，腾讯持续创新的姿态，持续进步的产品，以及对用户、对行业所作出的巨大改变，都值得我们总结和思考。

B.5

附录一 2013年中国广播电影电视发展大事记

1月

1月4日 国家广电总局发布《关于促进主流媒体发展网络广播电视台的意见》（广发〔2013〕1号），将网络广播电视台提升到与电台电视台发展同等重要的地位。

1月4~5日 国家广电总局在京召开全国广播影视工作会议，会议总结了2012年广播影视工作，研究部署了2013年工作。

1月6日 中国广播电视协会第六届理事会议在京召开，会议选举产生新一届协会领导班子，张海涛当选为第六届理事会会长。

1月16日 江苏广电总台建设的IPTV集成播控分平台通过国家广电总局验收，成为全国首家通过总局验收的省级广电IPTV平台。

1月21日 工信部、发改委、财政部、工商总局、质检总局、国家广电总局六部委联合发布《关于普及地面数字电视接收机的实施意见》（工信部联电子〔2013〕14号）。

1月22日 “中国纪录片网”正式开播上线，该网是由中国网络电视台主办的集纪录片创作生产、推介展示、传播推广、融资交易等为一体的国家级纪录片新媒体综合性产业运营平台。

1月22日 国家广电总局召开2013年全国广播影视科技工作电视会议。

1月31日 国家广电总局下发了《关于节俭安全办节目的通知》，要求各级电台电视台认真贯彻落实中央“八项规定”和“厉行勤俭节约、反对铺张浪费”的要求，节俭安全办好广播电视节目。

2 月

2 月 25 日　“宽带发展联盟”成立。联盟由电信运营商、主要互联网企业、通信设备制造企业以及相关科研单位和组织共 28 家成员单位共同发起组建，下设政策规划、技术创新、产业推动 3 个工作组。

2 月 26 日　中国国际广播电视网络台 CIBN 与加拿大新动力传媒签署了 CIBN-XINFLIX 互联网电视业务战略协议。

2 月 28 日　中国电视艺术家协会微视频（微电影）专业委员会成立。

3 月

3 月 3～17 日　中央人民广播电台、中国国际广播电台、中央电视台（以下简称中央三台）全程报道全国两会，全国各级广电部门圆满完成两会安全播出保障工作。

3 月 7 日　国家工商总局、中宣部等 13 部门联合发布《2013 年虚假违法广告专项整治工作实施意见》（工商广字〔2013〕43 号）。明确继续把关系人民群众健康安全和违法问题易发多发的医疗、药品、医疗器械、保健食品、危害未成年人身心健康的非法涉性低俗不良广告以及收藏品、招商加盟广告作为整治重点，坚决遏制严重虚假违法广告屡禁不止、重复发布的现象。

3 月 8 日　浙江华数云平台正式上线。华数云平台包括云电视、云宽带、云服务和云通信平台，是一个覆盖全网络、服务全终端的综合化、全业务服务运营平台。

3 月 10 日　国务院机构改革和职能转变方案公布。根据方案，国家广电总局、新闻出版总署整合，组建国家新闻出版广电总局，加挂国家版权局牌子。

3 月 18 日　中央人民广播电台旗下银河互联网电视有限公司宣布发布“木星”OTT 电视机顶盒。

3 月 19 日　国家新闻出版广电总局召开干部大会，宣布中共中央、国务院任命蔡赴朝任国家新闻出版广电总局局长、党组副书记、国家版权局局长，蒋建国任国家新闻出版广电总局党组书记、副局长的决定。

3 月 19 日 “有线数字电视广告联盟”在北京举行启动仪式。联盟由重庆、天津、南京、武汉、广州、深圳、东莞 7 地有线数字电视网络运营商联合发起，联合有线数字电视网络运营商，为广告主提供有线数字电视广告跨区域统一播发平台。

3 月 19 日 国家新闻出版广电总局“中国下一代广播电视网（NGB）技术应用实验室”授牌仪式在京举行，该实验室由国家新闻出版广电总局广播电视规划院和思科系统公司组建，将为 NGB 和三网融合相关标准制定与业务应用提供技术研究和验证实验平台。

3 月 21 ~ 23 日 第二十一届中国国际广播电视信息网络展览会（CCBN）在京举行。该届展会以广电数字化、网络化、双向化、高清化为主要内容。来自世界 30 多个国家和地区的近 1000 家企业与机构参展。

3 月 31 ~ 4 月 2 日 2013 年北京电视节目交易会在京举行，其前身为创办于 2007 年的“首都电视节目推介会”。本届交易会实现交易总额 50.28 亿元（含意向）。

4 月

4 月 9 日 中国国际广播电台“南海之声”开播仪式在海南省海口市举行。“南海之声”是中国首个为南海海域及周边国家和地区服务的多语种广播。

4 月 16 ~ 23 日 第三届北京国际电影节举办。来自 48 个国家和地区的 260 部影片参加北京展映，首度评出“天坛奖”。实现签约项目 27 个，签约总额 87.31 亿元，比上届增长 65%，再创中国电影节展交易之最。

4 月 20 日 四川芦山发生 7 级强烈地震，中央三台启动应急报道机制。中央人民广播电台开通 24 小时抗震救灾特别直播节目，中国国际广播电台新闻资讯类节目以及有关新媒体平台迅速发布消息，中央电视台第一时间打开播出窗口及时发布灾情和救援消息。

4月22日 国家应急广播芦山抗震救灾应急电台开播，首次以“国家应急广播”为呼号，这是国家首个在突发灾难事件中对灾区民众定向播出的应急频率。

4月22日 国家工商总局、中宣部等8部委联合启动为期3个月的专项整治虚假违法医药广告行动。整治重点是有关媒体和网站发布的医药广告、消息，开办的各类专题类健康资讯节目、栏目。

4月26~5月1日 第九届中国国际动漫节在浙江杭州举办。本届动漫节交易会共吸引了境内外232家企业，达成交易意向和签约项目171项。

5月

5月3日 由电影卫星频道节目制作中心主办的第十三届电影百合奖颁奖典礼在北京举行。

5月7日 百度以3.7亿美金收购PPS视频业务全部股份，并将PPS视频业务与爱奇艺进行合并。双方业务合并后，全平台用户规模、时长均达到行业第一，爱奇艺成为中国最大的网络视频平台。

5月9日 国家新闻出版广电总局与云南广电网络集团有限公司在昆明举行国家下一代广播电视网（NGB）综合技术实验室业务应用实验基地揭牌仪式。

5月9日 全国电视剧播出工作会议在南昌召开。国家新闻出版广电总局副局长田进出席会议并讲话。会议要求电视播出机构播出电视剧要坚决遏制过度娱乐，确保现实题材电视剧在播出中的主导地位，坚持精品路线，逐步提高公益题材电视剧播出比例，坚决服从电视剧播出调控大局。

5月17~20日 第九届中国（深圳）国际文化产业博览交易会在深圳举行，共有来自93个国家、超过1.6万名海外采购商参加本届文博会。

5月18日 中国网络电视台与上海广播电视台联合投资成立IPTV合资公司“爱上电视传媒有限公司”。

5月18日 由中央新影集团、中国网络电视台、中央新影微电影文化发展基金联合打造的中国第一个专业微电影互联网平台——中央电视台微电影频道上线。

5月22日 由中央电视台、中国广播电视协会主办的第三届中国电视发展年会在昆明举行，本届年会主题为“新融合、新发展、新机遇——全媒体背景下的中国电视发展”。

5月27~6月4日 由国家新闻出版广电总局与俄罗斯联邦文化部联合主办的“2013年俄罗斯电影节”分别在北京和上海举办，期间展映10部俄罗斯影片。

6月

6月6日 华人文化产业投资基金（CMC）和美国时代华纳集团宣布建立战略合作伙伴关系，这意味着时代华纳旗下华纳兄弟影视公司、HBO电视网、CNN全球新闻网、时代出版公司等内容生产机构将与中国传媒娱乐领域的投资基金之间展开从战略投资到运营开发的多领域合作，推进中国相关产业的国际化。

6月10~14日 第十九届上海电视节举行。

6月14日 国家新闻出版广电总局发展研究中心组织编写的《中国视听新媒体发展报告（2013）》（视听新媒体蓝皮书）正式出版发布。

6月15~23日 第十六届上海国际电影节举行。

6月17日 中央电视台综合频道、新闻频道等24个公共频道正式在中央电视台新址全面播出，新址播出系统采用网络化制播工艺技术，成为世界上首家采用全流程网络制播系统的国家电视台。

6月19日 国务院常务会议通过了国家新闻出版广电总局“三定”方案。国家新闻出版广电总局（正部级）为国务院直属机构，取消21项职责，下放8项职责，加强7项职责，主要职责有13项，内设机构22个。

7月

7月1日 中国国际广播电台英语环球广播资讯台NEWSplus上线，成为中国唯一全英文广播的新闻频率。

7 月 1 日　中央电视台与新西兰 MegaTEL 电信公司签署合作协议，长城（新西兰）平台正式开播，进一步扩大长城平台在全球范围内的覆盖。

7 月 4 日　国家新闻出版广电总局召开党的群众路线教育实践活动动员大会。中宣部副部长、国家新闻出版广电总局局长蔡赴朝出席会议并作动员讲话，总局党组书记、副局长蒋建国主持会议。

7 月 4 日　国家新闻出版广电总局发展研究中心组织编写的《中国广播电影电视发展报告（2013）》（广电蓝皮书）正式出版发布。

7 月 5 日　CUTV 城市联合网络电视台全媒体资源推介会在北京召开。CUTV 成员台和已提出申请并进行业务合作的城市台达 65 家，CUTV 计划到 2013 年年底实现 100 家成员台的目标。

7 月 5 日　由国家新闻出版广电总局电影局主办的国产动画电影座谈会在北京举行，国家新闻出版广电总局电影局在会上发布了支持和鼓励国产动画电影发展的 9 条政策和措施。

7 月 7 日　中国广播电视协会音乐工作委员会在北京成立。

7 月 12 日　国务院常务会议要求，提升 3G 网络覆盖面和服务质量，推动年内发放 4G 牌照。全面推进三网融合，年内向全国推广。鼓励民间资本以参股方式进入基础电信运营市场。

7 月 17～19 日　“中国纪录片制作联盟”和“中国纪录片播出联盟”成立。中国纪录片制作联盟汇聚国内 100 多家纪录片制作机构，通过多种模式的合作，逐步推动建立中国纪录片行业标准。中国纪录片播出联盟联合全国 32 家省级电视台和 60 多家市级电视台，成立“中国纪录片联播网”，在成员电视台的地面频道开办每天 30 分钟的《纪录中国》栏目。两个联盟的成立有利于推动全国纪录片制播领域的合作，实现行业资源的有效整合。

7 月 22 日　《国务院关于取消和下放 50 项行政审批项目等事项的决定》（国发〔2013〕27 号）中明确，取消 7 项国家新闻出版广电总局的行政审批事项，同时将该部门 4 项审批事项下放至相应的省级部门。

7 月 25 日　国家新闻出版广电总局下发《关于进一步规范歌唱类选拔节目的通知》（广发〔2013〕52 号），对歌唱类选拔节目实施总量控制、分散播出的调控措施，要求歌唱类选拔节目要坚持少而精原则，力戒铺张奢华、力戒炫目包装、力戒煽情作秀，对参赛选手、评委、嘉宾、主持人等做好把关和引导工作，大力加强自主创新，改变对引进节目模式的依赖心理。

8月

8月1日 按财政部和国家税务总局要求，明确实施“营改增”试点扩至全国的相关税改政策，广播影视服务视同现代服务业，一般纳税人将按6%的税率征收，小规模纳税人将按3%征收增值税。自2014年1月1日起，电影放映服务可以选择按照简易计税办法计算缴纳增值税（增值税征收率为3%）。

8月6日 由CNTV和成都大熊猫繁育研究基地共同打造的“熊猫频道”正式上线。熊猫频道对大熊猫的繁育、日常起居、娱乐的情况进行全天候近距离视频记录，面向全球网民传播和平友爱的理念。

8月13日 中宣部、财政部、文化部、审计署、国家新闻出版广电总局联合发出《关于制止豪华铺张、提倡节俭办晚会的通知》（中宣发〔2013〕19号），要求制止豪华铺张，提倡节俭办晚会。

8月17日 国务院发布《关于印发“宽带中国”战略及实施方案的通知》（国发〔2013〕31号），按照方案“宽带中国”战略分全面提速（至2013年年底）、推广普及（2014~2015年）、优化升级（2016~2020年）3个阶段实施。

8月19~20日 全国宣传思想工作会议在北京召开。中共中央总书记、国家主席、中央军委主席习近平出席会议并发表重要讲话。他强调，宣传思想工作一定要把围绕中心、服务大局作为基本职责，胸怀大局、把握大势、着眼大事，找准工作切入点和着力点，做到因势而谋、应势而动、顺势而为。中共中央政治局常委、中央书记处书记刘云山出席会议并讲话。中共中央政治局委员、中央宣传部部长刘奇葆作总结讲话。

8月20日 浙江影视集团、江苏幸福蓝海、贵州经纬星、四川星空等国企影视公司联手20家强势地面频道组建的“G20制播俱乐部”在北京成立。该平台旨在打造全新的电视剧制播信息交流、项目议定和投资销售平台。

8月20日 国家新闻出版广电总局下发《关于申报优秀电视剧剧本扶持引导项目的通知》（广发〔2013〕56号），设立“电视剧剧本扶持引导专项资金”，用于对优秀电视剧剧本创作的扶持和资助。

8 月 20 ~ 24 日　第二十二届北京国际广播电影电视设备展览会（BIRTV2013）在北京举行，展会举办首届中国台网融合峰会（CBNS2013），主题为“探索电视台的新媒体转型路径”。本届展会展出面积超过 5 万平方米，中外参展厂商 512 家，其中海外厂商 179 家。

8 月 21 日　中国电视剧制作产业协会在京举行成立大会，首批会员共 138 家，大会通过了《中国电视剧制作产业自律公约》。

8 月 22 ~ 24 日　第十一届中国国际影视节目展在北京举行。本届展会交易金额（含意向）达 48.6 亿元，较上届增长 24%；参展节目共计 32260 部，较上届增加 98%；参展商（含现场注册）达 1500 多家，较上届增加 7%。

8 月 22 ~ 26 日　第五届中国国际影视动漫版权保护和贸易博览会在广东省东莞市举办。本届漫博会参展企业达 418 家，其中吸引了来自美国、英国、韩国、日本、西班牙等 15 个国家和地区的 61 家企业参展，比上届增长 13%。

8 月 29 日　国家新闻出版广电总局无线局组织召开中国广播电视村村通卫星平台工程整体竣工验收会。该平台的建设解决了全国已通电但广播电视不通达的 20 户以上自然村收听收看广播电视节目的问题。

9 月

9 月 3 日　三沙卫视开播。三沙卫视以反映三沙自然人文、环境保护和经济社会发展为主要内容，为南海区域观众提供全方位的资讯和娱乐服务，促进与南海周边国家和地区的文化交流。

9 月 4 ~ 7 日　俄罗斯 2013 年中国电影节在圣彼得堡和莫斯科举办。中国国务院副总理汪洋和俄联邦副总理戈洛杰茨出席开幕式并致辞，中宣部副部长、国家新闻出版广电总局局长蔡赴朝率团出席相关活动。

9 月 5 日　小米科技发布正式进军互联网电视行业的首个产品小米电视。

9 月 10 ~ 14 日　第十二届中国国际儿童电影节在吉林省四平市举办，展映了 43 部中外优秀少儿影片及动画片。

9月14~16日 国家新闻出版广电总局与宁夏回族自治区人民政府在银川共同举办2013中国—阿拉伯国家广播电视媒体合作论坛。

9月16日 中国民营文化产业商会成立大会暨中国文化产业峰会在北京召开。

9月17日 北京网络视听节目服务协会成立大会在北京召开。

9月22日 大连万达集团斥资500亿元启动建设青岛东方影都影视产业园区。

9月22日 中国国际微电影大典启动仪式在北京举行。这是面向全球的由国家级主流媒体主办的权威微电影盛典，大典汇聚上万部优秀微电影作品，争夺最高奖项——金蜂鸟奖。

10月

10月9日 中国微电影视频网络平台协作体成立。协作体由中央电视台微电影频道发起，新华网、人民网、央视网等17家网站联合组成。

10月12日 国家新闻出版广电总局下发《关于做好2014年电视上星综合频道节目编排和备案工作的通知》（广发〔2013〕68号），要求进一步扩大电视上星综合频道新闻、经济、文化、科教、生活服务、动画和少儿、纪录片等类型节目的播出比例，总播出时长按周计算不少于30%。还明确要求各电视上星综合频道每年播出的新引进境外版权模式节目不得超过1个，当年不得安排在19:30~22:00时段播出。

10月24日 湖北、湖南、四川、山东、华数（浙江）、重庆、贵州、甘肃、云南、新疆等19家省级和太原等3家市级广电网络运营商共同发起成立“中国广电云服务产业联盟”。

10月29日 国家新闻出版广电总局下发《关于进一步加强卫视频道播出电视购物短片广告管理工作的通知》（广发〔2013〕70号）。

11月

11月5~7日 由电影卫星频道节目制作中心和美国美华艺术协会联合主

办的第四届纽约中国电影节在纽约举行。《致我们终将逝去的青春》《北京遇上西雅图》《特殊身份》《叶问》等影片在电影节期间展映并广受欢迎。

11 月 5 日　国家新闻出版广电总局正式批复浙江成为“深化农村电影发行放映体制改革试点省”，要求积极推进农村电影放映提质增效、农村电影市场培育发展、农村电影体制创新三大体系建设，实现农村电影市场的繁荣发展。

11 月 9 ~ 12 日　中国共产党第十八届中央委员会第三次全体会议在北京举行。全会听取和讨论了习近平受中央政治局委托作的工作报告，审议通过了《中共中央关于全面深化改革若干重大问题的决定》。提出要紧紧围绕建设社会主义核心价值体系、社会主义文化强国，深化文化体制改革，加快完善文化管理体制和文化生产经营机制，建立健全现代公共文化服务体系、现代文化市场体系，推动社会主义文化大发展大繁荣。

11 月 13 日　中国网络视频反盗版联合行动在北京启动，宣布起诉百度、快播的盗版侵权案件共立案百余起。

11 月 18 日　中央电视台 2014 年黄金资源广告招标大会在北京举行。招标签约总额稳中有增。

11 月 20 日　中央电视台下属的央视国际视频通讯有限公司与非洲 15 个国家的广电媒体签订新闻产品授权使用协议。

11 月 28 ~ 29 日　首届中国网络视听大会在四川成都举行。大会以“责任与创想——构建活力、人本的互联网视听新生态”为主题，国内外网络视听行业的 600 余人就台网互动、产业融合、技术创新、移动视频、新媒体下的内容创造等议题展开研讨。

11 月 29 ~ 12 月 1 日　中国电影家协会第九次全国代表大会在北京举行。李雪健当选为中国影协第九届主席。

12 月

12 月 3 日　中央人民广播电台国家应急广播中心揭牌，国家应急广播社区网站（cneb. cnr. cn）同时上线。这标志着中国国家应急广播体系进入全面建设阶段。

12月8～12日 2013年中国（广州）国际纪录片节在广州举行。本届纪录片节共吸引来自72个国家和地区的2071部纪录片参展，报名数量较上年增加一倍。其中可供版权交易片目数量比往届增长近10倍，交易合约总额达1.5亿元。

12月9日 山东广电网络有限公司取得发行中期票据资质，两年内可通过发行中期票据募集14亿元资金，成为全国同行业第一家获准发行中期票据的广电网络企业。

12月12～13日 第六届广电行业趋势年会暨DVB＋OTT融合创新论坛年会在上海召开，本届会议的主题是"大电视、大数据、大生态下广电发展与转型之路"。

12月19日 国务院办公厅发布《国务院关于修改部分行政法规的决定》（国务院令第645号）。决定对现行《广播电视管理条例》作了两处修改。《广播电视管理条例》第13条第1款修改为："广播电台、电视台变更台名、台标、节目设置范围或者节目套数的，应当经国务院广播电视行政部门批准。但是，县级、设区的市级人民政府广播电视行政部门设立的广播电台、电视台变更台标的，应当经所在地省、自治区、直辖市人民政府广播电视行政部门批准。"第45条修改为："举办国际性广播电视节目交流、交易活动，应当经国务院广播电视行政部门批准，并由指定的单位承办。举办国内区域性广播电视节目交流、交易活动，应当经举办地的省、自治区、直辖市人民政府广播电视行政部门批准，并由指定的单位承办。"

12月21日 由小米科技、爱奇艺、优酷土豆、乐视网、新浪视频、央视网等联合成立中关村核心区互联网电视产业联盟。成员企业覆盖了全国超过5亿用户，成为国内互联网电视最大的产业联盟。

12月24日 国家新闻出版广电总局科技司发布了TVOS1.0软件，标志着中国自主开发的NGB智能电视操作系统取得了阶段性成果。

12月24日 百度视频、爱奇艺、PPS、酷6网、华数TV、浙江卫视、江苏卫视、东方卫视、湖南卫视等众多机构联合发起"正版视频助推行动"。

12月24日 经国家新闻出版广电总局批复同意，撤销广东人民广播电台、广东电视台、广东南方电视台，组建广东广播电视台；撤销广东南方广播影视传媒集团，组建广东南方广播影视传媒集团有限公司。

12 月 26 日　第十五届电影“华表奖”、第二十九届电视剧“飞天奖”颁奖晚会举行。《中国合伙人》《一九四二》《周恩来的四个昼夜》等 11 部影片获优秀故事影片奖。

B.6

附录二 2013年全国各省、自治区、直辖市广播电影电视事业产业发展亮点一览表*

地　区	发　展　亮　点
北京市	完成18个乡镇358个行政村有线广播村村响工程建设。放映公益电影18.03万场;新增影院15家、银幕94块、座位1.26万个。持《广播电视节目制作经营许可证》机构2321家,新增642家;持《信息网络传播视听节目许可证》机构125家,新增2家,注销6家。生产完成并获准发行国产电视剧88部、电视动画片19部、纪录片59部。IPTV集成播控分平台投入试商用,频道总量扩充到106路。歌华有线完成支持380万户规模的高清交互数字电视平台。
天津市	放映农村数字公益电影约4.39万场;城市电影院线共17条,数字影院50家、银幕332块;新增影院7家、银幕49块。天津广播电视台新闻频道正式开播,专业对农广播天津农村广播正式开播。交通广播纳入天津应急工作体系,命名为"天津应急广播频率"。全面启动农村有线电视数字化、双向化、信息化建设。IPTV全年新增20万户,累计用户超过46万。
河北省	完成近4万套直播卫星公共服务设备销售安装工作,推动广播电视由村村通向户户通延伸。放映农村公益电影约59.01万场。河北中联院线全年新增影院8家、银幕16块。IPTV集成播控分平台搭建完成。IPTV业务在7个设区市正式上线运营。"长城新闻"移动客户端研发成功;"河北省电子商务综合服务平台"项目一期建设完成。正式成立河北网络广播电视台。整合组建河北冀广传媒集团。
山西省	完成5451个自然村广播电视村村通任务。放映农村公益电影33.97万场;新增影院25家、银幕89块,票房收入达2.8亿元;拍摄完成电影24部、电视剧7部、专题片5部、电视动画片1部。山西网络广播电视台上线,IPTV开始播出,CMMB覆盖人口2100多万。
内蒙古自治区	全区广播电视实现村村通,覆盖用户约40.17万户。完成户户通工程一期110万户建设任务。农村牧区放映公益电影13.5万场。电影院线共有14条,电影院77家,银幕284块,县级城市影院25家。完成电视剧2部、电视动画片2部。完成300万有线电视用户的数字化改造;高清数字电视用户42万,双向互动业务用户12.7万。

* 资料来源:全国省级广播影视行政部门及播出运营机构为《中国广播电影电视发展报告(2014)》(2014年广电蓝皮书)提供的材料,部分数据来源于国家新闻出版广电总局财务司。

续表

地　区	发　展　亮　点
辽宁省	完成 3676 个 20 户以下已通电自然村盲村通广播电视，1022 个 20 户以上新通电自然村盲村通广播电视，完成国有林区盲区 4084 户覆盖。放映公益电影 15 万场，观影人次 2100 万，运营城市院线 16 条，院线所属影院 140 家、银幕 839 块。持《广播电视节目制作经营许可证》机构 137 家，持《信息网络传播视听节目许可证》机构 11 家；CMMB 在网用户近 10 万；手机电视累积用户 77 万。
吉林省	完成 4 万户直播卫星户户通和边疆地区广播电视覆盖工程既定目标。放映农村公益电影 11.2 万场。新增影院 13 座、银幕 37 块。其中，新增县级城市影院 11 座、银幕 30 块。高清交互业务用户达 25 万，2013 年净增用户 15 万。付费频道用户 80 万，同比增长 25%。CMMB 用户超过 36.5 万。完成 IPTV 集成播控分平台搭建。
黑龙江省	全面启动 19 个高山发射台改造工程，完成了 476 个村广播电视信号覆盖和质量提升工作。放映农村公益数字电影约 10.87 万场，观众超过 1000 万人次。新增影厅 71 个，放映电影 33 万场，观影人次 757 万，全省影院票房 2.8 亿元。省网直管用户数字化率达 100%，高清化率超过 30%。IPTV 用户总数约 13.46 万。
上海市	放映农村公益电影近 7.9 万场，放映艺术电影 2593 场。新建各类影院 37 家，银幕 176 块。完成电视剧 53 部，生产电视动画片 16 部，完成故事片 24 部，戏曲片 2 部。持《信息网络传播视听节目许可证》机构 32 家。全市有线数字电视用户整转率达 83%。NGB 网络建设覆盖用户 551 万。高清互动用户累计近 160 万。IPTV 集成播控能力达 120 套。CMMB 单频网建成 25 个室外大功率发射站点，800 多个室内信号覆盖补点。
江苏省	初步完成省地面数字电视单频网项目建设，建成 20 余个无线发射站点。放映农村公益电影超过 24.12 万场，建设乡镇电影固定放映点 904 个。城市影院 300 家、银幕 1670 块、座位 27.18 万个。完成电影 21 部、审查发行电视剧 17 部、电视动画片 69 部。全年新审批节目制作机构 61 家，总数达 397 家。新发展有线电视用户 103.68 万，有线数字电视整转率达 81%。IPTV 用户突破 500 万。
浙江省	建立健全广播“村村响”维护管理长效机制，有线广播农村覆盖人口超过 80%。顺利完成 200 个乡镇广电站设施的改造。放映农村公益电影 29.8 万场。新增数字多厅影院 58 家，新建县级多厅数字影院 26 家，新增省外全国性电影院线 4 条。制作电影 36 部、电视剧 75 部、动画片 40 多部。全省城区数字电视整体转换率、有线网络双向化改造率均达 99% 以上；农村有线数字电视用户 872.5 万，整体转换和双向化改造率分别达 90% 和 75% 以上。IPTV 监管平台基本建成，浙江广电集团 IPTV 集成播控分平台与电信 IPTV 传输系统完成对接。
安徽省	提前完成全年 9500 个自然村广播电视村村通任务。放映农村公益电影约 19.48 万场。新建城市影院 42 家，新增银幕 217 块。创作生产电影 7 部、电视剧 26 部、广播剧 3 部、动画片 29 部。有线网络双向化改造覆盖用户约 339 万，数字电视双向化率达 79.76%。持《信息网络传播视听节目许可证》机构 8 家。新增手机电视用户数 16 万，CMMB 用户总数约 80 万。

续表

地　区	发　展　亮　点
福建省	完成21510个村、60多万户广播电视村村通建设任务的验收。完成884个乡镇(街道)和77个县农村广播县乡村三级联播联控建设。放映农村公益电影约18.18万场。新增影院29家、银幕141块。持《广播电视节目制作经营许可证》机构171家。创作生产电视剧7部,动画片60部。省级IPTV集成播控分平台完成技术规划和核心技术的研究测试。成功举办第五届"海峡论坛·海峡影视季"活动。
江西省	完成12333个村(场)广播电视"村村通"工程建设任务。完成全省户户通工程建设任务核报调查,开展国家应急广播应用示范工作。放映农村公益电影约28.09万场。新增影院36家、影厅188个,新增3D厅179个;建有县级影院68家,新建县级影院25家。完成电视剧7部,5部电影出品和公映。数字化整转472.91万户,整体转换率为76.18%。
山东省	完成2299个20户以下自然村"盲村"和国有林场通广播电视工程,提前两年完成"十二五"村村通建设任务。放映农村公益电影80多万场。新增影院62家、银幕299块。持《广播电视节目制作经营许可证》机构140家,新增35家;持《信息网络传播视听节目许可证》机构14家。审查并许可发行电视剧10部、电视动画片6部。6部电视剧出口海外。
河南省	完成6530个20户以下已通电自然村广播电视村村通任务,解决45万农民群众收听收看广播电视难的问题。放映农村公益电影约58.89万场。新增县级城市影院25家、银幕85块。持《广播电视节目制作经营许可证》机构154家,新增25家;持《信息网络传播视听节目许可证》机构14家。有线电视数字化整体转换用户达200万,网络双向化改造率达到90%以上。创作生产电影43部、电视剧3部、电视动画片15部。获批开办中华功夫卫星电视频道。
湖北省	"十二五"期间完成广播电视村村通建设任务28万户。放映农村公益电影约31.02万场次,超额完成任务。新增影院42座、银幕222块、座位29681个。完成电影8部、电视剧4部、电视动画片8部。"长城宽带"利用省IPTV集成播控分平台发展用户4000多。全省有线网络双向电视用户124.53万。
湖南省	提前完成全年5022个20户以上新通电自然村"盲村"和29969个20户以下已通电自然村"盲村"工程建设,解决了50万户农村群众听广播看电视难的问题。放映农村公益电影51.76万场。持《广播电视节目制作经营许可证》机构112家,持《信息网络传播视听节目许可证》机构13家。新建影院50家,发放实施县级影院补贴共34个项目,争取资金4000万元。累计完成双向网改光缆覆盖366万户、设备覆盖254万户、用户接入98万。
广东省	完成有线网络未通达地区广播电视户户通工程建设任务431264户。放映农村公益电影约28.17万场;放映农民工专场电影约2.46万场,观影人次588万。新增影院107家、银幕562块,建成县镇数字影院139家。电视剧拍摄制作备案公示剧目63部,完成并审查影片45部。持《信息网络传播视听节目许可证》机构79家。深圳市IPTV发展用户近30万。撤销广东人民广播电台、广东电视台、广东南方电视台,组建广东广播电视台;撤销广东南方广播影视传媒集团,组建广东南方广播影视传媒集团有限公司。

续表

地 区	发 展 亮 点
广西壮族自治区	完成村村通广播电视无线覆盖工程 100 座乡镇无线发射台站建设任务。完成农村电影公益放映约 17.42 万场。持《广播电视节目制作经营许可证》机构 89 家。城市数字影院总数达到 71 家。制作电影 4 部、电视剧 3 部、动画片 4 部、纪录片 100 多部。开展边境海上广播应急系统的试点建设。
海南省	基本完成直播卫星户户通工程第一期 30 万户建设任务。放映农村公益电影约 3.31 万场。海南广播电视台完成 IPTV 集成播控分平台建设,组建 IPTV 运营团队。CMMB 用户总计约 14 万。海南广播电视台三沙卫视和民生广播开播。成立海南网络广播电视台。
重庆市	开展高山无线发射台站基础设施建设,已启动首批 10 个台站工程建设。放映农村公益电影行政村 11 万场、社区 1 万场,新(扩)建区县影院 8 家,建成 IMAX 及巨幕厅 6 个。生产电影 9 部。在全国率先启动区县广播电视台标准化建设工作,首批 5 个区县基本完成建设任务。完成 IPTV 集成播控分平台和技术系统建设。成功举办 2013 年第五届中国西部动漫文化节。
四川省	完成 5.1 万个村广播电视村村通建设任务、7843 个村广播村村响建设任务。放映农村公益电影 563841 场。新建影院 42 家,新增银幕 221 块,其中新建县城影院 27 家,新增银幕 114 块。康巴卫视实现全天 24 小时播出,启动民族频率三州调频覆盖工作。四川 IPTV 集成播控分平台通过验收,发展 IPTV 用户超过 115 万。四川手机电视业务超过 10 万户。
贵州省	完成广播电视村村通工程 57.2 万套建设任务,完成广播电视户户通工程 200 万套建设任务。启动农村无线覆盖高山发射台站基础设施建设工程。放映农村公益电影约 21.83 万场。新增城市影院 22 家、银幕 90 块,全省共有城市影院 58 家,银幕 273 块。
云南省	完成"十二五"广播电视村村通工程第二批直播卫星 44.5 万套建设任务。放映农村公益电影约 15.47 万场。生产电影 9 部、电视剧 3 部、纪录片 2 部。译制少数民族语电影 364 部。16 个州市成立了农村电影院线公司。新增城市影院 17 家,其中县级城市影院 11 家。持《广播电视节目制作经营许可证》机构 2 家。IPTV 用户超过 55 万,节目内容共 121 路,覆盖全省 16 个州市。"七彩云南手机电视"用户下载 2.5 万人次,日使用量约 1800 人次。TD + CMMB 累计订购用户数为 1068176 户,在网用户数为 216129 户。云南网络广播电视台成立。
西藏自治区	实施"十二五"规划农牧区 8.4 万户广播电视户户通工程建设,90% 以上农牧区实现户户通。农牧区电影放映全面实现数字化,放映公益电影 13.4 万场。译制广播节目保持 1 万小时以上,译制电影 80 部、电视剧 1600 集、电视节目 1300 小时以上。完成所有地级有线电视数字化建设任务。拉萨市全年新发展数字电视用户 22658 户,有线数字电视用户达 8.4 万。中国西藏之声网完成全新改版。
陕西省	完成 155.5 万套广播电视户户通建设任务。建设乡镇广播电视标准化服务站 1000 个。放映农村公益电影 33.1 万场。新增城市影院 20 家、影厅 115 个、座位 16247 个。生产电影 10 部、电视剧 22 部。全年新发展有线电视用户 54.94 万,农村有线电视数字化整转 30 万户;全省在网数字电视主终端用户达到 461 万。IPTV 集成播控分平台建设完成测试。

续表

地　区	发　展　亮　点
甘肃省	完成剩余 23 万户广播电视村村通建设任务。放映农村数字电影 19.67 万场，覆盖 15946 个行政村。城市数字影院 41 家、影厅 171 个，新建并投入运营县级城市数字影院 11 家、影厅 31 个。完成广电有线网络 100G 干线的扩容改造，新增有线电视数字用户 8.74 万。CMMB 用户累计发展 69.6 万，覆盖人口 1152 万。甘肃省广电总台 IPTV 集成播控系统投入运营，覆盖用户 30 多万。
青海省	完成 4.6 万户广播电视村村通建设任务、8 万户广播电视户户通建设任务，均提前 2 年超额完成目标任务。放映公益电影 5.5 万场，其中农牧区电影公益放映 50028 场，其他放映 4972 场。完成译制安多藏语电影 52 部、纪录片 8 部、安多藏语和康巴藏语电视连续剧 25 部。新增有线电视用户超 14 万，付费电视用户达 17.98 万，高清电视用户达 6.6 万，宽带用户达 0.5 万。完成 IPTV 集成播控分平台建设。
宁夏回族自治区	完成第二批 5 个县（区）5.4 万套户户通设备的安装开通工作，全区户户通受益群众达 76.4 万户。首批建设农村电影室内固定放映点 185 个。放映农村公益电影约 4.18 万场。共有电影院线 12 条，城市数字影院 35 家，银幕数 121 块，数字影厅 121 个。全区 5 个市和 22 个县（区）全部建成数字影院。宁夏广播电视网络停止标清机顶盒的发放，正式全面推广高清互动机顶盒。IPTV 集成播控分平台建成。
新疆维吾尔自治区	完成“十二五”第二批 4203 个盲点村和 4679 户国有林场直播卫星广播电视覆盖任务。完成 120 万户广播电视户户通工程建设任务。放映农村公益电影 12 万多场。新增影院 22 家、银幕 82 块、3D 影厅 23 个；新增县级城市影院 14 家。译制维吾尔语、哈萨克语、蒙古语、柯尔克孜语 4 种语言影视剧 5975 集。新增有线电视用户超 20 万；新增高清互动及付费业务用户 20 多万；新增订购手机电视用户 21 万。首条电影院线华夏天山电影院线有限责任公司正式投入运营。
新疆生产建设兵团	完成 4 个单位广播电视高山无线发射台站基础设施建设任务。放映公益电影 2.47 万场。兵团 4 个单位完成了无线发射台站项目的建设任务。新疆生产建设兵团电视台调整为新疆生产建设兵团广播电视台，并开办一套广播节目。

B.7 附录三 2013 年全国广播电视发展主要指标一览表

2013 年全国广播电视发展主要指标一览表（一）

	节目制播情况								覆盖情况				有线电视发展情况							
	广播节目播出时间	增长率	电视节目播出时间	增长率	广播节目制作时间	增长率	电视节目制作时间	增长率	广播综合人口覆盖率	电视综合人口覆盖率	无线广播综合人口覆盖率	无线电视综合人口覆盖率	有线广播电视用户	增长率	数字电视用户	增长率	付费数字电视用户	增长率	有线广播电视入户率	有线广播电视网络传输干线总长
	万小时	%	万小时	%	万小时	%	万小时	%	%	%	%	%	万户	%	万户	%	万户	%	%	万公里
全国合计	1379.55	3.08	1705.72	0.42	739.12	2.82	339.78	-1.12	97.79	98.42	96.35	95.77	22893.80	6.44	17159.69	19.97	3498.41	39.87	54.14	381.59
总局直属	43.20	47.92	27.01	0.62	28.89	0.51	31.76	-6.19	—	—	—	—	—	—	—	—	—	—		—
北京市	17.29	0.41	12.70	1.23	11.62	-14.04	13.39	-43.30	100.00	100.00	100.00	99.75	636.91	27.74	513.60	35.58	11.42	1116.51	125.06	21.97
天津市	14.98	3.76	16.88	-5.22	8.12	7.10	2.78	12.97	100.00	100.00	100.00	100.00	292.29	5.16	255.71	5.84	18.74	-1.31	83.22	0.69
河北省	64.64	1.54	78.17	0.04	33.25	1.51	15.97	4.89	99.34	99.27	98.47	97.03	865.82	9.24	687.29	17.90	61.62	365.73	37.73	17.56
山西省	39.84	5.54	47.78	0.30	17.61	7.26	8.88	-3.56	96.76	98.45	96.74	98.39	498.90	5.08	344.65	12.65	9.29	2.01	38.90	10.07
内蒙古自治区	66.95	0.30	63.90	-0.61	26.74	1.88	7.01	4.91	98.25	97.64	98.08	92.17	317.95	-0.59	240.98	7.65	14.84	-0.22	37.76	3.76
辽宁省	67.33	-3.90	73.43	0.39	39.38	-8.98	18.48	4.60	98.63	98.72	98.50	97.25	995.54	8.02	672.85	25.19	13.90	4.65	65.98	12.91
吉林省	45.44	0.61	50.50	0.71	25.39	2.19	9.22	7.64	98.59	98.71	98.30	93.55	556.48	8.65	476.86	17.96	120.72	51.66	56.89	9.94
黑龙江省	47.04	13.04	62.56	0.90	29.31	26.01	10.72	-0.85	98.60	98.80	98.60	98.69	703.87	14.78	620.73	66.79	88.71	-10.93	55.22	18.10
上海市	13.78	-0.44	18.01	-0.29	8.07	-3.12	5.31	-0.29	100.00	100.00	100.00	100.00	681.76	5.21	518.56	26.78	155.91	225.74	130.03	4.34
江苏省	80.09	0.80	82.15	-1.40	60.07	3.21	21.77	5.80	99.99	99.88	99.93	99.87	2249.44	3.29	1661.94	14.65	316.33	5.95	93.10	34.37
浙江省	74.10	3.69	73.81	0.58	49.34	6.18	14.86	-9.97	99.56	99.64	98.99	99.11	1449.05	6.76	1334.31	13.10	316.33	17.91	89.65	26.25
安徽省	50.85	-2.81	60.26	-5.31	17.27	-5.95	7.69	-11.50	98.34	98.57	98.27	98.38	708.26	36.51	348.00	18.41	36.69	14.43	33.12	5.01
福建省	51.93	1.09	34.06	2.24	25.23	-2.88	6.62	8.83	98.20	98.63	96.89	95.50	691.53	4.83	489.12	27.39	173.07	209.33	66.92	8.87

续表

地区	节目制播情况								覆盖情况				有线电视发展情况							
	广播节目播出时间	增长率	电视节目播出时间	增长率	广播节目制作时间	增长率	电视节目制作时间	增长率	广播综合人口覆盖率	电视综合人口覆盖率	无线广播综合人口覆盖率	无线电视综合人口覆盖率	有线广播电视用户	增长率	数字电视用户	增长率	付费数字电视用户	增长率	有线广播电视入户率	有线广播电视网络传输干线总长
	万小时	%	万小时	%	万小时	%	万小时	%	%	%	%	%	万户	%	万户	%	万户	%	%	万公里
江西省	36.97	2.36	63.88	-0.55	18.27	-5.48	9.71	4.11	97.42	98.50	96.56	97.37	595.19	10.25	420.30	30.14	83.06	60.63	48.33	11.55
山东省	88.32	1.41	104.48	7.22	50.03	3.80	21.28	3.07	98.49	98.21	98.11	97.52	1870.15	1.89	1369.49	25.46	314.97	68.97	61.81	30.22
河南省	64.37	0.20	88.24	0.09	30.16	1.08	14.15	-0.51	98.09	98.11	98.03	97.96	1034.36	21.63	369.10	153.54	26.02	227.16	33.26	16.92
湖北省	47.07	2.04	68.39	-0.41	24.29	5.27	10.65	-1.77	98.80	98.81	98.43	98.00	1045.31	-0.29	872.14	5.75	227.59	65.41	51.48	22.91
湖南省	38.59	4.21	74.49	1.42	17.28	0.54	13.76	1.38	93.25	97.40	91.22	95.47	841.06	12.76	679.49	14.33	155.29	78.93	41.72	11.37
广东省	76.75	-3.93	70.34	-5.53	61.24	14.45	17.58	1.16	99.90	99.90	99.79	99.55	1960.00	2.46	1571.11	9.65	175.06	-6.68	80.55	21.35
广西壮族自治区	32.48	3.52	54.31	2.58	18.85	-0.21	10.63	20.28	96.24	98.00	93.49		623.44	0.07	370.73	5.93	125.88	90.21	45.81	7.74
海南省	11.76	-0.78	8.83	-1.53	5.88	6.53	1.81	7.06	96.48	95.45	96.30	95.13	110.01	15.70	92.30	21.61	16.99	106.73	42.66	0.86
重庆市	15.81	13.20	29.97	6.67	7.20	9.90	5.95	0.06	98.30	98.88	89.70	89.81	519.53	2.01	360.20	21.24	112.43	185.54	42.56	15.27
四川省	59.35	2.40	110.49	2.69	21.29	1.35	12.63	13.92	96.98	97.89	93.94	93.95	1450.90	4.18	948.31	43.67	330.05	42.96	46.52	36.32
贵州省	22.55	8.06	23.50	-2.09	12.06	-6.82	4.15	-10.04	90.00	94.10	76.41	66.02	394.28	-0.59	394.28	10.23	105.80	6.27	32.06	5.57
云南省	29.36	4.67	76.30	-1.31	15.64	3.37	9.69	-0.71	96.27	97.28	94.43	89.52	520.35	-5.72	478.51	18.32	225.47	-11.97	37.50	10.76
西藏自治区	4.25	0.58	5.85	28.20	2.90	-1.73	1.05	24.66	94.38	95.51	92.96	93.77	21.52	15.74	13.06	91.06	1.84	166.83	30.37	0.37
陕西省	45.83	9.75	61.15	2.26	25.46	11.14	11.82	15.68	97.37	98.26	96.14	95.97	639.47	7.24	526.26	11.69	205.22	36.28	51.39	4.42
甘肃省	30.95	4.92	44.19	1.40	11.96	5.05	6.66	14.38	97.69	98.04	93.28	93.48	207.34	3.06	196.09	21.22	32.64	17.84	25.75	4.73
青海省	7.49	23.36	8.93	0.03	3.76	17.52	2.05	7.46	95.74	96.93	95.64	96.79	61.90	1.60	57.55	-3.14	18.41	95.93	37.81	0.59
宁夏回族自治区	10.05	-1.45	15.40	0.16	4.46	1.88	2.45	1.98	96.06	99.09	95.52	97.89	89.80	7.92	89.80	7.92	—	—	45.65	1.31
新疆维吾尔自治区	80.12	3.09	95.77	-0.97	28.08	-2.58	9.31	0.64	95.68	95.95	95.32	95.38	199.50	-7.98	186.36	-6.95	4.11	97.81	32.54	3.73
新疆生产建设兵团	—	—	—	—	—	—	—	—	97.50	99.10	—	—	61.89	6.57	—	—	—	—	70.00	1.75
计划单列市合计	33.75	-0.13	42.81	2.19	24.70	-6.94	11.01	-9.91	99.52	99.61	99.37	99.38	530.05	-30.66	472.15	-28.32	69.37	11.60	56.37	8.46
大连市	7.87	-0.86	10.31	5.11	4.32	-19.46	2.37	27.96	99.36	99.85	99.36	99.85	185.39	170.45	156.37	328.42	5.17	456.13	88.11	2.15
宁波市	9.10	0.93	9.03	5.21	7.09	-0.80	1.46	-22.22	100.00	100.00	100.00	100.00	244.85	7.45	215.74	12.62	40.32	124.47	109.57	4.53
厦门市	4.05	-2.40	5.46	5.62	3.28	-15.40	0.81	29.14	99.31	100.00	99.31	100.00	77.35	6.29	69.63	12.38	15.05	206.30	125.54	0.46
青岛市	9.24	6.12	9.35	1.58	7.04	6.98	1.99	19.12	98.71	98.52	98.10	97.58	233.05	53.36	208.05	65.14	—	—	93.54	4.94
深圳市	3.49	-12.37	8.66	-5.11	2.97	-16.87	4.39	-29.24	100.00	100.00	100.00	100.00	214.01	-12.01	213.25	-12.12	28.09	-18.95	109.38	2.56

2013年全国广播电视发展主要指标一览表（二）

	总收入	增长率	实际创收收入	增长率	广告收入	增长率	广播广告收入	增长率	电视广告收入	增长率	网络收入	增长率	收视费收入	增长率	付费数字电视收入	增长率	资产总额	增长率
	亿元	%	亿元	%	亿元	%	亿元	%	亿元	%	亿元	%	亿元	%	亿元	%	亿元	%
全国合计	3734.88	14.26	3242.77	15.67	1387.01	9.19	139.92	2.74	1119.26	6.97	754.91	14.21	437.87	7.23	58.60	30.57	8919.67	20.43
总局直属	635.53	9.43	557.26	8.52	336.48	6.93	8.77	13.43	322.15	6.59	25.52	16.77	10.97	-8.73	3.45	15.53	1434.53	30.67
北京市	418.71	35.97	360.95	48.93	169.84	56.99	9.44	-13.60	80.48	66.32	44.21	37.60	10.67	6.30	0.62	31.73	906.80	13.19
天津市	46.68	7.30	39.22	4.13	16.83	2.28	4.79	-4.30	10.91	-3.73	9.89	4.32	5.38	-5.55	0.20	19.87	102.43	6.62
河北省	57.42	9.02	49.69	9.72	22.42	1.85	4.82	10.92	15.99	0.15	19.72	14.71	16.65	13.43	0.47	8.04	121.14	2.69
山西省	35.35	3.57	23.99	3.53	10.75	-1.12	2.28	9.93	8.07	-4.04	11.16	6.99	9.52	-2.24	0.06	11.24	78.51	7.57
内蒙古自治区	37.39	-4.88	20.10	18.90	4.96	-8.50	1.31	-23.99	3.59	-1.06	14.52	33.13	10.00	42.94	1.30	35.03	67.56	-2.69
辽宁省	81.66	13.79	69.88	12.93	29.70	4.11	7.51	1.11	21.76	6.79	25.99	18.11	20.13	19.03	0.37	-37.95	241.11	32.56
吉林省	43.95	8.30	34.14	1.56	13.46	0.07	2.81	3.67	10.61	-1.07	19.27	5.27	10.43	-3.51	2.89	46.67	193.58	46.80
黑龙江省	54.86	5.04	47.86	2.59	22.33	1.78	5.02	-0.95	16.78	5.85	17.91	-7.17	15.15	-0.48	0.84	11.37	111.72	-1.61
上海市	322.91	14.87	310.71	15.87	72.02	0.27	5.48	0.03	56.24	-4.27	30.76	14.63	13.60	4.23	2.95	45.02	795.58	35.58
江苏省	259.74	2.72	244.84	3.25	99.83	-3.19	12.85	-4.11	83.76	-3.49	72.51	7.32	39.63	1.64	4.71	18.35	855.06	22.61
浙江省	304.54	26.70	290.59	29.70	81.79	12.91	12.56	9.38	64.98	12.54	60.06	10.89	30.95	10.40	3.86	35.13	666.64	26.90
安徽省	83.22	16.34	73.11	18.43	43.44	11.50	3.03	-2.03	39.28	12.47	13.64	14.73	4.35	7.68	5.87	15.33	149.97	6.64
福建省	89.17	35.27	60.78	34.30	21.39	2.51	3.21	7.26	15.76	0.84	20.88	42.79	10.29	6.63	2.15	79.65	176.84	15.92
江西省	52.92	11.47	46.09	11.22	18.13	1.50	1.33	-0.96	16.29	3.39	17.72	18.03	13.13	22.40	1.56	-9.02	104.77	9.45
山东省	145.36	15.57	135.64	14.18	61.31	1.15	11.36	16.80	47.82	-1.69	51.31	24.24	33.75	13.70	2.83	47.95	363.76	-0.97
河南省	63.67	2.69	46.98	-7.98	23.95	-24.98	3.69	-2.43	19.20	-28.80	13.42	6.71	9.93	15.55	0.24	-27.64	162.61	17.46
湖北省	82.02	5.18	73.12	7.05	26.61	2.98	4.43	8.36	20.97	-0.31	29.51	1.27	22.17	0.00	1.97	57.66	237.99	13.30
湖南省	189.57	19.31	179.40	19.70	91.73	23.47	3.82	11.79	86.09	24.04	28.88	12.11	19.15	9.67	2.75	10.90	443.68	17.42

续表

	总收入	增长率	实际创收收入	增长率	广告收入	增长率	广播广告收入	增长率	电视广告收入	增长率	网络收入	增长率	收视费收入	增长率	付费数字电视收入	增长率	资产总额	增长率
	亿元	%	亿元	%	亿元	%	亿元	%	亿元	%	亿元	%	亿元	%	亿元	%	亿元	%
广东省	236.45	10.25	221.82	10.58	93.13	3.90	12.23	5.57	78.34	4.31	75.96	16.01	44.70	1.73	3.46	31.60	614.08	16.09
广西壮族自治区	47.89	8.69	36.86	10.43	13.08	6.38	1.64	6.74	10.25	1.16	18.14	6.73	8.94	2.12	1.07	-6.95	93.53	-3.20
海南省	13.96	9.97	10.03	0.84	5.97	-3.76	0.44	23.91	5.25	-8.21	3.80	8.07	2.60	1.66	0.08	43.20	27.61	1.44
重庆市	38.91	6.01	35.25	12.87	12.46	17.86	1.78	20.37	9.76	11.80	17.74	16.22	9.92	9.02	1.38	119.20	104.52	4.80
四川省	115.78	14.56	89.03	8.03	31.09	-0.61	4.25	25.09	25.96	0.77	44.73	21.64	23.29	17.98	4.96	48.60	270.49	21.86
贵州省	54.59	11.00	47.42	11.09	12.88	6.12	1.65	9.30	10.73	1.99	14.95	15.84	7.84	8.28	2.86	80.63	88.35	18.52
云南省	51.24	-0.81	35.26	-0.10	15.12	-1.40	2.29	45.58	12.49	-7.57	16.02	-1.54	9.55	-1.37	2.33	-10.92	174.39	22.76
西藏自治区	9.77	35.78	2.38	19.55	1.65	10.32	0.01	-46.81	1.63	10.05	0.46	38.31	0.40	35.54	0.01	23.28	15.98	21.08
陕西省	70.55	22.02	57.59	33.51	20.72	10.40	4.00	-32.22	13.54	5.53	16.29	-6.77	10.93	-1.78	2.80	105.42	141.34	47.17
甘肃省	26.57	-6.89	13.47	11.32	3.88	2.52	0.72	1.64	3.13	3.68	6.75	36.59	5.23	22.40	0.33	176.11	64.87	67.48
青海省	12.68	61.60	3.74	21.65	0.60	10.69	0.15	43.45	0.44	2.13	2.42	28.49	1.75	27.39	0.20	100.36	16.04	30.39
宁夏回族自治区	12.92	-28.17	9.56	17.75	2.56	-26.45	0.25	11.20	2.17	-30.80	2.90	4.09	2.48	-0.52	—	—	25.31	14.98
新疆维吾尔自治区	36.60	15.18	14.10	20.60	5.58	9.28	2.01	0.74	3.52	16.60	7.46	35.37	3.96	38.94	0.02	-46.38	68.88	17.73
新疆生产建设兵团	2.33	125.56	1.91	112.62	1.32	290.22	—	—	1.32	290.22	0.43	3.74	0.43	3.74	—	—	—	—
计划单列市合计	119.19	0.51	104.45	-0.84	47.49	-0.14	9.68	6.91	36.98	-0.65	25.93	-2.36	14.11	-10.96	2.68	15.98	258.16	-2.46
大连市	12.46	-0.98	10.72	14.21	4.80	-15.60	1.98	8.63	2.76	-26.66	2.03	37.91	1.85	32.57	0.04	491.89	33.39	14.87
宁波市	19.15	9.18	16.05	14.94	5.41	2.44	1.00	0.11	4.26	3.17	9.13	25.90	4.92	17.40	0.85	103.48	59.32	17.18
厦门市	13.92	-5.84	7.99	-25.51	3.78	16.92	0.77	34.94	2.56	37.82	—	—	—	—	—	—	32.71	-10.78
青岛市	12.98	-5.82	12.26	-6.46	7.67	-1.67	2.63	4.20	4.90	-5.90	1.19	-58.42	0.45	-80.95	—	—	31.54	-15.20
深圳市	60.68	1.31	57.42	-1.24	25.83	1.08	3.29	5.17	22.50	1.07	13.58	12.22	6.90	3.04	1.79	35.39	101.21	-8.93

权威·前沿·原创

社会科学文献出版社

皮书系列

2014年

盘点年度资讯　预测时代前程

社会科学文献出版社 学术传播中心 编制

社会科学文献出版社
SOCIAL SCIENCES ACADEMIC PRESS (CHINA)

社会科学文献出版社成立于1985年，是直属于中国社会科学院的人文社会科学专业学术出版机构。

成立以来，特别是1998年实施第二次创业以来，依托于中国社会科学院丰厚的学术出版和专家学者两大资源，坚持“创社科经典，出传世文献”的出版理念和“权威、前沿、原创”的产品定位，社科文献立足内涵式发展道路，从战略层面推动学术出版的五大能力建设，逐步走上了学术产品的系列化、规模化、数字化、国际化、市场化经营道路。

先后策划出版了著名的图书品牌和学术品牌“皮书”系列、“列国志”、“社科文献精品译库”、“中国史话”、“全球化译丛”、“气候变化与人类发展译丛”“近世中国”等一大批既有学术影响又有市场价值的系列图书。形成了较强的学术出版能力和资源整合能力，年发稿3.5亿字，年出版新书1200余种，承印发行中国社科院院属期刊近70种。

2012年，《社会科学文献出版社学术著作出版规范》修订完成。同年10月，社会科学文献出版社参加了由新闻出版总署召开加强学术著作出版规范座谈会，并代表50多家出版社发起实施学术著作出版规范的倡议。2013年，社会科学文献出版社参与新闻出版总署学术著作规范国家标准的起草工作。

依托于雄厚的出版资源整合能力，社会科学文献出版社长期以来一直致力于从内容资源和数字平台两个方面实现传统出版的再造，并先后推出了皮书数据库、列国志数据库、中国田野调查数据库等一系列数字产品。

在国内原创著作、国外名家经典著作大量出版，数字出版突飞猛进的同时，社会科学文献出版社在学术出版国际化方面也取得了不俗的成绩。先后与荷兰博睿等十余家国际出版机构合作面向海外推出了《经济蓝皮书》《社会蓝皮书》等十余种皮书的英文版、俄文版、日文版等。

此外，社会科学文献出版社积极与中央和地方各类媒体合作，联合大型书店、学术书店、机场书店、网络书店、图书馆，逐步构建起了强大的学术图书的内容传播力和社会影响力，学术图书的媒体曝光率居全国之首，图书馆藏率居于全国出版机构前十位。

作为已经开启第三次创业梦想的人文社会科学学术出版机构，社会科学文献出版社结合社会需求、自身的条件以及行业发展，提出了新的创业目标：精心打造人文社会科学成果推广平台，发展成为一家集图书、期刊、声像电子和数字出版物为一体，面向海内外高端读者和客户，具备独特竞争力的人文社会科学内容资源供应商和海内外知名的专业学术出版机构。

社长致辞

我们是图书出版者，更是人文社会科学内容资源供应商；

我们背靠中国社会科学院，面向中国与世界人文社会科学界，坚持为人文社会科学的繁荣与发展服务；

我们精心打造权威信息资源整合平台，坚持为中国经济与社会的繁荣与发展提供决策咨询服务；

我们以读者定位自身，立志让爱书人读到好书，让求知者获得知识；

我们精心编辑、设计每一本好书以形成品牌张力，以优秀的品牌形象服务读者，开拓市场；

我们始终坚持“创社科经典，出传世文献”的经营理念，坚持“权威、前沿、原创”的产品特色；

我们“以人为本”，提倡阳光下创业，员工与企业共享发展之成果；

我们立足于现实，认真对待我们的优势、劣势，我们更着眼于未来，以不断的学习与创新适应不断变化的世界，以不断的努力提升自己的实力；

我们愿与社会各界友好合作，共享人文社会科学发展之成果，共同推动中国学术出版乃至内容产业的繁荣与发展。

社会科学文献出版社社长

中国社会学会秘书长

2014年1月

“皮书”起源于十七、十八世纪的英国，主要指官方或社会组织正式发表的重要文件或报告，多以“白皮书”命名。在中国，“皮书”这一概念被社会广泛接受，并被成功运作、发展成为一种全新的出版形态，则源于中国社会科学院社会科学文献出版社。

皮书是对中国与世界发展状况和热点问题进行年度监测，以专家和学术的视角，针对某一领域或区域现状与发展态势展开分析和预测，具备权威性、前沿性、原创性、实证性、时效性等特点的连续性公开出版物，由一系列权威研究报告组成。皮书系列是社会科学文献出版社编辑出版的蓝皮书、绿皮书、黄皮书等的统称。

皮书系列的作者以中国社会科学院、著名高校、地方社会科学院的研究人员为主，多为国内一流研究机构的权威专家学者，他们的看法和观点代表了学界对中国与世界的现实和未来最高水平的解读与分析。

自 20 世纪 90 年代末推出以经济蓝皮书为开端的皮书系列以来，至今已出版皮书近 1000 余部，内容涵盖经济、社会、政法、文化传媒、行业、地方发展、国际形势等领域。皮书系列已成为社会科学文献出版社的著名图书品牌和中国社会科学院的知名学术品牌。

皮书系列在数字出版和国际出版方面成就斐然。皮书数据库被评为“2008~2009 年度数字出版知名品牌”；经济蓝皮书、社会蓝皮书等十几种皮书每年还由国外知名学术出版机构出版英文版、俄文版、韩文版和日文版，面向全球发行。

2011 年，皮书系列正式列入“十二五”国家重点出版规划项目，一年一度的皮书年会升格由中国社会科学院主办；2012 年，部分重点皮书列入中国社会科学院承担的国家哲学社会科学创新工程项目。

经 济 类

经济类皮书涵盖宏观经济、城市经济、大区域经济，
提供权威、前沿的分析与预测

经济蓝皮书

2014 年中国经济形势分析与预测

李　扬 / 主编　　2013 年 12 月出版　　定价 :69.00 元

◆　本书课题为“总理基金项目”，由著名经济学家李扬领衔，联合数十家科研机构、国家部委和高等院校的专家共同撰写，对 2013 年中国宏观及微观经济形势，特别是全球金融危机及其对中国经济的影响进行了深入分析，并且提出了 2014 年经济走势的预测。

世界经济黄皮书

2014 年世界经济形势分析与预测

王洛林　张宇燕 / 主编　　2014 年 1 月出版　　定价 :69.00 元

◆　2013 年的世界经济仍旧行进在坎坷复苏的道路上。发达经济体经济复苏继续巩固，美国和日本经济进入低速增长通道，欧元区结束衰退并呈复苏迹象。本书展望 2014 年世界经济，预计全球经济增长仍将维持在中低速的水平上。

工业化蓝皮书

中国工业化进程报告（2014）

黄群慧　吕　铁　李晓华　等 / 著　2014 年 11 月出版　估价 :89.00 元

◆　中国的工业化是事关中华民族复兴的伟大事业，分析跟踪研究中国的工业化进程，无疑具有重大意义。科学评价与客观认识我国的工业化水平，对于我国明确自身发展中的优势和不足，对于经济结构的升级与转型，对于制定经济发展政策，从而提升我国的现代化水平具有重要作用。

金融蓝皮书

中国金融发展报告（2014）

李　扬　王国刚 / 主编　2013 年 12 月出版　　定价 :65.00 元

◆　由中国社会科学院金融研究所组织编写的《中国金融发展报告（2014）》，概括和分析了 2013 年中国金融发展和运行中的各方面情况，研讨和评论了 2013 年发生的主要金融事件。本书由业内专家和青年精英联合编著，有利于读者了解掌握 2013 年中国的金融状况，把握 2014 年中国金融的走势。

城市竞争力蓝皮书

中国城市竞争力报告 No.12

倪鹏飞 / 主编　　2014 年 5 月出版　　定价 :89.00 元

◆　本书由中国社会科学院城市与竞争力研究中心主任倪鹏飞主持编写，汇集了众多研究城市经济问题的专家学者关于城市竞争力研究的最新成果。本报告构建了一套科学的城市竞争力评价指标体系，采用第一手数据材料，对国内重点城市年度竞争力格局变化进行客观分析和综合比较、排名，对研究城市经济及城市竞争力极具参考价值。

中国省域竞争力蓝皮书

“十二五”中期中国省域经济综合竞争力发展报告

李建平　李闽榕　高燕京 / 主编　　2014 年 3 月出版　定价 :198.00 元

◆　本书充分运用数理分析、空间分析、规范分析与实证分析相结合、定性分析与定量分析相结合的方法，建立起比较科学完善、符合中国国情的省域经济综合竞争力指标评价体系及数学模型，对 2011~2012 年中国内地 31 个省、市、区的经济综合竞争力进行全面、深入、科学的总体评价与比较分析。

农村经济绿皮书

中国农村经济形势分析与预测 (2013~2014)

中国社会科学院农村发展研究所　国家统计局农村社会经济调查司 / 著

2014 年 4 月出版　　定价 :69.00 元

◆　本书对 2013 年中国农业和农村经济运行情况进行了系统的分析和评价，对 2014 年中国农业和农村经济发展趋势进行了预测，并提出相应的政策建议，专题部分将围绕某个重大的理论和现实问题进行多维、深入、细致的分析和探讨。

西部蓝皮书

中国西部经济发展报告（2014）

姚慧琴　徐璋勇 / 主编　　2014 年 7 月出版　　估价 :69.00 元

◆　本书由西北大学中国西部经济发展研究中心主编，汇集了源自西部本土以及国内研究西部问题的权威专家的第一手资料，对国家实施西部大开发战略进行年度动态跟踪，并对 2014 年西部经济、社会发展态势进行预测和展望。

气候变化绿皮书

应对气候变化报告（2014）

王伟光　郑国光 / 主编　　2014 年 11 月出版　　估价 :79.00 元

◆　本书由社科院城环所和国家气候中心共同组织编写，各篇报告的作者长期从事气候变化科学问题、社会经济影响，以及国际气候制度等领域的研究工作，密切跟踪国际谈判的进程，参与国家应对气候变化相关政策的咨询，有丰富的理论与实践经验。

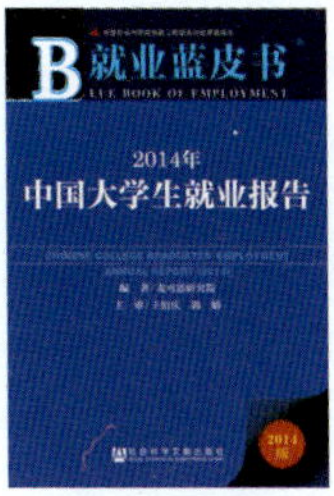

就业蓝皮书

2014 年中国大学生就业报告

麦可思研究院 / 编著　王伯庆　周凌波 / 主审
2014 年 6 月出版　定价 :98.00 元

◆　本书是迄今为止关于中国应届大学毕业生就业、大学毕业生中期职业发展及高等教育人口流动情况的视野最为宽广、资料最为翔实、分类最为精细的实证调查和定量研究；为我国教育主管部门的教育决策提供了极有价值的参考。

企业社会责任蓝皮书

中国企业社会责任研究报告（2014）

黄群慧　彭华岗　钟宏武　张　蒽 / 编著
2014 年 11 月出版　估价 :69.00 元

◆　本书系中国社会科学院经济学部企业社会责任研究中心组织编写的《企业社会责任蓝皮书》2014 年分册。该书在对企业社会责任进行宏观总体研究的基础上，根据 2013 年企业社会责任及相关背景进行了创新研究，在全国企业中观层面对企业健全社会责任管理体系提供了弥足珍贵的丰富信息。

社会政法类

社会政法类皮书聚焦社会发展领域的热点、难点问题，
提供权威、原创的资讯与视点

社会蓝皮书

2014 年中国社会形势分析与预测

李培林　陈光金　张　翼 / 主编　2013 年 12 月出版　定价 :69.00 元

◆　本报告是中国社会科学院“社会形势分析与预测”课题组 2014 年度分析报告，由中国社会科学院社会学研究所组织研究机构专家、高校学者和政府研究人员撰写。对 2013 年中国社会发展的各个方面内容进行了权威解读，同时对 2014 年社会形势发展趋势进行了预测。

法治蓝皮书

中国法治发展报告 No.12（2014）

李　林　田　禾 / 主编　　2014 年 2 月出版　　定价 :98.00 元

◆　本年度法治蓝皮书一如既往秉承关注中国法治发展进程中的焦点问题的特点，回顾总结了 2013 年度中国法治发展取得的成就和存在的不足，并对 2014 年中国法治发展形势进行了预测和展望。

民间组织蓝皮书

中国民间组织报告（2014）

黄晓勇 / 主编　　2014 年 8 月出版　　估价 :69.00 元

◆　本报告是中国社会科学院“民间组织与公共治理研究”课题组推出的第五本民间组织蓝皮书。基于国家权威统计数据、实地调研和广泛搜集的资料，本报告对 2013 年以来我国民间组织的发展现状、热点专题、改革趋势等问题进行了深入研究，并提出了相应的政策建议。

社会保障绿皮书

中国社会保障发展报告（2014）No.6

王延中 / 主编　2014 年 9 月出版　定价 :79.00 元

◆　社会保障是调节收入分配的重要工具，随着社会保障制度的不断建立健全、社会保障覆盖面的不断扩大和社会保障资金的不断增加，社会保障在调节收入分配中的重要性不断提高。本书全面评述了 2013 年以来社会保障制度各个主要领域的发展情况。

环境绿皮书

中国环境发展报告（2014）

刘鉴强 / 主编　2014 年 5 月出版　定价 :79.00 元

◆　本书由民间环保组织“自然之友”组织编写，由特别关注、生态保护、宜居城市、可持续消费以及政策与治理等版块构成，以公共利益的视角记录、审视和思考中国环境状况，呈现 2013 年中国环境与可持续发展领域的全局态势，用深刻的思考、科学的数据分析 2013 年的环境热点事件。

教育蓝皮书

中国教育发展报告（2014）

杨东平 / 主编　2014 年 5 月出版　定价 :79.00 元

◆　本书站在教育前沿，突出教育中的问题，特别是对当前教育改革中出现的教育公平、高校教育结构调整、义务教育均衡发展等问题进行了深入分析，从教育的内在发展谈教育，又从外部条件来谈教育，具有重要的现实意义，对我国的教育体制的改革与发展具有一定的学术价值和参考意义。

反腐倡廉蓝皮书

中国反腐倡廉建设报告 No.3

李秋芳 / 主编　2014 年 1 月出版　定价 :79.00 元

◆　本书抓住了若干社会热点和焦点问题，全面反映了新时期新阶段中国反腐倡廉面对的严峻局面，以及中国共产党反腐倡廉建设的新实践新成果。根据实地调研、问卷调查和舆情分析，梳理了当下社会普遍关注的与反腐败密切相关的热点问题。

行业报告类

行业报告类皮书立足重点行业、新兴行业领域，
提供及时、前瞻的数据与信息

房地产蓝皮书

中国房地产发展报告 No.11（2014）

魏后凯　李景国 / 主编　　2014 年 5 月出版　　定价 :79.00 元

◆　本书由中国社会科学院城市发展与环境研究所组织编写，秉承客观公正、科学中立的原则，深度解析 2013 年中国房地产发展的形势和存在的主要矛盾，并预测 2014 年及未来 10 年或更长时间的房地产发展大势。观点精辟，数据翔实，对关注房地产市场的各阶层人士极具参考价值。

旅游绿皮书

2013~2014 年中国旅游发展分析与预测

宋　瑞 / 主编　　2013 年 12 月出版　　定价 :79.00 元

◆　如何从全球的视野理性审视中国旅游，如何在世界旅游版图上客观定位中国，如何积极有效地推进中国旅游的世界化，如何制定中国实现世界旅游强国梦想的线路图？本年度开始，《旅游绿皮书》将围绕“世界与中国”这一主题进行系列研究，以期为推进中国旅游的长远发展提供科学参考和智力支持。

信息化蓝皮书

中国信息化形势分析与预测（2014）

周宏仁 / 主编　　2014 年 7 月出版　　估价 :98.00 元

◆　本书在以中国信息化发展的分析和预测为重点的同时，反映了过去一年间中国信息化关注的重点和热点，视野宽阔，观点新颖，内容丰富，数据翔实，对中国信息化的发展有很强的指导性，可读性很强。

企业蓝皮书

中国企业竞争力报告（2014）

金　碚 / 主编　　2014 年 11 月出版　　估价 :89.00 元

◆　中国经济正处于新一轮的经济波动中，如何保持稳健的经营心态和经营方式并进一步求发展，对于企业保持并提升核心竞争力至关重要。本书利用上市公司的财务数据，研究上市公司竞争力变化的最新趋势，探索进一步提升中国企业国际竞争力的有效途径，这无论对实践工作者还是理论研究者都具有重大意义。

食品药品蓝皮书

食品药品安全与监管政策研究报告（2014）

唐民皓 / 主编　　2014 年 7 月出版　　估价 :69.00 元

◆　食品药品安全是当下社会关注的焦点问题之一，如何破解食品药品安全监管重点难点问题是需要以社会合力才能解决的系统工程。本书围绕安全热点问题、监管重点问题和政策焦点问题，注重于对食品药品公共政策和行政监管体制的探索和研究。

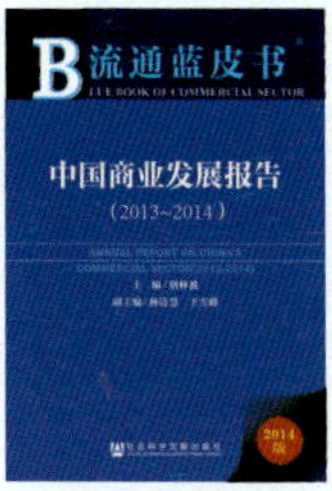

流通蓝皮书

中国商业发展报告（2013~2014）

荆林波 / 主编　　2014 年 5 月出版　　定价 :89.00 元

◆ 《中国商业发展报告》是中国社会科学院财经战略研究院与香港利丰研究中心合作的成果，并且在 2010 年开始以中英文版同步在全球发行。蓝皮书从关注中国宏观经济出发，突出中国流通业的宏观背景反映了本年度中国流通业发展的状况。

住房绿皮书

中国住房发展报告（2013~2014）

倪鹏飞 / 主编　　2013 年 12 月出版　　定价 :79.00 元

◆　本报告从宏观背景、市场主体、市场体系、公共政策和年度主题五个方面，对中国住宅市场体系做了全面系统的分析、预测与评价，并给出了相关政策建议，并在评述 2012~2013 年住房及相关市场走势的基础上，预测了 2013~2014 年住房及相关市场的发展变化。

国别与地区类

国别与地区类皮书关注全球重点国家与地区，
提供全面、独特的解读与研究

亚太蓝皮书

亚太地区发展报告（2014）

李向阳 / 主编　　2014 年 1 月出版　　定价 :59.00 元

◆　本书是由中国社会科学院亚太与全球战略研究院精心打造的又一品牌皮书，关注时下亚太地区局势发展动向里隐藏的中长趋势，剖析亚太地区政治与安全格局下的区域形势最新动向以及地区关系发展的热点问题，并对 2014 年亚太地区重大动态作出前瞻性的分析与预测。

日本蓝皮书

日本研究报告（2014）

李　薇 / 主编　　2014 年 3 月出版　　定价 :69.00 元

◆　本书由中华日本学会、中国社会科学院日本研究所合作推出，是以中国社会科学院日本研究所的研究人员为主完成的研究成果。对 2013 年日本的政治、外交、经济、社会文化作了回顾、分析与展望，并收录了该年度日本大事记。

欧洲蓝皮书

欧洲发展报告 (2013~2014)

周　弘 / 主编　　2014 年 5 月出版　　估价 :89.00 元

◆　本年度的欧洲发展报告，对欧洲经济、政治、社会、外交等面的形式进行了跟踪介绍与分析。力求反映作为一个整体的欧盟及 30 多个欧洲国家在 2013 年出现的各种变化。

拉美黄皮书

拉丁美洲和加勒比发展报告（2013~2014）

吴白乙 / 主编　2014 年 4 月出版　定价 :89.00 元

◆　本书是中国社会科学院拉丁美洲研究所的第 13 份关于拉丁美洲和加勒比地区发展形势状况的年度报告。 本书对 2013 年拉丁美洲和加勒比地区诸国的政治、经济、社会、外交等方面的发展情况做了系统介绍，对该地区相关国家的热点及焦点问题进行了总结和分析，并在此基础上对该地区各国 2014 年的发展前景做出预测。

澳门蓝皮书

澳门经济社会发展报告（2013~2014）

吴志良　郝雨凡 / 主编　2014 年 4 月出版　定价 :79.00 元

◆　本书集中反映 2013 年本澳各个领域的发展动态，总结评价近年澳门政治、经济、社会的总体变化，同时对 2014 年社会经济情况作初步预测。

日本经济蓝皮书

日本经济与中日经贸关系研究报告（2014）

王洛林　张季风 / 主编　2014 年 5 月出版　定价 :79.00 元

◆　本书对当前日本经济以及中日经济合作的发展动态进行了多角度、全景式的深度分析。本报告回顾并展望了 2013~2014 年度日本宏观经济的运行状况。此外，本报告还收录了大量来自于日本政府权威机构的数据图表，具有极高的参考价值。

美国蓝皮书

美国问题研究报告（2014）

黄　平　倪　峰 / 主编　2014 年 6 月出版　估价 :89.00 元

◆　本书是由中国社会科学院美国所主持完成的研究成果，它回顾了美国 2013 年的经济、政治形势与外交战略，对 2013 年以来美国内政外交发生的重大事件以及重要政策进行了较为全面的回顾和梳理。

地方发展类

地方发展类皮书关注大陆各省份、经济区域，
提供科学、多元的预判与咨政信息

社会建设蓝皮书

2014 年北京社会建设分析报告

宋贵伦 / 主编　2014 年 9 月出版　估价 :69.00 元

◆　本书依据社会学理论框架和分析方法，对北京市的人口、就业、分配、社会阶层以及城乡关系等社会学基本问题进行了广泛调研与分析，对广受社会关注的住房、教育、医疗、养老、交通等社会热点问题做了深刻了解与剖析，对日益显现的征地搬迁、外籍人口管理、群体性心理障碍等进行了有益探讨。

温州蓝皮书

2014 年温州经济社会形势分析与预测

潘忠强　王春光　金　浩 / 主编　2014 年 4 月出版　定价：69.00 元

◆　本书是由中共温州市委党校与中国社会科学院社会学研究所合作推出的第七本“温州经济社会形势分析与预测”年度报告，深入全面分析了 2013 年温州经济、社会、政治、文化发展的主要特点、经验、成效与不足，提出了相应的政策建议。

上海蓝皮书

上海资源环境发展报告（2014）

周冯琦　汤庆合　任文伟 / 著　2014 年 1 月出版　定价：69.00 元

◆　本书在上海所面临资源环境风险的来源、程度、成因、对策等方面作了些有益的探索，希望能对有关部门完善上海的资源环境风险防控工作提供一些有价值的参考，也让普通民众更全面地了解上海资源环境风险及其防控的图景。

广州蓝皮书

2014 年中国广州社会形势分析与预测

张 强 陈怡霓 杨 秦 / 主编 2014 年 9 月出版 估价 :65.00 元

◆ 本书由广州大学与广州市委宣传部、广州市人力资源和社会保障局联合主编，汇集了广州科研团体、高等院校和政府部门诸多社会问题研究专家、学者和实际部门工作者的最新研究成果，是关于广州社会运行情况和相关专题分析与预测的重要参考资料。

河南经济蓝皮书

2014 年河南经济形势分析与预测

胡五岳 / 主编 2014 年 3 月出版 定价 :69.00 元

◆ 本书由河南省统计局主持编纂。该分析与展望以 2013 年最新年度统计数据为基础，科学研判河南经济发展的脉络轨迹、分析年度运行态势；以客观翔实、权威资料为特征，突出科学性、前瞻性和可操作性，服务于科学决策和科学发展。

陕西蓝皮书

陕西社会发展报告（2014）

任宗哲 石 英 牛 昉 / 主编 2014 年 2 月出版 定价 :65.00 元

◆ 本书系统而全面地描述了陕西省 2013 年社会发展各个领域所取得的成就、存在的问题、面临的挑战及其应对思路，为更好地思考 2014 年陕西发展前景、政策指向和工作策略等方面提供了一个较为简洁清晰的参考蓝本。

上海蓝皮书

上海经济发展报告（2014）

沈开艳 / 主编 2014 年 1 月出版 定价 :69.00 元

◆ 本书系上海社会科学院系列之一，报告对 2014 年上海经济增长与发展趋势的进行了预测，把握了上海经济发展的脉搏和学术研究的前沿。

广州蓝皮书

广州经济发展报告（2014）

李江涛　朱名宏 / 主编　　2014 年 6 月出版　估价 :65.00 元

◆　本书是由广州市社会科学院主持编写的“广州蓝皮书”系列之一，本报告对广州 2013 年宏观经济运行情况作了深入分析，对 2014 年宏观经济走势进行了合理预测，并在此基础上提出了相应的政策建议。

文化传媒类

文化传媒类皮书透视文化领域、文化产业，
探索文化大繁荣、大发展的路径

新媒体蓝皮书

中国新媒体发展报告 No.4(2013)

唐绪军 / 主编　　2014 年 6 月出版　　估价 :69.00 元

◆　本书由中国社会科学院新闻与传播研究所和上海大学合作编写，在构建新媒体发展研究基本框架的基础上，全面梳理 2013 年中国新媒体发展现状，发表最前沿的网络媒体深度调查数据和研究成果，并对新媒体发展的未来趋势做出预测。

舆情蓝皮书

中国社会舆情与危机管理报告（2014）

谢耘耕 / 主编　　2014 年 8 月出版　　估价 :85.00 元

◆　本书由上海交通大学舆情研究实验室和危机管理研究中心主编，已被列入教育部人文社会科学研究报告培育项目。本书以新媒体环境下的中国社会为立足点，对 2013 年中国社会舆情、分类舆情等进行了深入系统的研究，并预测了2014年社会舆情走势。

经济类

产业蓝皮书
中国产业竞争力报告（2014） No.4
著(编)者:张其仔　2014年5月出版 / 估价:79.00元

长三角蓝皮书
2014年率先基本实现现代化的长三角
著(编)者:刘志彪　2014年6月出版 / 估价:120.00元

城市竞争力蓝皮书
中国城市竞争力报告No.12
著(编)者:倪鹏飞　2014年5月出版 / 定价:89.00元

城市蓝皮书
中国城市发展报告No.7
著(编)者:潘家华 魏后凯　2014年7月出版 / 估价:69.00元

城市群蓝皮书
中国城市群发展指数报告(2014)
著(编)者:刘士林 刘新静　2014年10月出版 / 估价:59.00元

城乡统筹蓝皮书
中国城乡统筹发展报告（2014）
著(编)者:程志强、潘晨光　2014年9月出版 / 估价:59.00元

城乡一体化蓝皮书
中国城乡一体化发展报告（2014）
著(编)者:汝信 付崇兰　2014年8月出版 / 估价:59.00元

城镇化蓝皮书
中国新型城镇化健康发展报告（2014）
著(编)者:张占斌　2014年5月出版 / 定价:79.00元

低碳发展蓝皮书
中国低碳发展报告（2014）
著(编)者:齐晔　2014年3月出版 / 定价:89.00元

低碳经济蓝皮书
中国低碳经济发展报告（2014）
著(编)者:薛进军 赵忠秀　2014年5月出版 / 估价:79.00元

东北蓝皮书
中国东北地区发展报告（2014）
著(编)者:鲍振东 曹晓峰　2014年8月出版 / 估价:79.00元

发展和改革蓝皮书
中国经济发展和体制改革报告No.7
著(编)者:邹东涛　2014年7月出版 / 估价:79.00元

工业化蓝皮书
中国工业化进程报告（2014）
著(编)者: 黄群慧 吕铁 李晓华 等
2014年11月出版 / 估价:89.00元

国际城市蓝皮书
国际城市发展报告（2014）
著(编)者:屠启宇　2014年1月出版 / 定价:69.00元

国家创新蓝皮书
国家创新发展报告（2013~2014）
著(编)者:陈劲　2014年6月出版 / 估价:69.00元

国家竞争力蓝皮书
中国国家竞争力报告No.2
著(编)者:倪鹏飞　2014年10月出版 / 估价:98.00元

宏观经济蓝皮书
中国经济增长报告（2014）
著(编)者:张平 刘霞辉　2014年10月出版 / 估价:69.00元

减贫蓝皮书
中国减贫与社会发展报告
著(编)者:黄承伟　2014年7月出版 / 估价:69.00元

金融蓝皮书
中国金融发展报告（2014）
著(编)者:李扬 王国刚　2013年12月出版 / 定价:65.00元

经济蓝皮书
2014年中国经济形势分析与预测
著(编)者:李扬　2013年12月出版 / 定价:69.00元

经济蓝皮书春季号
2014年中国经济前景分析
著(编)者:李扬　2014年5月出版 / 定价:79.00元

经济信息绿皮书
中国与世界经济发展报告（2014）
著(编)者:杜平　2013年12月出版 / 定价:79.00元

就业蓝皮书
2014年中国大学生就业报告
著(编)者:麦可思研究院　2014年6月出版 / 估价:98.00元

流通蓝皮书
中国商业发展报告（2013~2014）
著(编)者:荆林波　2014年5月出版 / 定价:89.00元

民营经济蓝皮书
中国民营经济发展报告No.10（2013～2014）
著(编)者:黄孟复　2014年9月出版 / 估价:69.00元

民营企业蓝皮书
中国民营企业竞争力报告No.7（2014）
著(编)者:刘迎秋　2014年9月出版 / 估价:79.00元

农村绿皮书
中国农村经济形势分析与预测（2013~2014）
著(编)者:中国社会科学院农村发展研究所
国家统计局农村社会经济调查司 著
2014年4月出版 / 定价:69.00元

企业公民蓝皮书
中国企业公民报告No.4
著(编)者:邹东涛　2014年7月出版 / 估价:69.00元

企业社会责任蓝皮书
中国企业社会责任研究报告（2014）
著(编)者:黄群慧 彭华岗 钟宏武 等
2014年11月出版 / 估价:59.00元

气候变化绿皮书
应对气候变化报告（2014）
著(编)者:王伟光 郑国光　2014年11月出版 / 估价:79.00元

区域蓝皮书
中国区域经济发展报告（2013~2014）
著(编)者:梁昊光　2014年4月出版 / 定价:79.00元

人口与劳动绿皮书
中国人口与劳动问题报告No.15
著(编)者:蔡昉　2014年6月出版 / 估价:69.00元

生态经济（建设）绿皮书
中国经济（建设）发展报告（2013~2014）
著(编)者:黄浩涛　李周　2014年10月出版 / 估价:69.00元

世界经济黄皮书
2014年世界经济形势分析与预测
著(编)者:王洛林 张宇燕　2014年1月出版 / 定价:69.00元

西北蓝皮书
中国西北发展报告（2014）
著(编)者:张进海　陈冬红　段庆林
2013年12月出版 / 定价:69.00元

西部蓝皮书
中国西部发展报告（2014）
著(编)者:姚慧琴 徐璋勇　2014年7月出版 / 估价:69.00元

新型城镇化蓝皮书
新型城镇化发展报告（2014）
著(编)者:沈体雁 李伟 宋敏　2014年9月出版 / 估价:69.00元

新兴经济体蓝皮书
金砖国家发展报告（2014）
著(编)者:林跃勤 周文　2014年9月出版 / 估价:79.00元

循环经济绿皮书
中国循环经济发展报告（2013~2014）
著(编)者:齐建国　2014年12月出版 / 估价:69.00元

中部竞争力蓝皮书
中国中部经济社会竞争力报告（2014）
著(编)者:教育部人文社会科学重点研究基地
南昌大学中国中部经济社会发展研究中心
2014年7月出版 / 估价:59.00元

中部蓝皮书
中国中部地区发展报告（2014）
著(编)者:朱有志　2014年10月出版 / 估价:59.00元

中国科技蓝皮书
中国科技发展报告（2014）
著(编)者:陈劲　2014年4月出版 / 定价:69.00元

中国省域竞争力蓝皮书
“十二五”中期中国省域经济综合竞争力发展报
著(编)者:李建平 李闽榕 高燕京　2014年3月出版 / 定价:198

中三角蓝皮书
长江中游城市群发展报告（2013~2014）
著(编)者:秦尊文　2014年6月出版 / 估价:69.00元

中小城市绿皮书
中国中小城市发展报告（2014）
著(编)者:中国城市经济学会中小城市经济发展委员会
《中国中小城市发展报告》编纂委员会
2014年10月出版 / 估价:98.00元

中原蓝皮书
中原经济区发展报告（2014）
著(编)者:刘怀廉　2014年6月出版 / 估价:68.00元

社会政法类

殡葬绿皮书
中国殡葬事业发展报告（2014）
著(编)者:朱勇 副主编 李伯森　2014年9月出版 / 估价:59.00元

城市创新蓝皮书
中国城市创新报告（2014）
著(编)者:周天勇　旷建伟　2014年7月出版 / 估价:69.00元

城市管理蓝皮书
中国城市管理报告2014
著(编)者:谭维克　刘林　2014年7月出版 / 估价:98.00元

城市生活质量蓝皮书
中国城市生活质量指数报告（2014）
著(编)者:张平　2014年7月出版 / 估价:59.00元

城市政府能力蓝皮书
中国城市政府公共服务能力评估报告（2014）
著(编)者:何艳玲　2014年7月出版 / 估价:59.00元

创新蓝皮书
创新型国家建设报告（2013~2014）
著(编)者:詹正茂　2014年5月出版 / 定价:69.00元

慈善蓝皮书
中国慈善发展报告（2014）
著(编)者:杨团　2014年5月出版 / 定价:79.00元

法治蓝皮书
中国法治发展报告No.12（2014）
著(编)者:李林　田禾　2014年2月出版 / 定价:98.00元

反腐倡廉蓝皮书
中国反腐倡廉建设报告No.3
著(编)者:李秋芳　2014年1月出版 / 定价:79.00元

非传统安全蓝皮书
中国非传统安全研究报告（2014）
著(编)者:余潇枫　2014年5月出版 / 估价:69.00元

妇女发展蓝皮书
福建省妇女发展报告（2014）
著(编)者:刘群英　2014年10月出版 / 估价:58.00元

妇女发展蓝皮书
中国妇女发展报告No.5
著(编)者:王金玲 高小贤　2014年5月出版 / 估价:65.00元

妇女教育蓝皮书
中国妇女教育发展报告No.3
著(编)者:张李玺　2014年10月出版 / 估价:69.00元

公共服务满意度蓝皮书
中国城市公共服务评价报告（2014）
著(编)者:胡伟　2014年11月出版 / 估价:69.00元

公共服务蓝皮书
中国城市基本公共服务力评价（2014）
著(编)者:侯惠勤 辛向阳 易定宏
2014年10月出版 / 估价:55.00元

公民科学素质蓝皮书
中国公民科学素质报告（2013~2014）
著(编)者:李群 许佳军　2014年3月出版 / 定价:79.00元

公益蓝皮书
中国公益发展报告（2014）
著(编)者:朱健刚　2014年5月出版 / 估价:78.00元

国际人才蓝皮书
中国国际移民报告（2014）
著(编)者:王辉耀　2014年1月出版 / 定价:79.00元

国际人才蓝皮书
中国海归创业发展报告（2014）No.2
著(编)者:王辉耀 路江涌　2014年10月出版 / 估价:69.00元

国际人才蓝皮书
中国留学发展报告（2014） No.3
著(编)者:王辉耀　2014年9月出版 / 估价:59.00元

国家安全蓝皮书
中国国家安全研究报告（2014）
著(编)者:刘慧　2014年5月出版 / 定价:98.00元

行政改革蓝皮书
中国行政体制改革报告（2013）No.3
著(编)者:魏礼群　2014年3月出版 / 定价:89.00元

华侨华人蓝皮书
华侨华人研究报告（2014）
著(编)者:丘进　2014年5月出版 / 估价:128.00元

环境竞争力绿皮书
中国省域环境竞争力发展报告（2014）
著(编)者:李建平 李闽榕 王金南
2014年12月出版 / 估价:148.00元

环境绿皮书
中国环境发展报告（2014）
著(编)者:刘鉴强　2014年5月出版 / 定价:79.00元

基本公共服务蓝皮书
中国省级政府基本公共服务发展报告（2014）
著(编)者:孙德超　2014年9月出版 / 估价:69.00元

基金会透明度蓝皮书
中国基金会透明度发展研究报告（2014）
著(编)者:基金会中心网　2014年7月出版 / 估价:79.00元

教师蓝皮书
中国中小学教师发展报告（2014）
著(编)者:曾晓东　2014年9月出版 / 估价:59.00元

教育蓝皮书
中国教育发展报告（2014）
著(编)者:杨东平　2014年5月出版 / 定价:79.00元

科普蓝皮书
中国科普基础设施发展报告（2014）
著(编)者:任福君　2014年6月出版 / 估价:79.00元

口腔健康蓝皮书
中国口腔健康发展报告（2014）
著(编)者:胡德渝　2014年12月出版 / 估价:59.00元

老龄蓝皮书
中国老龄事业发展报告（2014）
著(编)者:吴玉韶　2014年9月出版 / 估价:59.00元

连片特困区蓝皮书
中国连片特困区发展报告（2014）
著(编)者:丁建军 冷志明 游俊　2014年9月出版 / 估价:79.00元

民间组织蓝皮书
中国民间组织报告（2014）
著(编)者:黄晓勇　2014年8月出版 / 估价:69.00元

民调蓝皮书
中国民生调查报告（2014）
著(编)者:谢耕耘　2014年5月出版 / 定价:128.00元

民族发展蓝皮书
中国民族区域自治发展报告（2014）
著(编)者:郝时远　2014年6月出版 / 估价:98.00元

女性生活蓝皮书
中国女性生活状况报告No.8（2014）
著(编)者:韩湘景　2014年4月出版 / 定价:79.00元

汽车社会蓝皮书
中国汽车社会发展报告（2014）
著(编)者:王俊秀　2014年9月出版 / 估价:59.00元

青年蓝皮书
中国青年发展报告（2014）No.2
著(编)者:廉思　2014年4月出版 / 定价:59.00元

全球环境竞争力绿皮书
全球环境竞争力发展报告（2014）
著(编)者:李建平　李闽榕　王金南　2014年11月出版 / 估价:69.00元

青少年蓝皮书
中国未成年人新媒体运用报告（2014）
著(编)者:李文革　沈杰　季为民　2014年6月出版 / 估价:69.00元

区域人才蓝皮书
中国区域人才竞争力报告No.2
著(编)者:桂昭明　王辉耀　2014年6月出版 / 估价:69.00元

人才蓝皮书
中国人才发展报告（2014）
著(编)者:潘晨光　2014年10月出版 / 估价:79.00元

人权蓝皮书
中国人权事业发展报告No.4（2014）
著(编)者:李君如　2014年7月出版 / 估价:98.00元

世界人才蓝皮书
全球人才发展报告No.1
著(编)者:孙学玉　张冠梓　2014年9月出版 / 估价:69.00元

社会保障绿皮书
中国社会保障发展报告（2014）No.6
著(编)者:王延中　2014年9月出版 / 估价:69.00元

社会工作蓝皮书
中国社会工作发展报告（2013~2014）
著(编)者:王杰秀　邹文开　2014年8月出版 / 估价:59.00元

社会管理蓝皮书
中国社会管理创新报告No.3
著(编)者:连玉明　2014年9月出版 / 估价:79.00元

社会蓝皮书
2014年中国社会形势分析与预测
著(编)者:李培林　陈光金　张翼　2013年12月出版 / 定价:69.00元

社会体制蓝皮书
中国社会体制改革报告No.2（2014）
著(编)者:龚维斌　2014年4月出版 / 定价:79.00元

社会心态蓝皮书
2014年中国社会心态研究报告
著(编)者:王俊秀　杨宜音　2014年9月出版 / 估价:59.00元

生态城市绿皮书
中国生态城市建设发展报告（2014）
著(编)者:李景源　孙伟平　刘举科　2014年6月出版 / 估价:128.00元

生态文明绿皮书
中国省域生态文明建设评价报告（ECI 2014）
著(编)者:严耕　2014年9月出版 / 估价:98.00元

世界创新竞争力黄皮书
世界创新竞争力发展报告（2014）
著(编)者:李建平　李闽榕　赵新力　2014年11月出版 / 估价:128

水与发展蓝皮书
中国水风险评估报告（2014）
著(编)者:苏杨　2014年9月出版 / 估价:69.00元

土地整治蓝皮书
中国土地整治发展报告No.1
著(编)者:国土资源部土地整治中心　2014年5月出版 / 定价:

危机管理蓝皮书
中国危机管理报告（2014）
著(编)者:文学国　范正青　2014年8月出版 / 估价:79.00元

小康蓝皮书
中国全面建设小康社会监测报告（2014）
著(编)者:潘璠　2014年11月出版 / 估价:59.00元

形象危机应对蓝皮书
形象危机应对研究报告（2014）
著(编)者:唐钧　2014年9月出版 / 估价:118.00元

行政改革蓝皮书
中国行政体制改革报告（2013）No.3
著(编)者:魏礼群　2014年3月出版 / 定价:89.00元

医疗卫生绿皮书
中国医疗卫生发展报告No.6（2013~2014）
著(编)者:申宝忠　韩玉珍　2014年4月出版 / 定价:75.00元

政治参与蓝皮书
中国政治参与报告（2014）
著(编)者:房宁　2014年7月出版 / 估价:58.00元

政治发展蓝皮书
中国政治发展报告（2014）
著(编)者:房宁　杨海蛟　2014年6月出版 / 估价:98.00元

宗教蓝皮书
中国宗教报告（2014）
著(编)者:金泽　邱永辉　2014年8月出版 / 估价:59.00元

社会组织蓝皮书
中国社会组织评估报告（2014）
著(编)者:徐家良　2014年9月出版 / 估价:69.00元

政府绩效评估蓝皮书
中国地方政府绩效评估报告（2014）
著(编)者:贠杰　2014年9月出版 / 估价:69.00元

行业报告类

保健蓝皮书
中国保健服务产业发展报告No.2
著(编)者:中国保健协会 中共中央党校
2014年7月出版 / 估价:198.00元

保健蓝皮书
中国保健食品产业发展报告No.2
著(编)者:中国保健协会
中国社会科学院食品药品产业发展与监管研究中心
2014年7月出版 / 估价:198.00元

保健蓝皮书
中国保健用品产业发展报告No.2
著(编)者:中国保健协会 2014年9月出版 / 估价:198.00元

保险蓝皮书
中国保险业竞争力报告(2014)
著(编)者:罗忠敏 2014年9月出版 / 估价:98.00元

餐饮产业蓝皮书
中国餐饮产业发展报告(2014)
著(编)者:中国烹饪协会 中国社会科学院财经战略研究院
2014年5月出版 / 估价:59.00元

测绘地理信息蓝皮书
中国地理信息产业发展报告(2014)
著(编)者:徐德明 2014年12月出版 / 估价:98.00元

茶业蓝皮书
中国茶产业发展报告 (2014)
著(编)者:李闽榕 杨江帆 2014年9月出版 / 估价:79.00元

产权市场蓝皮书
中国产权市场发展报告(2014)
著(编)者:曹和平 2014年9月出版 / 估价:69.00元

产业安全蓝皮书
中国烟草产业安全报告(2014)
著(编)者:李孟刚 杜秀亭 2014年1月出版 / 定价:69.00元

产业安全蓝皮书
中国出版与传媒安全报告(2014)
著(编)者:北京交通大学中国产业安全研究中心
2014年9月出版 / 估价:59.00元

产业安全蓝皮书
中国医疗产业安全报告(2013~2014)
著(编)者:李孟刚 高献书 2014年1月出版 / 定价:59.00元

产业安全蓝皮书
中国文化产业安全蓝皮书(2014)
著(编)者:北京印刷学院文化产业安全研究院
2014年4月出版 / 定价:69.00元

产业安全蓝皮书
中国出版传媒产业安全报告(2014)
著(编)者:北京印刷学院文化产业安全研究院
2014年4月出版/ 定价:89.00元

典当业蓝皮书
中国典当行业发展报告(2013~2014)
著(编)者:黄育华 王力 张红地
2014年10月出版 / 估价:69.00元

电子商务蓝皮书
中国城市电子商务影响力报告(2014)
著(编)者:荆林波 2014年5月出版 / 估价:69.00元

电子政务蓝皮书
中国电子政务发展报告(2014)
著(编)者:洪毅 王长胜 2014年9月出版 / 估价:59.00元

杜仲产业绿皮书
中国杜仲橡胶资源与产业发展报告(2014)
著(编)者:杜红岩 胡文臻 俞瑞
2014年9月出版 / 估价:99.00元

房地产蓝皮书
中国房地产发展报告No.11(2014)
著(编)者:魏后凯 李景国 2014年5月出版 / 定价:79.00元

服务外包蓝皮书
中国服务外包产业发展报告(2014)
著(编)者:王晓红 李皓 2014年9月出版 / 估价:89.00元

高端消费蓝皮书
中国高端消费市场研究报告
著(编)者:依绍华 王雪峰 2014年9月出版 / 估价:69.00元

会展经济蓝皮书
中国会展经济发展报告(2014)
著(编)者:过聚荣 2014年9月出版 / 估价:65.00元

会展蓝皮书
中外会展业动态评估年度报告(2014)
著(编)者:张敏 2014年8月出版 / 估价:68.00元

基金会绿皮书
中国基金会发展独立研究报告(2014)
著(编)者:基金会中心网 2014年8月出版 / 估价:58.00元

交通运输蓝皮书
中国交通运输服务发展报告(2014)
著(编)者:林晓言 卜伟 武剑红
2014年10月出版 / 估价:69.00元

金融监管蓝皮书
中国金融监管报告(2014)
著(编)者:胡滨 2014年5月出版 / 定价:69.00元

金融蓝皮书
中国金融中心发展报告(2014)
著(编)者:中国社会科学院金融研究所
中国博士后特华科研工作站 王力 黄育华
2014年10月出版 / 估价:59.00元

金融蓝皮书
中国商业银行竞争力报告（2014）
著(编)者:王松奇　　2014年5月出版 / 估价:79.00元

金融蓝皮书
中国金融发展报告（2014）
著(编)者:李扬 王国刚　　2013年12月出版 / 定价:65.00元

金融蓝皮书
中国金融法治报告（2014）
著(编)者:胡滨 全先银　　2014年9月出版 / 估价:65.00元

金融蓝皮书
中国金融产品与服务报告（2014）
著(编)者:殷剑峰　　2014年6月出版 / 估价:59.00元

金融信息服务蓝皮书
金融信息服务业发展报告（2014）
著(编)者:鲁广锦　　2014年11月出版 / 估价:69.00元

抗衰老医学蓝皮书
抗衰老医学发展报告（2014）
著(编)者:罗伯特·高德曼 罗纳德·科莱兹
尼尔·布什 朱敏 金大鹏 郭弋
2014年9月出版 / 估价:69.00元

客车蓝皮书
中国客车产业发展报告（2014）
著(编)者:姚蔚　　2014年12月出版 / 估价:69.00元

科学传播蓝皮书
中国科学传播报告（2014）
著(编)者:詹正茂　　2014年9月出版 / 估价:69.00元

流通蓝皮书
中国商业发展报告（2013~2014）
著(编)者:荆林波　　2014年5月出版 / 定价:89.00元

旅游安全蓝皮书
中国旅游安全报告（2014）
著(编)者:郑向敏 谢朝武　　2014年6月出版 / 估价:79.00元

旅游绿皮书
2013~2014年中国旅游发展分析与预测
著(编)者:宋瑞　　2014年9月出版 / 定价:79.00元

旅游城市绿皮书
世界旅游城市发展报告（2013~2014）
著(编)者:张辉　　2014年1月出版 / 估价:69.00元

贸易蓝皮书
中国贸易发展报告（2014）
著(编)者:荆林波　　2014年5月出版 / 估价:49.00元

民营医院蓝皮书
中国民营医院发展报告（2014）
著(编)者:朱幼棣　　2014年10月出版 / 估价:69.00元

闽商蓝皮书
闽商发展报告（2014）
著(编)者:李闽榕 王日根　　2014年12月出版 / 估价:69.00元

能源蓝皮书
中国能源发展报告（2014）
著(编)者:崔民选 王军生 陈义和
2014年10月出版 / 估价:59.00元

农产品流通蓝皮书
中国农产品流通产业发展报告（2014）
著(编)者:贾敬敦 王炳南 张玉玺 张鹏毅 陈丽华
2014年9月出版 / 估价:89.00元

期货蓝皮书
中国期货市场发展报告（2014）
著(编)者:荆林波　　2014年6月出版 / 估价:98.00元

企业蓝皮书
中国企业竞争力报告（2014）
著(编)者:金碚　　2014年11月出版 / 估价:89.00元

汽车安全蓝皮书
中国汽车安全发展报告（2014）
著(编)者:中国汽车技术研究中心
2014年4月出版 / 估价:79.00元

汽车蓝皮书
中国汽车产业发展报告（2014）
著(编)者:国务院发展研究中心产业经济研究部
中国汽车工程学会 大众汽车集团（中国）
2014年7月出版 / 估价:79.00元

清洁能源蓝皮书
国际清洁能源发展报告（2014）
著(编)者:国际清洁能源论坛（澳门）
2014年9月出版 / 估价:89.00元

人力资源蓝皮书
中国人力资源发展报告（2014）
著(编)者:吴江　　2014年9月出版 / 估价:69.00元

软件和信息服务业蓝皮书
中国软件和信息服务业发展报告（2014）
著(编)者:洪京一 工业和信息化部电子科学技术情报研究所
2014年6月出版 / 估价:98.00元

商会蓝皮书
中国商会发展报告 No.4（2014）
著(编)者:黄孟复　　2014年9月出版 / 估价:59.00元

商品市场蓝皮书
中国商品市场发展报告（2014）
著(编)者:荆林波　　2014年7月出版 / 估价:59.00元

上市公司蓝皮书
中国上市公司非财务信息披露报告（2014）
著(编)者:钟宏武 张旺 张蒽 等
2014年12月出版 / 估价:59.00元

食品药品蓝皮书
食品药品安全与监管政策研究报告（2014）
著(编)者:唐民皓　2014年7月出版 / 估价:69.00元

世界能源蓝皮书
世界能源发展报告（2014）
著(编)者:黄晓勇　2014年9月出版 / 估价:99.00元

私募市场蓝皮书
中国私募股权市场发展报告（2014）
著(编)者:曹和平　2014年9月出版 / 估价:69.00元

体育蓝皮书
中国体育产业发展报告（2014）
著(编)者:阮伟 钟秉枢　2014年9月出版 / 估价:69.00元

体育蓝皮书·公共体育服务
中国公共体育服务发展报告（2014）
著(编)者:戴健　2014年12月出版 / 估价:69.00元

投资蓝皮书
中国投资发展报告（2014）
著(编)者:杨庆蔚　2014年4月出版 / 定价:128.00元

投资蓝皮书
中国企业海外投资发展报告（2013~2014）
著(编)者:陈文晖　薛誉华　2014年9月出版 / 定价:69.00元

物联网蓝皮书
中国物联网发展报告（2014）
著(编)者:龚六堂　2014年9月出版 / 估价:59.00元

西部工业蓝皮书
中国西部工业发展报告（2014）
著(编)者:方行明 刘方健 姜凌等
2014年9月出版 / 估价:69.00元

西部金融蓝皮书
中国西部金融发展报告（2014）
著(编)者:李忠民　2014年10月出版 / 估价:69.00元

新能源汽车蓝皮书
中国新能源汽车产业发展报告（2014）
著(编)者:中国汽车技术研究中心
日产（中国）投资有限公司
东风汽车有限公司
2014年9月出版 / 估价:69.00元

信托蓝皮书
中国信托业研究报告（2014）
著(编)者:中建投信托研究中心　中国建设建投研究院
2014年9月出版 / 估价:59.00元

信托蓝皮书
中国信托投资报告（2014）
著(编)者:杨金龙　刘屹　2014年7月出版 / 估价:69.00元

信托市场蓝皮书
中国信托业市场报告（2013~2014）
著(编)者:李旸　2014年1月出版 / 定价:198.00元

信息化蓝皮书
中国信息化形势分析与预测（2014）
著(编)者:周宏仁　2014年7月出版 / 估价:98.00元

信用蓝皮书
中国信用发展报告（2014）
著(编)者:章政 田侃　2014年9月出版 / 估价:69.00元

休闲绿皮书
2014年中国休闲发展报告
著(编)者:刘德谦　唐兵　宋瑞
2014年6月出版 / 估价:59.00元

养老产业蓝皮书
中国养老产业发展报告（2013~2014年）
著(编)者:张车伟　2014年9月出版 / 估价:69.00元

移动互联网蓝皮书
中国移动互联网发展报告（2014）
著(编)者:官建文　2014年5月出版 / 估价:79.00元

医药蓝皮书
中国医药产业园战略发展报告（2013~2014）
著(编)者:裴长洪　房书亭　吴滁心
2014年3月出版 / 定价:89.00元

医药蓝皮书
中国药品市场报告（2014）
著(编)者:程锦锥 朱恒鹏　2014年12月出版 / 估价:79.00元

中国林业竞争力蓝皮书
中国省域林业竞争力发展报告No.2（2014）（上下册）
著(编)者:郑传芳 李闽榕 张春霞 张会儒
2014年8月出版 / 估价:139.00元

中国农业竞争力蓝皮书
中国省域农业竞争力发展报告No.2（2014）
著(编)者:郑传芳 宋洪远 李闽榕 张春霞
2014年7月出版 / 估价:128.00元

中国总部经济蓝皮书
中国总部经济发展报告（2013~2014）
著(编)者:赵弘　2014年5月出版 / 定价:79.00元

珠三角流通蓝皮书
珠三角商圈发展研究报告（2014）
著(编)者:王先庆 林至颖　2014年8月出版 / 估价:69.00元

住房绿皮书
中国住房发展报告（2013~2014）
著(编)者:倪鹏飞　2013年12月出版 / 定价:79.00元

资本市场蓝皮书
中国场外交易市场发展报告（2014）
著(编)者:高峦　2014年9月出版 / 估价:79.00元

资产管理蓝皮书
中国信托业发展报告（2014）
著(编)者:智信资产管理研究院　2014年7月出版 / 估价:69.00元

支付清算蓝皮书
中国支付清算发展报告（2014）
著(编)者:杨涛　2014年5月出版 / 定价:45.00元

文化传媒类

传媒蓝皮书
中国传媒产业发展报告（2014）
著(编)者:崔保国　2014年4月出版 / 定价:98.00元

传媒竞争力蓝皮书
中国传媒国际竞争力研究报告（2014）
著(编)者:李本乾　2014年9月出版 / 估价:69.00元

创意城市蓝皮书
武汉市文化创意产业发展报告（2014）
著(编)者:张京成　黄永林　2014年10月出版 / 估价:69.00元

电视蓝皮书
中国电视产业发展报告（2014）
著(编)者:卢斌　2014年9月出版 / 估价:79.00元

电影蓝皮书
中国电影出版发展报告（2014）
著(编)者:卢斌　2014年9月出版 / 估价:79.00元

动漫蓝皮书
中国动漫产业发展报告（2014）
著(编)者:卢斌　郑玉明　牛兴侦　2014年9月出版 / 估价:79.00元

广电蓝皮书
中国广播电影电视发展报告（2014）
著(编)者:庞井君　杨明品　李岚
2014年6月出版 / 估价:88.00元

广告主蓝皮书
中国广告主营销传播趋势报告N0.8
著(编)者:中国传媒大学广告主研究所
中国广告主营销传播创新研究课题组
黄升民　杜国清　邵华冬等
2014年5月出版 / 估价:98.00元

国际传播蓝皮书
中国国际传播发展报告（2014）
著(编)者:胡正荣　李继东　姬德强
2014年9月出版 / 估价:69.00元

纪录片蓝皮书
中国纪录片发展报告（2014）
著(编)者:何苏六　2014年10月出版 / 估价:89.00元

两岸文化蓝皮书
两岸文化产业合作发展报告（2014）
著(编)者:胡惠林 肖夏勇　2014年6月出版 / 估价:59.00元

媒介与女性蓝皮书
中国媒介与女性发展报告（2014）
著(编)者:刘利群　2014年8月出版 / 估价:69.00元

全球传媒蓝皮书
全球传媒产业发展报告（2014）
著(编)者:胡正荣　2014年12月出版 / 估价:79.00元

视听新媒体蓝皮书
中国视听新媒体发展报告（2014）
著(编)者:庞井君　2014年6月出版 / 估价:148.00元

文化创新蓝皮书
中国文化创新报告（2014）No.5
著(编)者:于平　傅才武　2014年4月出版 / 定价:79.00元

文化科技蓝皮书
文化科技融合与创意城市发展报告（2014）
著(编)者:李凤亮　于平　2014年7月出版 / 估价:79.00元

文化蓝皮书
中国文化产业发展报告（2014）
著(编)者:张晓明　王家新　章建刚
2014年4月出版 / 定价:79.00元

文化蓝皮书
中国文化产业供需协调增长测评报（2014）
著(编)者:王亚楠　2014年2月出版 / 定价:79.00元

文化蓝皮书
中国城镇文化消费需求景气评价报告（2014）
著(编)者:王亚南　张晓明　祁述裕
2014年5月出版 / 估价:79.00元

文化蓝皮书
中国公共文化服务发展报告（2014）
著(编)者:于群 李国新　2014年10月出版 / 估价:98.00元

文化蓝皮书
中国文化消费需求景气评价报告（2014）
著(编)者:王亚南　2014年2月出版 / 估价:79.00元

文化蓝皮书
中国乡村文化消费需求景气评价报告（2014）
著(编)者:王亚南　2014年5月出版 / 估价:79.00元

文化蓝皮书
中国中心城市文化消费需求景气评价报告（2014）
著(编)者:王亚南　2014年9月出版 / 估价:79.00元

文化蓝皮书
中国少数民族文化发展报告（2014）
著(编)者:武翠英 张晓明 张学进
2014年9月出版 / 估价:69.00元

文化建设蓝皮书
中国文化发展报告（2013）
著(编)者:江畅 孙伟平 戴茂堂
2014年4月出版 / 定价:138.00元

文化品牌蓝皮书
中国文化品牌发展报告（2014）
著(编)者:欧阳友权 2014年4月出版 / 定价:79.00元

文化软实力蓝皮书
中国文化软实力研究报告（2014）
著(编)者:张国祚 2014年7月出版 / 估价:79.00元

文化遗产蓝皮书
中国文化遗产事业发展报告（2014）
著(编)者:刘世锦 2014年9月出版 / 估价:79.00元

文学蓝皮书
中国文情报告（2013~2014）
著(编)者:白烨 2014年5月出版 / 估价:59.00元

新媒体蓝皮书
中国新媒体发展报告No.5（2014）
著(编)者:唐绪军 2014年6月出版 / 估价:69.00元

移动互联网蓝皮书
中国移动互联网发展报告（2014）
著(编)者:官建文 2014年6月出版 / 估价:79.00元

游戏蓝皮书
中国游戏产业发展报告（2014）
著(编)者:卢斌 2014年9月出版 / 估价:79.00元

舆情蓝皮书
中国社会舆情与危机管理报告（2014）
著(编)者:谢耘耕 2014年8月出版 / 估价:85.00元

粤港澳台文化蓝皮书
粤港澳台文化创意产业发展报告（2014）
著(编)者:丁未 2014年9月出版 / 估价:69.00元

地方发展类

安徽蓝皮书
安徽社会发展报告（2014）
著(编)者:程桦 2014年4月出版 / 定价:79.00元

安徽经济蓝皮书
皖江城市带承接产业转移示范区建设报告（2014）
著(编)者:丁海中 2014年4月出版 / 定价:69.00元

安徽社会建设蓝皮书
安徽社会建设分析报告（2014）
著(编)者:黄家海 王开玉 蔡宪 2014年9月出版 / 估价:69.00元

北京蓝皮书
北京公共服务发展报告（2013~2014）
著(编)者:施昌奎 2014年2月出版 / 定价:69.00元

北京蓝皮书
北京经济发展报告（2013~2014）
著(编)者:杨松 2014年4月出版 / 定价:79.00元

北京蓝皮书
北京社会发展报告（2013~2014）
著(编)者:缪青 2014年5月出版 / 估价:79.00元

北京蓝皮书
北京社会治理发展报告（2013~2014）
著(编)者:殷星辰 2014年4月出版 / 定价:79.00元

北京蓝皮书
中国社区发展报告（2013~2014）
著(编)者:于燕燕 2014年8月出版 / 估价:59.00元

北京蓝皮书
北京文化发展报告（2013~2014）
著(编)者:李建盛 2014年4月出版 / 定价:79.00元

北京旅游绿皮书
北京旅游发展报告（2014）
著(编)者:鲁勇 2014年7月出版 / 估价:98.00元

北京律师蓝皮书
北京律师发展报告No.2（2014）
著(编)者:王隽 周塞军 2014年9月出版 / 估价:79.00元

北京人才蓝皮书
北京人才发展报告（2014）
著(编)者:于淼 2014年10月出版 / 估价:89.00元

城乡一体化蓝皮书
中国城乡一体化发展报告·北京卷（2014）
著(编)者:张宝秀 黄序 2014年6月出版 / 估价:59.00元

创意城市蓝皮书
北京文化创意产业发展报告（2014）
著(编)者:张京成 王国华 2014年10月出版 / 估价:69.00元

创意城市蓝皮书
重庆创意产业发展报告（2014）
著(编)者:程宁宁　2014年4月出版 / 定价:89.00元

创意城市蓝皮书
青岛文化创意产业发展报告（2013~2014）
著(编)者:马达　2014年9月出版 / 估价:69.00元

创意城市蓝皮书
无锡文化创意产业发展报告（2014）
著(编)者:庄若江　张鸣年　2014年8月出版 / 估价:75.00元

服务业蓝皮书
广东现代服务业发展报告（2014）
著(编)者:祁明 程晓　2014年1月出版 / 估价:69.00元

甘肃蓝皮书
甘肃舆情分析与预测（2014）
著(编)者:陈双梅　郝树声　2014年1月出版 / 定价:69.00元

甘肃蓝皮书
甘肃县域经济综合竞争力报告（2014）
著(编)者:刘进军　柳民　曲玮　2014年9月出版 / 估价:69.00元

甘肃蓝皮书
甘肃县域社会发展评价报告（2014）
著(编)者:魏胜文　2014年9月出版 / 估价:69.00元

甘肃蓝皮书
甘肃经济发展分析与预测（2014）
著(编)者:朱智文　罗哲　2014年1月出版 / 定价:69.00元

甘肃蓝皮书
甘肃社会发展分析与预测（2014）
著(编)者:安文华　包晓霞　2014年1月出版 / 定价:69.00元

甘肃蓝皮书
甘肃文化发展分析与预测（2014）
著(编)者:王福生　周小华　2014年1月出版 / 定价:69.00元

广东蓝皮书
广东省电子商务发展报告（2014）
著(编)者:黄建明 祁明　2014年11月出版 / 估价:69.00元

广东蓝皮书
广东社会工作发展报告（2014）
著(编)者:罗观翠　2014年9月出版 / 估价:69.00元

广东外经贸蓝皮书
广东对外经济贸易发展研究报告（2014）
著(编)者:陈万灵　2014年9月出版 / 估价:65.00元

广西北部湾经济区蓝皮书
广西北部湾经济区开放开发报告（2014）
著(编)者:广西北部湾经济区规划建设管理委员会办公室
广西社会科学院 广西北部湾发展研究院
2014年7月出版 / 估价:69.00元

广州蓝皮书
2014年中国广州经济形势分析与预测
著(编)者:庾建设 郭志勇 沈奎　2014年6月出版 / 估价:69.0

广州蓝皮书
2014年中国广州社会形势分析与预测
著(编)者:易佐永 杨秦 顾涧清　2014年5月出版 / 估价:65.0

广州蓝皮书
广州城市国际化发展报告（2014）
著(编)者:朱名宏　2014年9月出版 / 估价:59.00元

广州蓝皮书
广州创新型城市发展报告（2014）
著(编)者:李江涛　2014年8月出版 / 估价:59.00元

广州蓝皮书
广州经济发展报告（2014）
著(编)者:李江涛 刘江华　2014年6月出版 / 估价:65.00元

广州蓝皮书
广州农村发展报告（2014）
著(编)者:李江涛 汤锦华　2014年8月出版 / 估价:59.00元

广州蓝皮书
广州青年发展报告（2014）
著(编)者:魏国华 张强　2014年9月出版 / 估价:65.00元

广州蓝皮书
广州汽车产业发展报告（2014）
著(编)者:李江涛 杨再高　2014年10月出版 / 估价:69.00元

广州蓝皮书
广州商贸业发展报告（2014）
著(编)者:陈家成 王旭东 荀振英
2014年7月出版 / 估价:69.00元

广州蓝皮书
广州文化创意产业发展报告（2014）
著(编)者:甘新　2014年10月出版 / 估价:59.00元

广州蓝皮书
中国广州城市建设发展报告（2014）
著(编)者:董皞 冼伟雄 李俊夫
2014年8月出版 / 估价:69.00元

广州蓝皮书
中国广州科技与信息化发展报告（2014）
著(编)者:庾建设 谢学宁　2014年8月出版 / 估价:59.00元

广州蓝皮书
中国广州文化创意产业发展报告（2014）
著(编)者:甘新　2014年10月出版 / 估价:59.00元

广州蓝皮书
中国广州文化发展报告（2014）
著(编)者:徐俊忠 汤应武 陆志强
2014年8月出版 / 估价:69.00元

贵州蓝皮书
贵州法治发展报告（2014）
著(编)者:吴大华　2014年3月出版 / 定价:69.00元

贵州蓝皮书
贵州人才发展报告（2014）
著(编)者:于杰　吴大华　2014年3月出版 / 定价:69.00元

贵州蓝皮书
贵州社会发展报告（2014）
著(编)者:王兴骥　2014年3月出版 / 定价:69.00元

贵州蓝皮书
贵州农村扶贫开发报告（2014）
著(编)者:王朝新 宋明　2014年9月出版 / 估价:69.00元

贵州蓝皮书
贵州文化产业发展报告（2014）
著(编)者:李建国　2014年9月出版 / 估价:69.00元

海淀蓝皮书
海淀区文化和科技融合发展报告（2014）
著(编)者:陈名杰 孟景伟　2014年5月出版 / 估价:75.00元

海峡经济区蓝皮书
海峡经济区发展报告（2014）
著(编)者:李闽榕 王秉安 谢明辉（台湾）
2014年10月出版 / 估价:78.00元

海峡西岸蓝皮书
海峡西岸经济区发展报告（2014）
著(编)者:福建省人民政府发展研究中心
2014年9月出版 / 估价:85.00元

杭州蓝皮书
杭州市妇女发展报告（2014）
著(编)者:魏颖　揭爱花　2014年9月出版 / 估价:69.00元

杭州都市圈蓝皮书
杭州都市圈发展报告（2014）
著(编)者:董祖德　沈翔　2014年5月出版 / 定价:89.00元

河北经济蓝皮书
河北省经济发展报告（2014）
著(编)者:马树强 金浩　张贵　2014年4月出版 / 定价:79.00元

河北蓝皮书
河北经济社会发展报告（2014）
著(编)者:周文夫　2014年1月出版 / 定价:69.00元

河南经济蓝皮书
2014年河南经济形势分析与预测
著(编)者:胡五岳　2014年3月出版 / 定价:69.00元

河南蓝皮书
2014年河南社会形势分析与预测
著(编)者:刘道兴 牛苏林　2014年1月出版 / 定价:69.00元

河南蓝皮书
河南城市发展报告（2014）
著(编)者:谷建全 王建国　2014年1月出版 / 定价:59.00元

河南蓝皮书
河南法治发展报告（2014）
著(编)者:丁同民　闫德民　2014年3月出版 / 定价:69.00元

河南蓝皮书
河南金融发展报告（2014）
著(编)者:喻新安　谷建全　2014年4月出版 / 定价:69.00元

河南蓝皮书
河南经济发展报告（2014）
著(编)者:喻新安　2013年12月出版 / 定价:69.00元

河南蓝皮书
河南文化发展报告（2014）
著(编)者:卫绍生　2014年1月出版 / 定价:69.00元

河南蓝皮书
河南工业发展报告（2014）
著(编)者:龚绍东　2014年1月出版 / 定价:69.00元

河南蓝皮书
河南商务发展报告（2014）
著(编)者:焦锦淼　穆荣国　2014年5月出版 / 定价:88.00元

黑龙江产业蓝皮书
黑龙江产业发展报告（2014）
著(编)者:于渤　2014年10月出版 / 估价:79.00元

黑龙江蓝皮书
黑龙江经济发展报告（2014）
著(编)者:张新颖　2014年1月出版 / 定价:69.00元

黑龙江蓝皮书
黑龙江社会发展报告（2014）
著(编)者:艾书琴　2014年1月出版 / 定价:69.00元

湖南城市蓝皮书
城市社会管理
著(编)者:罗海藩　2014年10月出版 / 估价:59.00元

湖南蓝皮书
2014年湖南产业发展报告
著(编)者:梁志峰　2014年4月出版 / 定价:128.00元

湖南蓝皮书
2014年湖南电子政务发展报告
著(编)者:梁志峰　2014年4月出版 / 定价:128.00元

湖南蓝皮书
2014年湖南法治发展报告
著(编)者:梁志峰　2014年9月出版 / 估价:79.00元

湖南蓝皮书
2014年湖南经济展望
著(编)者:梁志峰　2014年4月出版 / 定价:128.00元

湖南蓝皮书
2014年湖南两型社会发展报告
著(编)者:梁志峰 2014年4月出版 / 定价:128.00元

湖南蓝皮书
2014年湖南社会发展报告
著(编)者:梁志峰 2014年4月出版 / 定价:128.00元

湖南蓝皮书
2014年湖南县域经济社会发展报告
著(编)者:梁志峰 2014年4月出版 / 定价:128.00元

湖南县域绿皮书
湖南县域发展报告No.2
著(编)者:朱有志 袁准 周小毛 2014年7月出版 / 估价:69.00元

沪港蓝皮书
沪港发展报告（2014）
著(编)者:尤安山 2014年9月出版 / 估价:89.00元

吉林蓝皮书
2014年吉林经济社会形势分析与预测
著(编)者:马克 2014年1月出版 / 定价:79.00元

济源蓝皮书
济源经济社会发展报告（2014）
著(编)者:喻新安 2014年4月出版 / 定价:69.00元

江苏法治蓝皮书
江苏法治发展报告No.3（2014）
著(编)者:李力 龚廷泰 严海良 2014年8月出版 / 估价:88.00元

京津冀蓝皮书
京津冀发展报告（2014）
著(编)者:文魁 祝尔娟 2014年3月出版 / 定价:79.00元

经济特区蓝皮书
中国经济特区发展报告（2013）
著(编)者:陶一桃 2014年4月出版 / 定价:89.00元

辽宁蓝皮书
2014年辽宁经济社会形势分析与预测
著(编)者:曹晓峰 张晶 2014年1月出版 / 定价:79.00元

流通蓝皮书
湖南省商贸流通产业发展报告No.2
著(编)者:柳思维 2014年10月出版 / 估价:75.00元

内蒙古蓝皮书
内蒙古经济发展蓝皮书(2013~2014)
著(编)者:黄育华 2014年7月出版 / 估价:69.00元

内蒙古蓝皮书
内蒙古反腐倡廉建设报告No.1
著(编)者:张志华 无极 2013年12月出版 / 定价:69.00元

浦东新区蓝皮书
上海浦东经济发展报告（2014）
著(编)者:沈开艳 陆沪根 2014年1月出版 / 估价:59.00元

侨乡蓝皮书
中国侨乡发展报告（2014）
著(编)者:郑一省 2014年9月出版 / 估价:69.00元

青海蓝皮书
2014年青海经济社会形势分析与预测
著(编)者:赵宗福 2014年2月出版 / 定价:69.00元

人口与健康蓝皮书
深圳人口与健康发展报告（2014）
著(编)者:陆杰华 江捍平 2014年10月出版 / 估价:98.00元

山西蓝皮书
山西资源型经济转型发展报告（2014）
著(编)者:李志强 2014年5月出版 / 定价:98.00元

陕西蓝皮书
陕西经济发展报告（2014）
著(编)者:任宗哲 石英 裴成荣 2014年2月出版 / 定价:69.0(

陕西蓝皮书
陕西社会发展报告（2014）
著(编)者:任宗哲 石英 牛昉 2014年2月出版 / 定价:65.00元

陕西蓝皮书
陕西文化发展报告（2014）
著(编)者:任宗哲 石英 王长寿 2014年3月出版 / 定价:59.0(

上海蓝皮书
上海传媒发展报告（2014）
著(编)者:强荧 焦雨虹 2014年1月出版 / 定价:79.00元

上海蓝皮书
上海法治发展报告（2014）
著(编)者:叶青 2014年4月出版 / 定价:69.00元

上海蓝皮书
上海经济发展报告（2014）
著(编)者:沈开艳 2014年1月出版 / 定价:69.00元

上海蓝皮书
上海社会发展报告（2014）
著(编)者:卢汉龙 周海旺 2014年1月出版 / 定价:69.00元

上海蓝皮书
上海文化发展报告（2014）
著(编)者:蒯大申 2014年1月出版 / 定价:69.00元

上海蓝皮书
上海文学发展报告（2014）
著(编)者:陈圣来 2014年1月出版 / 定价:69.00元

上海蓝皮书
上海资源环境发展报告（2014）
著(编)者:周冯琦 汤庆合 任文伟 2014年1月出版 / 定价:6

上海社会保障绿皮书
上海社会保障改革与发展报告（2013~2014）
著(编)者:汪泓 2014年9月出版 / 估价:65.00元

上饶蓝皮书
上饶发展报告（2013~2014）
著(编)者:朱寅健　2014年3月出版 / 定价:128.00元

社会建设蓝皮书
2014年北京社会建设分析报告
著(编)者:宋贵伦　2014年9月出版 / 估价:69.00元

深圳蓝皮书
深圳经济发展报告（2014）
著(编)者:吴忠　2014年6月出版 / 估价:69.00元

深圳蓝皮书
深圳劳动关系发展报告（2014）
著(编)者:汤庭芬　2014年6月出版 / 估价:69.00元

深圳蓝皮书
深圳社会发展报告（2014）
著(编)者:吴忠 余智晟　2014年7月出版 / 估价:69.00元

四川蓝皮书
四川文化产业发展报告（2014）
著(编)者:侯水平　2014年2月出版 / 定价:69.00元

四川蓝皮书
四川企业社会责任研究报告（2014）
著(编)者:侯水平　盛毅　2014年4月出版 / 定价:79.00元

温州蓝皮书
2014年温州经济社会形势分析与预测
著(编)者:潘忠强 王春光　金浩　2014年4月出版 / 定价:69.00元

温州蓝皮书
浙江温州金融综合改革试验区发展报告（2013~2014）
著(编)者:钱水土　王去非　李义超
2014年9月出版 / 估价:69.00元

扬州蓝皮书
扬州经济社会发展报告（2014）
著(编)者:张爱军　2014年9月出版 / 估价:78.00元

义乌蓝皮书
浙江义乌市国际贸易综合改革试验区发展报告（2013~2014）
著(编)者:马淑琴 刘文革 周松强
2014年9月出版 / 估价:69.00元

云南蓝皮书
中国面向西南开放重要桥头堡建设发展报告（2014）
著(编)者:刘绍怀　2014年12月出版 / 估价:69.00元

长株潭城市群蓝皮书
长株潭城市群发展报告（2014）
著(编)者:张萍　2014年10月出版 / 估价:69.00元

郑州蓝皮书
2014年郑州文化发展报告
著(编)者:王哲　2014年7月出版 / 估价:69.00元

中国省会经济圈蓝皮书
合肥经济圈经济社会发展报告No.4(2013~2014)
著(编)者:董昭礼　2014年4月出版 / 估价:79.00元

国别与地区类

G20国家创新竞争力黄皮书
二十国集团（G20）国家创新竞争力发展报告（2014）
著(编)者:李建平 李闽榕 赵新力
2014年9月出版 / 估价:118.00元

阿拉伯黄皮书
阿拉伯发展报告（2013~2014）
著(编)者:马晓霖　2014年4月出版 / 定价:79.00元

澳门蓝皮书
澳门经济社会发展报告（2013~2014）
著(编)者:吴志良 郝雨凡　2014年4月出版 / 定价:79.00元

北部湾蓝皮书
泛北部湾合作发展报告（2014）
著(编)者:吕余生　2014年7月出版 / 估价:79.00元

大湄公河次区域蓝皮书
大湄公河次区域合作发展报告（2014）
著(编)者:刘稚　2014年8月出版 / 估价:79.00元

大洋洲蓝皮书
大洋洲发展报告（2014）
著(编)者:魏明海 喻常森　2014年7月出版 / 估价:69.00元

德国蓝皮书
德国发展报告（2014）
著(编)者:李乐曾 郑春荣等　2014年5月出版 / 估价:69.00元

东北亚黄皮书
东北亚地区政治与安全报告（2014）
著(编)者:黄凤志 刘雪莲　2014年6月出版 / 估价:69.00元

东盟黄皮书
东盟发展报告（2013）
著(编)者:崔晓麟　2014年5月出版 / 定价:75.00元

东南亚蓝皮书
东南亚地区发展报告（2013~2014）
著(编)者:王勤　2014年4月出版 / 定价:79.00元

俄罗斯黄皮书
俄罗斯发展报告（2014）
著(编)者:李永全　2014年7月出版 / 估价:79.00元

非洲黄皮书
非洲发展报告No.15（2014）
著(编)者:张宏明　2014年7月出版 / 估价:79.00元

港澳珠三角蓝皮书
粤港澳区域合作与发展报告（2014）
著(编)者:梁庆寅 陈广汉　2014年6月出版 / 估价:59.00元

国际形势黄皮书
全球政治与安全报告（2014）
著(编)者:李慎明 张宇燕　2014年1月出版 / 定价:69.00元

韩国蓝皮书
韩国发展报告（2014）
著(编)者:牛林杰 刘宝全　2014年6月出版 / 估价:69.00元

加拿大蓝皮书
加拿大发展报告（2014）
著(编)者:仲伟合　2014年4月出版 / 定价:89.00元

柬埔寨蓝皮书
柬埔寨国情报告（2014）
著(编)者:毕世鸿　2014年6月出版 / 估价:79.00元

拉美黄皮书
拉丁美洲和加勒比发展报告（2013~2014）
著(编)者:吴白乙　2014年4月出版 / 定价:89.00元

老挝蓝皮书
老挝国情报告（2014）
著(编)者:卢光盛 方芸 吕星　2014年6月出版 / 估价:79.00元

美国蓝皮书
美国问题研究报告（2014）
著(编)者:黄平 倪峰　2014年5月出版 / 估价:79.00元

缅甸蓝皮书
缅甸国情报告（2014）
著(编)者:李晨阳　2014年9月出版 / 估价:79.00元

欧亚大陆桥发展蓝皮书
欧亚大陆桥发展报告（2014）
著(编)者:李忠民　2014年10月出版 / 估价:59.00元

欧洲蓝皮书
欧洲发展报告（2014）
著(编)者:周弘　2014年9月出版 / 估价:79.00元

葡语国家蓝皮书
巴西发展与中巴关系报告2014（中英文）
著(编)者:张曙光 David T. Ritchie
2014年8月出版 / 估价:69.00元

日本经济蓝皮书
日本经济与中日经贸关系研究报告（2014）
著(编)者:王洛林 张季风　2014年5月出版 / 定价:79.00元

日本蓝皮书
日本发展报告（2014）
著(编)者:李薇　2014年3月出版 / 定价:69.00元

上海合作组织黄皮书
上海合作组织发展报告（2014）
著(编)者:李进峰 吴宏伟 李伟　2014年9月出版 / 估价:98.00

世界创新竞争力黄皮书
世界创新竞争力发展报告（2014）
著(编)者:李建平　2014年9月出版 / 估价:148.00元

世界能源黄皮书
世界能源分析与展望（2013~2014）
著(编)者:张宇燕 等　2014年9月出版 / 估价:69.00元

世界社会主义黄皮书
世界社会主义跟踪研究报告（2013~2014）
著(编)者:李慎明　2014年3月出版 / 定价:198.00元

泰国蓝皮书
泰国国情报告（2014）
著(编)者:邹春萌　2014年6月出版 / 估价:79.00元

亚太蓝皮书
亚太地区发展报告（2014）
著(编)者:李向阳　2014年1月出版 / 定价:59.00元

印度蓝皮书
印度国情报告（2012~2013）
著(编)者:吕昭义　2014年5月出版 / 定价:89.00元

印度洋地区蓝皮书
印度洋地区发展报告（2014）
著(编)者:汪戎　2014年3月出版 / 定价:79.00元

越南蓝皮书
越南国情报告（2014）
著(编)者:吕余生　2014年8月出版 / 估价:65.00元

中东黄皮书
中东发展报告No.15（2014）
著(编)者:杨光　2014年10月出版 / 估价:59.00元

中欧关系蓝皮书
中欧关系研究报告（2014）
著(编)者:周弘　2013年12月出版 / 定价:98.00元

中亚黄皮书
中亚国家发展报告（2014）
著(编)者:孙力　2014年9月出版 / 估价:79.00元

皮书大事记

☆ 2012年12月，《中国社会科学院皮书资助规定（试行）》由中国社会科学院科研局正式颁布实施。

☆ 2011年，部分重点皮书纳入院创新工程。

☆ 2011年8月，2011年皮书年会在安徽合肥举行，这是皮书年会首次由中国社会科学院主办。

☆ 2011年2月，“2011年全国皮书研讨会”在北京京西宾馆举行。王伟光院长（时任常务副院长）出席并讲话。本次会议标志着皮书及皮书研创出版从一个具体出版单位的出版产品和出版活动上升为由中国社会科学院牵头的国家哲学社会科学智库产品和创新活动。

☆ 2010年9月，“2010年中国经济社会形势报告会暨第十一次全国皮书工作研讨会”在福建福州举行，高全立副院长参加会议并做学术报告。

☆ 2010年9月，皮书学术委员会成立，由我院李扬副院长领衔，并由在各个学科领域有一定的学术影响力、了解皮书编创出版并持续关注皮书品牌的专家学者组成。皮书学术委员会的成立为进一步提高皮书这一品牌的学术质量、为学术界构建一个更大的学术出版与学术推广平台提供了专家支持。

☆ 2009年8月，“2009年中国经济社会形势分析与预测暨第十次皮书工作研讨会”在辽宁丹东举行。李扬副院长参加本次会议，本次会议颁发了首届优秀皮书奖，我院多部皮书获奖。

中国皮书网

发布皮书研创资讯，传播皮书精彩内容
引领皮书出版潮流，打造皮书服务平台

栏目设置：

- □ 资讯：皮书动态、皮书观点、皮书数据、 皮书报道、 皮书新书发布会、电子期刊
- □ 标准：皮书评价、皮书研究、皮书规范、皮书专家、编撰团队
- □ 服务：最新皮书、皮书书目、重点推荐、在线购书
- □ 链接：皮书数据库、皮书博客、皮书微博、出版社首页、在线书城
- □ 搜索：资讯、图书、研究动态
- □ 互动：皮书论坛

www.pishu.cn

中国皮书网依托皮书系列“权威、前沿、原创”的优质内容资源，通过文字、图片、音频、视频等多种元素，在皮书研创者、使用者之间搭建了一个成果展示、资源共享的互动平台。

自2005年12月正式上线以来，中国皮书网的IP访问量、PV浏览量与日俱增，受到海内外研究者、公务人员、商务人士以及专业读者的广泛关注。

2008年10月，中国皮书网获得“最具商业价值网站”称号。

2011年全国新闻出版网站年会上，中国皮书网被授予“2011最具商业价值网站”荣誉称号。

皮书大事记

☆ 2012年12月，《中国社会科学院皮书资助规定（试行）》由中国社会科学院科研局正式颁布实施。

☆ 2011年，部分重点皮书纳入院创新工程。

☆ 2011年8月，2011年皮书年会在安徽合肥举行，这是皮书年会首次由中国社会科学院主办。

☆ 2011年2月，“2011年全国皮书研讨会”在北京京西宾馆举行。王伟光院长（时任常务副院长）出席并讲话。本次会议标志着皮书及皮书研创出版从一个具体出版单位的出版产品和出版活动上升为由中国社会科学院牵头的国家哲学社会科学智库产品和创新活动。

☆ 2010年9月，“2010年中国经济社会形势报告会暨第十一次全国皮书工作研讨会”在福建福州举行，高全立副院长参加会议并做学术报告。

☆ 2010年9月，皮书学术委员会成立，由我院李扬副院长领衔，并由在各个学科领域有一定的学术影响力、了解皮书编创出版并持续关注皮书品牌的专家学者组成。皮书学术委员会的成立为进一步提高皮书这一品牌的学术质量、为学术界构建一个更大的学术出版与学术推广平台提供了专家支持。

☆ 2009年8月，“2009年中国经济社会形势分析与预测暨第十次皮书工作研讨会”在辽宁丹东举行。李扬副院长参加本次会议，本次会议颁发了首届优秀皮书奖，我院多部皮书获奖。

皮书数据库
www.pishu.com.cn

皮书数据库三期即将上线

- 皮书数据库（SSDB）是社会科学文献出版社整合现有皮书资源开发的在线数字产品，全面收录“皮书系列”的内容资源，并以此为基础整合大量相关资讯构建而成。

- 皮书数据库现有中国经济发展数据库、中国社会发展数据库、世界经济与国际政治数据库等子库，覆盖经济、社会、文化等多个行业、领域，现有报告30000多篇，总字数超过5亿字，并以每年4000多篇的速度不断更新累积。2009年7月，皮书数据库荣获“2008～2009年中国数字出版知名品牌”。

- 2011年3月，皮书数据库二期正式上线，开发了更加灵活便捷的检索系统，可以实现精确查找和模糊匹配，并与纸书发行基本同步，可为读者提供更加广泛的资讯服务。

更多信息请登录

中国皮书网
http://www.pishu.cn

中国皮书网的BLOG [编辑]
http://blog.sina.com.cn/pishu

中国皮书网	皮书微博	皮书博客	皮书微信
http://www.pishu.cn	http://weibo.com/pishu	http://blog.sina.com.cn/pishu	皮书说

请到各地书店皮书专架／专柜购买，也可办理邮购

咨询／邮购电话： 010-59367028　59367070　　**邮　　箱：** duzhe@ssap.cn
邮购地址： 北京市西城区北三环中路甲29号院3号楼华龙大厦13层读者服务中心
邮　　编： 100029
银行户名： 社会科学文献出版社
开户银行： 中国工商银行北京北太平庄支行
账　　号： 0200010019200365434
网上书店： 010-59367070　qq：1265056568
网　　址： www.ssap.com.cn　　www.pishu.cn

B.8

附录四 2013年全国广播电视总收入构成情况图表

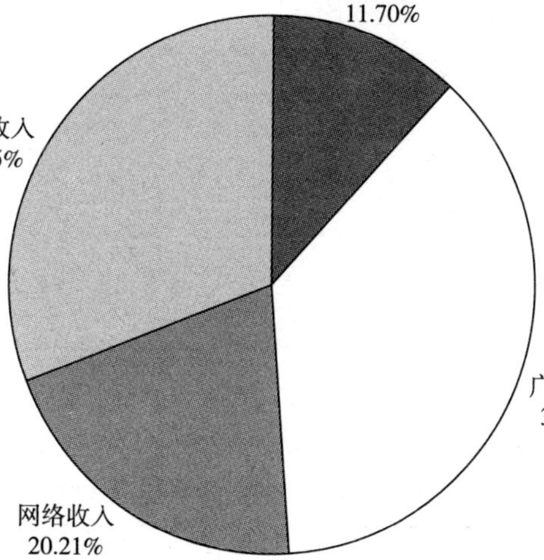

2013年全国广播电视总收入分类构成情况

指　　标	总收入(亿元)	占全国广电总收入比重(%)
财政收入	437.00	11.70
广告收入	1387.01	37.14
网络收入	754.91	20.21
其他收入	1155.96	30.95
全国总收入	3734.88	100.00

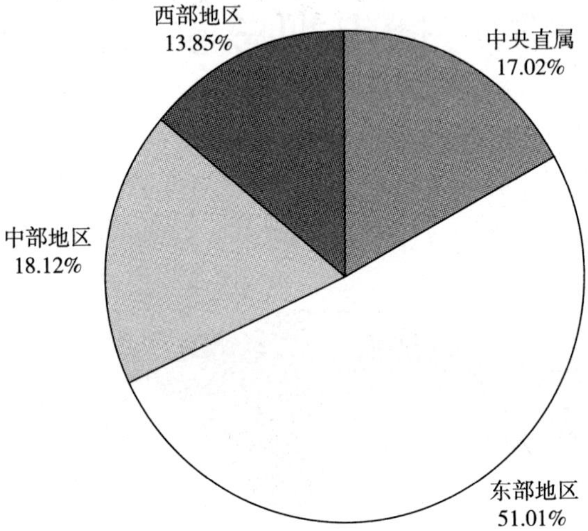

2013 年全国广播电视总收入区域构成情况

地　　区	总收入(亿元)	占全国广电总收入比重(%)
中央直属	635. 53	17. 02
东部地区	1905. 21	51. 01
中部地区	676. 93	18. 12
西部地区	517. 21	13. 85
全国合计	3734. 88	100. 00

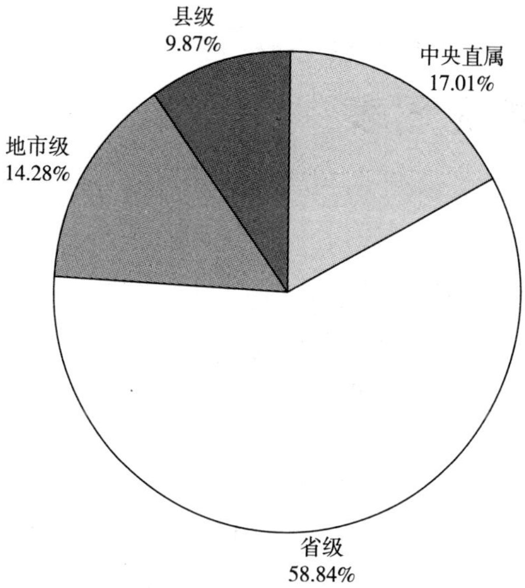

2013 年全国广播电视总收入分级构成情况

地　　区	总收入(亿元)	占全国广电总收入比重(%)
中央直属	635.53	17.01
省　　级	2197.54	58.84
地 市 级	533.28	14.28
县　　级	368.53	9.87
全国合计	3734.88	100.00

B.9

附录五 2013年全国广播电视广告收入分布情况图表

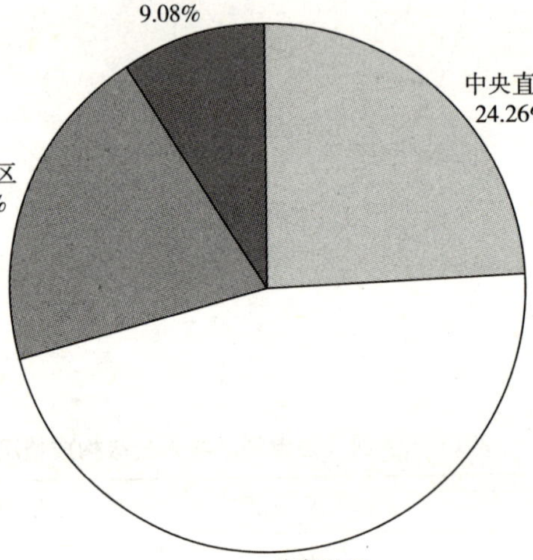

2013年全国广播电视广告收入区域构成情况

地　　区	广告收入(亿元)	占全国广告总收入比重(%)
中央直属	336.48	24.26
东部地区	645.85	46.56
中部地区	278.79	20.10
西部地区	125.89	9.08
全国合计	1387.01	100.00

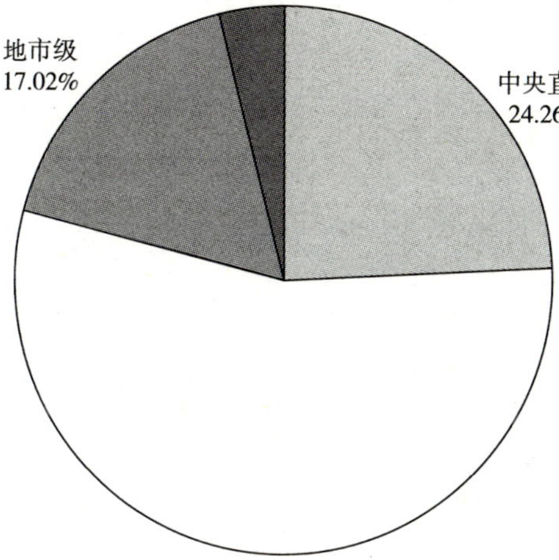

2013 年全国广播电视广告收入分级构成情况

地　　区	广告收入(亿元)	占全国广告收入比重(%)
中央直属	336.48	24.26
省　　级	760.66	54.84
地 市 级	236.10	17.02
县　　级	53.77	3.88
全国合计	1387.01	100.00

B.10

附录六 2013 年全国广播电视制作、播出情况图表

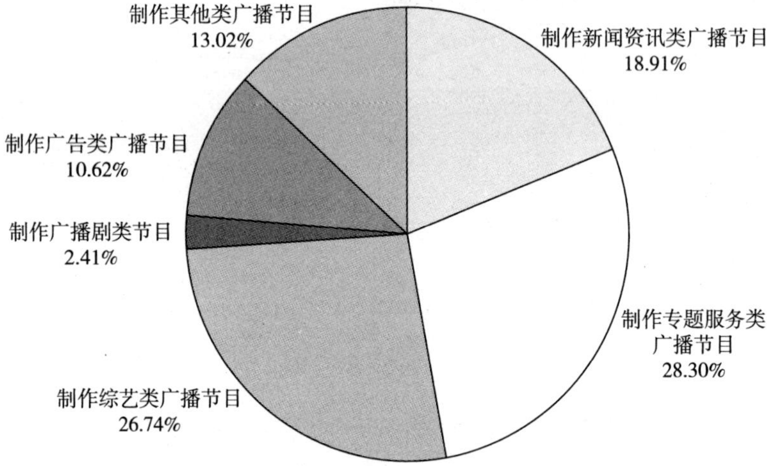

2013 年全国广播节目按类别制作时间情况

制作广播节目类别	时间(万小时)	占全年制作广播节目时间比重(%)
制作新闻资讯类广播节目	139.73	18.91
制作专题服务类广播节目	209.18	28.30
制作综艺类广播节目	197.61	26.74
制作广播剧类节目	17.82	2.41
制作广告类广播节目	78.53	10.62
制作其他类广播节目	96.25	13.02
全年制作广播节目时间合计	739.12	100.00

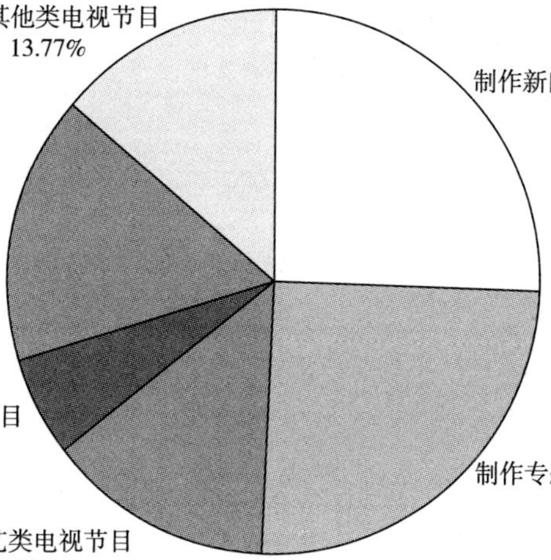

2013 年全国电视节目按类别制作时间情况

制作电视节目类别	时间(万小时)	占全年制作电视节目时间比重(%)
制作新闻资讯类电视节目	86. 68	25. 51
制作专题服务类电视节目	85. 41	25. 14
制作综艺类电视节目	46. 50	13. 68
制作影视剧类电视节目	20. 11	5. 92
制作广告类电视节目	54. 28	15. 98
制作其他类电视节目	46. 80	13. 77
全年制作电视节目时间合计	339. 78	100. 00

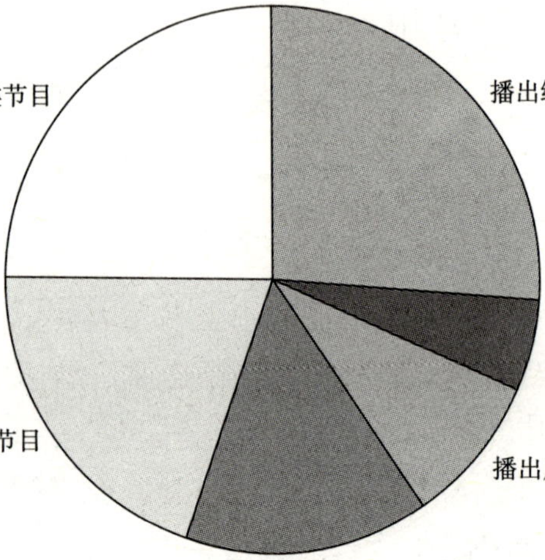

2013 年全国广播节目按类别播出时间情况

广播节目播出类别	时间(万小时)	占全年广播节目播出时间的比重(%)
播出新闻资讯类节目	282.01	20.44
播出专题服务类节目	310.86	22.53
播出综艺益智类节目	373.24	27.06
播出广播剧类节目	77.01	5.58
播出广告类节目	125.93	9.13
播出其他节目	210.50	15.26
全年公共广播节目播出合计	1379.55	100.00

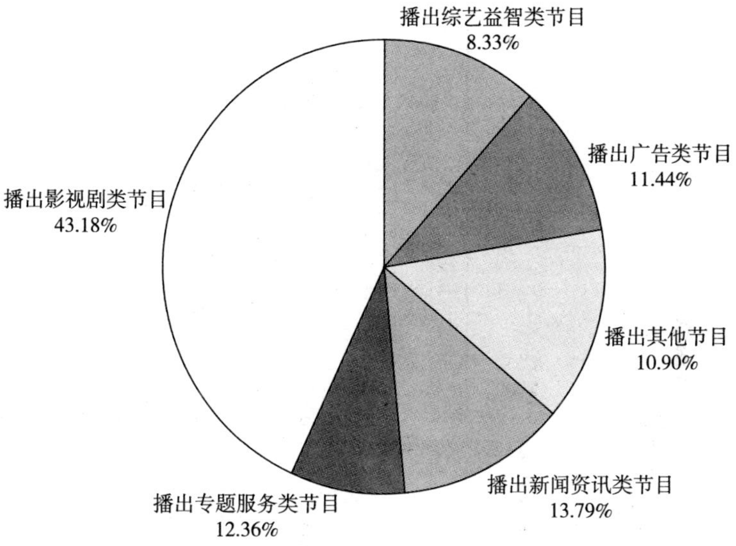

2013 年全国电视节目按类别播出时间情况

电视节目播出类别	时间(万小时)	占全年电视节目播出的比重(%)
播出新闻资讯类节目	235.23	13.79
播出专题服务类节目	210.89	12.36
播出综艺益智类节目	141.99	8.33
播出影视剧类节目	736.60	43.18
播出广告类节目	195.11	11.44
播出其他节目	185.90	10.90
全年公共电视节目播出时间合计	1705.72	100.00

B.11
附录七
2013 年全国广播电视人才队伍情况图表

2013 年全国广播电视行业从业人员情况一览表（一）

单位：人

	从业人员	长期职工	女	中共党员	从业人员按职业划分							
					管理人员	专业人员						其他人员
							编辑、记者	播音员、主持人	工程技术人员	艺术人员	经营人员	
全国合计	844330	789874	326828	281993	136281	436384	146798	29683	152130	17907	42069	271665
总局直属	50950	45885	23525	14523	8188	25017	7370	749	11927	1109	1587	17745
北京市	45150	41602	20562	7654	8356	21464	5642	705	5693	1752	4154	15330
天津市	7968	7429	3409	2733	1081	5269	1874	332	1150	185	250	1618
河北省	37932	35250	15390	13853	5311	18579	6682	1666	6160	842	1150	14042
山西省	21688	19832	8805	7400	2865	10673	5263	698	3386	75	202	8150
内蒙古自治区	18076	16707	7300	5899	2243	12455	4629	929	3370	332	107	3378
辽宁省	28436	27669	10985	12297	5213	16698	5268	1028	6970	1396	713	6525
吉林省	20759	20657	7220	7111	2589	15139	5005	825	5168	207	3495	3031
黑龙江省	18807	18376	7174	7286	2807	11018	4591	805	4016	483	516	4982
上海市	29549	28048	12598	6964	4633	12848	3222	626	3383	1719	2298	12068
江苏省	52089	48414	19627	18145	8220	27643	8263	1824	10111	579	3267	16226
浙江省	44752	40753	17114	13681	5156	23287	7566	1728	7604	1216	2543	16309
安徽省	22517	22000	8505	8976	3747	14096	4753	1262	4563	583	2170	4674
福建省	26015	24221	9633	7339	3974	11029	3729	675	2933	465	1341	11012

续表

	从业人员	长期职工	女	中共党员	从业人员按职业划分							
					管理人员	专业人员	编辑、记者	播音员、主持人	工程技术人员	艺术人员	经营人员	其他人员
江西省	19616	18369	6942	6813	3737	7761	2879	847	2494	120	297	8118
山东省	52959	48422	19277	18808	6628	30928	11087	2494	11337	706	2949	15403
河南省	51704	49403	20205	18155	7582	20366	9366	1461	6664	378	1261	23756
湖北省	38197	37210	14179	15039	6608	20056	5902	1187	7326	626	2271	11533
湖南省	39413	37243	14990	14012	7224	18886	5417	1082	6418	852	2248	13303
广东省	49730	45173	16603	16781	8946	23504	6696	1666	9673	1192	1805	17280
广西壮族自治区	15594	14490	5413	6057	3307	9543	3531	759	3791	220	676	2744
海南省	5047	5017	2045	1530	794	3601	1277	163	1692	157	84	652
重庆市	12317	11697	4263	4246	2505	6172	1571	320	1793	337	691	3640
四川省	39183	36282	13792	13982	8725	19047	5017	1656	5853	951	3716	11411
贵州省	15115	14142	5548	4660	3258	7326	3061	563	2375	98	408	4531
云南省	17966	16766	6706	6886	2432	10339	4121	849	4186	191	392	5195
西藏自治区	3923	3667	1579	1921	638	2291	487	127	824	67	2	994
陕西省	19266	18192	7359	6306	3209	10188	4079	827	3647	309	756	5869
甘肃省	14919	13817	5603	5236	3097	6394	2742	594	1943	215	503	5428
青海省	3543	2868	1389	1130	358	2577	874	228	1171	91	4	608
宁夏回族自治区	4877	4686	2042	1573	947	2676	1054	155	906	96	145	1254
新疆维吾尔自治区	16273	15587	7046	4997	1903	9514	3780	853	3603	358	68	4856
计划单列市合计	22691	20793	8528	6562	2942	12980	4885	881	4686	595	927	6769
大连市	3228	3037	1277	1321	545	2055	925	135	575	88	225	628
宁波市	4899	4405	1775	1413	535	2060	766	236	805	24	69	2304
厦门市	2604	2531	1090	723	388	1408	555	80	432	94	174	808
青岛市	4521	4242	1886	1411	562	2682	1261	216	781	97	102	1277
深圳市	7439	6578	2500	1694	912	4775	1378	214	2093	292	357	1752

2013 年全国广播电视行业从业人员情况一览表（二）

单位：人

	合计	按学历分			按年龄分			按专业技术职务分			
		研究生	本科及大专	高中及以下	35 岁及以下	36 岁至 50 岁	51 岁及以上	正高级	副高级	中级	初级
全国合计	844330	27915	594915	221500	390855	363425	90050	7052	31807	124730	392037
总局直属	50950	4722	35274	10954	29266	16074	5610	974	2986	8177	33674
北京市	45150	4854	35563	4733	32093	10461	2596	534	1234	3877	14114
天津市	7968	456	6124	1388	4049	2829	1090	264	583	1061	4912
河北省	37932	683	26536	10713	17156	17327	3449	437	1606	5343	14670
山西省	21688	231	14744	6713	8093	11218	2377	160	621	3821	5966
内蒙古自治区	18076	301	14194	3581	6111	9296	2669	283	1493	4135	7552
辽宁省	28436	883	21784	5769	11116	13521	3799	478	1469	6846	11803
吉林省	20759	507	14060	6192	7560	10130	3069	260	1445	3675	11181
黑龙江省	18807	492	14009	4306	6925	8918	2964	424	1556	4260	6182
上海市	29549	2153	19640	7756	16838	8838	3873	280	972	4696	14830
江苏省	52089	2032	35995	14062	24588	21844	5657	294	1424	7069	27220
浙江省	44752	1152	32870	10730	22271	17835	4646	257	1528	6603	19840
安徽省	22517	797	17010	4710	10021	10018	2478	95	737	3521	10745
福建省	26015	436	17237	8342	12053	11345	2617	136	808	2560	11779
江西省	19616	290	12028	7298	7153	10158	2305	98	544	2028	7435
山东省	52959	967	38890	13102	26303	21809	4847	472	2515	8735	28793
河南省	51704	606	29704	21394	23064	24074	4566	114	1194	6249	21796
湖北省	38197	862	24361	12974	14156	18767	5274	242	1283	7447	18773

续表

	合计	按学历分			按年龄分			按专业技术职务分			
		研究生	本科及大专	高中及以下	35 岁及以下	36 岁至 50 岁	51 岁及以上	正高级	副高级	中级	初级
湖南省	39413	796	28863	9754	20107	15702	3604	108	780	5064	23657
广东省	49730	1663	34862	13205	23780	21323	4627	192	1181	6410	26761
广西壮族自治区	15594	509	11537	3548	5950	7545	2099	73	520	2755	7787
海南省	5047	72	3518	1457	2041	2491	515	12	132	447	2984
重庆市	12317	373	9062	2882	5369	5804	1144	75	477	1678	5822
四川省	39183	636	26122	12425	15766	19297	4120	111	786	4024	17974
贵州省	15115	189	11478	3448	6436	7242	1437	57	380	1888	5625
云南省	17966	311	13896	3759	7438	8790	1738	98	817	3216	6233
西藏自治区	3923	131	2398	1394	2024	1549	350	52	164	497	2063
陕西省	19266	297	13333	5636	7270	9775	2221	127	647	2531	5960
甘肃省	14919	197	10165	4557	5802	7309	1808	91	508	1668	5801
青海省	3543	48	2992	503	1322	1848	373	40	279	713	1678
宁夏回族自治区	4877	87	3939	851	1921	2390	566	88	312	954	2549
新疆维吾尔自治区	16273	182	12727	3364	6813	7898	1562	126	826	2782	5878
计划单列市合计	22691	1053	17634	4004	12215	8610	1866	183	1115	3229	12565
大连市	3228	205	2578	445	1174	1684	370	56	231	693	1291
宁波市	4899	53	3561	1285	2262	2062	575	13	130	607	2468
厦门市	2604	153	2080	371	1586	865	153	23	136	373	865
青岛市	4521	90	3511	920	2339	1764	418	36	248	683	2694
深圳市	7439	552	5904	983	4854	2235	350	55	370	873	5247

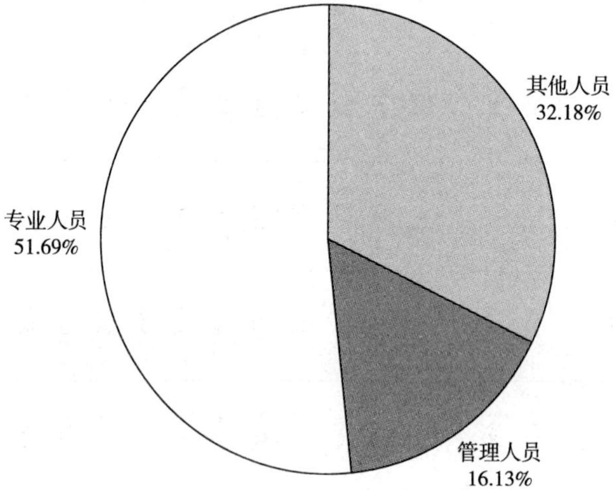

2013 年全国广播电视行业从业人员分类构成情况

类　别	人数(万人)	占全国广电从业人员比重(%)
管理人员	13.62	16.13
专业人员	43.64	51.69
其他人员	27.17	32.18
全国合计	84.43	100.00

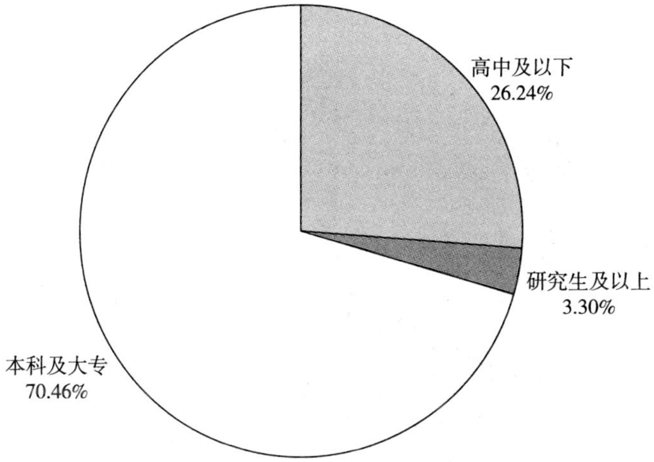

2013 年全国广播电视行业从业人员学历构成情况

学　　历	人数(万人)	占全国广电从业人员比重(%)
研究生及以上	2.79	3.30
本科及大专	59.49	70.46
高中及以下	22.15	26.24
全国合计	84.43	100.00

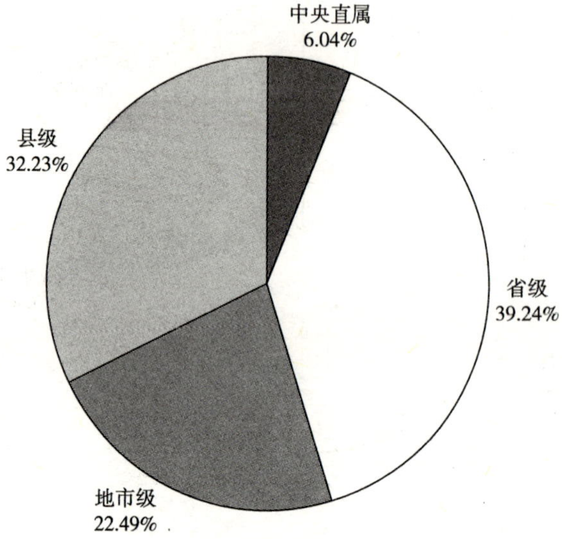

2013 年全国广播电视行业从业人员分级构成情况

地　　区	从业人员(万人)	占全国从业人员比重(%)
中央直属	5. 10	6. 04
省　　级	33. 13	39. 24
地 市 级	18. 99	22. 49
县　　级	27. 21	32. 23
全国合计	84. 43	100. 00

B.12

附录八

2013 年全国电影生产情况图表

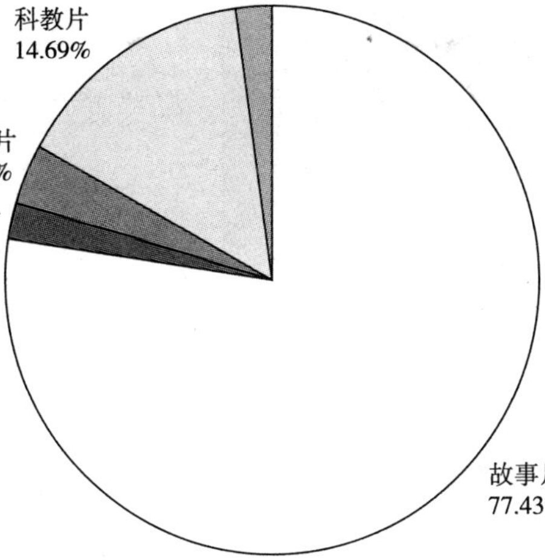

影片类别	部数(部)	所占比重(%)
故 事 片	638	77. 43
纪 录 片	18	2. 18
动 画 片	29	3. 52
科 教 片	121	14. 69
特种影片	18	2. 18
合　　计	824	100. 00

B.13

附录九

2013 年全国电影收入构成情况图表*

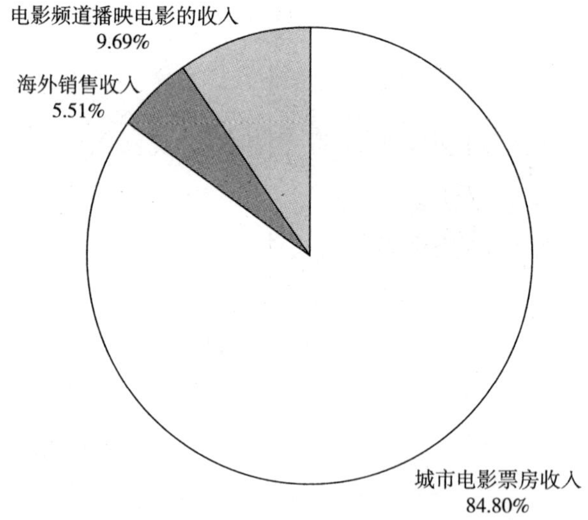

收入类别	总收入(亿元)	占全国电影收入比重(%)
城市电影票房收入	217.69	84.80
海外销售收入	14.14	5.51
电影频道播映电影的收入	24.87	9.69
全国电影收入	256.7	100

* 此图表不含电影新媒体播映收入及其他衍生收入。电影频道播映电影收入为中央电视台电影频道播映电影收入。

B.14

附录十

图表索引

B.15

《中国广播电影电视发展报告（2014）》撰稿人名单

总报告……………………… 国家新闻出版广电总局发展研究中心副主任　杨明品

第一章　第一节　广播电视新闻宣传

………………… 国家新闻出版广电总局发展研究中心课题组

执笔人：方德运　张　蕾

第二节　广播影视公共服务

………………… 国家新闻出版广电总局发展研究中心课题组

执笔人：于秀娟

第三节　广播电视产业

………………… 国家新闻出版广电总局发展研究中心课题组

执笔人：吕岩梅　宋　磊　彭　锦　黄　威

第四节　电影产业

………………… 国家新闻出版广电总局发展研究中心课题组

执笔人：孙　晖　刘汉文

第五节　视听新媒体发展

………………… 国家新闻出版广电总局发展研究中心课题组

执笔人：熊艳红　朱新梅

第六节　广播影视技术发展与应用

………………… 国家新闻出版广电总局发展研究中心课题组

执笔人：熊艳红　彭　锦

第七节　广播影视国际传播与交流

………………… 国家新闻出版广电总局发展研究中心课题组

执笔人：方德运　周力上

第二章 第一节 弘扬中国梦主题 繁荣影视创作生产

……………………国家新闻出版广电总局副局长 田 进

第二节 推动科技发展创新 构建现代传播体系

……………………………中央电视台台长 胡占凡

第三节 多语种影视译制助推中国文化软实力

…………………………中国国际广播电台台长 王庚年

第四节 广播媒体与新媒体融合的产业升级战略

…………………………中央人民广播电台台长 王 求

第五节 广播电视产业多元化跨界发展的战略布局

…………………………………上海广播电视台副台长、

上海文化广播影视集团有限公司常务副总裁 王建军

第六节 广电主流媒体巩固壮大主流思想舆论的研究

………………………江苏省广播电视总台台长 卜 宇

第七节 广电节目从数量增长型向质量效益型转变的政策引导

………………国家新闻出版广电总局宣传司司长 高长力

第八节 农村电影发展的现状和对策

……………国家新闻出版广电总局电影局副局长 毛 羽

第九节 多屏时代有线电视视频产业空间拓展分析

………国家新闻出版广电总局广播电视规划院原党委书记

李新民

第十节 广播电视科技前沿与应用展望

……………国家新闻出版广电总局科技司副司长 曾庆军

国家新闻出版广电总局科技司技术管理处主任科员 马海龙

第十一节 网络视听产业并购趋势分析

…………中央电视台发展研究中心产业与新媒体部主任

黎 斌

第十二节 媒介融合背景下广播电视的传播策略探讨

………………清华大学新闻与传播学院副院长 陈昌凤

清华大学新闻与传播学院博士生 黄雅兰

第十三节　2013 年省级卫视竞争状况分析

………… 北京美兰德媒体传播策略咨询有限公司总经理

崔燕振

北京美兰德媒体传播策略咨询有限公司研究总监

陈　洲

第十四节　国外广播影视发展状况分析

……… 国家新闻出版广电总局发展研究中心国际研究所

方德运　顾　芳

第三章　第一节　文化节目如何创造收视奇迹：中国汉字听写类节目分析

………… 国家新闻出版广电总局发展研究中心信息研究所

莫　桦

第二节　《我是歌手》创新创优探析

………………………… 湖南广播电视台战略研发部　李立影

第三节　浙江安吉县广播电视台创新发展之路

………… 国家新闻出版广电总局发展研究中心科研管理部

王　雷　戚　雪

第四节　大地院线实施三大战略成功拓展新兴市场

…… 国家新闻出版广电总局发展研究中心电影发展研究所

支菲娜

第五节　电影艺术影院的探索与发展

………… 国家新闻出版广电总局发展研究中心信息研究所

陈秀敏

第六节　民营企业：中国纪录片市场的新生力量

………… 国家新闻出版广电总局发展研究中心科研管理部

王　羽

第七节　蓝海电视：中国电视走出去的新探索

……… 国家新闻出版广电总局发展研究中心新媒体研究所

朱新梅

第八节　腾讯新闻平台透视

……… 国家新闻出版广电总局发展研究中心新媒体研究所
董潇潇

附录一　2013 年中国广播电影电视发展大事记

………… 国家新闻出版广电总局发展研究中心信息研究所　陈秀敏

附录二　2013 年全国各省、自治区、直辖市广播电影电视事业产业发展亮点一览表

………… 国家新闻出版广电总局发展研究中心科研管理部　王　羽

附录三　2013 年全国广播电视发展主要指标一览表

附录四　2013 年全国广播电视总收入构成情况图表

附录五　2013 年全国广播电视广告收入分布情况图表

附录六　2013 年全国广播电视制作、播出情况图表

附录七　2013 年全国广播电视人才队伍情况图表

附录三——附录七

…………… 国家新闻出版广电总局财务司副司长　张红梅

……… 国家新闻出版广电总局财务司统计处处长　姚宁洲

…… 国家新闻出版广电总局财务司统计处主任科员　费　华

附录八　2013 年全国电影生产情况图表

附录九　2013 年全国电影收入构成情况图表

附录十　图表索引

附录八——附录十

………… 国家新闻出版广电总局发展研究中心科研管理部
王　羽

B.16

《中国广播电影电视发展报告（2014）》提供材料单位

国家新闻出版广电总局办公厅

国家新闻出版广电总局政策法制司

国家新闻出版广电总局宣传司

国家新闻出版广电总局电影局

国家新闻出版广电总局电视剧司

国家新闻出版广电总局传媒机构管理司

国家新闻出版广电总局网络视听节目管理司

国家新闻出版广电总局科技司

国家新闻出版广电总局财务司

国家新闻出版广电总局国际合作司（港澳台办公室）

国家新闻出版广电总局人事司

中央人民广播电台

中国国际广播电台

中央电视台

中国电影集团公司

中国电影股份有限公司

国家新闻出版广电总局无线电台管理局

国家新闻出版广电总局监管中心

国家新闻出版广电总局广播电视卫星直播管理中心

中国电影科学技术研究所

国家新闻出版广电总局电影技术质量检测所

国家新闻出版广电总局电影剧本规划策划中心

国家新闻出版广电总局电影数字节目管理中心
国家电影事业发展专项资金管理委员会办公室
电影卫星频道节目制作中心
中广传播集团有限公司
北京市新闻出版广电局
天津市文化广播影视局
河北省新闻出版广电局
山西省新闻出版广电局
山西广播电视台
内蒙古自治区新闻出版广电局
辽宁省新闻出版广电局
吉林省新闻出版广电局
黑龙江省广播电影电视局
上海市文化广播影视管理局
上海文化广播影视集团有限公司
上海电影（集团）有限公司
江苏省广播电影电视局
江苏省广播电视总台（集团）
浙江省新闻出版广电局
浙江广播电视集团
安徽省广播电影电视局
福建省新闻出版广电局
福建省广播影视集团
江西省新闻出版广电局
山东省新闻出版广电局
河南省广播电影电视局
河南电影电视制作集团有限公司
湖北省新闻出版广电局
湖北广播电视台

湖南省广播电影电视局
湖南广播电视台
广东省新闻出版广电局
广东广播电视台
广西壮族自治区新闻出版广电局
海南省文化广电出版体育厅
重庆市文化委员会
四川省新闻出版广电局
四川广播电视台
贵州省新闻出版广电局
云南省广播电视局
西藏自治区广播电影电视局
陕西省新闻出版广电局
甘肃省新闻出版广电局
青海省广播电影电视局
青海广播电视台
宁夏回族自治区新闻出版广电局
新疆维吾尔自治区广播电影电视局
新疆生产建设兵团文化广播电视局

中国皮书网

www.pishu.cn

发布皮书研创资讯，传播皮书精彩内容

引领皮书出版潮流，打造皮书服务平台

栏目设置：

- ☐ 资讯：皮书动态、皮书观点、皮书数据、 皮书报道、皮书新书发布会、电子期刊
- ☐ 标准：皮书评价、皮书研究、皮书规范、皮书专家、编撰团队
- ☐ 服务：最新皮书、皮书书目、重点推荐、在线购书
- ☐ 链接：皮书数据库、皮书博客、皮书微博、出版社首页、在线书城
- ☐ 搜索：资讯、图书、研究动态
- ☐ 互动：皮书论坛

中国皮书网依托皮书系列“权威、前沿、原创”的优质内容资源，通过文字、图片、音频、视频等多种元素，在皮书研创者、使用者之间搭建了一个成果展示、资源共享的互动平台。

自2005年12月正式上线以来，中国皮书网的IP访问量、PV浏览量与日俱增，受到海内外研究者、公务人员、商务人士以及专业读者的广泛关注。

2008年、2011年中国皮书网均在全国新闻出版业网站荣誉评选中获得“最具商业价值网站”称号。

2012年，中国皮书网在全国新闻出版业网站系列荣誉评选中获得“出版业网站百强”称号。

法律声明